菅原和孝 著

狩り狩られる経験の現象学

ブッシュマンの感応と変身

京都大学学術出版会

カラスの群れの話です。……たまたま湖の上にやってきて、静かな湖面に映った自分たちの姿を見るんです。その上で急降下したり、舞いあがったりする姿のなんと力強く、優美なことか。……

ジェス・ウォルター『市民ヴィンス』（田村義道訳）ハヤカワ文庫

本書の舞台

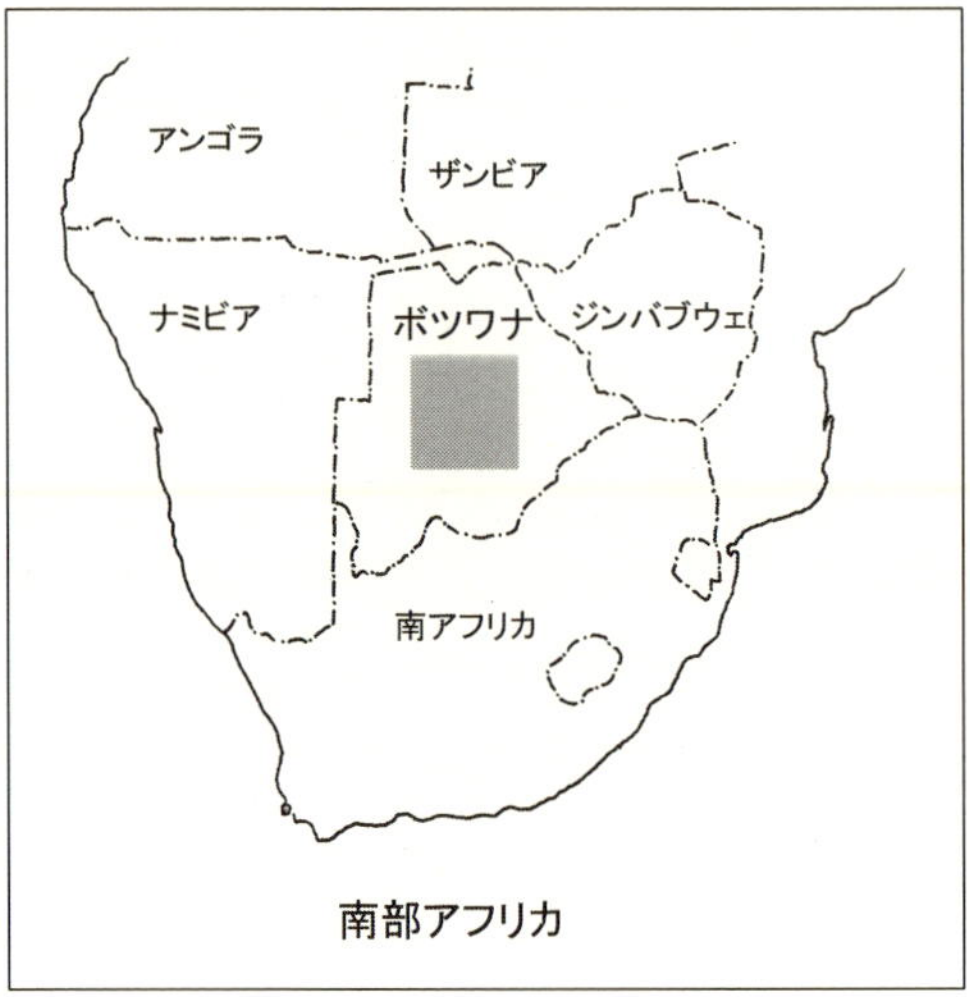
アンゴラ
ザンビア
ナミビア
ボツワナ
ジンバブウェ
南アフリカ
南部アフリカ

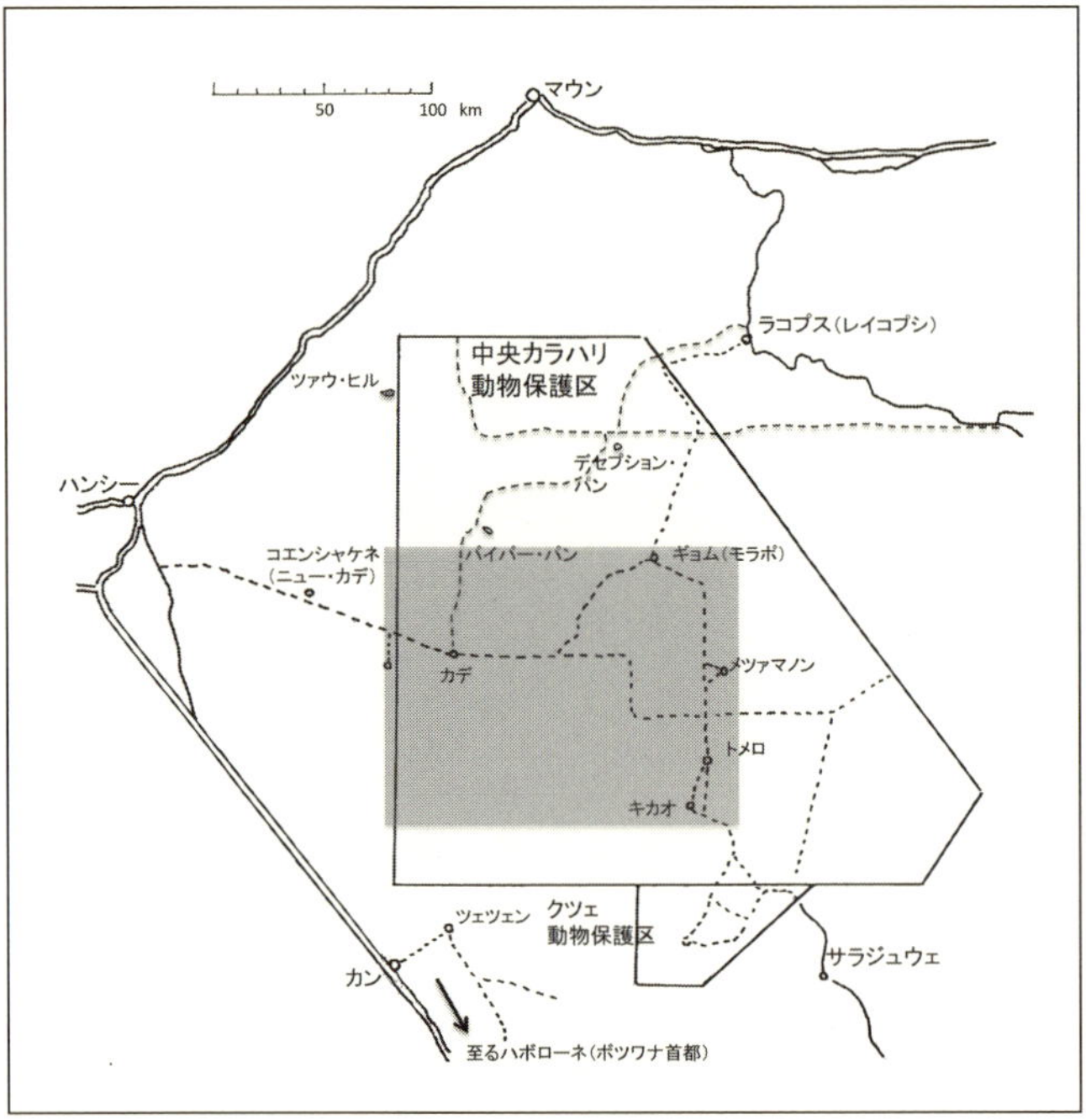
50
100 km
マウン
ラコプス（レイコプシ）
中央カラハリ
動物保護区
ツァウ・ヒル
デセプション・パン
ハンシー
コエンシャケネ
（ニュー・カデ）
パイパー・パン
ギョム（モラポ）
カデ
メツァマノン
トメロ
キカオ
ツェツェン
クツェ
動物保護区
サラジュウェ
カン
至るハボローネ（ボツワナ首都）

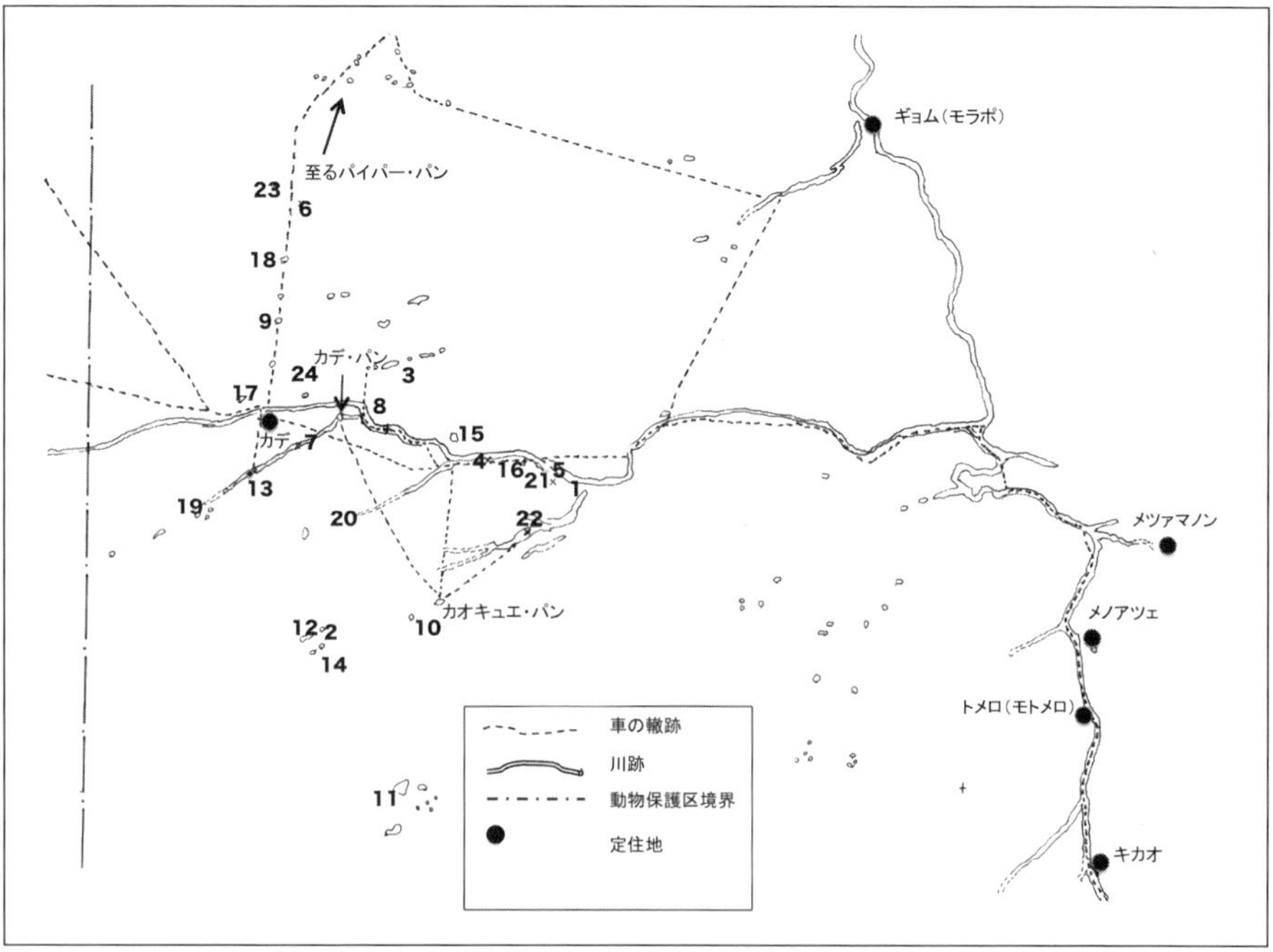

地形図は田中二郎から譲られたシルバーバウアー作製の地図に依拠した。1960年代初頭の轍跡は現在の道とかなり異なる。田中が確定した地名に筆者が語りから抽出したものを加えた（聴覚印象50音順）。

1 アーカ ǁʔaaka　2 カオカエ qχ’áò!ae　3 ガウツ g|au|u　4 カウツァム ǁàū|χam　5 カル ǁqaru　6 カルツァー ǁqaru-ts^{h}áā　7 ガレカ　gǁárēka　8 グイツォワ g|úī|oã　9 グーハオ guuxáʔò　10 コエ !ộ̰è　11 ゴエキ ǁɢoeki　12 ゴムホ g!óm̄χó　13 ゼロホナム g|èrō-χo-nam　14 ゾリテバ dzori-ǂeba　15 タラホガエン taraχo-g!áẽ　16 タンコキュエ ǂáǹkò-cùè　17 ツーク |ʔuuku　18 ツェーハオ |ʔeexáʔò　19 ツォーカイ |ộ̤ōǁχai　20 ヅェドヌー g|edo-ŋ!uu　21 ドエツァオ gǁoe-ts^{h}ao　22 ドムツル ǂộ̤m̀-ts’uru　23 ヌーツァトエトエ ŋ|ùūts^{h}á-ǂōēǂòē　24 マンクエ má̰n̄khóè

目次

収録事例

歩きだす前に――緒言にかえて

「人間／動物関係」は、いまや西欧と日本にまたがる知の流行である。ミシェル・フーコーにならっていえば、二十一世紀のエピステーメーに「人間／動物関係」について思考するよう私たちをいざなう概念空間が成立した。この空間は、自然保護、環境問題、動物の権利といった膨大な言説のネットワーク内に生じた場である。二〇〇七年、欧米では『動物と社会』『動物の文化史』などと題された叢書が相次いで刊行された。(1)二年後にわが国でも林良博ら五人の編集委員たちによって「ヒトと動物の関係学」と題された叢書が編まれた。(2)さらに、宮崎県下での口蹄疫の蔓延、イルカ「殺戮」を記録した映画『コーヴ』の上映反対運動といったニュースを通じて、私たちは「大量虐殺」の衝撃的な映像を突きつけられ、人間と動物との関わりについて考えなおすことを迫られた。

動物との関わりを考えるとは、私たち自身の生き方を問いなおすことにほかならない。グローバリゼーションの名のもとに資本主義が地球の全域を覆い尽くしている状況のなかで、この国の人びとの多くは、人間には多様な生き方がありうるのだということを忘れ、経済的な豊かさや自己とその周囲に閉ざされた安寧を超えた、生の意味を見出しあぐねている。貧困に追いつめられた人びとは「もっと人間らしく生きたい」と痛切に希求しているはずだ。そのとき「人間とは何か」という旧くて新しい問いが、かつてない切実さをおびて迫ってくる。この問いは「人間は動物とどう違うのか」という問いと表裏一体である。だからこそ、哲学、社会学、文学など人文系諸分野で、「人間／動物関係」をめぐる刺激的な問いが立てられ、活発な議論が展開されているのである(3)。

だが、人類学の視野からこれらの動向を眺めるとき、歯がゆさを抑えることができない。現実に生きる動物と直接に関わる経験と無縁なところで人間／動物関係について論じることには、根本的な空しさがある。自らが同伴動物と暮らす経験を思考の素材にしている論者も少なくない。だが、かれらの関心は、「動物にも人間と同じような心（または洞察力や共感能力）がある」というテーゼを論証することに特化しがちである。かつて偉大な現象学者が「その背後に純粋意識があることを証言するような行動はない」と喝破したことを、この人たちは忘れてしまったようだ［メルロ＝ポンティ 1964：190］。人間と動物のあいだに絶対的な断絶線を引くユダヤ・キリスト教の伝統、およびその延長線上に生まれたデカルト的な動物機械論は徹底的に批判されなければならない。けれど、二十一世紀の概念空間はそれよりもはるかに複雑である。自然／文化の二元論を支柱とする構造主義は動物それ自身よりも、論理操作子としての動物に関心を集中した。一見それと逆向きの装いをとり、ヒトと動物との間の連続性を擁護するかに見える近年のさまざまな議論にも、表象主義の翳が忍びよっている。概念空間に仕掛けられたこれらの罠から脱し、人間と動物の関わりを真に根源的に問いなおす途は、身体として直接的に野生動物と関わることを生の基盤におく狩猟民の経験世界に深く没入することから切り拓かれるだろう。わたしは、一九八二年から南部アフリカに住むグイ・ブッシュマンの社会で身体的な相互行為と日常会話に焦点をあてた調査を続けてきたが、一九九四年以降、人びとの生活史の語りを収録することに力点を移し、現在に至るまでこの作業を続けている。わたしを深く魅惑したこれらの談話は、動物をめぐる膨大な言説に満ち溢れている。本書では、こうした口頭言説を徹底的に分析すると同時に、フィールドでの直接経験に還帰することによって、動物に投げかけられる注意・思い籠め・解釈・想像力・情動の動態を明らかにする。この探究によって、さらに長い射程で構想している包括的な理論書のための民族誌的な土台を完成させたい。

書式に関する注釈

◆談話の編集

本書の民族誌的な資料の中心は、動物と狩猟経験をめぐる狩人の談話である。この談話は、語り手／調査者／調査助手のあいだで交わされた三者会話の一部を成す。相互行為の構造分析は本書の主題ではないので、同時発話や相づちといった聞き手のふるまいはほぼ省略し、二者のかけ合いによって会話が進行する場合でも、二人の発話を一人の語りへと統合した。編集の度合には事例ごとに濃淡があるが、いちいち注釈を入れない。グイの語りの大きな特徴はその冗長性である。とくに同じ行為が長く継続することを表わすために「歩いて歩いて歩いて歩いて……」というふうに同じ動詞を何度も（多いときには十数回におよぶ）繰り返すことがまれではない。だが、紙数の節約は本の製作にとって死活問題なので、三回以上の動詞の反復は省略した。

◆人称代名詞

グイ語の人称代名詞は一人称単数が性を弁別しないことを除くと、話者の包含／排除、聞き手の包含／排除、数（単数、双数、複数）、性の四次元の弁別素性に関して完備パラダイムを構成する。これをできるだけ精確に反映させるために、以下の訳語を用いる。

（1）一人称単数については、原語には性の区別がないが、わかりやすさを優先し、男性：「おれ」／女性：「私」とする。一人称双数は、男性：「おれたち二人」／女性：「私たち二人」／通性：「われわれ二人」とする。一人称複数（三個体以上）は、男性：「おれたち」／女性：「私たち」／通性：「われわれ」とする。同じ代名詞が繰り返し使われる場合は、初出箇所に注記を入れ、それ以降は省略する。例えば「おれたち（二人、以下同じ）」。

（2）二人称単数については、文脈に応じて「おまえ」と「あんた」を使い分ける。双数と複数は「おまえら」「あんたら」とする。性と数に関する情報が必要な場合は小さなキッコウ内に記載する。たとえば、おまえら〔男二人〕、あんたら〔男女複数〕など。

（3）三人称単数は、男性：「彼」／女性：「彼女」とする。双数と複数は、男性：「彼ら」／女性：「彼女ら」／通性：「かれら」とする。双数と複数の区別が必要な場合には小さなキッコウ内に記載する。たとえば、「彼女ら〔複数〕」「かれら〔二人〕」など。グイ語は、人間・動物・モノに同一の人称代名詞を適用する。だが、動物を「彼」「彼女」で指示すると混乱をまねくので、便宜的に、雄（牡）単数：「やつ」／雄（牡）複数：「やつら」／雌（牝）単数：「そいつ」／雌（牝）複数：「そいつら」という訳語を選択する。直示的な指示詞（これ、あれ）が結合する場合には、右の順番に従って、雄（牡）については、「こやつ、あやつ」／「こやつら、あやつら」、雌（牝）については「こいつ」「あいつ」／「こいつら」「あいつら」となる。なお、動物の性別については、有蹄類のオスとメスはそれぞれ牡・牝と表記し、それ以外は雄・雌とする。

◆動物名の表記法

動物名は適切な箇所で「**方名の聴覚印象ＩＰＡ表記**（標準和名）」を示す。ＩＰＡとは国際音声字母（International Phonetic Alphabet）の略である。例「**ツォー** χòò（ゲムズボック）」。本文内でゴシック体表記される語はすべてグイ語の動物方名である。事例記述の冒頭で標準和名を明記するが、同一事例内で繰り返し同じ動物名が出現する場合にはそれを省略する。標準和名はもっとも包括的な検索事典に依拠する［白井 1992a, 1992b, 1993］。なお、グイとは異なる文脈（日本や英国など）で動物名を使用する場合は、漢字を用いる（犬、猫、馬、牛、等）。

◆グイ語の表記法

グイ語の表記は、一九九七年以降に出版された拙著・拙論では、中川裕が確立した正書法に従ってきた［Nakagawa 1996］。その後、中川は音韻論的な厳密さを追求し、正書法の改訂を提案した［中川 2004］。本書では大筋で中川の改訂に従うが、母音表記は古い正書法のままである。音韻論の節約性を尊重する中川の新表記が聴覚印象と隔たる場合があるので、読者が語の発音を試みても現実化する音声を再現できないことを避けるためである。グイ語では四種類のクリック流入音と一三種類の伴奏的特徴が結合し、五二種類のクリック子音が産出される。また語根の九〇パーセント以上は二音節であるが、それらには六種類の声調が区別される。

クリック流入音

/ǀ/　歯音（dental click）：舌先を歯のあいだからわずかに出して後ろに急速にひっこめるとき生じる「チッ」という鋭い音。私たちが不興の念を感じたときの舌打ちに近い。

/!/　歯茎音（alveolar click）：舌先を反らせ、上の歯茎の後方に軽く押しつけて下は離すときに生じる「ポン」という澄んだ音。コルク栓を抜く音に似る。

/ǂ/　硬口蓋音（palatal click）：舌先を平べったく上の口蓋前方に密着させ下へ離すときに生じる「タン」という平べったい音。「舌鼓」に近い。

/ǁ/　側音（lateral click）：舌の前方を上の口蓋の前方に広く押しつけ、舌の中央を窪ませて下へ離すときに舌の両側から発せられる「チャッ」という粘っこい音。舌の片側だけを使ってもよい。カウボーイが馬を操るときこの音を使うという。

伴奏的特徴

/g/：軟口蓋有声音

無表記：軟口蓋無声音

/ʰ/：軟口蓋有気音

/h/：有気鼻音／無声鼻音

/ŋ/：鼻音

/ʔ/：声門閉鎖音

/’/：軟口蓋放出音

/q’/：口蓋垂放出音

/qχ’/：口蓋垂破擦放出音

/χ/：口蓋垂摩擦音

/qʰ/：口蓋垂有気音

/q/：口蓋垂無声音

/ɢ/：口蓋垂有声音

母音

母音は五種の口母音／a, i, u, e, o／、三種の鼻母音／ã, ĩ, ũ／がある。／ĩ, ũ／はしばしば［ẽ, õ］という聴覚印象をもつので、本書では後者を採用する。口母音の緊張音には［a̰, ṵ］がある。

声調

音節 aa を例にとり、第二音節が鼻母音の場合も併記する。

/aa/または/aã/：高平調

/áā/または/áã/：高降調
/áà/または/âã/：急降調
/āā/または/āã/：中平調
/àà/または/àã/：低降調
/àā/または/ăã/：低昇調

◆語りの表記法

括弧の使い分け　「　」：だれかの発言の直接話法による引用。『　』：だれかの内心の声（内言）と想定される発話の直接話法による引用。（　）：本文中でも臨機応変に使用するが、とくに動物名を含む現地語の単純な和訳を示す。〔　〕：補足的な説明。［　］：文意を明瞭にするために補った語句。〈　〉：動物名以外の現地語あるいはとくに重要な概念を示す日本語。｛　｝：二人の話者（語り手）のあいだで同時発話が起きている。《　》：非言語的な情報、とくに身ぶりや笑い。

間投詞　エ～エ、ン～ン：否定を表わす間投詞、［èēʔè］と独特な韻律で発する。アイ、アイー、アエー、エヘー、エッヘー：肯定を表わす間投詞。この順に肯定が強くなるように感じられる。

注

（1）『動物と社会』『動物の文化史』はそれぞれ全五巻［Wilkie & Inglis（eds.）2007］、全六巻［Kalof & Resl（eds.）2007］の叢書である。

（2）巻末の参照文献においてこの叢書は編集委員名をエントリーとして掲載した［林・森・秋篠宮・池谷・奥野 2008–2009］。

（3）伊勢田哲治は功利主義の立場から動物に関わる倫理学的な問いを包括的に論じており啓発的である［伊勢田 2008］。

プロローグ

一九九七年三月三一日（月）。八時二五分にキャンプを出発した。[1] 朝露できらきら光る草原の中へ歩を進める。わたしの会話分析の師タブーカ、その「兄」にあたるキレーホ、ガナの年長者ダオノア、そして弓矢猟の名手ツートマの孫（長女の二男）で一二歳の少年ボーネの四人がきょうの同伴者だ。六頭の痩せこけたイヌたちが先になり後になる。

カラハリ砂漠のどまん中でグイの調査を始めてから一五年近くが過ぎようとしていた。砂漠と言っても、日本人がイメージするような砂丘の連なる不毛の大地ではなく、草や灌木が生い茂り、所どころ高い樹木も点在する、乾燥サバンナである。雨季の終わりのこの一番すばらしい季節にカラハリで過ごすのは初めてだ。もうすぐ職場の大学では新学期の授業が始まるが、わたしは今年だけは最初の二週間の講義を休講することにしていた。

かなりの早足で一時間以上歩き続け、カデ・パン（太古に湖底だった丸く平たい草原を英語で「パン」と呼ぶ）の手前の下り斜面にさしかかった。美しい藤色の花が咲きみだれている。大気は澄みわたり、涼しい風が吹きすぎる。このあたりに仕掛けた撥ね罠にも、針金の罠にも、何もかかっていなかった。われわれはパンにおりて、岩盤が露出して水が溜まった場所へ向かった。真っ黒な泥水が少し残っているだけだった。キレーホが「この水はゴンワハ（役立たず）だ」と言う。イヌたちのうち三頭だけがぴちゃぴちゃ水を飲んだ。

九時五〇分、トビウサギの巣穴が散在する場所に出た。タブーカが、持っていた〈ダン〉（トビウサギ猟に使うよくしなる長い竿）を穴につっこんで探ったが手応えはない。パンを北に登ってから、西へ向きを変える。ずっと進行方向にあった太陽が背中の後ろにきた。低い灌木が茂る場所にさしかかると、キレーホとダオノアが砂の上に目を落とし、何かの足跡を気にしだした。先を歩いていたタブーカが振り返り、「何だ？ オエ（ヒョウ）か？」と訊くが彼らは答えない。タブーカは「カオン（チーター）か？」と訊きなおすが、やはり答えなし。すぐに、二人は地面の痕跡に興味を失い、さっさと歩きだした。

一〇時半、後方に遅れていたボーネが息せききって走ってきた。「大きなやつが……！」と興奮した様子でタブーカに報告している。「おまえ、それを見たんだな？」「アエー。」タブーカはにっこりして「じゃあ、見に行こう」と優しく言う。わたしが「何だ？」と訊くと「ツォマだ」と答える。とっさにその動物名がわからない。「ツォマって？」横あいからダオノアが「ヘビだ」とぽつりと言う。それでわかった。ニシキヘビだ！ ボーネがそいつを見た場所まで戻り、這った痕をたどると、砂が大きくえぐれている場所に出た。まるで、大きな動物が後ろ足を蹴立てたように見える。「こっちへ行ったんだな。」タブーカはそう呟きながら進むが、すぐ引き返してきて、草むらを手でかき分け始めた。「この穴に入った。」

そおっと覗きこむと砂の割れ目の奥に白い斑紋が浮きあがって見えた。ダオノアが感嘆する。「アエー、ツォマだよ！」タブーカがキレーホに言う。「ダンでつかまえろ！」キレーホが穴にダンを差しこみ、先端の鉄鉤で尾を引っかけて少し引きずり出すと、「ビビビビ」とウンコを漏らしたような音がした。ダオノアは頭のあるあたりへ行って、槍をぐさぐさと砂に突き刺す。キレーホがシッポを摑んでひっぱり始めたので、わたしも手を出したが、「よせ！　跳ねるぞ」と止められてしまう。仕方なく写真撮しに専念する。

ついに三人がかりで力まかせに引きずり出したとたん、ダオノアが「やつは呑みこんでいる」と言った。すでに腹が裂け、そこから何かがはみ出している。「夜中にドゥー（トビウサギ）を呑みこんだんだ」とタブーカ。それで、ボーネに見つかったあとも、すばやく逃げることができなかったのだろう。ヘビはすでに虫の息で、尾だけが力なく動いている。だめ押しのように、ダオノアが槍の穂先で頭を刺してから、さらにその穂先で腹を断ち割ると、ごろんとドゥーが転がりだした。脚がニシキヘビの口の側にあった。つまり頭から呑みこまれたわけだ。毛皮がびっしょり濡れているだけで、完全に原形を保っている。

キレーホがヘビの死骸を持ち上げて無造作に茂みの中に捨てようとしたので、わたしはびっくりした。「食わないのか？」みんな首を振り、口ぐちに否定の声を発する。「エ〜エ。」わたしはムキになって言い立てた。「ツォマの肉はおいしいんだろ。昔、タナカがコイコムに住んでいたとき、男たちがツォマをぶつ切りにして鍋で煮て食い尽くしたそうだ。」

するとキレーホが「じゃあ、おまえが食うのか？」と反問したので、わたしは口に手を当てて呆れ顔をつくってごまかした。キレーホは「スガワラは黙ってしまった」と言って笑った。そのあと、ボーネがニシキヘビを引きずって走りまわり「フーッ、フーッ」とヘビが息を吹きだす音をまねて、イヌたちをおどした。ニシキヘビに近づいて呑みこまれてしまわないように、学習させているようだ（毒蛇を殺したあとも同じようにする）。わたしは名残り惜しくて、タブーカにカメラをもたせ、まだかすかに動いている頭に気をつけながら、首を素早くつかまえて持ちあげ、シャッターを押してもらった。頭を高くかかげても、胴体の下のほうはまだ砂の上に横たわっている。優に二・五メートルはあるだろう。

そのあと、原野を歩きながら、わたしは胸につかえたわだかまりをくよくよ反芻し続けた。「あそこまで大きくなるのに何年かかったのだろう。食わないのなら殺さなけりゃいいのになあ……」そのときふと思いあたり愕然とする。「まさか、おれに写真を撮らせるために殺したんじゃないだろうな？」鋭い痛みが胸を刺した。高校生時代、わたしは生物部の部室で、本州に棲息する八種のヘビのうち五種を飼育していた。ヘビこそ、思春期にわたしがもっとも熱中した存在であった。もちろん、ニシキヘビは無毒で、人間に何の悪さもしない。こんな美しい生き物をわれわれは理由もなく嬲り殺しにしてしまったのだ。

帰国してからフィルムを現像したら、タブーカがシャッターを押してくれた写真はけっこうきれいに撮れていた。ニシキヘビの喉もとをつかんで誇らしげに自分の顔の高さまでかかげたわたしは嬉しそうに笑っている。じつはあのときひどく胸が痛んだのだ、と言っても、この写真を見る人はだれも信じてくれないだろう〘写真0–1〙。

陽光のきらめく大地を憑かれたように歩きまわる数週間があっという間に過ぎて、母国での慌ただしい日常に

写真0-1　ニシキヘビをもつ
1997年カデ・パン付近で

復帰して一月も経たないうちに、一年間の長期調査のためにカデに滞在していた秋山裕之（当時、京都大学大学院アジア・アフリカ地域研究研究科大学院生）から衝撃的な便りが舞いこんだ。国際的な非難を浴びながらボツワナ政府が着々と準備し続けていた「再定住計画」がついに実行に移されたというのだ。中央カラハリ動物保護区内に住む全住民が、その外側への移住を強いられた。私の知り合いのグイとガナの人びとは、それから三、四ヶ月の間に、すべてカデの西七〇キロメートルの場所に設立された再定住村コエンシャケネに移住した。それからの一六年間というもの、わたしは「われわれ」の故地である動物保護区を訪れる機会もないままコエンシャケネに通い続けた。

注

（1）　これと同じ出来事をすでに小説風の文体で書いたが、そこにはやや虚構がまじっていた［菅原 1999］。このプロローグはフィールドノートに記載したことのほぼ忠実な転写である。

序章　魅惑と境界——論理構成・方法論・問題系

文化人類学は、自分がそこに生まれおちたわけではない遠い他者たちの社会に魅惑され、その内部に身をおくことによって、社会を内側から徹底的に理解しようとする営みである。

わたしが魅惑されたのは、南部アフリカに住む狩猟採集民グイの人びとであった。グイの生は、私たちが「動物」と名づける別種の他者たちと直接的に関わることに基盤をおいてきた。わたしの子ども時代から青春期までを濃く彩っていたのは動物への憧れであったから、動物に関わるグイの経験世界を解明することは、もっとも重要な課題だった。だが、研究の力点をわたしは長く対面相互行為の分析においてきたため、この主題に正面から取り組むまでに、とても時間がかかった。

この先に待っている原野の旅はずいぶん道のりが長く、行路は入り組んでいる。長い準備作業が読者をげんなりさせないよう、第一節で、探究の道すじを明確にしながら、本書の全体的な構成を明らかにする。序論に「本論の構成」なる小節をおくという、学術論文の規約にわたしは疎ましさを感じ続けてきた。ミステリー好きにとっては、冒頭でネタばらしをされることほど興をそがれることはないからだ。だが、推理小説のごとく読者を五里霧中に迷わせるわけにもいかないので、不本意ながら最初に明瞭な見通しをつけることにした。すぐにも異郷に旅立つことを求めるせっかちな読者は、この節だけを読んでから一気に本論にとりかかってもよい。第二節では、本書の方法論と分析用具となる諸概念を明示したうえで、フィールドの概略を説明する。第三節では、人間／動物関係に関する近年の研究を紹介し、本書が摂取すべき論点を浮き彫りにする。第四節では人間／動物の断絶線を乗り超えることをめざす最近の動向を瞥見し、予備的な批判をくわえる。ふつう「問題の所在」とか「先行研究の検討」といった題目を冠せられる導入部を序章の最後にまわしたことが、学術書の一般的なスタイルとは異なる点である。

一　語りの「現象学的な民族誌」へ向けて――旅程と構成

記述／分析の基本姿勢

プロローグで描いたように、原野を歩きまわり動物を殺すことこそが、本書の探究の基底を流れる実践である。この探究を導く方法を現象学的実証主義と称する。厳密な定義は次節に持ち越し、ここでは具体的な方法を示す。分析が拠って立つもっとも主要な資材《リソース》は、〈語り〉である。そこには動物に向けられるグイの説明、解釈、想像、そして行為の詳細が溢れている。それらをできるかぎりありのままに呈示することがもっとも肝要である。あたりまえの原則のように見えるが、どの程度の編集や要約が許容されるのかという難しい問題をくぐり抜けなければならない。また、語りを分析する際に、わたし自身の常識や知識をいったん遮断する必要がある。この方法を「括弧入れ《エポケー》」という。さらに、語りのもっとも核心的な意味を、わたし自身の解釈によって照らしだす。解釈の当否は、あくまでもその説得力――または読者の共感を獲得する力能――によって測られねばならない。

記述・分析・解釈は真空状態でなしうるものではなく、特有な概念空間から養分を得ている。それらが分析者自身によっては意識されない暗黙の理論枠《パラダイム》に規定されている可能性はつねにある。その可能性を前もって封殺することはできないが、分析者自身が人間と社会をどんなふうに捉えようとしているのか、その身構えを明示しておくことは有効である。

本書の場合は、〈身体性〉corporeality へのこだわりをもっとも基本的な身構えとして挙げなければならない。語りという言語活動のなかに身体性が滲透するとき、特有な情動のうねりが表現される。それをひとくちに「語りの表情」と呼ぶ［菅原 2013c］。動物と出遭うたびごとに、グイは、わくわくし、驚き、困惑し、失望し、哄笑し、憤激し、気味悪がり、恐れおののく。これらの情動のダイナミズムを追体験することへのもっとも有力な手がかりは、直接話法による自分や他者のことば（しばしば独白や内言の形をとる）の再現、間投詞、反復、冗長性といった発話の修辞的特徴に求められる。

身体性を社会との関わりで捉えるとき、もっとも重要な視角が身体の〈制度化〉である。わたしは社会の成員がつねに制度に従って自動的に行為するといった人間観に与しない。身体のもっとも豊かな潜勢力《ポテンシャル》は、その偶発性と柔軟性にある。グイがみずからの身体に課せられる制度といかに〈交渉〉しているかに注意を払うことは、分析の重要な軸になる。

次に、章と章のあいだの論理的な位置関係を明らかにするための準備作業として、かなり抽象的な議論を行う。それを経たうえで、分析に不可欠な基本概念を定立する。

環境と虚環境／直示的認知と遠隔的認知

原野をタブーカと共に歩く経験から出発する〔写真0‐2〕。とても印象的なのは、彼が歩きながらしきりと地面を指さし、何ごとかを呟くことである。砂の上に残された動物の痕跡を注視し、独白によって〈指標〉的な意味を「指呼確認」しているのである。たとえば、「まだ暗いうちにハイエナがスティーンボック（小型の羚羊）を咥えてひきずっていった。二頭のジャッカルが羨ましがってついていった。」このふるまいと発話は以下のように抽象化される。

「今ここ」において、タブーカはリアルな〈環境〉と切り結んでいる。この切り結びを可能にするのは五感を全開にしていること、すなわち〈知覚〉である。「身体化された心」という知の潮流を開拓したヴァレラたちは、知覚に基づく〈認知〉とは、事物にあらかじめ具わった色・形・匂いなどの属性を一方的に受容し、心のなかで復元することではないと論じた［Varela *et al.* 1990 : 172–179］。動物的な実存が行動することと環境に満ち溢れるさまざまな差異（情報）が立ち現われることとは同じひとつのことであり、行動と環境とは同時に生成している。動物が知覚し行動する出来事と相即して世界が現れいでることをかれらは「現成《げんじょう》」（enaction）と名づけた[1]。本書における語りの分析もこの視点を共有している。

認知するとはいかなることか。タブーカは「今ここ」にはいないハイエナやジャッカルをありありと〈思いうかべ〉ている。すなわち彼は砂の上の痕跡を注視したり、ときに手で触れて湿りぐあいを確かめたりといったふ

写真0－2　原野を歩く
1997年4月カデ・パンの近くで

るまいから得られる知覚資源《リソース》を、〔ハイエナ〕〔ジャッカル〕といった概念カテゴリー（普通名詞によって表示される）と照らしあわせ〈同一性指定〉しているのである〔スペルベル 1979〕。このように、「今ここ」の環境において直接的に知覚する事柄に基づいて事象を同一性指定することを〈直示的認知〉と呼ぼう。端的にいえば、現に彼はその対象を「指さし」「名前を言う」ことができる。

　右に述べた〈思いうかべ〉という心的活動をさらに分析する。彼はまだ暗いうち（近過去）に獲物をひきずって歩いていたハイエナ、そいつをつけていた二頭のジャッカルの姿を「心の目《マインズ・アイ》」によって「見て」いる。そのとき彼が切り結ぶ環境とは、「今ここ」の環境とは異なったヴァーチャルな領野——すなわち〈虚環境〉なのである。

　虚環境という概念を正確に定式化するために、遠い過去の出来事を語るという言語活動に注目しよう。前

写真０－３　虚環境を覗きこむ
タブーカ（右）とキレーホ
2008年８月ビデオの映像から

の小節ではあえて言及しなかったが、「語りの表情」をもっともみごとに体現するのは身ぶり《ジェスチャー》である。だが、身ぶりの詳細な分析は本書の容量をはるかに超えるので、ここでは予備的な観察を挙げるにとどめる〔菅原 2013b〕。タブーカに過去の狩猟経験を語ってもらったとき、彼が文字どおり虚環境に身をのりだし、その奥を覗きこむさまが、身ぶりによって「今ここ」の語り収録の場に現成した〔写真０－３〕。すなわち、虚環境とは、過去語りに典型的に見られるように、主体のある身構えによって立ち現われる「今ここ」の環境とは異なる領野であり、その領野を構成する事象を主体自身も彼と共在する人びとも直接に知覚することはできない。それにもかかわらず、主体はそのヴァーチャルな場に全面的に没入することがありうる。たとえば、愛する女が自分以外の男と性交している（いた）ことを知った男は、その二人が絡みあっている姿をなまなましく〈思いうかべ〉、嫉妬で胸をかきむしられ、他のことは何ひとつ〈目に入らなくなる〉だろう。すなわち、彼はその二人の性交を遠隔的に認知しているのである。

〈遠隔的認知〉もまた同一性指定に基礎をおいている。右の例でいえば、嫉妬にくるう男は、「彼女」の単独性（固有名で表示される）が代替不可能であればこそ苦悩するのである。だが、虚環境のなかで「彼女」を抱いている男には顔がないこともありうる。すなわち遠隔的認知の対象となる事象の外延は不確定である。「神話を語る」という言語活動に注目すればこのことがはっきりする。グイの神話で活躍するトリックスターはピーシツォワゴと呼ばれ、超越者ガマ（神霊）の化身とされる。だが、だれもピーシツォワゴの姿を知らない。また多くの動物たちも神話的キャラクターとして活躍するのだが、かれらは現存する動物の特性を保持しながらも狩猟採集民として生活していた。このような「動物人間」の姿を具体的に思いうかべることは難しい。神話語りにおいて、ピーシツォワゴはこの固有名によってつねに同一性指定されるが、彼の姿はからっぽである。同様に、「ダチョウ小僧」（ゼロツォワゴ）は「今ここ」で指さしうるダチョウと限りなく似た存在として同一性指定できるが、その輪郭はぼやけているのである。

志向姿勢——予見と回顧

今までたびたび使ってきた「今ここ」とは問題含みの概念である。いっさいの知覚がすぐに記憶表象となって虚環境へ退くと考えるならば、環境という尖端は波に洗われる砂の山のようにつねにその背後を虚環境に掘り崩されていることになる。どんなに時間を微分しても「現在の瞬間」を定位することはできない。「今ここ」とはいわば分析のための方便である。つまりそれはある厚みをもった現在なのだが、その厚みを先験的《ア・プリオリ》に決定することはできない。プロローグで描いた採集行を想起しよう。キャンプを出発してから帰投するまでを一つながりの現在として捉えることも可能だし、わたしがニシキヘビの頭を持ちあげた「瞬間」を大きく拡大して微視的に記述しなおすこともできる。このような「今ここ」（すなわち環境）の厚みは、行為者の志向姿勢《インテンショナル・スタンス》に依存して変動するのである。(2)

「ハイエナが残した痕跡」の例に戻ろう。数時間前のハイエナとジャッカルの行動を遠隔的に認知するとき、タブーカは〈回顧的な志向姿勢〉をおびて環境と切り結んでいる。しかし、ハイエナもジャッカルも彼が捕らえようとしている獲物ではない（それらの肉を彼は忌避している）。回顧的な志向姿勢はなんら彼の未来への投企にはつながらない。だが、まあたらしいダイカー（小型の羚羊）の足跡を見つけたら、彼はすぐ追跡にかかる。全神経をはりつめてかすかな痕跡をたどるとき、彼は、その獲物に追いつき、撲殺し、肉をキャンプに持ち帰って仲間たちに分け与える未来をはっきりめざしている。「今ここ」は、キャンプを出発してから満腹して眠りにつくまでの一日の〈出来事〉全体の厚みにまで伸張され、彼が繰りだす行為連鎖すべてが〈予見的な志向姿勢〉に貫かれるのである。

もっと複雑な場合。「おれ」（グイの狩人の視点にすべりこむ記述ではこの一人称を引用符ぬきで用いる）は、ダチョウの足跡を追跡しながら、ダチョウ小僧《ゼロツォワゴ》の足の指はもともと五本あったのに、もげて二本になってしまったという神話を想起する。神話が「昔むかし」という枕詞《まくらことば》で語られるような「大過去」の出来事として思念されるかぎりにおいて、おれは回顧的な志向姿勢に半身を浸しながら、ダチョウをやっつける未来へ向けた予見的な志向姿勢を身におびて原野を進むのである。動物人間たちが闊歩するムーハオと呼ばれる地――すなわち神話空間こそがもっとも典型的な虚環境だとすれば、おれは環境と虚環境がモザイク状に噛みあわさったその境界を歩いていることになる(3)。

本書は序章と終章を除けば、全七章からなる。それらが配列される空間全体は二本の座標軸によって張られる。X軸は環境の軸であり、直示的な認知／遠隔的な認知のモザイク状境界に沿って走っている。Y軸は行為者の志向姿勢の軸であり、予見／回顧の絡みあいを貫通している。大まかな主題に沿って七つの章を分ければ、Ⅰ〔一・二・三・四章〕、Ⅱ〔五・六章〕、そしてⅢ〔七章〕という三つのかたまり《クラスター》が得られる。それぞれの主題は、Ⅰ《環境と虚環境の相互滲透》、Ⅱ《情動のうねり》、Ⅲ《了解可能性と不可能性》である。終章は、Ⅳ《変身》として独立させ、多方面に分岐した探究を統合する。

Ⅰ《環境と虚環境の相互滲透》

ダチョウの足跡を追跡する例からも明らかなように、環境／虚環境という区別もまた分析の方便である。過去の狩猟を再現する語りに熱中し、どれほど虚環境に全身で没入していようとも、語り手が「今ここ」の環境（つまり語り収録の場）から完全に離脱することはありえない。それを端的に表わすのが両者の〈重ねあわせ〉である。「今ここ」から見える風景の一点（樹木や小屋）を指し示し、「あのぐらいの所に……」と言いながら、虚環境における自分と獲物（あるいはライオン）とのあいだの距離感を再現するのである。それゆえ、虚環境はさまざまな形と程度で環境に滲透する。あるときはかすかに露頭をのぞかせ、別のときには（物思いや白昼夢に耽るときのように）意識のほぼ全幅を占めさえする。逆に、「今ここ」でタカからあやうく逃げ去るサイチョウの姿を目にして、神話のキャラクターであるサイチョウ小僧《ゴバツォワゴ》もああだったのだ、と納得するとき、環境のほうが虚環境に滲透している。Ⅰのクラスターに含まれる四つの章は、こうしたさまざまな度合いの環境と虚環境の相互滲透の様態を描き出している。(4) そこに見え隠れしているモティーフを〈因果への問い〉と呼ぶこともできるが、「因果」という概念には、あまりにもリニアな機械論の含みがつきまとうので、第二章以下ではもっと緩やかに〈影響〉という語を用いる。

◆第一章　始原の物語——グイの創世神話

因果とは原因と結果の繋がりである。「今ここ」でおれが知覚するのは結果である。ある事象に直面したとき、おれは「なぜ?」と問う。「なぜダチョウには足の指が二本しかないのか?」「昔むかし、ダチョウ小僧《ゼロッオワゴ》が鋭い棘のある実を踏んづけて指が三本もげてしまったからだ。」「なぜ?」という問いが因果系列を逆向きに照らすのである。もっとも根源的な「なぜ?」とは、おれが生きるこの世界全体に向けられる問いである。「なぜ世界はこのようになっているのか?」哲学者という専門職が分化していない社会においては、神話がこの「なぜ?」に答える「始原の物語」を用意する。それは環境から分離した虚環境の孤島を指し示すように見えるが、身体の直接経験を媒介にして環境と重ねあわせられる。

◆第二章　気づきと感応——他者としての動物

「原野を歩く」という実践は環境を超えた表象の脈網とつねに接合している。表象の脈網を満たすもっとも重要な構成要素は記号である。それが人間の意図によって作られた場合、記号は自然からの差異として現われる。「なぜ草の束が結ばれているのか?」「だれかがこのシロアリ塚は自分のものだと告げているのだ。」

砂の上の痕跡に注意を集中するおれは、その指標を指さし「ガロシ（ミツアナグマ）がイアダ（ブラック・マンバ）をやっつけたぞ」と独白する。〈直示的認知〉こそが、環境に充満する差異を検出する最大の武器である。この認知は、動物という他者への奥深い身構えに浸されている。その身構えとは動物を〈おもしろがる〉ことにほかならない。

他方で、おれは〈直示〉を超えた影響に思いを籠めることがある。「今宵は満月だ。ガエン（スティーンボック）が月の光に酔ってうろつきまわるぞ。」「酔う」を意味する〈ナレ〉という動詞は、他者の身体の変化から影響を受けたり、未来を予感したりすること——つまり間身体的な感応を表わす。また、原野で遭遇した動物に何らかの異常を認めると、おれはその異変に思いを籠める。その後、だれかが死んだと聞くと、あの異変は死のお告げ（ズィウ）だったのだとわかる。このとき〈直示的認知〉は〈回顧的志向〉により人の死と連結される。「人の死→動物の異常」という知覚を超えた影響関係が、〈遠隔的認知〉によって逆向きに照らされるのである。第二章は、こうした間身体的なサンスの全体像を照らす。

◆第三章　食うと病むもの——肉食の禁忌と忌避

動物の肉を食うことによってみずからの身体が変容することこそ、おれと動物の直接的な関わりを抜きさしならない水準で具現する影響関係である。「なぜこんなにひどい下痢になったのか?」「禁じられた肉を食ったからだ。」ある種の動物の肉をあるカテゴリーのメンバー（たとえば青年）に対して禁じることこそ、身体の制度化である。人はこの制度にただ従属するわけではなく、制度と駆け引きを繰り広げることによって、自己が身におびている力能と潜勢力を探索する。ある肉を摂取したから病んだという影響関係は、個人の生活史の長い時間幅にまたがって解釈されなおし、ある種の民俗免疫理論を組織する。

◆第四章　翼ある告知者――環境と虚環境の双発生成

第四章の主人公は鳥である。小鳥は肉としては価値に乏しいが、環境のなかで頻繁にその姿を目にし、鳴き声を耳にする。だからこそ、そのふるまいや姿に対して、精緻な観察眼を働かせ、無尽蔵の想像力を投げかけることができる。「なぜあいつはあのように鳴くのか？」「猟の成功を告げているのだ。」〈直示的認知〉は〈予見的な志向姿勢〉によって未来の行為へ投射される。また、この「なぜ？」の問いは、習性や形状の「起源神話」を喚びおこす。〈直示的認知〉は〈回顧的な志向姿勢〉によって、神話的大過去へと連結されるのである。「鳥人間」たちが躍動する神話世界は虚環境のもっとも精密化した形態であるが、それは環境と相互滲透するにとどまらない。直示に基づく観察の力能と神話的想像力とが相互に補強しあうのである。つまり両者は〈双発的に生成〉している。このことこそ、Ⅰの探究が照らすもっとも重要な論点である。

《環境と虚環境の相互滲透》をめぐる探究の構造は図のようにまとめることができる【図0-1】。二点注釈をくわえる。わたしは以前これと似たシェマを提示した際に、直示的認知と遠隔的認知を知覚と表象の対立として捉えた［Sugawara 2001］。しかし、この二項対立はあたかも純粋な知覚が実在するかのような錯覚を導くので不適切だった。廣松渉の次の洞察を忘れてはならない。「「純然たる知覚現相」などというものは如実には存在せず、如実の現相はその都度すでに〝情意的な契機を孕んで〟おり、本源的に表情的である」［廣松 1989：17 強調は原文］。もうひとつ、人はつねに表象の脈絡と接合しながら環境と虚環境の双方を生きる。記号はこの脈絡の一部をなす。もっとも精緻な記号の体系は言語である。身体の根源的な制度化として、言語を位置づけなければな

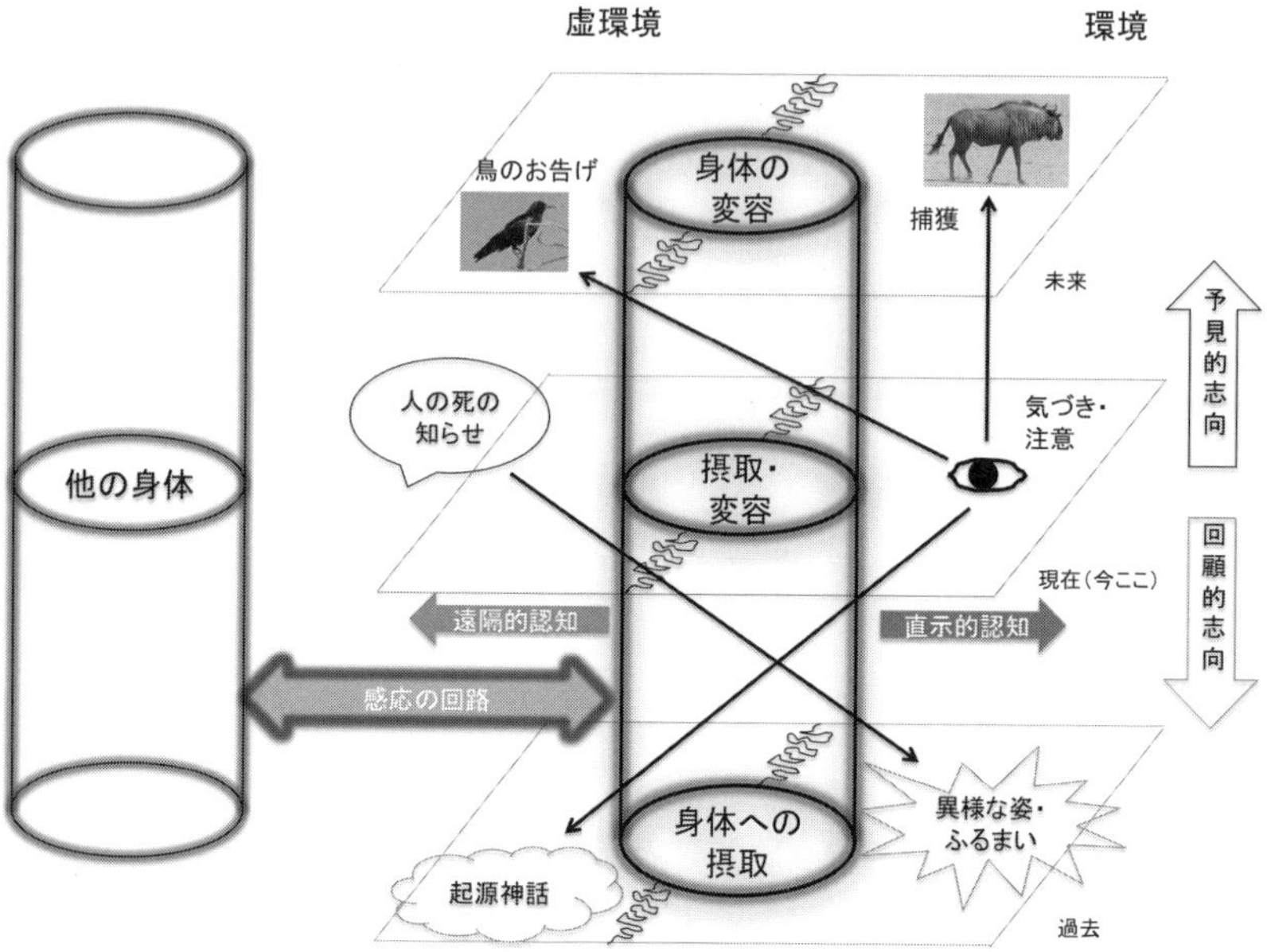

図0－1　本書の探究の構造

らない。

Ⅱ《情動のうねり》

ⅠとⅡのあいだには、語りの分析方法に大きな違いがある。因果あるいは影響関係を理解する資材として必要なのは、語りの内容《コンテンツ》である。そのロジックを明らかにするためには、語りを簡潔なテキストへと蒸留する必要がある。それゆえ、Ⅰの分析が依拠する語りの資料は（日常会話も含めて）大幅な要約である。だが、Ⅱが照らしだすのは、狩りの経験そのものに漲《みなぎ》る驚き、熱狂、落胆、あるいは、みずからや仲間が動物に襲われることから沸き起こる怒り、恐怖、絶望である。それゆえ、Ⅱでは、できるかぎり原形を損なわずに語りの量塊を再現することに腐心した。また、読者の理解を助けるために長い事例の前には要約を付した。事細かに語り、同じ内容を繰り返し、枝道に逸れ、さらに別の機会に同じ出来事にまつわる語りを反復すること——それらの全体が語りの表情なのである。

◆第五章　殺しのパッション——狩る経験の現象学

狩猟とは動物という他者への殺意によって駆動される実践である。弓矢と撥ね罠というもっとも重要な道具に殺意は物質化される。同時に、狩猟を成り立たせる行為連鎖を組織する〈実践のシナリオ〉の裏面にはつねに〈情動のシナリオ〉がうねっている。獲物に毒矢を射当てたとき、〈嬉しい驚き〉が狩人を捉える。その驚きの背景には、〈期待の遮断〉という身構えがある。コミュニケーション期待の投げかけあいは、仲間どうしの微妙な交渉を生みだす。さらに、獲物にとどめをさす瞬間に「こいつはもう怖がっていない」と呟く独特な身構えには、情動的な存在としての動物と対峙する緊張と感動が凝縮されている。そのような受苦的な実存に対して、グイはときとして驚くべき残忍さを発揮する。狩りの方法としては逸脱的な「焼殺」の事例に注目し、わたし自身の情動の揺れを見つめる。

◆第六章　掻かれ咬まれ殺される——パーホ（咬むもの）の恐怖

狩りは危険に満ちた活動である。美味な獲物であるツチブタは本来〈パーホ〉（咬むもの＝猛獣）ではないが、深い穴にもぐるそいつを狩ることは思わぬ危難を呼びよせる。ふつうヒョウにとってヒトは獲物ではないが、両者の遭遇は命がけの闘争に到る。これらの危機に直面した狩人は仲間の助けを期待するが、それは往々にして裏切られる。そんなとき人間は「自分の命こそが最優先されるべきである」という死にものぐるいのエゴイズムと向きあい、みずからの根本的な被傷性《ヴァルネラビリティ》に曝される。

人間の被傷性を極限的な形で露出させるのがライオンの襲撃である。おれは父さんの死を食いとめられなかった仲間を責め憤慨する。長い年月が過ぎたあとも、その憤りを繰り返し語ろうとする。ライオンに人間が殺されるようなひどいことが偶然に起こるはずはない。女の呪詛が男を害するのだ。「ライオンがおまえを襲うぞ！」ということばが現実の出来事を引きおこす。これこそ〈近代〉が排除した因果論の典型である。この点において第六章の探究はⅠ／Ⅲと連結する。だが、人間は身体能力のうえでは太刀打ちできない天敵に一方的に翻弄される存在ではない。グイは陽光のもとでは、ライオンと果敢に対峙し、駆け引きを演じ、ときにそやつが斃した獲物を横取りしさえする。ライオンへの恐怖と表裏一体の情動として、この圧倒的な他者とわたりあう戦慄と興奮が躍動している。

Ⅲ《了解可能性と不可能性》

現象学的実証主義のもっとも大きな特徴は、事象を外的に説明することではなく、その意味を内的に了解することである。Ⅲは、了解への人類学者の試行錯誤に焦点を合わせる。分析手続きはⅠとⅡのどちらとも異なっている。すなわち、わたしと語り手、そして二人の調査助手とのあいだで交わされた一つの会話（形式的にはインタビュー）の事例を徹底して分析するという手法をとっている。Ⅰの副次的なモティーフとなった因果／影響はⅢでは「不可視の作用主」という概念に転移する。Ⅰで分析した影響関係の手がかりは、下痢、痒み、動物の異常、鳥の囀りといった環境内の直接経験に求めることができたが、ライオンの襲撃が呪詛によって引きおこされたという解釈は直接経験の裏づけをもたない。

◆第七章　女の魔力と動物への変身――〈キマ〉をめぐる省察

グイの狩人を主人公とする本書の探究は男の視点に貫かれている。その男たちは女の力に対して独特な恐れを抱いている。それが凝縮されているのが女の呪詛によって男がライオンに襲われるという考え方である。この影響力はキマという翻訳の困難な概念に結びついている。キマの内包を確定しようとしたわたしは、語り手・調査助手たちとの延々たる交渉によって迷路に誘いこまれた。キマは「女の魔力」を意味するだけでなく、食物禁忌を破った人が動物に変身することをも引きおこす力なのである。男性中心主義を払拭するために行った女性へのインタビューも混迷を深める結果に終わった。だが、この挫折は、変身の可能性が自然に埋没したグイの間身体性に深く根ざしているという展望を拓いた。

Ⅳ《変身》

第七章から動物への変身の可能性という主題が初めて浮かびあがった。この鍵概念を導きとして本書の長く多岐にわたる探究をひとつの鮮明な図柄へと収斂させることを試みる。

◆終章　動物の生への還帰——現象学的自然主義への道

一世紀前に絶滅したブッシュマンのフォークロアを参照すると、グイの〈ナレ〉（酔う／感づく／予感する）とそっくりのサンスが報告されていることに気づく。そこで、本書の探究全体を彩る家族的類似に注目すれば、もっとも鮮明に浮かびあがるのが、間身体的な感応の回路である。〈ナレ〉という動詞こそ、それをもっとも端的に体現する。動物を〈おもしろがる〉身構えからはじまって、動物の異常を人の死に結びつける〈ズィウ〉という概念も、動物人間が闊歩する神話的世界に思いを馳せることも、すべて人間が動物に〈なる〉可能性を指し示している。ここから私たちはドゥルーズとガタリが論じた《なること》（ふつう「生成変化」と訳される）へといざなわれる。彼らが重視した、自然を満たすリトルネロ（リフレイン）に思いを籠めることによって、サルとヒトとの境界線上を走り続けた伊谷純一郎の自然誌的な身構えへと導かれる。これらの思考を統合して、現象学的実証主義から現象学的自然主義への転形の可能性を展望する。

二　方法論と基本概念

この節では、第一章以下の民族誌的な記述と分析の軸になる方法論、およびそれと結びついた基本的な概念を明示する。理論的な背景をなすのは、現象学と認知科学のテキスト分析である。また、わたしが長年にわたって追究してきたコミュニケーション理論も重要な軸になる。さらに、「思想」と「物語」に関わる自前の理論枠を提案する。

身体化と現象学的実証主義

グイの近接と身体接触の分析を始めた当初から、わたしはメルロ＝ポンティから強い影響を受け、「身体性」(corporeality)を関心の中心においてきた［菅原 1993, 2010］。メルロ＝ポンティの思考は認知科学における「身体化された心」(embodied mind)の理論へと継承されて、急速な発展を遂げてきた［菅原 2013a］。この動向の第一人者であるレイコフとジョンソンは、人間／動物関係について次のような展望を示している。

理性は進化の産物であり、「下等な」動物にみられる知覚的・運動的な推論形式を利用している。ここから帰結するのはダーウィン主義的な理性観である。この考えかたは、人間以外の動物に対する私たちの関係を完全に変更する。理性とは、人間を他の動物から隔てる本質ではなく、むしろ私たちを動物との連続性のなかに位置せしめるのだ。(英文からの抄訳、強調は引用者)［Lakoff & Johson 1999 : 4］

わたしは、この高らかな宣言に半分だけ共感する。人間と動物は連続した存在としてこの世界を生きているという認識こそ、本書の構想の出発点をなす。これはまた、動物と環境世界との融通無碍な「切り結び」(encounter）を「知性」の基盤に据える、アフォーダンス心理学の基本的な論点とも共鳴しあう［リード 2000］。しかし、レイコフとジョンソンに対しては以下の二つの疑問を突きつける必要がある。第一に、彼らが、動物と人間の連続性を理解するための枠組として、ダーウィン主義的な進化論の正当性を自明視していること。メルロ＝ポンティに倣って「世界の内部から思考すること」をめざすわたしは、進化論という外在的な説明の体系を無造作に導入することに懐疑的にならざるをえない［菅原 2002a］。第二に、彼らが予見する「人間と動物との関係の完全な変更」とは、具体的に何を意味しているのかが、不分明である。人間と動物の関わりのリアルな姿を明確に定式化しないまま「完全な変更」を謳うことは、机上の空論にすぎない。

　進化論に予備的な考察を加えておこう。手がかりとなるのは、次節の冒頭で詳しく取りあげるシンガーの『動物の解放』である。一九七五年版の序文に次のような一節がある。

> 私たちは、「ヒト以外の動物」をさすために、ふつう「動物（animal）」ということばを用いる。この用法は人間を他の動物からはっきりと区別するものであり、私たち自身は動物ではないということをほのめかしている。生物学の初歩を学んだ人なら誰でも、この暗示がまちがいだということを知っているのだが……。［シンガー 2011：18 強調は引用者］

　だが、傍点部の断言には罠が潜んでいる。その罠は、私たちの思考の基盤をなす日常言語と、何らかの思想に依拠する言語との区別を曖昧にすることのなかに仕掛けられている。日本語や英語の日常的な用法では人間は動物ではない。グイ語には「動物」一般をさす名詞はないが、「人」（クエ kʰóè）はあくまでも「人間」のことであり、それより上位の範疇の一員だとはみなされない。「人間も動物である」という言明は特異な思想的立場を前提とする。この思想は、生物分類学の体系化を推し進めたリンネによって提起され、さらにダーウィンの一連の著作、また自らダーウィンのブルドッグと称して進化論の普及に努めたハックスレーの「自然における人間の地位」でもっとも明示的に体現された〔ボウラー 1987〕。このハックスレーの表題こそ、理学部で動物学を専攻したわたしにとってアイデンティティ証明に等しいフレーズだった。本書を貫く方法は、この青年期の出発点をいったん括弧入れ《エポケー》することから始まる。それはフッサールが提唱した「現象学的還元」に由来する方法である。私たちは日常生活において「一つの客観的な空間時間的現実を定立している」。この現実こそ、私たち自身がそこに帰属する環境世界である〔フッサール 1979：132〕。

この定立の或る種の停止は、定立を反定立に転化させることではなく、肯定を否定に転化させることではない。……われわれは、その定立を、いわば「作用の外に」置き・働かせないで置くのであり、われわれは「スイッチを切ってその定立の流れを止め・その定立を遮断するのであり」、……「その定立を括弧に入れるのである」。〔前掲書：136–137、強調はすべて原文〕

本書の文脈では、「進化」こそが、括弧に入れられ、スイッチを切られ、遮断された定立である。私たちはどのようなとき、この括弧をはずし、スイッチを入れなおす必要に迫られるのだろうか。試論的な考察を第一章の末尾で提示する。

グイの日常会話を分析した拙著の序章でも述べたことだが〔菅原 1998a：8–9〕本書を貫く基本的な方法を現象

学的実証主義と呼ぶ。旅を始めるにあたり、この原点をもう一度振り返る。メルロ＝ポンティは、その前期の主著の冒頭で、次のように説き起こす。事物そのものへ立ち還るとは認識以前の世界へ立ち還ることである。いっさいの科学的規定はこの世界に対して抽象的・従属的でしかない。〈世界の本質〉を求めるとは、「反省というものを、意識の非反省的生活と同等なものにしようとする野心なのである」［メルロ＝ポンティ 1967：16］。「形相的還元」とはフッサールが提唱した事物から本質への還元のことだが、彼はそれを「世界……をそのとおりの姿で出現させようとする決意」と言い換える。

> 世界とは、私が思惟しているものではなくて私が生きているものであって、私は世界へと開かれ、世界と疑いようもなく交流しているけれども、しかし私は世界を所有しているわけではなく、世界はいつまでも汲みつくし得ないものなのだ。……形相的方法とは、可能的なものを現実的なもののうえに基礎づける一種の現象学的実証主義の方法なのである。［前掲書：17–18、強調は引用者］

最近まで近代の外部にいた人びとは、哲学者のように「反省」に人生を捧げはしない。かれらの労働や儀礼を支えるのはまさに「意識の非反省的生活」なのである。人類学者はおのれの思考をそれと「同等なものにしようとする野心」を抱く。人類学もまた「可能的なものを現実的なもののうえに基礎づける」営みとして位置づけることができる。

　人類学にとっての現象学的実証主義を次のように定式化する。それは、フッサールの指令にならって「天下り」の知識を括弧入れし、わたし自身の直接経験に還帰し、それとグイの経験とのあいだに発見される連続性と断絶を記述するという意味で、現象学的である。なかでも注意ぶかく括弧入れすべき知識こそ、私たちが棲まう産業社会で権威づけられる因果に関わる「科学的説明」である。本書の重要なモティーフは、グイ自身が自明とする因果を了解することだが、これを科学的な因果論に頼って真偽判断することを禁じなければならない。だが、他方では、この探究は談話分析を含むフィールドでの直接観察に徹底的に依拠し、他の民族誌家による「追試可能性」を確保するという意味で実証主義（経験主義）的である。いいかえれば、わたしと同様の方法でグイを調査する人は、本書でわたしが呈示するグイと動物との関わりをめぐる記述ときわめて類似した描像を得るだろう。

間身体性

晩年のメルロ＝ポンティが提起した「間身体性」も本書の探究に大きな手がかりを与える。ただ、彼は、「間身体性」を厳密に定義したわけではなく、その遺稿の中心概念である「肉」（*la chair*）と密接に連関した媒介項として暗示しているにすぎない。

……見えるものの自己自身への関係があって、それが私を貫き、私を見る者として構成しているのだとすれば、私がそれを作ったのではなく、むしろそれが私を作っているこの循環、見えるものの見えるものへのこの巻きつきは、私の身体と同様に、私以外の他者の身体をも貫き、生気づけうることになる（……）。もし見えるものがその断片の一つに捕獲されるがままになっているとすれば、捕捉原理〔ともいうべきもの〕が得られ、その領野は他のナルシスたち、つまり「間身体性」(intercorporéité)のために開かれているのである。［メルロ＝ポンティ 1989：195、Merleau-Ponty 1964：183 原文を参照し訳文を一部改変］

単純化すれば、主体が属性を具えた世界を一方的に見るわけではなく、知覚という出来事において、複数の匿名の身体に世界のほうが巻きついてくるのである（捕捉原理 *le principle de la captation*）。私と他者とは、離散した身体に閉ざされて存在しているわけではなく、世界の「肉」であるところの共通のサンス（*le sens* 意味＝感覚＝方向性）へと開かれている。本書では、「間身体性」をこのようなサンスの共有と解する。この概念は、グイの社会生活に張りめぐらされている感応の回路を了解するうえで大きな有効性をもつだろう。

期待としてのコミュニケーション（コミュニケーション域）

大森荘藏の思想に由来する「思い籠め」も、本書の分析を導く糸になる。東向きの窓に面した職場のデスクに向かって夕刻まで仕事に没頭していて、ふと目を上げると、大文字山の上に昇ったばかりの満月が煌々と輝いている。この「現在」の知覚が単独でおとずれることはありえない。そこには、山の縁に月が貌を覗かせている「過去」と、東の空高くに月が冴えざえと光っている「未来」とが、同時に思い籠められている［大森 1982：50］。

コミュニケーションのもっとも原初的な形態は他者の姿形やふるまいの顕著さに「思いを籠める」ことである。たとえば、東アフリカに広く棲息するベルベット・モンキーは、上空に飛来した猛禽類に対してムクドリが警戒の囀りを発すると、空を見あげる［菅原 2002a］。ムクドリは同種の仲間に警戒を促しているだけで、サルのことなど眼中になかろう。サルのほうが一方的にムクドリのふるまいに思いを籠めている。同様に、ゆっくん（わたしの長男である自閉症者）の不思議なふるまいにわたしが神秘の光に照らされるような感覚をおぼえるとき、彼の意図とは関わりなく、わたしは彼に思いを籠めている［菅原 1998c］。

スペルベルとウィルソンが提起した関連性理論の出発点はコミュニケーションのこうした非対称性であった。かれらは「情報意図」を「発し手が抱く想定の集合を受け手に呈示すること」と定義した。つまり、情報意図とは「受け手に何らかの情報を与えようとする意図」のことである。かれらが主題とする「顕示的《オステンシブ》コミュニケーション」は、情報意図と同時に「情報意図を知らせようとする意図」すなわち「交通意図」が発せられるとき初めて成立する。情報意図と交通意図とが重合して一つのふるまいへと統合された「顕示《オステンション》」は、発し手と受け手の「相互的認知環境」の変更を本質とする。結局のところ、出発点に据えられた「非対称性」は周縁的な事例へと放逐されてしまうのである［Sperber & Wilson 1986］。

一方、ルーマンは、コミュニケーションを三つの極をもつ選択過程として捉えた。第一に、伝えるべき意味のある何ごとかを情報として選択する、第二に、それを伝達するふるまいの形式を選択する、そして第三に、情報と伝達との差異を選択するのである［ルーマン 1993］。第三の選択は、この理論の難解さの核であるが、「理解への期待」とも言い換えられる。女が男に「あなたは私の所まで堕ちてこられないわ」と言う(5)。男の未来の行為をこの発言が正しく予言するかどうかは問題ではない。発話の字義的な意味と、それを口にすることとのあいだに落差があるからこそ、理解の可能性が拓かれる。要するに、女は「自堕落な私をわかってほしい！」という期待を男に投げかけているのである。

スペルベル／ウィルソンの関連性理論とルーマンの社会システム理論は、わたしの知るかぎりもっとも優れたコミュニケーション理論である。だが、どちらも言語中心主義への傾斜を払拭できないところに問題がある。これらの理論が提案したコミュニケーションの定義は、人間と動物のあいだに展開する関わりの複雑さと多様性を了解することにとっては、あまりに狭すぎる。そこで、わたしは思いっきり柔軟に、コミュニケーションを「私の情報意図を相手は理解するだろう」という〈期待の投げかけ〉と定義する。同語反復めくが、傍点部をしばしば「コミュニケーション期待」と略称する。

コミュニケーション期待が投射される外延の不確定な他者たちの仮想集合をコミュニケーション域と呼ぶ。コミュニケーション域は必ずしも共同体の境界とは一致しない。共同体の内部には、幼児や知的障害者といった「ことばの通じない」（グイはこれを「耳の穴がない」という隠喩で表現する）人びとが存在しうるからだ。さらに、共同体の構成員を非-人間にまで拡張すれば、イヌやウマはコミュニケーション域に包摂されるが、ヤギはそうではない。「イヌは名前を呼べば駆けよってくるが、ヤギには人間のことばがわからない。」狩りの獲物となる動物たちもまたコミュニケーション域の外部に存在する。かれらは捕獲をめざす狩人の意図に対向する意思をもって逃走する。狩人はこの意思を挫き、他者を「肉」という身体資源に変換し、仲間とそれを分かちあうことを目標とする［菅原 2005］。

思想・物語・理論

「天下り」の知識を括弧入れしたうえで、生活世界に侵入する知識と実存との関わりを組上に載せるためには、自前の概念を用意する必要がある。その概念とは「思想」である。日本語の「思想」は英語のideaやthoughtよりも深いニュアンスをもつ。わたしは別のところで、文化人類学を支配してきた表象主義を批判しながらも、人間的な実存を他の動物的な実存と隔てるもっとも根本的な特性は表象の脈網を紡ぎ出しその内部に棲まうことであると認めた［菅原 2004a : 24］。この特性は、ある社会に内属する人間的実存がなんらかの実践倫理にしたがって行為する傾性をもつことの前提をなしている。わたしが「思想」と呼ぶ何ものかは、そうした実践倫理と不可分に結びついた暗黙知のことである。それを言語に還元できる表象の集積と捉えるべきではない。「思想」から主知主義的な色あいを脱色するために、それを身体的なハビトゥスと情動に滲透された言語の潜勢力と定義する。しかもこの潜勢力は、暗黙の推論構造をそのなかに折り畳んでいる。推論構造とは、認知科学的なテキスト分析のキイワードである。レイコフとジョンソンは以下のように論じる。

> われわれがこれから行おうとするのは、古典的なテキスト解釈ではない。そうではなく、それはさまざまな認知諸科学においてなされる経験的な分析の典型である。それは、テキストの了解が基礎を置いている無意識的な推論構造を支配する規則性を詳細にわたって説明することを試みる。……それが注意をはらうのは、テキストのなかでは明白かつ意識的に論じられてはいないが、テキストを意味あるものとするために無意識的に当然とされねばならなかった事

柄なのである。［Lakoff & Johnson 1999 : 343］

さらに、こうした推論構造が時間の次元によって組織されるとき、それをシナリオ（あるいはスクリプト）と呼ぶ。レイコフが『認知意味論』の事例研究で論じた「怒りのプロトタイプ・シナリオ」はその代表的なものである［レイコフ 1993 : 487-492］。

人は固有な社会的文脈において思想を言表化することに促される。言語の潜勢力は現勢態へと変化し、特有の推論構造に従った「物語」を生みだす。「物語」が表象の脈網の一結節になることと相即して、言表化しえないハビトゥスと情動は濾過され前-主題的な薄明域のなかへ退くだろう。その薄明域をある「物語」の動機《モティベーション》づけと呼ぶことができる。

私たちの生活世界は均質な平面として連続しているわけではなく、有限箇の領域に分節化している。このような領域を、認知科学の用語を借用してドメインと呼ぼう［D'Andrade 1995］。重要なことは、思想は一般的にドメイン特異性（domain-specificity）を帯びているということである。ドメインAに特異的な思想αと、ドメインBに特異的な思想βとが、単一の実存において相互に矛盾しているとしても不思議ではない。ここから、人はドメインごとに異なる種類の実践倫理に従いうることが予想される。たとえば、労働のドメインにおいては同僚を蹴落とすことをためらわない冷徹なエゴイストが、セクシュアリティのドメインにおいては愛する人のために自己犠牲を厭わないといったことがありうる。

専門家が物語の精緻化に知を傾注するとき「理論」（民俗理論と科学理論を含む）が生まれる。非階層的な社会では、その専門家とは、長老、年長者、呪医、シャマン、卜占師などであろうし、階層社会では、司祭、僧侶、修道士、学者といった職能集団がこの役割を担う。ある種の理論は生活世界のあるドメインに「天下りの知識」として食いこんでくる。さらに、およそ想定しうるかぎりのドメインすべてを単一の理論が説明し尽くすことができると想定するメタ理論が生まれることがある。近代におけるマルクス主義、精神分析、自然科学の客観主義はその代表的な例であり、「壮大な物語」（grand narrative）などと揶揄されてきた。

言うまでもなく本書の主題となるドメインは「動物」である。このドメインから生成する「物語」を手がかりにして、その背後に息づく動機づけを照らし、グイが動物をめぐって育んでいる思想の全体像を明らかにすること――本書の目標はこのように定位される。

グイ・ブッシュマン

民族誌記述の舞台は南部アフリカのボツワナという国のまん中に位置する中央カラハリ動物保護区である。この保護区は約五万平方キロメートルという広大な面積を有する。九州と沖縄県をすっぽり収めても、まだお釣りがくるぐらいの広さである。

主人公は、グイ glúi という自称名をもつ狩猟採集民ブッシュマン（サン）の一方言集団である。この地域には、グイと近縁なガナ gǁana 方言集団に属する人たちも暮らしている。二つの方言集団間の言語学的な差異はわずかであり、いずれも牛牧畜民コイコイと近縁な「コエ語グループ」に属する［Barnard 1992］。グイとガナの通婚はごく普通だが、人びとはどちらかの集団に対して明瞭な帰属意識をもち続けている。動物に対する認識と実践のほとんどはグイとガナに共通したものだが、煩雑さを避けるために民族名をグイで代表させる。語り手がガナの場合はそのつど明記する。

田中二郎がこの地で生態人類学的な研究を開始したのは、一九六六年末のことであった〔田中 1971/1990, 1978 ; Tanaka 1980〕。田中の調査拠点は、保護区中央部の西境界線のすぐ近くに位置するカデという地域だった。カデの中心地コイコムには、もともと、南アフリカ出身の人類学者で保護区の設立者でもあるジョージ・シルバーバウアーの手によって、ジーゼル・エンジンで水を汲みあげる井戸が設置されていた。シルバーバウアー自身がグイを対象にして優れた民族誌を著している〔Silberbauer 1981〕。田中の最初の調査は、衝撃的ともいうべき自然環境の特徴を明らかにした。グイが暮らすカラハリ砂漠の中央部には、恒常的な表面水がないのである。一年の大半の期間、人びとは地表に実る野生のスイカや、地中に埋蔵された植物の根から水分を得ていた。男女のあいだには明確な性的分業があり、採集活動はおもに女によって行われるのに対して、狩猟は男だけが行った。田中は、キャンプに持ち帰られる食物量と男女の労働時間を計測し、植物性食物の割合がカロリー比にして八〇パーセントにもおよぶこと、食生活の基本をなすのは一一種の「主要食物」であることなどを明らかにした〔Tanaka 1980〕。

田中の第二回目の調査（一九七一〜七三年）は、リチャード・リーとアーヴン・ドゥヴォアの組織する「ハーバード大学チーム」と連携して行われた。さらに精密化した生業生態の資料を、田中は、リーたちが調査しているボツワナ北西部ドベ地域のジュホワン（Ju|'hoan）・ブッシュマン（この当時はクン!Kungと呼ばれていた）のもの

［Lee 1979］と比較した。その結果、ジュツォワンの食生活が栄養価の高いモンゴンゴの実に大きく依存しているのに対し、この喬木が分布していない中央カラハリにおいては、食生活にずっと大きなヴァラエティが見られることが明らかになった［Tanaka 1976］。

一九七九年にボツワナ政府がカデに「遠隔地開発計画」（Remote Area Development Programme）を適用してからは、人びとは井戸の周囲数キロメートル以内の場所に定住するようになった［田中 1994］。わたしは、田中に導かれ、一九八二年からこの定住地の周辺部に住むグイの人たちと共に暮らし、身体的・言語的なコミュニケーションに関する研究を続けてきた。一九九七年には「再定住計画」（Relocation Programme）が実行された。保護区内のすべての住人は、その外側に設立された、いくつかの「再定住村」（relocated village）に移住することを余儀なくされた。わたしが親しくしてきた人びとは、カデから西へ七〇キロメートル離れたコエンシャケネ（別名ニュー・カデ）に移住し、現在に至るまで、人口千人以上にのぼる村でストレスの高い生活を続けている［丸山 2010］。

以下、狩猟と動物認識に絞って、調査チームの研究を紹介する。大型の偶蹄類をねらう日帰りの弓矢猟は、定住生活によって事実上不可能になった。大崎雅一は、一九八二〜八三年の調査で、弓矢猟に代わって急速に普及した「騎馬猟」に焦点をあて、この猟法がきわめて効率が高く、しかも安定した収量を約束するものであることを明らかにした［Osaki 1984］。池谷和信は、一九八七〜八八年の調査において、多数の犬によって獲物を追いつめ槍でしとめる猟（以下、犬／槍猟と呼ぶ）が活発に行われていることに注目した。騎馬猟によって得られる肉が馬の所有者に集中するのに対して、犬／槍猟では、肉はある程度は公平に参加者に分配される傾向があった［池谷 1989]。

グイ／ガナの動物観を簡明にまとめた田中の論文は、その後の民族動物学、民俗分類学に関わる研究の礎を築くものとなった［田中 1994, Tanaka 1996]。ここで彼は、動物が「食うもの」「咬むもの」「役たたずなもの」というきわめて実用的なカテゴリーに分類されることを明らかにした。さらに、動物が登場する代表的な民話や神話を紹介し、動物の習性に関する精緻な知識に根ざした、グイ／ガナの象徴的世界の概略を照らしだした。

一九九三年から調査に参加した野中健一は「民族昆虫学」という未踏の領域に挑戦した。一八種の昆虫と三種の蜂の蜜とが食物として認識されていることを確定したうえで、各種の採集法と調理法を綿密に記載した。さらに、食生活とは関わりのない昆虫までもが、薬、化粧、装飾、子どもの遊びといった多様な用途に供されていることを見出した。これは、昆虫体の物理的・化学的特性、そしてその「外骨格」をも最大限に活用するものである。その背後には、一三〇種類以上もの方名によって基礎づけられた精密な知識の体系がひそんでいたのである［Nonaka 1996]。また、野中と連携しながら、中川裕は、「虫」に関わるグイ語の民俗カテゴリーを言語人類学的な手法で分析し、上述した田中の三つの動物カテゴリーを明晰化する分類の論理規準を明らかにした［中川 2001]。これらの研究は第三章第三節「動物をいかに分類するのか」の基礎をなすものである。

三　人間／動物関係——概念空間の成立

この節では、人間と動物の関わりをめぐる概念空間の基本的な骨格を示す。ただ、本書は包括的な理論書ではなく、民族誌記述によってグイと動物の関わりを照らすことを主眼とするので、以下の先行研究のレビューは予備的なものである。

動物の苦痛と魂

近年もっとも深甚な衝撃を与えた動物論から始めよう。シンガーの『動物の解放』である［シンガー 2011］。私たちがふだん食べている肉・卵・牛乳は工場畜産の産物であり、夥しい数の家畜と家禽に対する無慈悲な大量殺戮からもたらされる。シンガーの煽動が大きな力をもつのは、未だかつてどんな思想家も夢想しなかった「一人からの革命」の可能性を展望させるからである。大衆を組織する政治運動とは無関係に、きょうからあなた一人が「肉を食わない」と決意すればよい。その「あなた」の数が多数派になれば、世界の経済システムは根底から覆り、人類を脅かし続ける饑餓はたちどころに解消される。

シンガーの主張は、痛みを感じるような神経系を持つあらゆる動物に苦痛を与えてはならず、また苦痛の果てにおとずれる死を人間によって強制してはならない、という確信に基づいている。こうした思想の特徴を「論理の極端化」と呼ぼう。

これとは対照的な例を挙げる。モーパッサンの『女の一生』には教条主義的な神父が登場する。村の子どもたちが雌犬をとり囲み、仔犬が産み落とされるさまを、目を輝かせて見まもっている。神父はこの穢らわしい光景に憤激し母犬を踏み殺す。ここには「論理の極端化」のもう一方の極がある。西欧思想の系譜に照らせば、それは当然の帰結である。


動物は合理的な魂を欠くばかりでなく、感覚をもった魂をも欠いている。動物が感じることができると想定することは、罪のないところに痛みと苦しみがありうると想定することに等しい。動物は禁じられた木の実を食べていない。マルブランシュは書く。「かれらは罪なき者たちである。かれらがもし感じる能力をもっているならば、無限の力をもつ神の支配下において、罪なき者が痛みに苦しむことになる。痛みとは罰であり、なんらかの罪に対する懲罰であるのに。……かれらは喜びもなしに食う。かれらは悲しみもなしに泣き叫ぶ。……」苦痛の叫びとして私たちが聞くものは、機械のキーキー鳴る音以上の意味をもたない。デカルト主義者のルオーは論じる。オルガンは私がそれを演奏するとき、泣き叫んでいる動物よりも大きな音を立てるが、だからといって、われわれはオルガンに感覚を帰属させたりはしない。ローマン・カトリックの道徳哲学者ドム・トレソワンはためらわずに示唆する。猫が苦しんでいるという見かけは、ただ、そのシッポをひっぱると反対の端から雑音が出るように猫は造られている、という仮定によってしか説明できない。［Passmore 1975/2007 : 86–87、英文から抜粋］

こうした見解は近代以前の遺物ではない。最後に引用されているトレソワンの著作が刊行されたのは二十世紀半ば以降である［Trethowan 1954：41］。こうした西欧思想の底流と対照させるなら、シンガーの倫理学がいかに革新的なものであるかがわかる。にもかかわらず、わたしがそれを「論理の極端化」の一方の端に位置づけたのは、彼が動物的実存の意味を「苦痛」という内的な感覚に切り詰めたためである。それは表象主義と呼ばれる文化人類学をはじめとする人文社会科学を長く支配してきた思想潮流の一亜型である。

わたしにとって動物行動の最良の定義は、メルロ＝ポンティの次のような思考のなかで与えられている。

行動の諸動作や、それが動物の周囲の空間に描くいろいろの意図は、実在の世界ないし純粋存在を目ざすのではなく、動物にとっての存在、すなわち〈種〉の或る特徴的環境を目ざすのであって、それらが透明に見せてくれるのは、意識、つまり認識することを本質とする存在ではなく、世界を扱う或る仕方、「世界にあり」「実存する」或る仕方なのである。［メルロ＝ポンティ 1964：189］

わたしが通勤路で毎朝見つめるカラスたちは生きることの歓びに溢れている。カラス的な実存の意味はけっして「それ」の脳や神経系に宿る知性や感覚に還元されるものではない。それは、カラスが内属している環境世界の構造と不可分なのである。

フォントネの大著は、動物をめぐる西欧の思考の蓄積を私たちに突きつける［フォントネ 2008］。ぎりぎりまで削ぎ落とせば、軸をなす論理は以下のようになる。人間の一切の苦しみは原罪に由来する。しかし、あらゆる動物は人間に奉仕するために創られたのであり、原罪をもたず、それゆえ魂ももたない。一方、人間の魂は永遠に不滅であり最後の審判によって天国に召される。すなわち、もっとも激烈な戦線は、「魂の不滅」対「魂の転生」をめぐって戦われてきたのである。ヒンズー教・仏教の根幹をなす「輪廻転生」と非常によく似た「転生」の思想はピュタゴラス派によって提唱され、キリスト教を脅かし続けた。人間の魂が肉体の死後に他の動物の身体へと受肉し続けるのであれば、人間と動物を隔てる絶対的な区分は消滅する。人間と動物の境界をどのように画定するのかという問いは、「人間とは何か」をいかに定義するのかという問いと等値なのである。

動物のいのち

シンガーの著作は菜食主義を唱導するという啓蒙的な性格をもつ。もっと深いレベルで思想的な衝撃を波及させたのは、南アフリカのノーベル賞作家クッツェーがプリンストン大学で二度にわたって行ったターナー記念講演（一九九七〜九八年）だった。ここで彼は執筆中の小説を朗読した。主人公はオーストラリア在住の作家エリザベス・コステロである。彼女は、息子が奉職するアメリカの大学に招かれ講演する。(6) コステロは、工場畜産をナチス第三帝国のユダヤ人殺戮になぞらえる。「私たちは堕落と残酷と殺戮の企てに取り囲まれていて、それは第三帝国がおこなったあらゆる行為に匹敵するものです。……趣味の悪い言い方で申し訳ありませんが、トレブリンカで殺された人たちに、あなたがたの体の脂肪は石鹸を作るのに、髪の毛はマットレスの詰め物にするのに必要だったから、殺した相手を許してやってくれと言っているのと同じです」［クッツェー 2003：32］。

講演に寄せられた四つのコメントは「リフレクションズ」（反省）というタイトルのもとにまとめられ、『動物のいのち』という書物が成立した。コメンテーターの一人はシンガーだが、娘との対話という形式を借りた彼の議論はコステロ＝クッツェーが突きつけた問いをはぐらかしている。対照的に、女性霊長類学者スマッツのコメントは本書中の白眉である。彼女は主人公コステロがどうして「実生活における動物との関係」を語らないかに不審を示す。そして自分が、「たまたま人間ではないが、あなたや私のような個性あるもの［person 強調は引用者］と共に」何年も過ごしたことを生き生きと描く［前掲書：185］。その非-人間とは、ケニヤ高地の草原を「物憂げにぶらつくヒヒたち」である。

……何ヶ月もの間ヒヒたちの世界にどっぷり浸りきったあとで、私は何をすべきかとあまり考えなくなり、かわりに直感に身を任せるようになった。思慮を欠いた反射的行為というわけではなく、むしろ自分の体に深く埋めこまれた、遠い昔猿だったときの知の遺産に根ざして行動したのだ。……あるとき、むしゃむしゃ食べている百頭ものヒヒたちに取り囲まれて眠りこんでしまい、三十分ほどして起きてみると、周囲には、私のわきで居眠りをきめこんだ一頭の若い雄がいるだけだった。……私たちは、天高くのぼった太陽の下で、お互いを目をぱちくりさせて見つめ合った。それから、案内してくれる彼と共に、数マイルの道のりをのんびりと歩いて群れに戻ったのだった。［前掲書：188-191］

「昼寝」のくだりはわたし自身の幸福な記憶と重なりあう。わたしは一九七五年から七九年にかけて、エチオピアで二回（計一一ヶ月未満）ヒヒの調査をした。酷暑の午後は河辺林の濃い日蔭の中でかれらと一緒に昼寝をした。西へ傾きかけた太陽に焙られながら突っ立ってノートをとっていたら、わたしの体のつくる影に涼を求めた若い雄が、足もとにすわって眠りこけていた［菅原 1993：15-16］。二つの集団がなわばりの境界で睨みあったとき、わたしは朝から追跡していた下流の集団から上流の集団へと位置を移した。その途端、それまで押され気味だった上流集団が元気づいて、数にまさる下流集団を押し戻した。ヒヒたちがわたしをけっこう頼りになる仲間とみなしていたのだ、と初めて気づいた［菅原 2002a : 308-309］。スマッツとわたしが、ヒヒというすばらしい存在への敬意と友情を共有していることを知って、わたしは嬉しかった。動物と直接関わりあう経験を抜きにして「動物のいのち」をめぐる思弁を繰り広げることには、机上の空論めいた虚ろさがつきまとう。

もうひとつ複雑な構成をもった書物がある。ダイアモンドら、アメリカとカナダの五人の哲学者の手になる『〈動物のいのち〉と哲学』である。この本の中心を占めるのは「現実のむずかしさと哲学のむずかしさ」と題されるダイアモンドの論考（第一章）であり、他の四篇はこの論考への応答である。

ダイアモンドのまがりくねった考察は私たちを深く揺さぶる。彼女はテッド・ヒューズの詩『六人の若者』から始める。詩の語り手は一九一四年に撮影された写真を見つめている。写真のなかの若者たちは、はにかんだり気取ったりしながら、「深く十全に生きている」［ダイアモンド他 2010 : 80］。だが、彼らは当時イギリス植民地だったカナダから第一次世界大戦に従軍し、六ヶ月以内にみな死んだ。この一度の露光《エクスポージャー》に定着された若者たちの笑みを見つめるとき、私たちは「説明不可能であることに畏れや驚きをもつ」［前掲書 : 82］。同様に、クッツェーのコステロは、「どこか傷ついているさま、取り憑かれているさま、むごたらしくも神経が剥き出しになったさま」を露呈している［前掲書 : 84］。けれど、大多数の人びとはこんな写真にも、詩にも、工場畜産にも傷ついたりしない。それはあまりにもあたりまえのことだからだ。他方で、この畏れを「だから論法」（動物にも心（痛み）がある、「だから私たちは動物を食べてはいけない」）［前掲書 : 122、強調は原文］へ流しこんだり、「他人の感情にかんして私たちが知っていること……について話したりする……言語ゲーム」〔前掲書：106〕の問題にすり替えたりすることは、「現実のむずかしさ」（difficulty of reality）から「逸れる」（deflect）ことにほかならない。ここに哲学固有の困難さ（hardness）がある。[7] ダイアモンドは、語りえぬことについて「人は沈黙せねばならない」という金言〔ウィトゲンシュタイン 1975：120〕にあえて抗って、「死と生とがひとつであるというぞっとするような認識」の「露わさ《エクスポージャー》」を表現しようとする〔前掲書：113〕。

> 私たちめいめいがひとつの生ける肉体である、……という自覚をもつならば、そこには、死に対して無防備である、単なる動物であるがゆえに脆く傷つきやすいという身体感覚への露わさが伴う。私たちが動物と共有するのは、この傷つきやすさなのである。この傷つきやすさには私たちをしどろもどろにさせる潜在的な力がある。私たちの傷つきやすさ……を認めることは、私たちが動物に対して行っていることを前にするとき、人をしどろもどろにするだけでなく、人を孤立させもするような潜在的可能性をもつ。〔前掲書：114〕

工場畜産や愚劣な動物実験のむごたらしさを知ってしどろもどろになることこそ、私たちが動物たちと共有している被傷性の露わさなのである。プロローグで描いたわたし自身の「胸の痛み」は、このダイアモンドの洞察と繋がる。それゆえ、本書を貫くキイワードとして被傷性《ヴァルネラビリティ》（影響感受性）という、もともと日本語にはなかった語を選ぶ。

この本に収められたウルフ（序）、カヴェル（第2章）、マクダウェル（第3章）の論考はもってまわった議論に見えるが、科学哲学の泰斗ハッキングが寄稿した「逸れ」（第4章）は「むごたらしさを知る」ことを明晰に論じている。ハッキングは、工場畜産を「ユダヤ人殺戮に匹敵する」と見ることは、カヴェルが示唆するアスペクト転移の問題などではない、と断じる。そこで彼は「あまり知られていないが、食肉産業に関する単純な事実」に言及する。アメリカで畜産された七面鳥は自力で交尾できない。品種「改良」で雄を巨大化させすぎたために、雌を圧死させてしまうからだ。こうした「おぞましくも動物のいのちを辱める光景」〔前掲書：203〕は、見る者の志向性によって転移するアスペクト（うさぎ／あひる）などではなく、「新しい情報」である。ハッキングはさらに、コステロは「推定上の現実」のせいで錯乱しているというマクダウェルの見方に疑義を呈する。(8)

……本来の七面鳥からかけ離れた七面鳥を作り出してしまった私たちの所業に愕然とすることのない人、……そのような人はどこか間違っている、道徳的な資質に欠けたところがある（と私には感じられる）。〔前掲書：208〕……コステロは、身の回りで起《ママ》こっていることへの彼女の信念が合理的であるような世界や現実のなかで生きている。もしコステロがそうした世界（つまり私たちの世界）のなかで生きているのならば、彼女を錯乱させているのは現実そのものであって推定上の現実ではない。〔前掲書：210〕

これらの議論を追跡してわかることがある。工場畜産や動物実験の悲惨に動揺することは認識論の問題ではない。ハッキングも「シンガーが提示する議論は論理学にではなく修辞学に分類されるべきである」と診断している〔前掲書：223〕。「私」自身が、私たちの生の底に横たわる途方もない不気味さをじかに〈示す〉言語行為を選ぶのかどうかが問われている。コステロは、産業社会に生きる人びとの健康と長寿が、動物を組織的に殺戮することに支えられているという現実に、端的に傷ついている。一方、本書の主人公である狩猟民は、動物を殺すと同時に、動物に傷つけられ殺されることもありうる、そのような生をひきうけてきた人びとである。動物との直接的な関わりにおいて被傷性に曝されている人びとの「現実そのもの」を示す言語表現を組み立てること、それが本書の企てである。

「動物の境界」論へ向けて

ナイトの『日本でオオカミを待ちながら』は、紀伊半島の山村でのフィールドワークに基づき、イノシシ、シカ、サル、クマといった野生動物と村人との関わりを精密に描き出している［Knight 2003］。山村において野生動物は端的に「害獣」として立ち現われる。タイトルは、「日本の山野の自然を健全にするために、害獣たちの天敵オオカミを輸入し、山野に放そう」という日本オオカミ協会の運動から来ている。ナイトの探索は猟友会雑誌の記事にまで及ぶが、何よりも猟師や村人へのインタビューの奥行きが深い。

イノシシの狡猾さと凶暴さ。イノシシは猟犬たちに追われると、山の中を大きな円を走って描き、途中からぴょんと円周の外に出る。犬たちは臭跡を追っているので、いつまでも同じ所をぐるぐる回る。イノシシ猟は勢子隊と、待ち伏せて発砲する射手とに分かれるが、後者は「肚のすわった人でないとダメ」。一発目で急所をはずしても、ぎりぎりまで引き寄せて、二発目で確実にトドメを刺さねばならない。気の弱い人は、イノシシが突進してくるとパニックになり、背を見せて逃げ出す。イノシシは後ろからふくらはぎを牙で突く。転倒。上からのしかかられて、牙で喉をえぐられる。こうして死んだ人もいる。イノシシに比べるとシカは愚かで、谷筋を下へ下へと逃げるのですぐにしとめられる。

山村に住むこと。若者たちはみな町へ出てしまい、過疎化の荒廃のなかで、年寄りだけが田畑を守る。丹精こめた稲や野菜が一夜にしてイノシシにずたずたにされる。町で定年まで勤めあげ、田舎で農業をして余生を送ることを楽しみにしていた人が、ある朝、自分の日々の労働が灰燼に帰していることを目の当たりにする。そのときの絶望の深さ。「イノシシ（シカ、サル）なんか根絶やしにしてしまえ！」という血を吐くような叫び。「あの自然保護の連中」は、もっとも憎むべき敵となる。動物と人間のあいだの境界だけが問題なのではない。動物とは、人間のあいだにさまざまな境界をつくりだす契機なのだ。

わたしは何年も前から『動物の境界』と題する本を書くことを夢見てきた。その理論書は遠大な射程をもたざるをえないので、今後、多くの文献を読解する作業が予想される。それゆえ、本書では、民族誌の部分だけを独立させ、先行して送りだすことにした。

「動物の境界」という語には二重の意味が籠められている。第一はもちろん「人間と動物のあいだの境界」という意味である。従来、人文学は、人間と非-人間とのあいだに引かれた境界線を自明視し、人間に具わり動物に欠如している特性（言語、道具、学習能力、等々）を数えあげ、そうした特性によって人間を定義してきた。ある社会学者は次のように決めつける。「動物は本能に閉ざされた世界に棲むが、人間は未規定な存在として生まれるがゆえに、その世界は〈開き〉によって特徴づけられる」[Shilling 2003/1993 : 89]。自らに賦与された言語能力によって動物の「限界」を数えあげることは、世界の初めから引かれた境界（「初めにことばありき」）を固定化しなおすことにほかならない。

「動物の境界」の第二の意味はもっと複雑だ。いかなる形であれ動物と関わるとき、私たち自身がなんらかの境界によって分断されるのである。ナイトの例に戻ろう。あなたは野生動物保護論者で、わたしは山村の農夫だ。「イノシシなんて根絶やしにしてしまえ！」と叫ぶわたしにあなたはけっして共感しない。わたしはイノシシが生きる権利を擁護するあなたを憎む。そのあなたもわたしも、共に近代というシステムに内属している。敗戦後の日本の都市は、〈動物の隠蔽〉という特殊な生活形式を私たちに押しつけた。これはアリエスが照らしだした「死の隠蔽」と同型である〔アリエス 1990〕。都市と農村は分断され、都市民は野生動物どころか家畜からも隔離され、豊富な動物性蛋白質で養われながら、ペット以外の動物のことを何も知らずに一生を終える。(9) TVの動物ドキュメンタリーの質の向上と反比例して、若者たちは動物への関心を喪失した。講義で手を挙げさせると、ムクドリさえ知らない学生がほとんどだ。そのような時代に、狩猟民と動物との濃密な関わりを「示す」ことは、人類学者と一般市民とのあいだの境界をますます固定化する。あるいは、狩猟民の経験世界において人間と動物との境界は容易に揺らぐと明言したとたん、周辺に生きる「かれら」は産業社会に生きる「私たち」から分断され、「アニミズム」的な前近代へと疎外される。この矛盾と対峙することこそ、本書のモティーフをなす。

分割線の固定化

文化人類学は人間／動物関係をめぐる概念空間の成立に独特な寄与をしてきた。レヴィ＝ストロースは『野生の思考』において、フランスにおける犬、鳥、牛、競走馬の命名法を隠喩／換喩の論理的な二項対立によって分析した〔レヴィ＝ストロース 1976〕。さらに彼は「食べるにふさわしい（good to eat）」ことよりも「考えるにふさわしい（good to think）」ことを優先するような深層論理が、現地社会の動物認識を構造化しているのだと論じた。こうした主知主義的な認識論のプチブル性を告発したハリスの批判は、いくぶん煽情的ではあるが、私たちをたじろがせる迫力に満ちている。

……食物がまず選ばれるのは、食べるに適しているからよりも、考えるのに適しているからだ、という理論はおふざけではすまされない。この理論は、食糧獲得のための闘争を心的想像の遊びに変換することで、飢えた者や餓死した者をあざける。料理はまずもって言語だという考えは、生きていくためになんとかぎりぎりなだけ食べることを思い悩む必要のなかった人びとにとってのみ、思考の糧になる。［ハリス 1987：285–286］

動物シンボリズムに関する構造主義的な分析は枚挙に暇がない。有名なところでは、ダグラスは旧約聖書で説かれる肉食禁忌を二項対立の格子によって説明した。たとえば、〈蹄あり（＋）／蹄なし（－）〉という対立と〈反芻する（＋）／反芻しない（－）〉という対立の重合がある。牛・羊・山羊はこの四象限において（＋、＋）の値をとるが、豚は（＋、－）である。このような豚の異例性《アノマリー》がこの動物を穢《けが》れた存在とする［ダグラス 1985］。

ウィリスは、エヴァンズ＝プリチャードのヌアーにおける牛、ダグラスのレレにおけるセンザンコウ、そして彼自身のフィールドであるタンザニア農耕民におけるニシキヘビの構造的位置を相互に比較し、動物のシンボリズムが社会的構成体（と自然との関わり）の本質を反映していることを論証しようとした［ウィリス 1979］。

リーチは動物名を用いた英語の侮辱語の底に横たわる深層論理を論じた。「雌犬」（bitch）、「野良犬」（cur）、「猫」（cat）、「豚」（pig, swine）、「驢馬」（ass）、「山羊」（goat）、「穴兎」（cony）といった名詞が侮辱語として使われるのに対して、「熊」や「鹿」が使われることはない。また、動物園でしか見られない巨獣（河馬 hippopotamus、犀 rhinoceros など）をさすラテン語起源の長い名称も侮辱語とは無縁だ。侮辱語となる動物たちの居住空間は人間のそれに近いのである。左の網掛け部分がそれにあたる

純野生→人里へ侵入する野生→家に棲みつく半野生→家畜→同伴者（犬、猫）

このスペクトラムは、それらの動物の肉の摂食可能性と相関する。いうまでもなくもっとも食われる可能性が高いのは「家畜」であり、それよりも近い「同伴者」（ペット）には厳密な禁忌が課せられる。この摂食可能性は以下の生殖可能性と平行関係にある。

異人→外婚→内婚→イトコ婚→近親相姦［Leach 1964/2007］。

タンバイアは、タイ北東のムアンの村において、高床住居の構造に対応した家畜の空間配置がリーチのモデルと合致すると論じた［Tambiah 1969/2007 : : 49–54］。ムアンの家の二階には、北から順に、若夫婦の居室（西側）／夫の両親の居室（東側）、敷居となる廊下、客人の部屋、入り口のテラスが並ぶ。一階は土間で、北から順に水牛（霊性を附与された唯一の動物）、ペット、豚・鶏・家鴨《あひる》の区画が並ぶ。南側の入り口の真下は汚れた領域であり、夜は北側の夫婦の居室の下に繋がれねばならない水牛がこの区画に侵入することは、もっとも不吉な出来事であり、不運を祓う儀礼を挙行しなければならない。

その一方で、ハルヴァーソンはリーチの議論全体を克明に批判している。彼は構造主義者が削ぎ落としがちな、動物に関わる平凡な事実に注意を向ける。たとえば、人里に侵入する野生といっても、鹿や猪などの猟獣と、畑に棲息する齧歯類（野鼠や針鼠）・穴熊とはまったく意味が違う。前者は可食だが、後者は非可食である。あるいは、家鴨《あひる》はふつう食用に飼われるが、ペットになることもある。居住空間の遠近が可食性を一義的に決定

しているわけではなく、食べないという選択こそがある動物をペットにすることの論理的根拠をなすのである。「実際のところ、動物名が人間存在に隠喩的に適用される仕方に、特段に秘教的なところは何ひとつない。それらは、動物が現実にもつ、または〔人間から〕押しつけられた、特性にきちんと基づいている」[Halverson 1976/2007 : 36]。さらに彼は、可食性の根底には各地域の歴史生態学があるというしごく穏当な見解を提示している。先史時代の欧州で、馬に跨がり犬をけしかけて猟獣を狩っていたことが、欧州人の食習慣に影響を与えている。同様に、オーストラリア・アボリジニにとっては、爬虫類や甲虫の幼虫こそがもっとも手に入りやすい栄養源であったからこそ、それらの動物を食べることに何の禁忌も生まれなかったのである[ibid. : 38]。

ハルヴァーソンのこの批判は、構造人類学の動物シンボリズムが「裸の王様」ではなかったのか、という疑念をかき立てる。構造主義の知的遊戯は「動物の境界」を少しでも揺るがしただろうか。エヴァンズ=プリチャードは、『ヌアー族』第一章「牛に生きる人びと」において、「まさに肌と肌との触れあいとも言うべき」「密接な共生的関係」を活写した[エヴァンズ=プリチャード 1978 : 62]。だが、構造主義という武器を手にした人類学者は、センザンコウやニシキヘビを主題化しながら、それらの動物それ自体を見つめることを放棄しただけでなく、動物に魅せられ・おもしろがり・憎む、人びとの実践に自らの感性を重ねあわせようとしなかった。ナイトは、このような観照的態度から一歩踏み出したのである。

四　境界の攪乱へ向けて

象徴の生態学へ

一九九〇年代半ば以降、西欧では構造主義に代表される自然／文化二元論を再考する機運が高まった。嚆矢となったのはデスコラとパルソンが編集した『自然と社会』であった［Descola & Pálsson eds. 1996］。パルソンは、環境に関わる政治経済学を、オリエンタリズム的収奪、家父長的庇護、共同体主義《コミュナリズム》の三類型に分け、自然と人間社会の分離を拒絶し対話を強調する共同体主義を評価する。ブライトマンによるカナダのクリー・インディアンの民族誌［Brightman 1993］を引用して、パルソンは美しく謳いあげる。

狩猟活動は、しばしば、狩人たちと彼らの獲物たちが互いを誘惑しあう恋愛とみなされる。狩人たちはなんらかの成功を得るためには獲物となる動物との関係に入らねばならず、逆もまたしかりである。動物を殺すことは、同じ世界に住む者との対話に関与することである。すなわち、動物たちは社会的人格であり、人間は自然の一部なのである。狩人の観点から見れば、自然と社会のあいだに根本的な区別はない。［Pálsson 1996 : 74、強調は原文］

だが、こうしたユートピア的な描像を呈示することこそ、オリエンタリズムの色合いを帯びているようにも見える。これとは対照的に、エレンは「自然の認知幾何学」を構想する。「自然」と訳せる単語をもつ言語はむしろ少数派だが（グイ語にもそんなことばはない）、自然と人間との関係に通文化的な類似性が見られることも確かだ。この類似性を定式化するためにエレンは三次元モデルを提案する。三つの軸は、事物、空間、内的本質である。第一の軸は、人がさまざまなモノをある集合に含める際に用いる帰納的推論を照らす。第二の軸は、人の居住空間とその外側に広がる帯域との区分を示す。第三の軸が顕在化すると、「自然」は何らかの本質によって定義される。それはしばしば人間の制御が及ばない外的な力として捉えられる［Ellen 1996 : 104-105］。グイにおいても、この認知幾何学は有用である。第三章で扱うグイの民俗分類は第一の軸に対応するし、第六章で分析するライオンの脅威は第二の軸を（逆向きに）照らす。第七章で考察するキマという概念が暗示するのは、女に固有な力が猛獣を呼びよせるという、第三の軸と関連の深い推論構造である。

デスコラは、人間／動物関係を論じる際に避けて通れない普遍主義と相対主義の対立を「象徴の生態学」によって止揚しようとする。自然的世界が概念的に秩序化されていることは確かだが、それをヒトに特異的な遺伝的に設計された知覚・演算システムに還元すること（普遍主義）は［自然主義的］誤謬である。だが、文化相対的な社会的分類を過度に重視することも誤りである。どんな社会に生きる人びとも、何らかの基底的なパターンの集合に実践を従わせている。この「実践図式」(10)（schemata of praxis）は、社会的実践の客観化された特性、認知的な型枠《テンプレート》、そして両者を媒介する表象によって成り立ち、現実生活の無限の多様性を関係カテゴリーの基本集合に包含させることに資する。関係パターンは関係づけられる要素よりも多様性の度合いが低いから、実践図式の数が有限であることは明白だ。それゆえ、非‐人間（動物など）の社会的対象化を組織する心的モデルは文化的な不変項を要素とする有限集合として取り扱うことができる［Descola 1996 : 86–87］。

デスコラは、こうした展望に基づき、人間／動物間の境界を定義する「同定様式」を、トーテミズム体系、アニミズム体系、自然主義の三つに類型化した。第一の体系では、自然種間で観察される非連続性が社会単位を区切る分節秩序を組織することに利用される。逆に、第二の体系では、人間存在と自然種の関係を組織化するために、社会生活を構造化する基本カテゴリーが用いられる。第三の体系は私たちが属する近代社会に典型的なもので、自然は人間の意志とは関わりなく外在的に存在するとみなされる。

アニミズム再考

バード＝ダヴィッドはアニミズムを未開の心性（野生の思考）と規定したタイラー以来の人類学の伝統を批判する［Bird-David 1999］。そこで彼女が依拠するのが「関係的認識論」である。鍵概念となるのが、マリオットが提唱し、ストラザーンに継承された「分割可能人格」（ディヴィデュアル dividual）である。もともと西欧的な個人（individual）とは、それ以下に分割不可能な統合と単独性を帯びた座位を意味した。だが、マリオットは「彼（女）の実質を形づくる転移可能な小部分によって構成される人格」に注意を向け、ストラザーンはそれを「諸関係によって構成される人格」として再定式化した。(11) バード＝ダヴィッドは、南インドのニルギリに住む狩猟採集民ナヤカの民族誌にこの用語を適用し、人格（person）〔スマッツの論文では「個性あるもの」と訳された〕概念を組み替えることに挑戦する。出発点となるのは、ハロウェルが報告した北米インディアン・オジブワの存在論である［Hallowell 1960］。オジブワにとって人格とは人間社会と自然界すべてに跨がる包括的カテゴリーである。ナヤカの世界観の中核をなすデヴァル（*devaru*）もまた、人間以外に分有された人格、すなわち「超人格」である。遍在するデヴァルは、その場に共在する人すべてと何もかも分かちあうナヤカのハビトゥスに深く根をおろしている。ナヤカは環境内のすべての存在を「関係人格化する」（divudiate）のである。

さらにバード＝ダヴィッドは、ギブソンの生態心理学を援用し、さまざまなデヴァルの区別は環境に起こる出来事のアフォーダンスに依存する、と論じる。この関係的アフォーダンスがもっとも具象的に開示されるのが、パンダル（*pandalu*）という共同的イヴェントである（この行事は「儀礼」ではなく「実践」であると彼女は周到に断っている）。何の変哲もない小石でさえ人の「もとにやってきて」「跳びつく」ならばデヴァルである。森羅万象から応え返され／応え返すことを期待し続けることが、事物との相互的な応答可能性すなわち責任（responsibility）へと成長する。近代的認識論において、知識とは、世界内の事物に関する表象を獲得し、それを再度世界に当てはめ改良してゆくことである。だが、アニミズム的認識論における知識とは、他の事物と共に世界-内-存在する技を磨き、環境への気づきを造りだし、自己をより精緻に、広く、深く、豊かにすることなのである。

一点だけ疑念を呈しておく。「分配したくないときには、そのものを隠したり、人びとを避ける」［Bird-David 1999 : 72］と書かれている。だが、もしそうならば、分配には葛藤が孕まれており、社会生活には妬みや争いの火種がひそんでいるはずだ。分かち合いが森羅万象に宿るデヴァル（超人格）の土壌になるという論理には飛躍があるのではなかろうか。

視界主義

右のバード＝ダヴィッドの論文より刊行は一年前だが、ヴィヴェイロス・デ・カストロ〔以下ＶｄＣと略す〕の短い論文こそ、その後の文化人類学に大きな影響を及ぼした。デスコラと同様に、ＶｄＣの野心も、「相対主義と普遍主義の対立に正しい視角を呈示すること」［Viveiros de Castro 1998 : 469］である。ここで彼が依拠する理論的支柱が視界主義（perspectivism）であり、準拠するのはアメリカ・インディアン（アメリンディアン）の広範な民族誌である。複雑な論理構成をとるので、やや丁寧に追跡する。

> 動物も精霊も自らを人間として捉え、家と村に住み、自分たちの習慣を文化の形で経験している。その動物が人間を襲う捕食者であれば人間は獲物となる動物に見えるし、逆に、猟の獲物ならば、〈彼〉にとって人間は精霊または捕食動物に見える。ジャガーは血をマニオック〔キャッサバ〕で作られたビールと見るし、ハゲワシは腐肉の中に蠢く蛆虫を焼き魚と見る。……自然の全存在に関わる共通準拠点は、条件としての人間性である。動物は〈他者〉の人間外原型《プロトタイプ》であり、……アメリンディアンの視界主義は、宇宙［論］的政治学《コスミック・ポリティックス》としての多自然主義（multi-naturalism）である。［Viveiros de Castro 1998 : 470–472］

さらに、ＶｄＣはバンヴェニストの代名詞論を援用する。アメリンディアンとしての「おれ」を想定しよう。おれは自分を「人びとの一員だ」と自己言及する。ここで含意されているのは「おれは人間という種のメンバーだ」ということである。さて、ヒト、ジャガー、ハゲワシといった自然種の名称はしばしば固有名と似たふるまいをする。森で遭った動物を指して「あっ、ジャガーだ！」と叫んだとすれば、その一個体が一サンプル（トークン）として種全体（タイプ）を指し示すのである〔菅野 1985：217–221〕。だが、「おれは人びとの一員だ」と言うとき、べつにおれは人間という種全体の一サンプルとして自己を指示しているわけでなく、主体の視点をもっていることを表示しているのだ。つまり、「人びと」という自己言及は固有名として働くのではなく、「発話主体の視点を登録する《レジスター》」人称代名詞なのである。「動物と精霊が魂をもつ」という言明は、「かれらは人格的だ」と言うことに等しい。言い換えれば、「主体の位置を画定する、意識の志向性と行為主体性《エージェンシー》とを、非-人間に帰属させること」にほかならない。こうした力能《キャパシティ》は、これら非-人間に賦与された魂または霊として対象化される。魂をもつものは何であれ主体であり、視点をもつ能力がある。アメリンディアンの魂とは指標的カテゴリーであり、宇宙論的な直示なのである〔直示とは、発話者がいる文脈内でしか意味をなさない言語要素のこと。その代表が人称代名詞や「これ」「あれ」といった指示詞〕。最近さっぱり罠にバクがかからないことに悩むおれは「バクの魂がおれの魂とすれ違う」と嘆く〔菅原の作例〕。べつにおれはバクの心理を忖度しているわけではなく、バクが内属する文脈を指示しているのである〔ibid.：476〕。

VdCの思考のユニークな点は、「原住民は想像力のなかで擬人主義を自然へ投映している」といった凡庸な結論に到るのではなく、視界主義を身体へと収斂させるところにある。文化相対主義は、主体の多様性と、世界の一部を写しとる表象群とを仮定する。各々の表象が外的で斉一的な自然を写像しようとするが、自然のほうは表象から独立している。だが、視界主義においては、動物は私たちが見ているのとは異なる事物（たとえば蛆虫）を私たちと同じように見る（たとえば焼き魚）。それはかれらの身体がわれわれのそれとは違うからだ。すべての種の身体を独自なものにしているのは、情態《アフェクト》、傾性《ディスポジション》、力能《キャパシティ》である。身体とはハビトゥスを構成する情態または存在仕方の集積体である。魂の形式的主観性〔一人称の主語になりうること〕と生命体《オーガニズム》の実体的物質性のあいだに情態と力能の束としての身体に占められた中間平面がある。これこそが視界の始原点《オリジン》である〔ibid.: 478〕。

身体の捉え方そのものは秀逸だが、それを「視界の始原点」とすることには矛盾が潜んでいる。メルロ＝ポンティを現代の「心の哲学」において甦らせようとするギャラガーは、身体図式を視覚的な探知も自己中心的な遠近法もなしに働く感覚＝運動力能《キャパシティ》と定義した〔Gallagher 2005〕。情態・傾性・力能の束としての身体とは、ギャラガーのいう身体図式に近いように思える。だとしたら、身体を視界へと収斂させることはできない。この混乱は、「視界《パースペクティブ》」と「観点《ポイント・オブ・ヴュー》」とを同義語として使用することにも現われている。ＶｄＣ自身が認めるように観点は身体に埋めこまれている。たとえば、「ミミズの観点に立てば」と言うことには隠喩として意味がある。それはミミズによって生きられる世界のありようを想像しようという提案である。だが、ミミズの視界を問題にすることはできない。触覚と明暗の未分化な感受を通じて立ち現われるミミズの世界のどこにも眺望点はない〔佐々木 1996、ユクスキュル 2012〕。視界とは広がりをもった空間を見わたす主体にとってのみ意味をもつ概念である。だからこそ、現象学的人類学の立場に立つジャクソンはこの概念を支える視覚中心主義を批判したのである〔Jackson 1989〕。

ＶｄＣは明記していないが、彼の視界主義の源流はニーチェであろう。遠近法という概念が多用される『権力への意志』で、それは一方では、仮象を生みだす、認識に課せられた制約として語られる〔ニーチェ 1993a: 32, 272〕。だが、他方ではその構成的側面とダイナミズムが強調される〔ニーチェ 1993b: 140–141〕。とくに以下の一節は、動物種ごとに異なる世界を想定するVdCの視界主義とそっくりである。「すなわちそれ〔遠近法を定立する力〕は、その種固有の存在であり、環境に応じて一定しているかくかくに作用し反作用するはたらきである。／遠近法主義とはその種の固有性の複合形式のことにすぎない」〔ニーチェ 1993b：166 強調は原文〕。これこそ種特異的な身体に根ざす世界構成の力能として視界を捉えることにほかならない。だが、「環境に応じて作用し反作用するはたらき」とは、まさに身体図式のことである。ここでニーチェもまた、身体図式に埋めこまれた「観点」と、視界とを同一視する混乱に陥っていたのではなかろうか。わたしがそれをあえて混乱と呼ぶのは、私たちはけっして他者の観点を内側から経験することはできないが（たとえば、男であるわたしは上半身の底部に穴をもつ女の身体図式にすべりこむことができない）、時間差さえ導入すれば他者の視界にすっぽり身を置くことができるからだ。急な坂道を駆けあがったあなたが「海が見えるよ！」と叫ぶ。一分後にわたしも坂を登り終え、あなたは数歩横に動き、わたしはあなたが一分前に立ったのとまったく同じ場所に立つ。このことこそ、独我論の鉄壁さに小さな穴を穿つ〔野矢 1995〕。同様に、熱帯降雨林の樹冠によじ登れば、わたしはジャガーの眺望を得ることができる。ジャガーが自らの環境世界を人間の村や文化と同じものとして捉えているという「表象」は、他者と同一の視界を得るという身体に賦与された潜勢力をかえって封殺してしまうように、わたしには思える。

関係的モデル

インゴルドこそ、文化と自然環境の関わりについて思索を重ねてきた第一人者である。とくに狩猟採集民を体系的に取り扱った『自然の専有』を瞥見しよう［Ingold 1987］。「工作人」（*Homo faber*）すなわち「道具を製作する」というヒトの定義は、人類を他の動物から区別するうえで有効なのか、と彼は問う。鳥類からチンパンジーにまでいたる多彩な道具使用・道具製作に関する動物行動学の研究蓄積を渉猟し、曲がりくねった考察を重ねたあとに、彼は以下のように論じる。「人間存在の際立った能力とは、かれら自身の世界についての主観的概念を反省の対象へと変換することである。そうした対象を思考のなかで探索することから、すでに存在しているわけではない状態に対応した、新しい概念を生成するための原理をひきだすことが可能になる」［ibid.：61］。だが、これは凡庸な結論ではなかろうか。単に「人間はアタマがいい」と言っているだけのように見える。

狩猟という活動について考察する章で、インゴルドは論じる。狩猟とは、特定の環境下で特定の野生動物種をしとめる技術的な仕事にとどまるわけではない。「何らかの社会関係に関与することによってのみ、人間存在の実践的活動は狩猟とみなされうる。これらの関係から切り離したら、それは単なる捕食になってしまう」［ibid.：112］。だが、ハイエナ、リカオン、オオカミ、ライオンのような捕食者たちは、まさに高度な「社会関係に関与することによってのみ」狩りを成功させているのではなかろうか。

インゴルドは明らかに人間と動物の非連続性に拘泥していた。だからこそ、彼の回心は感動的である。彼はジェームズ・ギブソンの『生態学的視覚論』［ギブソン 1985、原書刊 1979］と出会い啓示を得る。一九八八年四月の小雨降るマンチェスターの朝、バス停への道を急いでいるとき、突如、自分の思考に人格／生命体、社会／自然といった二元論が内在していたことに気づく。「突然、ひとつの考えが私を襲った。生命体と人格は同じひとつのものなのだ。二つの分離した相補的な要素から人間存在を再構成する必要などどこにもない。人間について語る新しい途を見つけるよう努めるべきだ。それが見つかれば、人間を異なる層に切り分ける必要など消え失せる」［Ingold 2000：3 大幅な意訳］。

この回心に衝き動かされて書かれた大著が『環境の知覚』である。著者の基本的な考え方は「関係的モデル」に集約される。人間、動物、さらにその双方のいのちを支える植物――かれらすべてが仲間《フェロウ》として同じ世界に参入している。世界は同時に自然的かつ社会的である［ibid：87］。この世界において、人格や生命体が同定されるのは、何らかの内的属性によるのではなく、関係野においてそれらが互いに向かいあう位置どりによってなのだ［ibid.：149］。身体とは、世界-内-存在としてのイキモノが現存している形のことである。それが内-存在する世界それ自体が、風景《ランドスケープ》の形として自らを現わす。生命体と環境との関係と同様に、身体と風景とは互いに相補的な二項であり、互いに反転しあう図と地として、それぞれが他方を含意する。両者の諸形態の集合が、あらゆる関係野の連続的な展開を通じて生成し維持される。しかも、この展開は、生命体と環境のあいだに創発するインターフェースを横断しているのである［ibid.：193］。ギブソンとメルロ＝ポンティへの傾倒に貫かれた右のような議論に、わたしは大筋で深く共感する。ただ、わたしは、インゴルドの思考がときに「論理の極端化」に突き進むところに危惧をおぼえる。たとえば、五感のあいだの転移可能性を論じるなかで、視覚は幻覚を生みだすから当てにならないが、聴覚はけっして嘘をつかない、という不可解な独断を提起する［ibid.：246］[(12)]。また、彼は、進化／歴史、生物学／文化というオーソドックスな二元論を廃棄する地点にまで突き進む［ibid.：187］。この性急さは、けっして末梢的な問題ではない。

ＶｄＣの「宇宙論的直示」は、あくまでもアメリンディアンのアニミズムに斬新な解釈を加えるという限定された目標の範囲内で構想されたのであり、私たちが従属している「自然主義」（デスコラの三分類による）に取って代わる「存在論」として提案されたわけではない。だが、インゴルドは、さらに先へ進もうとする。彼が批判してやまない文化相対主義は次のようにモデル化される。地球上を「自然」（すなわち「実在の世界」）の単一平面が覆っている。その平面上に複数の「世界観」が互いに離散して浮かんでいる［Ingold 2000 : 15］。トーテミズム／アニミズム／自然主義というデスコラの三類型は、「非-人間存在の社会的対象化を組織する心的モデル」を問題にしているかぎりにおいて、自然主義的な存在論の枠内にとどまっていると彼は批判する［ibid. : 107］。

では、文化相対主義を突破する血路はどのように切り拓かれるのか。ここでインゴルドは前出のバード＝ダヴィッドも注目したオジブワの存在論に全面的に寄り添い、自然主義とアニミズムを秤にかけたとき、前者の方に不公平に傾いたバランスを取り戻す必要をうったえる。そのためには西欧科学の理解の様式を実存的条件の文脈に置きなおす必要がある。科学への代案を提案するわけではなく、科学の実践を世界における人間の生の文脈に連れ戻さなければならない［ibid. : 107–109］。いかにも歯切れの悪い論証であることはさておいても、インゴルドの金太郎飴的な議論には二つの弱点があることに注意しなければならない。第一に、動物が狩人の前に現われ自らを獲物として捧げる、という民俗理論を人間と動物の連続性の証拠として特権化することは、こうした考え方とはまったく無縁に生きてきたアフリカ狩猟民を周縁へと排除する北方狩猟民中心主義である。第二に、もっとも決定的な連続性の証しは人間が動物に変身することのなかに求められる。しかし、変身は現実に起こりうるという期待に胸をときめかせて読み進めると、狩人は夢のなかで変身を経験するという種明かしがなされ、肩すかしを食わされる。どんな社会でも、覚醒時に夢のなかの出来事を語ることは、陳述の真理値を問うことのできない特異な言語行為であり、経験主義的な証拠になりえない。だとすれば、北方狩猟民の動物に関わる因果論は文化的に構築された表象の一類型であると推定することを禁じる理由はないのである。

狩猟の参与観察

人間／動物の境界を攪乱することをめざす知の潮流は、わが国の人類学者にも深い影響を与えている。狩人が動物に「狩られる」かもしれない存在であることに注目したのは、長年カナダ・イヌイトの狩猟活動を参与観察している大村敬一である。「野生動物がつねに資源になるとは限らず、イヌイトが野生動物と交わしあう身体的な行為のやりとりの結果として資源になるということ」は、ある古老が語った逸話の冒頭で、ホッキョクグマが「古老が獲ったアザラシを狙う、あるいは古老自身を狙うハンターとして登場することにはっきりとあらわれている」［大村 2007：60］。

山口未花子はカナダの狩猟民カスカの猟師に弟子入りし、さまざまな猟法を実地で体験した過程を緻密に記述した［山口 2014］。理論的には後述するナダスディに近い贈与論の潮流に連なるが、動物に強く惹かれる少女という原点を大切に育て、生物学を経由して狩猟民研究に辿り着いたという著者自身の来歴は、動物大好き少年が原野の殺戮者グイと半生を共にすることになったわたし自身の生活史と重なりあっている。

狩猟の参与観察という原点に復帰しようとする動向の牽引者は奥野克巳である。『人と動物、駆け引きの民族誌』という論集の「序」は、本章の論述と多くの点で重なりあうだけでなく、わたしの探究が及んでいないペット殺処分という問題にも踏みこんでおり、啓発的である［奥野 2011：6］。奥野はわたしがかつて狩人と獲物とのあいだの「かけひき」に言及した部分を引用し、彼自身の駆け引き論の眼目は実際の狩猟場面において身をかがめたり、立ち位置を変えたりして、「身体のあり方を変える」ことのなかにあると定位している［前掲書：39］。この差異化は正鵠を射ている。わたしのフィールドでの生活の大半は、テーブルにしがみついて語りの分析に没頭することに費やされた。せいぜい罠の見まわりについて行くぐらいで、自分で猟をする体力も技倆もなかった。そのようなわが身とひき比べると、奥野をはじめとする研究者たちの身体を賭した実践は敬服に値する。息を喘がせ汗みずくで獲物を追い、巧緻を凝らして罠をかけ、自らの手で殺すという直接経験を積み重ねることから、人間／動物関係に関する新しい思考が育っていくに違いない。

右の論集の翌年に上梓された、奥野・山口・近藤祉秋編『人と動物の人類学』も重要な成果である。この本の第2章で、奥野は、人間が動物を苛んだり弄んだりすると、動物が天に駆け上がりカミに告げ口するので天候が激変するという、プナンの因果論に注目している(13)［奥野 2012］。他の章もそれぞれ重要な論点を呈示しているが、もっとも重要な理論的課題に挑んでいるナダスディの論考に焦点を絞る。

ナダスディは、ユーコン南西部のクルアネの人びとから罠猟を教わった経験に即して思考の糸を紡いでいる。初めて罠にかかったウサギの首の骨を素手でへし折ったとき、彼は自分の不手際でウサギが苦しんだことに悩む。だがクルアネの首長から「動物の苦しみを考えることは失礼にあたる」と諭され、さらにその後適切な殺し方を教えてくれた女からは、「それはポトラッチの贈り物をけなすようなことだ」と言われる。こうした体験が、狩人と獲物の関わりを「贈与」として理解することへと彼の目を開かせた。さらにフィールドワーク開始から三年後に不可思議な体験をする。罠の針金を切って脱出したウサギが、五日後に首に針金を巻きつけたまま彼の小屋にやってきて、中に入ろうとするようなそぶりを見せたのである。このとき、獲物は自らを狩人に捧げるという北方狩猟民に広く共有されている「信念」を額面どおりに受けとめる方向へと、ナダスディは舵を切った。「ウサギは私を探しに来て、文字通り、自らを私に与えたのではないかと思わざるを得なかった。そして、今も私はそう思っている」［ナダスディ 2012 : 340］。

ナダスディは、インゴルドに大きな影響を受けながらも、彼が動物には意図や意志はあるが思考はないと言い切ることを激しく非難する。「彼は人人間と動物人間との間に大きな質的隔たり（すなわち思考力）を仮定する存在論的立場にしがみついている」［ナダスディ 2012 : 332］。だが、この「内ゲバ」は不毛である。まず、小雨降るマンチェスターの朝に回心を経験したときより前のインゴルドの著作を批判することはフェアではない。何よりも深刻な問題は、「思考」という内的属性の有無を問題にして論争を繰り広げるかぎりにおいて、彼ら双方の思考そのものが表象主義の内部に閉ざされるということだ。本書の緒言や本章の第一節で強調したように、メルロ＝ポンティは動物行動の背後に意識を仮定することを（人間的な他者においてさえも）遮断し、ただ、その他者が内属する世界の姿が行動の周囲に描きだされる様だけに注意を集中することを提案した。たしかに、首にワイアーを巻かれたまま小屋の窓に跳びあがろうとしているウサギと遭遇することは、魂を揺さぶる出来事である。感謝をこめてそのウサギの首をへし折ることは、病み死んでゆく愛犬を抱きしめて号泣することと同じく、「魂に対する態度」である。だが、その「魂」を対象として実体化することを禁欲しなければならない。

ナダスディが動物行動学と行動主義をごっちゃにしながら自然主義を批判していることは、単なる軽率では済まされない思考の偏倚を露呈させている。この両者ほど鋭く対立する知はないからだ。前者が種特異的な生得的プログラムの進化を明らかにする学問であるのに対して、少なくとも学習心理学という後者の一ヴァージョンにおいては、ネズミもハトもヒトも基本的に同一の学習メカニズムを具えているのであり、「種特異性」は問題にならない。わたしはどちらに対しても共感を抱いていないが、ライル的な「行動主義」が「心」という「機械の中の幽霊」を放逐した点で［ライル 1987］、メルロ＝ポンティの他者論と深い親近性をもつことを忘れてはならない［Crossley 2001］。

自然への埋没

この節の最後に、人間／動物関係をめぐる探究を始めた当初からわたしが範と仰いできた研究を挙げる。わが師・伊谷純一郎の「トングウェ動物誌」である。伊谷は、タンザニアのタンガニイカ湖東岸に聳えるマハレ山塊でチンパンジーの観察を続けるかたわら、この地域に住む焼畑農耕民トングウェと動物との関わりを十数年にわたって記録し続けた［伊谷 1978/2008］。

伊谷は動物に関して三〇〇以上の方名を記録し、情報の曖昧なものをふるい落として、二七五の「方名種」を確定した。これらは無脊椎動物から哺乳類までのあらゆる系統群にまたがる。民俗分類の最上位レベルには四つのカテゴリーがある。それぞれは間違いなく「内包される動物群」と「境界または外延をなす動物群」の双方を含む。さらに伊谷は二七五の方名種と生物学的種との対応を厳密に検討する。たとえば、鳥類について、三九科一〇九種が同定されたが、それらは七一の方名種に対応する。さらに、彼は、動物に関わる五八の俗信（単なる描写も含まれる）、四六の歌、一七の物語、二〇種類の漁法、三〇通りの猟法、二五種類の生活用具利用、四一通りの薬用利用を記載する。そのうえ、動物に賦与される象徴的意味を照らすために、一六例の禁忌（ムシロ）、五例の象徴的・儀礼的利用を分析する。悪霊をもつとされる動物五種を挙げ、邪術者とこれらとの関連を示す説話二例を記載する。最後に、いくつかの儀礼で山羊または羊が犠牲として捧げられることを指摘する。この徹底的な記述に私たちは息を呑む。天性の自然児の好奇心と霊長類学者の強靱な観察眼とが結合した、伊谷の自然誌家《ナチュラリスト》としての面目躍如たる論考である。

……トングウェたちとの長年にわたる生活の中から、私がトングウェの目をもって動物相を見ることができるようになり、一方でそれを動物学的な体系と対応づけることができるようになればよい……。個々の体験を積み重ねていって、ほぼこれが彼らの動物的世界の全体だという納得ができたときに、私は、彼らの心性を投影しうる一枚のスクリーンを得たことになる。［伊谷 1978/2008 : 243–244］

伊谷はトングウェのことを「彼ら自身があたかも自然の中のひとつの要素であるかのように、自然の中に埋没して生活する人びと」と表現している［前掲書 : 245］。動物それ自体の存在とともに、動物をこよなくおもしろがる人びとに魅了される――これこそ私たちが継承せねばならない自然誌的態度なのである。

注

（1）「現成」という訳語については、別稿を参照されたい［菅原 2013a : 10, 35］。

(2)「志向姿勢」はデネットの用語である。心的空間（デカルトの劇場）の存在を自明視し、科学的な自然主義を疑わないデネットの「心の哲学」は本書の思想とは相容れないものがあるが、この用語はとてもすばらしいので、脱文脈的に借用する。

(3) この「モザイク状の境界」というイメージはチャイナ・ミエヴィルの傑作ＳＦ『都市と都市』（ハヤカワ文庫）から示唆を受けている。

(4)「相互滲透」とはルーマンの社会システム理論のキイワードである。典型的には二つの独立した心理システム（平たくいえば「意識」）が充分に長い時間幅で構造的カップリングを続け、互いの内部構造が変化することをいう［ルーマン 1994］。本稿で用いる「相互滲透」は右とは意味を異にするが、前出の「志向姿勢」と同様、用語の美しさを優先し、脱文脈的に借用する。

(5) この作例は萩尾望都の傑作漫画『残酷な神が支配する』（小学館）からヒントを得ている。

(6) すなわち「講演–内–講演」の構造をもつ凝ったメタフィクションなのである。現代小説や日本のいわゆる新本格派ミステリーでは、作品内でその作品を書くことへの自己言及がなされるという手法はけっして珍しくない。クッツェーの場合は、実際の聴衆を前にして虚構の「講演」を演じてみせたことが異色である。

(7) 原文が difficulty と hardness という二通りの語を使っているのなら、邦訳でも訳し分けるべきであった。なぜ両方とも「むずかしさ」にしたのか、理解に苦しむ。

(8) 邦訳では「相貌」と訳されているが、「アスペクト」にすべきである。

(9) わたしのかつての教え子は、二十歳そこそこで、この私たちの生の異様さを見つめようとした。彼女の慧眼に今さらのように驚く［比嘉 2006］。

(10) わたしがこのデスコラの考え方に惹きつけられるのは、グイの婚外性関係を論じた英文の論考で「実践図式」（schema of practice）という概念を使ったという偶然の符合によるものである［Sugawara 2004］。

(11) わたしはストラザーンの仕事は勉学途上なので論評できないがもっとも関連の深い著作だけを挙げておく［Strathern 1988］

（12）鈴木清順監督の傑作『ツィゴイネルワイゼン』の恐怖は、聞こえるはずのない音や声が聞こえるところから醸し出される。関係妄想的な統合失調症の主要な症状は幻聴である。わたしはある初冬の朝、近所の廃寺に犬を連れて散歩に行き、女のすすり泣く声を聞いてぞっとした。だが、その方向を注視すると、強い風で竹藪の竹が揺れて軋んでいる音であることがわかった。

（13）『親族の基本構造』の末尾近くでレヴィ＝ストロースはこれに類した禁忌に注目した。マレー半島の狩猟民において暴風雨を起こし共同体を壊滅させる大罪には、近親相姦以外にも、ペットとして飼っているサルに服を着せてからかったり、鏡の中の自分に向かって笑いかけたりすることがある。レヴィ＝ストロースはこれらの行為はインセストと同じく「記号の濫用」であると解釈した［Lévi-Strauss 1969］。

第一章　始原の物語――グイの創世神話

本章の主題は、「世界はなぜこのようであるか?」というもっとも根源的な問いに対する答えとしての神話である。神話的な大過去においては、動物たちは「動物人間」として狩猟採集生活を送っていた。世界の始原においては、人間と動物の境界などなかった。

第一節では、私たちの日常生活においてある思想が表白されるとき、そこに根源的な「なぜ?」が隠されていることを指摘する。この観察がグイの「始原の物語」への通路を穿つ。第二節では、グイにとってもっとも重要な獲物である大型猟獣誕生の経緯を説く神話を記述する。第三節では、ダチョウが独占していた火を超越者ピーシツォワゴが奪いとった神話を紹介し、「身を養う技術」として火を位置づける。第四節では「性交の起源」を明かす神話を分析することから、象徴的な意味作用が身体経験に深く根ざしていることを論証する。最後に、第五節で、再び私たちの日常に還り、もっとも根源的な「なぜ?」に対する解としての進化論とどのように向き合うかという展望を示す。

本章ともっとも繋がりの深いのは第四章である。そこでは、鳥の習性や形態の起源を解き明かす多数の神話が分析される。また、火の位置づけは、第五章後半で描かれる焼殺の事例が私たちに与える衝撃を反省することに繋がる。性交の起源神話は、グイの男性-性が原初から女性-性に対して被傷性をおびていたことを証しだてており、七章で焦点をあてる「女の魔力」と深く関連する。

一　思想と物語

思想の言表化——事例分析

序章で提起した「思想」と「物語」という分析概念をより精緻化するところから始めよう。ある社会に内属する人間的実存は、固有の社会的文脈において、自らが非反省的に生きている思想を言表化することへ促される。実例を挙げよう。

二〇一三年九月、わたしはある人里離れた温泉宿に宿泊していた。夕飯は共同の食堂でとった。隣のテーブルに四十代初めぐらいの二人の男性宿泊客が差し向かいにすわっていた。一時間以上の食事時間のあいだ、ほとんど一人の男のほうが一方的にしゃべっていた。彼は自分が多くの女と関係をもってきたことを自慢していた。それは男の「動物的本能」なのだから仕方のないことなのだ、と。一般的に、異性とどのような性交渉をもつかという問題は、〈性〉というドメインの中核をなすばかりか、他者に関わる彼（女）の実践倫理が鋭く問われる契機でもある。そこでこの男は次のような推論構造に依拠した。

（1）私はたくさんの女と性交してきたし、現在もそうしている。
（2）たくさんの女と性交しようとすることは男（雄）の動物的本能である。
（3）生得的な本能を意志（理性）で制御することはできない。
（4）ゆえに、私の性的放縦は不可避的である。

序論で言及した「推論構造」は物語を組織するうえでの暗黙の前提となったり、そこに首尾一貫性を打ち立てる拠り所となったりする。しかも、この構造の背後にはつねに言表化を免れる動機づけがある。右の場合では、「性的放縦は良くない」という支配的な道徳を彼は知っているからこそ、このような自己正当化の言表に促されたのである。そこで産出される物語は、この文脈において焦点化されている生活世界のドメインにおいて語り手が積み重ねてきた行為の束を方向づける彼の思想を照らしている。

当人の自覚は別として、彼のこの思想は社会生物学という科学理論と部分的にせよ整合性をもっている。もしこの理論を体系的に学習する機会が与えられたら、彼はみずからの生活世界への理論の天下りを歓迎し、自分が言表する物語をもっと精緻化する（あるいは権威づける）ことができるだろう。「動物的本能に従う」ことをみずからの実践倫理とする生活者は、社会生物学に対して高い「影響感受性《ヴァルネラビリティ》」をおびているのである。

わたしが小耳にはさんだこの物語は「おれはどうしてこうなのか」という根源的な問いかけを含んでいた。ミシェル・フーコーの優れた評伝において、ジェイムズ・ミラーは、フーコーが終生を懸けて格闘した問いをこうまとめた。「どうして私は現在のような私になったのだろう、またなぜこうした自分のあり方に悩むのであろう？」［ミラー 1998 : 384–385］。こうした問いこそが、近代的な知の成り立ちへ向けられたフーコーの探究の原動力となった。あらゆる思想が「私はなぜこうなのか」という問いを潜在的に含むものであるとしたら、その問いと「世界はなぜこのようになっているのか」という問いとは表裏一体である。

〈性〉のドメインに焦点化しながら、「私はなぜこうなのか／世界はなぜこのようなのか」を問うことが社会生物学と遭遇することは避けられない。なぜなら、社会生物学は生殖のドメインから出発し、動物の行動と集団形成のみならず、人間の生活世界のほぼ全域をネオーダーウィニズムによって説明することを目標に掲げる「総合説《シンセスィス》」だからである［Wilson 1975］。さらに、後者は、ダーウィンの自然選択理論と進団遺伝学とを統合して生物進化の機構を解明する極限的な包括性をもったパラダイムであり、ヒトと動物との関わりを究明することと強い関連性をもつ。わたしは拙著で、包括適応度の最大化と表象主義を結合させて霊長類のコミュニケーションの進化を説明する社会生物学の理論を、上空飛行的な思考の典型として批判したので［菅原 2002a］、本書で同じ論点を繰り返すことはしない。社会生物学の遺伝子への還元主義は、現象学的実証主義の立場とは相容れないことを確認するだけで充分である。だがこれは、本書の探究から「進化」一般を切り離すことを意味するわけではない。本章の最後で、両者を切断することへのわたしの躊躇について改めて論じる。

始原への問い

「世界はなぜこのようになっているのか」という問いは、必然的に「世界はどのように始まったのか」という問いを導く。序章で参照したユダヤ・キリスト教の「楽園追放」の物語はその典型である。しかも、追放の理由となった「原罪」こそが、人間と動物の絶対的な区別を決定した。現代の産業社会でこうした問いに対する解答として用意されているもっとも影響力の強い理論は、自然科学の諸理論である。宇宙物理学（なかでもビッグバン理論）、惑星科学、進化論といった「始原の物語」が構築され、宇宙の始まり、地球の生成、生命の誕生、単細胞生物から現在の私たちに至るまでの「生命の樹」（系統樹）の連続性、等々が強い説得力をもって説明される。近代に包摂される以前の社会においては、コスモロジーや神話と呼ばれる象徴的ドメインが始原の物語を提供した。グイの神話は、西アフリカのドゴンのそれのような体系性をもっているわけではないが［グリオール 1981］、グイの人びとと動物との関わりの起源を鮮明に照らしている。動物の活躍するグイ／ガナの夥しい神話について、すでに田中二郎がその概略を報告しているが［田中 1994, Tanaka 1996］、全貌は未出版である。わたしは田中のプライオリティを尊重し、今まで、自分が独自に収録した鳥類に関わる神話を除けば、動物神話を分析することを自らに禁じていた。しかし、もっとも最近の調査において、この貴重な「文化遺産」を映像資料として保存することを決意した。田中から聞いてきた神話の粗筋を「呼び水」として提示し、かなりの変異を含む語りを撮影した。二節以下では、田中が記載していない二つの創世神話に加えて、彼がすでに報告した「火の起源」に関わる神話の異本《ヴァリアント》を紹介する。

超越者ガマ（神霊）

これらの「始原の物語」の核にある存在が、グイ／ガナの超越者ガマ g‖ama である。ガマは造物主としての「神」であると同時に、災厄をもたらしたり人の体に入りこんで病気を惹き起こしたりする「悪霊」としての側面も併せもつ。ゆえに、わたしはガマに「神霊」という訳語をあてる。別稿で、日常言語における「ガマ」という語の用法を分析したので［菅原 2012：23–25］、その要約を再録する。発話文の逐語訳を「　」内に、意訳を（　）内におく。ガマは、ふつう三人称単数男性形の接尾辞をつけてガマ-ビ（対格はガマ-マ）と呼ばれるが、⑧のように男女を含めた複数形ガマ-ハリで言及されることも稀にある。

【1-1】ガマという語の用法［菅原 2012：23–25］

① 「彼はガマのもとへ入った」（彼は死んだ）
② 「で、ガマはおれをぺっと吐き出した」（おれは危うく死にかけたが、生き返った）
③ 〔「あなたはツォマコ（故人の名）の未亡人とヨリを戻さないのか？」という質問に答えて〕「おれがもし彼女と新しく

したら、きっとツォマコのガマがおれを笑う」

④〔「顎に肉髭がついているヤギとついていないヤギがいるのはどうしてだ?」という質問に答えて〕「ガマがそのように造った」

⑤〔調査助手が妻に先立たれたことを知ったあと、わたしはカデに到着した。お悔やみを言おうとしたわたしの機先を制して彼は言った〕「アエー、ガマは何てことをするんだ」

⑥〔わたしは、知的障害者である一人息子をもつガナの女にインタビューした。彼女は、わたしの長男も知的障害者であることをよく知っている〕「ガマはわれわれ〔男女二人、包含形〕を殺した」〔ガマはわれわれをひどい目にあわせた〕〔菅原 2013c : 331–333〕

⑦〔ある男が、自分の罠にスティーンボック〔小型の羚羊〕がかかっている夢を見て、罠の見まわりに行ったが獲物はいなかった〕「ガマがおれを騙した」

⑧〔「なぜ『彼』〔発話者の義理の息子にあたる〕は発狂したのか」という質問に答えて〕「たぶん眠ったんだろう。彼は眠って、で、夢を見た。ガマたち〔通性、複数〕がやってきて言った。おまえ、このことを踊れ〔行え〕と言った」

①と②から、ガマが人の命を奪ったり、逆に、命を救ったりする権能をもっていることが推測される。③からは、ガマはときとして、「死霊」〔ガワ g‖àwã〕と同義のものとみなされることがわかる。④によれば、それは人知を超えた事柄を生じさせる超越者である。⑤と⑥が示すように、それは、気まぐれに人をひどい目に遭わせる。また、⑦のように、人に夢のなかで何かを告げることもあるが、そのお告げが真実であるとはかぎらない。最後に、⑧では、〈ツィー〉!íĩ という動詞が特異な文脈で使われている。〈ツィー〉はグイの超自然的な世界観の中心をなす概念である。名詞は「治療ダンス」や「儀礼」を意味し、動詞は「術をかける」「神秘の力を揮う」な

どと訳すことができる。⑧の用法によれば、狂気もまた「神秘の力」と結びついており、ガマたち〔通性・複数〕によって理由もなく引き起こされるのである。この分析から、ガマとは人間にはどうすることもできない「偶然性」（実存主義的にいえば「不条理」）の神格化であることが示唆される。

もうひとつ、別の用法を付け加える。「プロローグ」の五日後、罠の見まわりに行き、またもや手ぶらで帰る道すがら、キレーホとカーカは栄養価の高いマメ科植物ナンテ ŋǂáñ̄é の莢を集めた。そのとき彼らが「ガマのグイアム（畑で栽培されるササゲなどのマメ類）だ」と言うのを聞いた。わたしはノートに書きつけた。「ガマこそ、われわれのいう「自然」なのではないかと道々歩きながら考える」――だが、この解釈はうがちすぎかもしれない。単に彼らは「（人間ではなく）神様が造ったグイアム」という意味で言ったのかもしれない。

神話においては、ガマはピーシツォワゴ pı̣ı́ı̄sì-ǀoãgù の愛称で呼ばれる。「ツォワゴ」は「子ども-ゴ」という二つの形態素から成り、全体として指小辞の機能を担う。「ピーシ」の意味は不明であるが、カマキリの方名が「ピーシポロ」であることは不思議な暗合を感じさせる。二十世紀初頭に絶滅した南アフリカのツァム［Xam・ブッシュマンの神話で活躍する「カマキリの神」はブッシュマンのフォークロア研究で有名だからである［Biesele 1993：17］。だが、グイはこの神話を知らない。わたしは「ピーシツォワゴはカマキリに似ていたのか？」と訊いて一笑に付されたことがある。彼らは、ピーシツォワゴがどんな姿形をしていたのかはまったくわからないと明言するのである。

二　世界の始まりと猟獣たちの創造

二〇一三年九月三日に再定住村コエンシャケネの日本人キャンプでビデオ撮影を行った。調査者が作業や器材の保管に使っている小屋の横に四人の男たちが横並びにすわった。向かって右から、キレーホ、ケンタ（タブーカの兄）、タブーカ、カーカという顔ぶれだ。ケンタ以外は、わたしの古くからの調査助手である。もっぱらケンタとキレーホが語り、時おりタブーカとカーカが口を挟んだ。

創世神話

この神話の中心的な主題は、グイにとってもっとも重要な狩猟の獲物がいかにして創造されたか、を解き明かすことである。毒矢を用いる弓矢猟の獲物は〈コーホ〉（食うもの）と総称され七種の偶蹄類を含む。体の大きさの順に列挙すれば、まずキリン、そしてウマほどにも大きいエランド、螺旋状の角をもつクーズー、大群をなす黒っぽい姿のウィルデビースト、サーベル状の角をもつゲムズボック、曲がった短い角をもつハーテビースト、

神話を語る（VTRより）

高く跳躍する中型種スプリングボックである『写真1-1～1-7』。キリン以外はすべて羚羊類《アンテロープ》である。撥ね罠猟の獲物としてもっとも頻繁に捕獲されるのはこの地域で最小の羚羊スティーンボックである。それより少し大きいヤブダイカーもよく罠にかかる。この二種は「罠の獲物」を意味する〈カウ〉ǁʰàù という語で総称される。以下の物語では、これらのうちクーズーとヤブダイカーだけが言及されないが、これは単に語り手が言い忘れたためだと思われる。動物の民俗分類の詳細については、第三章の三節にあずける。

【1-2】「ガナナガー」

《要約》まだ空に太陽がない頃、男が息子三人と暮らしていた。彼はこっそりエランドの仔を飼い甘い蜂蜜を与え、息子たちには古くて甘味の少ない蜜をやっていた。末っ子が父のあとをつけ、父の秘密を知り、兄二人に話した。兄たちはエランドを殺して食ってしまった。嘆き悲しんだ父は、殺されたエランドの胃の内容物にことばを籠め、投げつけるとあらゆる猟獣が誕生した。上の息子二人がいつも遊んでいたゼネという玩具を取りあげ、空に打ちあげると闇が裂け、太陽が出現した。父は上の息子二人に猟を命じたが、熱い砂で体が焼けただれ、息子二人は苦悶した。

彼は、昔、あそこで搾乳した。で。あのテラ ŧérā〔木の容器のことか〕に入れた。こんなやつに《砂の上に長方形を描く》。ここに口がある。そこへ〔ウシまたはヒツジの〕乳を注ぎ入れた。そして「ガナナガー」ŋàŋāŋàā と呼んだ。やがてエランドを造った。乳を注ぎ入れるとエランドの仔がそれを飲んだ。その男は、三人の男の子を生んでいた。だが、彼はエランドの仔を別の場所に連れて行った。『〈おまえ〉〔男自身のこと〕がいないときに、彼らがこいつを見つけたらこいつを死なせるだろう。』その仔は少し大きくなった。彼はテラを打ち割った。すると、やつはすごく大きくなった。彼だけがそのことを知っていたのだ。次に彼はハオ〔近隣の集団ナロの語で家畜の水飲み場に設置する水を溜める溝のこと〕を作った。グレ〔グイ語でハオのことだが、ここでは木製の樋のようだ〕を削って作った。ここらへんには草が生えている。やつは大きくなると草を食んだ。彼は斧でミツバチの巣がある木を打ち割った。「頭」のほうにある蜜を息子たちには持って行かなかった、この蜜は甘いんだが。それを毎日持ってきては、グレの中に入れた。そして「ガナナガー」と呼んだ。エランドはそれを聞いて出てきて、蜜を食べて食べる。彼はエランドから別れて、家に帰る。そして、毎日、息子たちには黒い蜜をあげる。こうしてエランドはものすごく大きくなった。

さて、息子たち三人のうち、兄二人が小さい弟に言った。「おまえ、父さんと一緒に出かけろよ。おそらく父さんは『手前』の蜜を取って、『向こう』の蜜は残しているんじゃないかな。きっと『背中』のだけを取って引き返してるんだ。」翌朝になった。父親は最初、末っ子が一緒に行くというのを強く拒んだ。だがいくら言い聞かせても聞かないので、ついにあきらめ、二人で出かけた。父親はミツバチの巣がある木を斧で打ち割った。息子はそれをじっと見ていた。父はすべての蜜をそっと取り出した。すべてをだ！

その頃は太陽がなかったんだ。だから、彼ら二人は真っ暗な中で木を打ち割ったわけさ。それから彼ら二人は蜜を運んで運んで、長い距離を歩いた。やがて小休止し、荷を降ろした。父は言った。「息子よ、ここにすわっておれ。」彼は蜜を取り上げ、どこかへ行った。あのグレの中に蜜を入れたのだ。息子はあとに残っていたが、すぐに父をつけ、這って忍び寄った。すると父の声を聞いた。「ガナナガー、ガナナガー」エランドは彼の声を聞いて立ち上がった。出てきた。息子はそれを見た。「エヘッ！　こいつに父さんは『頭』のほうの蜜をあげてたんだ！　ぼくは確かに見たぞ。あれを聞いたぞ。」で、戻った。父はまだそいつに食べさせていたが、やがて戻ってきた。息子はさっきの所にすわっていた。父は「さあ、行こう」と言い、二人は荷物をかつぎ家に帰った。みんなで「背中」側の黒い蜜を食べて、そして寝た。

翌朝、父は末っ子に言った。「出かけようぜ、パパちゃんや[1]」息子は言った、「ぼく昨日すごく疲れちゃったの。エ～エ、ぼく、くったくただから、きょうは休んでるよ。」そう言って断った。父は仕方なく一人で出かけた。息子たち三人が残った。兄二人が末の弟に尋ねた。「おまえたち二人〔おまえと父さん〕が昨日行ったときさ、ここにある蜜は『頭』がないからさ、おまえは『向こう』にあるやつを指し示し、取りはしなかったのか?」弟は答えた。「エ〜エ。彼は昨日すべてをそっと取り出したよ。つまりね、ぼくたち二人〔父と自分〕があそこへ来ると、彼は、ぼくを置いて、で、蜜を出した。柔らかいやつをね。ぼくは彼のあとをつけていって、それを見た。つまりね、彼は彼のモノを呼んだのさ。彼は言った、『ガナナガー、ガナナガー』って。そいつはやってきた。やつは進んだ。パカパカパカパカ。でっかいやつだよ。」兄たちは言った、「ワイ、エー、おれたちは行こうぜ。そりゃ素敵だ。」三人で行って、兄二人は木の蔭に身をひそめた。弟がやつを呼んだ。「ガナナガー、ガナナガー」と言った。出てきた。で、やってきた。「エヘ! なるほど、このモノだ。」「アッ、肉だ!」兄二人はエランドに矢を射当てて、死なせた。それから肉を取って、それを持って家に帰った。

さて、エランドがまだ死んでいないとき、父親は木を打ち割っていた。ミツバチは太っていた。彼は蜜を取り出してその場に置き、また別の木を打ち割った。蜂はやっぱり太っていた。そのときちょうど息子たちがエランドを死なせた。父親が次の木を打ち割ると、蜂の巣はみんなひからびていて、蜜はなかった。さらに彼が別の巣を打ち割ると、やはりひからびていた。彼はそれを見てわかった。で、言った、「あの男の子が、兄たち二人に話したんだな。彼らは〈おまえ〉〔父親自身〕に糞詰まり起こさせるほどひどいことをしたぞ。エランドを独り占めにしたな。」彼は遠くにいたけれど見たんだ、彼らがエランドを死なせたことを。彼は急いでとって返し、歩いて歩いて、そこへ着くとやつを呼んだ。最初に取ってあった「頭」の蜜で、やつを呼んだ。やつは来なかった。あたりを見まわして、息子たちの足跡を見つけた。彼は、グレにいったん入れた蜜を取り戻し、それを持って家へ帰った。着いても、息子たちと話しもせずに寝た。寝ながら考えた。「いったいどうしよう?」寝続けながら、息子たちがしたことを考えに考えた。痛みを感じた。痛みを感じた。翌朝早く、またあの場所に行き、エランドの胃の中にあった糞を取り上げ、それを握りしめて絞り、握って柔らかくし、それにことばを籠めて、エランドを造った。で、それからキリンを造った。

写真 1－1 キリン
写真 1－2 エランド（1983年カオキュエで）
写真 1－3 クーズー
写真 1－4 ウィルデビースト
写真 1－5 ゲムズボック
写真 1－6 ハーテビースト
写真 1－7 スプリングボック
1－2 以外は2008年 9 月ナミビアのエトシャ・パン国立公園で撮影。

ウィルデビーストを造った。スプリングボックを造った。すべてのモノを造った。で、それらに話しかけ、水を飲み、胃の内容物を握りしめ、投げつけ、パッとばらまいた。するとエランドができた。ゲムズボックができた。キリンができた。再び、胃の中の糞を取り上げ、二回目に投げつけ、たくさんのモノたちを造った。つまり、ウィルデビーストたち、ハーテビーストたちを造った。三たび取り上げ、最後のやつを投げつけると、スティーンボックたち、スプリングボックたちを造った。

それから家に帰り、末の息子を呼んだ。「兄たち二人がいつも投げて遊んでいるゼネ〔空へ打ちあげて遊ぶ羽のついた玩具〕はどこだ」と尋ねた。末っ子は立ち上がり、それを取って持ってきた。父はそれを舐めて湿らせ、遠くへ行き、じっと立って待った。太陽はなく、真っ暗だった。コー〔雨季が始まる直前のもっとも厳しい季節〕の頃だった。彼は思いきりゼネを打ちあげた。**サウッ**！　ゼネははるか高く舞い上がり、なかなか落ちてこなかった。ずうっと上空に漂い、やっと舞い降りてきた。そのとたん……**ペエ**！　太陽が出現した。父は上の息子二人を呼んで話して言った。「おまえら二人は矢を取って向こうへ行け。この『チンボの中』どもめ、おれは肉が食いたいんだから、こら、おまえら『チンチンの中』野郎ども、あのエランドたちのいる所へ行って、おれのものを殺してこい。」彼ら二人がエランドに忍び寄ると、熱い砂で膝が焼けただれた。それで、腹這いで進んだら腹も焼けた。仰向けになってにじり進んだら背中が焼けた。太陽は砂を煮えたぎらせていたから、彼ら二人はしきりと泣いた。父親は言った、「四つん這いで行けよ。エランドと出会うんだから。そしたら、エランドはおまえらの近くへ進んでくるんだから。」彼らは縦列になって這い進んだが、エランドに追いつく手前で、焼けただれ、絶叫し、砂に体を埋めて冷やし、カロ〔木の名〕の濃い木陰に転げこんで絶叫し、そこで休んだ。太陽は空を通り過ぎてついに沈んだ。やっと彼ら二人は家に帰った。

奇妙なことに語り手たちはこの「男」の名を明言しなかった。たぶんピーシツォワゴなのだろう。このように、物語の要《かなめ》をなすキャラクターの名が明かされない傾向は第四章の冒頭で紹介する鳥の神話でも見られた。

ひょっとすると、ガマへの畏敬の念が名を呼ぶことの忌避を促しているのかもしれない。「男」は三人の息子たちには秘密で、キャンプから離れた所でエランドの仔を飼っていた。「ガナナガー ŋãnānàŋáã」と呼ぶと近づいてくる。この五音節語の語頭と語尾の母音は鼻母音なのでとても独特な語感をもつ。始原においてはガナナガーがエランドの名称であったようだ。男は大きな木製の容器に乳を入れて飲ませた。これがウシの乳なのか、この地域にはいないヒツジの乳なのかで、語り手たちの見解は分かれた。また、この容器についても、タブーカはヒョウタンだと明言するが、キレーホは大きな木をくりぬいて作った容器だと主張する。

同時に、この「男」は蜂蜜を採取してきてはそれをガナナガーに食べさせたので、ガナナガーはどんどん大きくなった。ここでカラハリのミツバチの習性について説明しなければならない。ミツバチは木のうろに巣を作るが、最初に入った穴から上のほうへ巣を積み上げてゆく。底部に溜まった蜜は黒くなり甘味が落ちるが、上のほうの蜜は褐色でとても甘い。前者を「背中」または「手前」の蜜、後者を「頭」または「向こう」の蜜と表現している。父親がいつも黒い蜜ばかり持ち帰って食べさせるので息子たちは疑問に思った。じつは、新鮮で甘い蜜を父はすべてガナナガーにあげていたのだ。

大切に育ててきたガナナガーを息子たちに殺されてしまった父親は悲しみにくれたあげく、解体現場におもむき、残された胃の内容物（「糞」あるいはドゥイ）を握り、それに「ことばを籠める（コイコヤホ）」。そして投げつけると、あらゆる猟獣が誕生した。次に、この神話にはブッシュマンの物質文化のなかで非常に有名なアイテムが登場する。短い棒の端にノガンの羽根を一枚括りつけ反対の端に木の実の錘《おもり》をぶらさげたゼネという玩具である。これをよくしなる枝で打ちあげると竹トンボのようにくるくる回転しながらゆっくり舞い降りてくる。それをまた打ちあげ、できるだけ長く地面に落とさないようにして楽しむ。ブッシュマン文化に共通して見られる代表的な子どもの遊びである。

神話から照らされる生活世界の特質

この物語を聞きながら、わたしは二つの「非合理」が大いに気にかかった。太陽のない、闇に閉ざされた世界で、この父と息子たちはどうやってものを見ることができたのだろう。語り口にひそむトリックが、この矛盾をあまり目立たなくさせている。「じつは太陽はまだなかった」という恐るべき前提は、父が末の息子にせがまれしぶしぶ彼を蜂蜜採集に同行させた話のあとに、何気なく導入されたのである。すべての動物が造られる以前の話だというのに、ガナナガーがウシやヒツジといった家畜の乳で育てられたのも妙である。もっとも、この疑念は「家畜は野生動物から人為選択によって作出された」という考古学理論の天下りをわたしが鵜呑みにしていることに由来するのではあるが。

同時に、この物語がグイの生活世界の本質的な特徴を鮮やかに捉えていることにわたしは感銘を受けた。もっとも貴重な肉、豊穣と多産のシンボルであるエランドは、原野の食物のなかでたった一つだけ強烈な甘味を凝縮した蜂蜜を糧として生まれたのである。また、ありふれた子どもの遊び道具ゼネこそは、闇を「ペエッ」(すぱっ)と切り裂くもっとも始原的な「道具」だったのだ。しかも、カラハリの太陽は出現した瞬間から人間を「焼く」苛酷な存在であった。獲物に這って忍び寄ることを必須の技術とする弓矢猟とは、熱い砂で膝や腹に火傷を負わせる苦難に満ちた労働なのである。

さらに、三つ目のハチの巣を打ち割った父がその異様な有様から息子二人の悪行を遠隔的に認知するくだりには、グイの間身体性を満たす〈ナレ〉（酔う／感応する／予感する）に通底するサンスが漲っている。〈ナレ〉については第二章と第三章で詳しく述べる。最後に、この物語からは食物分配に関わる倫理が透けて見える。息子たちにとって父親は打ち克ちえない権能の担い手である。しかし、その父が「甘い蜜」を秘匿し「黒い蜜」だけを分け与えることは不当なふるまいであり、息子たちの反抗を招いてしかるべきなのである。

三　火の起源

神話の骨格

始原の人間社会の創発が火の利用と軌を一にしたという観念は、人類進化の理論を待つまでもなく、私たちの常識に染みついている。田中が採取した代表的な起源神話も、火の最初の獲得をモティーフにしている。先達に敬意を表し物語の全文を引用しよう。

ピーシツォワゴは生のまま草の根やスイカを食べていた。ある日彼はダチョウがよく焼けた根っこや煮えておいしそうな匂いのするスイカを食べているのを見つけた。ダチョウだけが火をもっていたのである。ダチョウは翼の下の脇の下に火をもっており、普段は翼をたたんでそれを隠していたのである。ピーシツォワゴはダチョウを誘って一緒にコムの木の実（*Grevia flava*）をとりに出かけた。コムはちょうどシーズンで赤く熟したおいしそうなのが低い木にも背の高い木にもたわわになっていた。二人はときどき摘まみ食いをしながら採集しては袋につめ、低い木になっているのはあらかたとり尽くしてしまった。ピーシツォワゴは言った。「ほれ、あの大きな木にはまだいっぱいコムがなっている。おまえのその大きな手を伸ばして摘みとるがよい」。ダチョウは言われたとおりに翼を広げ、うんと手を伸ばしてコムの実をとった。それはピーシツォワゴの策略だったのだ。ピーシツォワゴはダチョウの広げた翼の下からすかさず火を盗みだすと、一目散に逃げだした。「あっ、ピーシツォワゴ、おまえそんなことをして俺の火を」。ダチョウは怒ってピーシツォワゴを追いかけた。ピーシツォワゴはあらかじめ用意していた悪魔の爪と呼ばれるトゲ（カラハリ特産のゴマ科植物の実で、直系一五センチぐらいの八方に鋭いトゲがついたもの——和名をライオンゴロシという）をまるで忍者のマキビシのようにまき散らしながら、火をかかえて走りに走った。ダチョウはトゲをよけるためにジグザグに走り、翼を広げてバランスをとったが、ついにトゲに足をとられ、彼の足指は鋭いトゲのために裂けてしまった。五本ずつあったダチョウの足指は、それで二本だけになってしまったのである。ピーシツォワゴはこうして火を手に入れ、人びとに与えたのである。［田中 1994：76–78］

ひとことだけ実感に即した注釈をつけておく。ライオンゴロシの和名をもつカウキャカバ ǁ^{h}àūcáǁ^{h}àbà という植物の実の棘は、鋭い刃のように長く突き出した、まことにすさまじいものである（田中の本には写真が掲載されている）。わたしもうっかり踏んづけたことがあるが、頑丈な靴底に深く突き刺さり、捻ったり揺すったりしてやっと引き抜いたので、靴はかなり傷んでしまった。裸足で踏んづけたらひどいことになるだろう。

神話の異伝

わたしが収録した異本も主要なプロットはまったく同じだが、いくつか重要な変異があるので、語りの抄訳を示す。

【1-3】ダチョウから火を盗む話

この男は暮らし、しきりとコムを食べていた。火をもっていた、ダチョウは、つまりこの男は暮らしていた。かれら〔人びと〕は生でカン〔棘のあるメロン〕を食べていた。ある日になった。彼〔ピーシツォワゴ〕は言った、「おれはこのムーハオの地の平原で採集しよう。」彼は通って行き、ムーハオの平原でコムがたくさん熟しているのを見た。摘んでは食べ、摘んでは食べているとダチョウの足跡を見つけた。「アッ！　てめーら！〔イカオ ʔiǁaò 二人称複数男性形の人称代名詞だが、間投詞のように用いられる〕。ここに男の人が、おやまあ、いるぞ。」彼はカンの皮を見つけた。彼は、カンの皮が灰焼きされたり、直火焼きされたりしているのに気づいた。彼はいつもカンを生で食べていた、火がなかったから。彼は通って行き、あるキャンプに着いた。「おや、あんたかい」「アエー、おれ自身だよ、おじいちゃんや」「こんにちは」「こんにちは、元気ですか」「エー」とか言った。ピーシツォワゴがね。彼は背が高くなかった。背が低かった。彼ら二人は一緒に食べ物を食べた。ピーシツォワゴは言った、「アエ、コムどもが熟しているよ。それを見ると素敵だよ。おれたち二人は明日、休んでから、摘まないかね。で、おれと一緒に食べないかね。」そう言った。で、「おれは自分の寝る所へ行くよ」と言って帰途についたが、その途中でカウキャカバ〔ライオンゴロシ〕を拾いあげ、それらをほうぼうに置いた。家に着くと、妻二人に話した。「おれは火をもっている男の人を見つけたぞ。だから、明日は火を起こすぞ。今は火はないけど、おれはきっと火をもって帰ってくるぞ。焼き穴を作って火を入れようぜ。」そう妻二人に言って、翌朝早く出かけた。ダチョウと二人で甘いコムを摘んでは食べて食べた。しばらくすると、木の上のほうにだけコムが残った。ダチョウは背が高く、ピーシツォワゴは背が低い。それで彼に話して言った、「アエ、あんたは背が高いんだから、こんなふうに近くに［枝を］引き寄せて、実を取ってくれよ。」ダチョウは腕をもちあげた。ピーシツォワゴは言った。「アエ、あんた何やってんだ。あんた腕を曲げて肘を脇にくっつけたままじゃないか。アイ、おれは背が低いからあきらめた。ほら手が届かないから、もとに戻すしかないよ。あんたはそんなに背が高いんだから、腕を伸ばせよ。」ダチョウは腕を広げた。で、コムの実を近くへ引き寄せた。彼は取った、火を。で、立ちあがり、あのカウキャカバを撒いたほうへ大急ぎで引き返した。ダチョウはピーシツォワゴを追った。そして、カウキャカバを踏んづけ踏んづけた。ピーシツォワゴはブロポポ、ブロポポと走った。彼は、木と木のあいだにカウキャカバを撒いていた。その木の後ろに身を隠した。ダチョウの足を棘が摑み、さらに行くともう一本の足も棘が摑んだ。足は裂けた。足の指はとれて二本になった。ピーシツォワゴは走り続け、はるか遠くで丘に登り、逃げて来たほうを振り返った。で、それを投げつけた。で、それに話した。火にね。木に投げ入れた。それから彼はふり返り、言った。「どうしてまた、おまえはおれを追いかけたのか。おれは今、火を取ったぞ。ダチョウよ、おまえにはもう火はないぞ。明日の朝、おれを呼ぶがいい。おれにおまえの卵を取らせろ。」彼は家に着き、妻二人はカンを灰焼きした。煮えたカンを飲んだ。それまで、ピーシツォワゴはカンを生で食べていたから、彼の肛門は毛をむしられたように傷だらけだった。けれど、彼は火を取った。やってきてカンを灰焼きした。カンは煮えた。彼はそれらを飲んだ。毎日、煮えたカンを飲んだ。そしたら、肛門は治った。彼は言った、「おれは今や火をもっているぞ。」

写真1－8　ダチョウ
2013年8月中央カラハリ動物保護区（CKGR）で。エピローグ参照。

身を養う技術としての火

田中が記載した「正伝」からは省かれている事項に注目しよう。第一にピーシツォワゴの短躯に対比して、ダチョウのノッポが強調されている〔写真1－8〕。この鳥の首や脚の長さへの賛嘆が、物語のもっとも基本的な動機づけをなしている。第二に、果皮に短い棘が突き出た、カン qãã というメロンが焦点化されている。カンはスイカと並んで雨季のもっとも重要な食物だが、果肉には毒性が含まれ生で食べるとおなかをこわす。物語の末尾を信じるなら、毒を含んだ大便を排泄すると肛門まで爛れてしまうようだ。だが、加熱すればこの厄介な毒素は分解される。そもそも、灰や直火で焼いたカンの皮が散らばっていることにピーシツォワゴは気づき、ダチョウの火を羨んだのである。

第三に、ピーシツォワゴが二人の妻をもっていたと明言されていることは重要である。この二人の妻こそが次節で重要な役割を果たす。最後に、もっとも難解な部分が、傍点を付した「それを投げつけた」云々である。このくだりがわたしにはまったく理解できず、調査助手たちに問いただした結果、次のような推論構造が明らかになった。ダチョウが持っていた「火」とはすなわち火起こし棒のことであった。ピーシツォワゴも火起こし棒を錐もみすることぐらい知っていたが、いくらやっても火はつかなかった。ピーシツォワゴはダチョウから奪った火起こし棒を種々の木の根もとに投げつけて「話し」（呪文を唱えたのであろう）、それらの何の変哲もない木々にも火を起こす力がうつるようにしたのである。その結果、ガーガバ g!áàg!àbā、タア ṭą̀à、オーリ ǁʔóōrí、カサ !ásà、カレ ǁqare(2) といった硬い幹をもつ木はすべて火起こし棒として使えるようになった。先のガナガーの説話では動物を「ことばで造る」ことが語られていた。火もまたことばで造られた。ことばが世界を造る力の母胎であるという観念は、旧約聖書に限られるものではないのである。

この物語に登場するダチョウの描き方からも明らかなように、神話的な過去においては、動物たちは人間と同じように狩猟採集生活をしていた。かれらが暮らしていた土地がムーハオである。現存する地名ではなく、だれも行ったことのない「神話ランド」である。だが、同時に、かれらは、現在それぞれの種がもつ形態や習性をそのままもっていた。すなわち「動物人間」こそが、ピーシツォワゴと共に神話で活躍するキャラクターなのである。これらの動物人間たちにも、種を表わす方名に指小辞ツォワゴがつけられる。たとえば、ダチョウはゼローツォワゴ gǀèrō-ǀoãgù である。以下の章では、神話に登場する動物人間（鳥人間）たちの名称からこの指小辞を省き、方名または種名（標準和名）だけで表示する。

この節のまとめとして、人間が火を獲得したことの意味を改めて確認しよう。生で食べると有害なカンを焼いて食べたいという切迫した欲求が、ピーシツォワゴをしてダチョウの火を盗むことへと駆り立てた。ここにすべての答えがある。ヒトの貧弱な胃腸では消化できない、アクの強い果実や繊維質だらけの根茎・球根、すぐに腐敗してしまう肉――それらを火によって調理できなかったらカラハリ砂漠でヒトが生き延びることは不可能だったろう。火を統御することが人類にとって最初の技術であったとすれば、それは食物を摂取し暖をとるための技術、つまり自らの「身を養う技術」であっただろう。それは、狩猟という「他者を殺す技術」とくっきりした対照をなすのである（第五章参照）。

四　性交の起源

欲情の物語

この章の最後に取り上げる「始原の物語」は動物とは直接的な関連性をもたないが、グイの身体性の本質を衝撃的な形で照らすものなので、避けて通ることはできない。

まず、この語りを収録した文脈を明らかにする。「性の人類学」の牽引者である松園万亀雄は、二〇〇〇年に、

キレーホ（右）

この主題で一冊の本を作ることを計画していた。わたしは、彼から「グイの猥談を徹底して集めてきてほしい」という「密命」を与えられた。この課題を愚直に果たすべく、三人の調査助手に彼らがそれまでに経験してきたザーク（婚外性関係）の詳細を克明に語ってもらった。ついで、オナニー、包皮、ヴァルトリン氏腺液といった、猥談らしいネタについて問いを重ねたが、ふと思いついて「男どうしが性交することを知っているか？」と尋ねた。彼らはきょとんとし、わたしが「男が別の男の肛門にペニスを入れる」と説明すると、キレーホは「彼はクソをもらすぞ」と呟き、タブーカは呆れかえって口笛を吹いた。さらに、わたしは「ピーシツォワゴの噺にそういうのはないか？」と訊いた。すると、キレーホは言下に否定したが、すぐに自分が知っているのはこんな噺だけだと言って、驚くべき物語を語りだしたのである。

【1―4】ピーシツォワゴ性交を学ぶ

《要約》ピーシツォワゴは二人の妻（陽子と月子）と暮らしていたが、性交を知らなかった。猟に行ったら脱肛したので、その肉を切って妻二人に食わせたらあまりのおいしさに彼女たちは欲情した。妻二人はお返しに夫に自分たちの小陰唇を食わせた。それを穴の中で死んだウィルデビーストの肉だと偽り、夫をそこへ連れて行った。前もって穴の中に下痢糞をしてあった。夫が覗きこむと尻をけとばし、一目散に逃げた。糞まみれになった夫が二人を追いかけると樹上から唾を吐きかけた。夫が見あげると二人は股を開いてすわっていた。夫は木によじ登り、初めて性交した。

ピーシツォワゴが昔、性交を知らなかったので、二人の妻が彼にそれをさせたということだけをおれたちは知っている。彼は性交を知らなかった。暮らしていても子を生まなかった。かれらは暮らし暮らし、その女二人は言った。「この男は何をしてるんでしょう?」彼は猟へ行き、ダイカーを追っていたが、彼のドリ〔肛門括約筋のことか〕が出た。彼はそれをちょん切って、で、それから草を取って自分の肛門の中にねじりこんだ。血が出て死なないように、しっかりとね。それから彼のドリを細く切って切って、で、それをもっていった。彼女たち二人はそれを食った。で、欲情した。彼女たち二人はそいつを食って言った。「エッ? このものはなんておいしいの!」「食うと、いつまでもおいしいわ。私たち二人はそれを切って、で、好きだから、それを食いましょう。」すると、そいつはぽろりと落ちて見えなくなった。夫の肛門の中に入ったんだ《笑》。つまり、彼の肛門だから、彼女たち二人が切ってちぎると、彼女たち二人がほしがるものは落ちた。取って食おうと欲しているまさにそのときに、肛門へとひき返し入った。持ち主の所へと行った《笑》。そいつは繰り返しそうなった。そいつは切ってちぎられると落ちて、半分になった肛門の上に貼りついた。別のを食おうとすると最初はじっとしていたが、その別のも落ちてなくなった《笑》。やがて、彼は、彼女たち二人と一緒に採集にでかけた。かれらは途中で別れた。彼がずっと遠く、彼女たち二人の先に行くと、二人は穴を掘って、クソ場に糞をし続け、糞は穴の中いっぱいになった。二人は、ツチブタみたいにまた新しい穴を向こうのほうまで掘って掘って、その中に糞をし糞をし糞はいっぱいになった。彼女たち二人はそれから自分たちの陰唇の先を切った。びらびらの先を切り落とし、で、それらを干して乾かした。彼女たち二人はそれらを焙った。

ピーシツォワゴだ。彼が性交を知らなかったとき、彼女たち二人は言った。「いったい彼はなんてことを。私たち二人に性交することができない。昔から暮らしているのにね。」《笑》彼は二人の女の人をめとっていた。太陽の子とね、月の子とね。彼女たち二人を彼はめとっていた。二人はちょん切った陰唇のツバサをね、焙って搗いた。臼の中にスイカの蔓の穂を入れて搗いて、それらを混ぜ合わせ、で、彼に分けた。彼は食べた。で、おいしく感じた。「アッ、なんておいしいものだ!」「エ〜エ、あっちへあんたが行ってオムツェ〔食用の根茎〕を掘っているとき、そこに生えている草の中に、ウィルデビーストが前にやってきて穴に入ったのよ。」彼女たち二人はなんと自分たちの陰唇のことをしゃべらず、ただウィルデビーストの名だけを彼に話した。で言った、「小さいウィルデビーストが前にやってきて入った。穴の中に横たわり死んだ。」「で、腐った。」「で、私たち二人は昨日そいつに手が届かず、そいつは腐っていて、届かないのでほんのちょっぴり肉を切り取ったのよ。」「だから明日行きましょう。あんたは男だから、あんたが穴の中に入りゃ、たくさんあんたは切り取れるわ。」「あんたのナイフは鋭いから。あんたは男なんだから。私たち二人は女だからあきらめたのよ」

かれらは行った。で着いた。彼女たち二人は言った。「あそこにそいつは入ったのよ。」彼は狩猟袋を置くと、穴に入ろうとした。彼女たち二人はそのとき彼のケツをつかみそれから投げおとした。彼はついに下痢グソの中にズボッとつっこんだ。頭まですっぽり入った。彼女たち二人は逃げた。遠くで大きなでかいカラ〔アカシアの一種〕の木にのぼった。で、すわり、彼をずっと待った。彼はそこを去って出ると「おまえたち女二人のチンボの中め！ あんなことをしやがって」と言いながら、拭いて拭いて、彼女たち二人を罵り罵り、二人の足跡を探した。で、二人の足跡を見つけた。その足跡をたどった。行って、彼女たちの〔登った〕カラの下に入ったら、彼女たち二人の足跡はなくなった。彼がずっと探しつづけていると、二人は唾を彼に向かって吐いた。彼は言った、「エ？ ムーハオの鳥たち、そいつらは何をして、おれに唾をかけるんだ。ムーハオの鳥のチンボめ！」けれど彼は顔を上げなかった。で、二人を見なかった。二人は黙ったまま、繰り返し唾だけを吐きかけ、話さなかった。で、とうとう言った。「ほら、おまえ顔を上げな。ちっぽけなおまえよ、私たち二人を見なよ。」彼女たち二人はそのときこんなふうに脚を開いて、で、二人の陰唇そのものを見せてすわった。彼は見た。「エへ！ あんなふうに、おや、女の人のあそこはなっているのか」と彼は言った。それから登ろうと思った。で、彼が墜落すると、彼女たち二人は彼に話して言った。「サンダルの新しいやつを、古いやつは置いて、新しいのを履きなさい。それから登って、私たち二人の所においで。」彼は古いサンダルを置いた。で、新しいのを履いてよじ登った。彼女たち二人の所にたどり着いた。それからそこで、二人は彼に話して言った、「私たち二人と性交しなさい。」「今！」そこで彼は性交を知った。彼女たち二人が彼に教えた。彼は二人と性交して子どもたちを生んだ。そのようにかれらはした。〔二〇〇〇年九月四日収録。主要な語り手はキレーホ〕

身体の象徴性

この物語の極限的な猥雑さは、グイの思想の即物性を余すところなく示している。ここに登場するさまざまな項目がフロイト的な象徴と類似性をもつとしたら、それは精神分析の普遍的な説明力を証し立てるというよりもむしろ、ヒトに共通した身体の構造と直接経験こそが、象徴的な意味作用のもっとも本来的な母胎であるからだろう。

まず、ピーシツォワゴの二人の妻の名が、それぞれ「太陽」と「月」に指小辞ツォワゴが連結した、ツァムツォワゴ lam-ǀoãgù、ノエツォワゴ ŋǁóe-ǀoãgù であることは注目に値する。まさに「陽子」と「月子」である。空に君臨する太陽および月と結婚しているという点においてこの主人公はまぎれもなく創造神であり、「神話ランド」ムーハオに暮らしていた。

ドリ gǁō̰rī と称される身体部位が解剖学的に何に対応するのかはよくわからない。肛門をとり囲む輪状の筋肉か、あるいは直腸の末端であろう。「脱肛」したその部位を自分で切り取り、出血を防ぐために草の束をつっこみ、しかもそれを二人の妻に食わせる。この小規模な食人は妻たちの側に反転像を結び、「自らの陰唇のびらびら（翼という隠喩も用いられる）を切り取り、それを日に干し、さらに火で焙ってから夫に食わせる」という趣向になって現われる。「生のもの」と「火にかけたもの」との二項対立に私たちは気づく。

切除されたドリが生動性を保持し、妻たちがうっかり落とすと、自力で「持ち主」のもとへ戻り肛門に貼りつくという描写は意表をついている。過去の神話制作者の奔放な想像力に驚くしかない。これとは対照的に、直接経験にしっかり根をおろした生理過程がこの物語のもっとも基本的な動機をなしている。あまりにも美味な肉を食うと「欲情する」（ドエン g‡ôẽ）のである。グイにとって肉の最大の価値は脂肪にある。脂っこい肉を食ったあとには体がほかほかする。この感覚が性欲の昂進と結びつくのは、おそらく人類普遍の経験であろう。さらに、性欲は、物質的な類似性と隣接性を介して、精液以外の物質（糞と唾液）や性器以外の身体部位（肛門）へと蔓延してゆく。これもまた身体の自然性に根ざす連合であろう。もっともめざましい象徴性は「木に登る」ことに顕現する。木の上で性器を見せつける妻二人に挑発され、ピーシツォワゴは自らの欲望のゴールをめざしてよじ登っていく。メルロ＝ポンティの洞察はこの実存の運動とぴったり重なり合う。

> 夢のなかであれほど頻繁に生ずる上昇と下降の主題を考えてみよう。周知のとおり、夢のなかへのこれらの主題の出現は、呼吸運動や性衝動と関係づけることができるし、またそれは上と下の生命的および性的意味をみとめる第一歩である。……覚醒状態でさえ身体に象徴的な価値を認めるのでなければ、そういう理解はうまくいかないだろう。……物理的空間における方向としての上方への運動と、欲望がその目標へ向かう運動とはたがいに他を象徴し合っているわけなのであり、なぜなら、それら両種の運動は、どちらも或る環境との関係のうちに位置づけられているものという、われわれの存在のおなじ本質的構造を表現しているからである。［メルロ＝ポンティ 1974：119–120 強調は引用者］

もしもこれを精神分析と呼ぶなら、それは自我の内部に無意識という擬似物理的なメカニズムを仮構するフロイト流精神分析ではなく、かつてサルトルが構想した実存的精神分析の見事な例証である［サルトル 1960］。環境と関わりあって動く物理的な身体の運動と、実存の志向性としての欲望の力動とは、「たがいに他を象徴し合っている」。足がしっくり収まるサンダル（靴）の窪みが女性器の隠喩であることはだれにでもわかる。けれど、「足：靴：：突起：窪み：：ペニス：膣」といった、モノの類像性に基づく固定的なコードが問題なのではない。よじ登ろうとして墜落し、女たちの忠告を受けて新しいサンダルに履き替え、再度やりなおす。膣への挿入という童貞の男が未だ知らない身体の用い方を、膣の持ち主である女の主導権のもとに習得するという涙ぐましい交渉過程の全体が、「サンダルを履き替える」という身体的行為に象徴されているのである。この解釈は、狩猟に凝縮されるグイの男性-性《マスキュリニティ》が始原の瞬間から女性-性《フェミニニティ》に対して「影響感受的《ヴァルネラブル》」であったことを暗示している。このことは第七章の主題である「女の魔力」と深く関連している。

五　進化という暗函――私たちにとっての「始原の物語」

物語に魅惑されること　vs.　暗函の網状組織への順応

今まで保留していた問いに取り組もう。わたしがコミットしている「文化人類学」という理論は、私たちの生活世界のいかなるドメインに関わるのだろうか。それは、わたし自身がそこに生まれ落ちたわけではない、何らかの意味で「遠い」他者たちの社会というドメインである。それに直接的にコミットするか否かに関わりなく、このドメインは私たちの生活世界につねに潜勢態として存在している。一般的に、思考の専門家になることを選んだ人は、ある一つのドメインについて優れた物語を創りあげることに力を傾注する。文化人類学者は、「遠い他者たちの社会」についてこの目標を実現するために長期のフィールドワークを敢行し、そこで「始原の物語」と出会う。そのとき彼（女）は特有の情動反応にまきこまれる。すなわち、そうした物語に魅惑されるのである。

　魅惑されることは他のさまざまな選択肢と代替できるような反応のひとつではない。それこそが「文化人類学をする」ことの構成的な定義なのである。ひょっとしたら、彼（女）は「こんな猥雑さには耐えられない！」と叫んで、もっと自分の性《しょう》に合ったフィールドを求めて広域探査《エクステンシヴ・サーヴェイ》の旅に出るかもしれない。だが、どんなフィールドであれ、現地の人びとが言表する物語を侮るのであれば、人は根っから文化人類学とは無縁である。それは論理以前の思想の問題である。「文化人類学をする」ことは、「旅立つ」ことに始まる膨大な行為連鎖にすでに身を投じていることなのであり、その事実性を日び更新し続ける動機づけは、現に「魅惑されている」という情態性でしかありえないのだ。

　とはいえ、人類学者もまた、生涯の「大半」（その割合は人によってまちまちだが）を母国での生活に埋没して過ごす。そこで、当然、次のような疑念がおとずれる――「私」は天下りの理論を鵜呑みにしたり、それを受け売りしたりすることを峻拒し、ただ、自分自身からけっして切り離せないことだけに依拠して思考を組み立てようとする。だが、思い返してみれば、「私」は子どもの頃から「電灯」の下で本を読んできたし、工場畜産からもたらされるトンカツに舌鼓を打ってきた。そして今は、科学技術の粋を尽くしたジェット旅客機でフィールドに行く。科学の理論は「私」自身の生存を養っている。それを括弧入れするなどということは天に唾する所業、あるいは端的に自己欺瞞ではなかろうか。

だが、右の反省は正確ではない。「理論」それ自体が直接的に身体を養うなどということはありえない。生活世界において身体と直接に関わっているのは、個々の電球（や蛍光灯）、食品（と炊事器具）、飛行機といったモノである。工業生産に依存する社会の、人類史上かつて類を見なかった特性は、夥しいモノ（とくに機械）たちが内部の見えない暗函《ブラックボックス》として私たちの四囲に蝟集し、生存に食いこんでいるということである。もちろんこうした暗函の製作を動機づけているのは「設計図」と呼ばれる表象であり、さらに、その表象を一部とする膨大な表象の集積網としての理論である。私たちの生存と接合する個々の暗函と理論とは鞏固な指標的連鎖で結ばれている。実際にモノとして私たちと相互作用するすべての暗函に理論の雛型が折り畳まれていると考えることもできる。極限的に分業化した社会のなかで、たとえ自ら職能集団の一員として「科学」のドメインに参入しているとしても、個々の研究者や技術者が精通するのは、幾重にも細分化されたサブドメインでしかない。そのサブドメインに限れば、それはもはや彼（女）にとって暗函ではありえず、その内部をかなりの透明度で見わたすことができ、その精密な内部構造に魅惑されさえするだろう。だが、シャーロック・ホームズのように、化学に関しては深遠な知識を誇る専門家がワトソンによって「天文学の知識：皆無」と評定されても驚くにはあたらない（『緋色の研究』）。もっと極端な例を挙げれば、分子生物学の最先端で研究をしている専門家は、自分が毎日操っている遠心分離器や電子顕微鏡の機械工学的なメカニズムを知らないかもしれない。自らが身を委ねるサブドメインに関しては「知らぬことなどない」卓越した専門家でさえ、他の幾多のドメインにおいてはただ暗函を利用し、暗函の網状組織に生活者として順応しているだけなのである。

生活世界の内部から進化にふれられるのか

わたしは子ども時代に『地球と生命の謎』といった児童向け科学書に読み耽り、そこに掲載された恐竜の図版をうっとりして見つめた。今に至るまで「科学博物館」(海外の都市なら自然史博物館)に足繁く通い続けている。こうした「公的表象」の背後に進化論という壮大な「始原の物語」が畳みこまれていることをとっくの昔から知っていた。少年期に動物学者になろうと決め、青年期にはマントヒヒとアヌビスヒヒの雑種集団の研究に没頭した。集団遺伝学者と協力しあって調査を行ったから、「マントヒヒとアヌビスヒヒはおよそ三〇万年前に分岐した」という彼の「物語」を信じた。また、マントヒヒの雄の雌に対する「かり集め技術」が生得的な行動プログラムによるものだという仮説を支持する証拠を手に入れた。この論文を組織した推論構造は当然「生得的プログラムは進化の産物である」という命題を前提としていた。青年期のわたしにとって進化は暗函ではありえず、研究者としてのわたしの生はその理論の内部構造を透明に見わたすことに懸けられていた。

文化人類学へ越境したことによって、わたしは決定的な転向へ押しやられた。グイの社会と母国の生活世界とを何度も往還する運動のなかにこの転向を据え、その正当性をあらためて問いなおさなければならない。グイの

「始原の物語」に魅惑されながらも、わたしは遠い過去に動物人間が実際に原野を闊歩していたとは信じていない。なぜなら、それは知覚に基礎づけることが永遠にできない表象だからである。他方で、母国の博物館でわたしは化石（のレプリカ）を繋ぎ合わせた恐竜の復元標本を飽かず見つめる。遠い過去にこの驚くべき動物が地上を闊歩していたと信じる。その化石を古い地層から掘り出し、砂粒を払い落とし、苦心惨憺して組み立てた、実践の連鎖が潜在的には知覚可能だからである（わたしがそれをすることもできた）。虚構だとわかっているグイの物語に魅惑されるわたしが、母国ではもっとも支配的な「始原の物語」を暗函化する。文化人類学という分野で制度化されている使命がそれを要求した。その使命とは、民族誌を書くこと——すなわち現地の人びとの生活の内側から、かれらが経験する世界の意味を明らかにすることにほかならない。進化論は、人類学者が観察可能な人生の長さをはるかに超えた時間幅を変数とする外在的な説明の体系なのだから、民族誌にとって有意性をもたない。

だが、これは、文化人類学という専門領域に立て籠もった事情説明にすぎない。そのとき置き去りにされるのは、母国においてもまた、わたしは動物（やその化石）に魅せられるという直接経験である。偉大な哲学者や人類学者のかけがえのない霊感の源がセザンヌやストラヴィンスキーであることに私たちは敬服する。だが、そうしたリソースが、動物園の檻の中を歩きまわる豹や、鼠を呑みこむ蛇の姿であって悪い理由はない。むしろ、彼らの高邁な知性は都市民の審美的な情態性に囚われていたのではないかと疑うことさえ可能である。すると問題は次のように建て直される。現象学的実証主義に踏みとどまったまま、世界の内側から進化にふれることは可能か？　二つの素朴な事例を挙げよう。

これはすでに拙著で挙げた、「子どもだまし」と自己卑下した例だが、重要な論点を含んでいるので要約を再録する。まず他者に見つめられるという経験——すなわち「対他存在」という実存の位相から出発する［サルトル 1958］。わたしは猫に見つめられていることを感じる。あるいは、わたしに「ボール遊びしよ」とせがむ愛犬と目が合う。そのとき猫も犬も明瞭な他者性をおびて私の前に立ち現われる。こんなことが可能なのは、かれらがわたしを顔の前に位置する両眼で見つめるからである。目が顔の横についている山羊や鳩のまなざしを私はそれほど直接的に感知することはない。知りたがり屋の「なぜなぜぼくちゃん」が「パパ」に、「どうしてミーちゃんの眼は顔の前についているのに、山羊さんの眼は顔の横についてるの?」と尋ねたとき、「物知りパパさん」は、猫や山羊のご先祖様をもちだす。有蹄類が捕食者から逃れるためには自分の顔の後ろ側までもが見えることが有利だったけれど、食肉類が獲物を捕獲するためには正確に遠近と奥行きを認知することが有利だったのだ、と。この解答と「神様がそうお造りになった」という解答とを比べてみる。前者の解答は、次つぎと「じゃあお猿さんは?」「モグラさんは?」といった新しい「なぜ」を引き出すという意味で無際限の謎に開かれているのに対して、後者の解答は、それ以上の「なぜ」を封殺するという意味で、実在性《リアリティ》に対して閉じられている。自分の子どもにどのような公教育を受けさせたいか、という問いに応えることを強いられるような政治的文脈においては、わたしは「物知りパパさん」の路線を躊躇わずに選ぶだろう［菅原 2002a］。

二番目の例。魅惑されることとは逆向きの情動反応に目を向ける。それが嫌悪である。多くの人がヘビにそうした情動をかき立てられることは周知の事実である。だいぶ前のことになるが、わが家の玄関先をあるキリスト教根本主義の信徒が訪れた。「ご一緒に聖書の勉強をしませんか」と言いながら彼女が手渡したパンフレットに目を落として、わたしは愕然とした。ヘビ、ムカデ、クモ、トカゲ、カエルなどの黒いシルエットの横に、「神を信じない者はこれらの邪悪な生き物のように永遠に呪われる」といった意味のことが書かれていた。しかもご丁寧なことに、それらの「邪悪な生き物」のイラストの横には、カジュアルな服装をした髭面の男が描かれており、彼の掲げるプラカードには「進化論」と書かれていた。わたしは本気で怒ってしまった。

いったんは暗函に閉じこめざるをえなかった進化の理論が、わたしの生活世界から切り離せない思想として姿を現わすのはこのような局面である。ムカデは確かに気持ち悪いが、それを「邪悪」と規定する物語を受け容れることがわたしにはできない。わたしが一家言もっているヘビについて改めて考えよう。ヘビの身体は、獲物に咬みつき／絞め殺し（あるいは毒を注入し）／呑みこむという、ぎりぎりまで削ぎ落とされた機能美を体現している。

大学二回生のときにも、芦生演習林で捕獲したヤマカガシを下宿で飼っていた。同じ下宿の友人が小ぶりのヒキガエルを拾ってきて、「これ食わせないか」と差し出した。蛇の小さな頭に比べると途方もなく大きく見えたので、わたしは「無理じゃないかなあ」と首をかしげつつ、水槽に放りこんだ。ヤマカガシは最初カエルの尻に食らいついたが、徐々に口をずらし、ついに片肢の先端を口深くに入れた。その後は、上下の顎を左右別々に動かし、じりじりと呑みこんだ。もう一方の下肢は自然に胴体のほうに逆向きに持ちあがり根もとから口の中へひきずりこまれた。同時に、ふくれていたカエルの腹はぺしゃんこにつぶれた。最後に頭と前肢が消えていくまで、約一時間を要した。部屋に集まった数人の同宿の友人たちは「がんばれがんばれ」と夢中で声援を送った。観戦していたわれわれ全員が、このヘビが「不可能犯罪」をやり遂げたことに「奇蹟だ！」と感嘆した。

このような驚くべき生命体がなぜ存在しているのか。つくづく見つめるとヘビとトカゲはいかにも似ている。

昔々、ヘビの祖先にも足があったけれどその足をなくしたほうが生きることに有利だから、今の姿になったのではないか。この物語は「邪悪」と決めつける物語よりも何倍もわたしを魅惑する。どんなに魅惑的であっても、その物語が「現実に起きたこと」の正確な写像なのだと言明する権利はわたしにはない。直接経験に依拠するということは、自らの知覚で確かめられないことについては、「真理である」と言明することを保留する態度である。だが、わたしが注意ぶかい育種家《ブリーダー》であったら、同じ親から生まれるキョウダイの間に微細な差異があり、ある変異をもった個体を増やせば、幾つかの世代を経て最初の親から隔たった形質をもった個体が生まれることを直接観察できるはずだ。もちろん、これこそ、自然誌と並行してダーウィンが営々と積み重ねた観察である。

民族誌の牙城に立て籠もることに飽き足らない「人類学」者は、二つ（以上）の生活世界のあいだを往還することを持続し、他者の生活世界で自明とされる物語に魅惑されながらも、「母国」では自らの情動を手がかりとしながら支配的な物語の巧緻さを測定しなければならない。「世界はなぜこのようであるか」という問いを思考の専門家がけっして回避できないのならば、そして人類学者が取り組む他者の生活世界が動物との関わりに深く根ざすものならば、二つの始原の物語の双方に真剣な関心を注ぐ必要がある。ただし進化論という暗函を自力でこじあけるという作業が、自然選択と最適者の生存という「因果の物語」に傾倒することを必然的に伴うわけではない。この論証は本書の守備範囲を大きく超えるので、包括的な理論書へ宿題を預けることにする。

注

（1）グイ語には親しい者どうしのあいだでの「呼称逆転」の慣習がある［菅原　2013c : 327–329］。この場合、息子が父を「父ちゃん（パパ）」と呼ぶことを想定して、父のほうが息子を「パパちゃん」と呼んでいるのである。

（2）田中二郎はグイ／ガナが食物として利用する植物を八〇種報告した［Tanaka 1980］。今村薫はこのリストにさらに一六種をつけ加えた。これとやや重複はあるが、建材や薪としてよく利用する植物は一一種報告されている［今村 1992］。さらに、今村は、グイが儀礼や治療に使う植物を五五種記載している［今村 2001］。これらのリストと対応すると推測されるのはガーガバ（*Catophractes alexandri* D. Don）、タア（*Rhigozum brevispinosum* Kuntze）、オーリ（*Grewia avellana* Hiern）だけである。調査者が方名の聴覚印象を記載する際の変異も対応の難しさに関与していると思われる。

第二章　気づきと感応——他者としての動物

本章では、三章以下の探究の鍵となるグイの民俗概念を明らかにする。この章は、グイの間身体的なサンスの全体像を照らすという意味で、本書の探究全体の座標軸を与えるものである。

第一節では、ルーマンの社会システム理論の根幹をなす「差異」の概念を援用し、カラハリの原野におけるコミュニケーションの原初形態を定式化する。第二節では、動物のことをおもしろがり、ときに抱腹絶倒する、グイの基本的な身構えを描き出す。第三節では、おもしろがるという情態《アフェクト》が、とくに高い知性をもった肉食獣に向けられるとき、その習性への精密な知識と解釈を生みだすことを明らかにする。最後に、第四節で、グイの社会生活に稠密に張りめぐらされた感応の回路について論じる。それをもっとも鮮明に表わすのが〈ナレ〉（酔う／感づく／予感する）と〈ズィウ〉（死のお告げ／凶兆）である。とくに最後の概念を私たちの「虫の知らせ」と対比させて、異文化の影響作用とわたし自身の経験の連続性を探る。

すでに第一章で、蜂の巣がひからびていることを発見した父が、大切に育てていたエランドを襲った悲劇を「感づいた」という影響に注目した。第三章で明らかにする、食物禁忌への違反が違反者本人ではなくその近親者を病ませるという影響関係もまた〈ナレ〉の作用として理解される。第四章から浮かびあがる告知者としての鳥たちも、これと似た遠隔的認知の担い手である。第五章で指摘する、獲物に矢を射当てた狩人が食物を口にすると傷ついた獲物が元気になるという考え方も〈ナレ〉の一環である。第六章では、〈ズィウ〉によって迷子になるという独特の影響が語られる。第七章に持ち越される「女の呪詛」は遠隔的認知の極北としての不可視の作用を体現する。

一　記号と差異

原初的コミュニケーションとしての〈しるし〉

まず、原野を旅するための道しるべを見定めるために、仮想例から始める。

——〔カラハリで〕おれは一人きりで原野を歩き、ダチョウの足跡を発見する。それをつけてゆくと巣に出会う。中には、二つの卵がある。しめしめ。だが、ふと巣のすぐ横の草むらに目をやると、地面から生えた草の束が二本にまとめられて互いに結び合わされていることに気づく。その瞬間、頭にひらめく。『〈ツェエ〉ǀʰéè（しるし）だ。だれかがもうこの巣を見つけた。「おれのものだ。これを取るな」と言ってるぞ』

——〔お話しは変わって「ぼく」は日本の少年〕ぼくは原っぱを走っていて、何かに躓いてころぶ。結び合わされた草の束に足がひっかかったのだ。『だれかがイタズラしたんだ……』

どんなに風がふこうが雨がふろうが、草の束が偶然に結び合わされることなどありえない。エントロピーは増大し続ける。〈自然〉とは「おのずからしかり」によって覆われた世界のありかただ。結ばれた草の束は自然からの差異として現われる。この差異は何によって生まれるのか。私たちは草を結ぶ能力をもった動物が地球上に存在しないことを知っている。だから、ここには、人間の意図的な行為が介在していると考えるしかない。

グイの場合、結ばれた草は所有権を主張する〈しるし〉としてコード化されている。たとえば、木の洞《うろ》にミツバチの巣を発見したとしても、斧を持っていなければ幹を叩き割ることはできない。後日斧を持参するまでのあいだ、不特定のだれかに「おれが見つけたのだから取るな」と知らせる必要がある。そこで、この木の枝に草を結びつける。

あるいは、原野には「寝かせて」おいたほうがよい資源がある。ダチョウは一夫多妻的な生殖集団をつくり、複数の雌が一つの巣に共同産卵する。卵の数は多いときには十数箇にまでふくれあがる。食用になるシロアリも、羽化が近くなるころにもっとも肥えるから、慌てて巣を掘りくずすことは得策ではない。

では、結ばれた草に躓いてころんでしまった少年の場合はどうだろうか。そこにはたしかに自然との差異が見出される。しかし、この差異からはなんの意味も湧きだしてはこない。強いていえば、「ころぶ」という、自分の身体に生じた突発事こそが意味である。だが、もしも結ばれた草にあらかじめ気づいていたらそんなことは起こりえなかったのだから、この出来事は不注意（認知しなかったこと）によって少年に襲いかかった。べそをかきながら起きあがる少年は、結ばれた草の背後にだれかの「イタズラごころ」を読みとるかもしれないが、それを結んだだれかは「イタズラごころ」を伝えたくてそうしたわけではない。そんなことをしたらそもそもイタズラは成立しない。

この二つの対比から重要なことがわかる。グイの〈しるし〉はコミュニケーションであるが、少年を躓かせた草束は反コミュニケーションなのである。トラバサミに足を挟まれたイノシシを見て、「猟師とイノシシがコミュニケーションしている」ことに感動するお人よしはいない。反コミュニケーションとしての罠、これは第五章の重要なテーマになる。

〈しるし〉に気づいた「おれ」の目の前には、意味の地平が拓かれる。ルーマンに倣って、第一の地平を事象次元と呼ぶ。〈しるし〉は「ダチョウの卵」や「蜂蜜」や「シロアリ」を、連続した同一平面上で指し示す。第二の地平は時間次元である。おれは、巣の中に卵が一箇しか産みつけられていない過去と、夥しい数の卵が巣から溢れそうになっている未来とに、同時に思いを籠める。第三の地平は社会的次元である。おれが属する社会においては、資源を先に見つけた者の所有権を尊重すべきだ、という規範が共有されている〔ルーマン 1993〕。

さらに、この第三の次元にはもっと複雑な可能性がひそんでいる。草を結ぶ男は、通りかかる別のグイがそれに気づくことを期待する。気づいてくれなかったら、その某《なにがし》は、喜びいさんで卵を取るだろう。だが、気づいたとしても、さしたる後ろめたさもなくそれを「盗んで」しまうかもしれない。某がどう出るかは不確定である。その某とはおれである。おれが取ったことが露見したら、「〈しるし〉に気づかなかった」と言い張ろう。だが、相手は、おれが気づかなかったふりをしていることに気づくかもしれない。〈しるし〉という、共在を伴わないコミュニケーションにおいてさえ、「二重の偶有性」が胚胎している。このコミュニケーションの本質は、『取るな』という私の情報意図は理解されるだろう」という期待を不特定の他者たちに投げかけることにある。

動物にとっての差異

カデに住んでいたころ、わたしはよく調査助手のキレーホとタブーカに頼んで罠の見まわりに連れて行ってもらった。道すがら、動物をめぐるいろんな話しを聞いた。以下に登場する**トノ**‖χónō（ゴマバラワシ）はカラハリ砂漠最大の猛禽類であり、**ガエン** g!áẽ（スティーンボック）は罠でもっともよく捕れる小型の羚羊である『写真2-1』。

【2-1】ゴマバラワシの話

トノは空高くを翔んでいて地上に**ガエン**を見つけると、翼を立て足を出して急降下する。そのときヒュルルルルと飛行機みたいな音を立てる。**ガエン**はそれを聞いて立ちどまり「あれ？　なんの音だろう？」と振り返りあたりを見まわすが、何もいない。真上にいるのだ。おまえはニワトリのケヅメを知っているだろ？　あれと似たものがぐっと出て、それで握る。獲物を食っているのを横取りしようと人間が近づくと、獲物を掴んだまま木の上に飛んでいってしまう。

これを聞いたわたしは、ノートに「まさにワシヅカミ」などと陳腐な注釈を書きつけたものだ。さて、先ほどは、差異の出現を人間的な意図の介在に求めた。しかし、これは、コミュニケーションという概念を際だたせるための策であった。動物の立場から見ても、この世界が差異で充満していることは明らかだ。ゴマバラワシは、茶褐色の大地の「鳥瞰図」の上に、くっきりと獲物の姿を見わける。スティーンボックは、原野のざわめきのなかに空気が切り裂かれる擦過音を聞きわける。ただし、彼（女）の行った差異の検出は、有効な「情報」にはなりえず、彼（女）の生体システムはこの瞬間に滅びてしまったわけだが。これに類したリスクをくぐり抜けながら生命体が生き続けることは、差異を見わけ、聞きわけ、嗅ぎわけることそれ自体である。つまりそうした差異とは、生態心理学においてアフォーダンスと呼ばれる事柄とほぼ同義である［リード 2000］。

写真 2－1　スティーンボック
1989 年カデ付近で

二　動物をおもしろがる

抱腹絶倒

遠い過去の報告に目を向けてみよう。一九五〇年代に、米国の財閥マーシャル・ファミリーの探検隊が、カラハリ砂漠で先駆的な調査を行った。クン（!Kung）・ブッシュマン（自称名ジュホワン Ju|'hoã）に関するローナ・マーシャルの優れた研究はここから生まれた［Marshall 1976］。その娘エリザベス・マーシャル・トーマスは、調査の初期に二ヶ月にわたってグイと暮らした経験を書きとめている。そのなかに動物に対するグイの笑いについて、興味ぶかい記述がある。グイの男たちを車に乗せて走っている途中、スプリングボック（中型の羚羊）と出会ったので、探検隊の一人がライフルで撃った。弾は腹にあたり、獣は死ぬ前に跳びはね、脚を蹴りあげた。グイの男たちはこれがよほどおもしろかったらしく、獲物の苦悶のありさまをまねては笑いころげた［トーマス 1982 : 78］。

いかにもありそうな光景である。わがグイの友人たちもきっとそうするだろう。だが、民俗心理学を標榜するマリー・トーマスの著作には、この記述に驚くべき解説が付されている。こうした同情の欠如した反応は、サンの文化が動物への情動的な同一化を欠いていることの表われだというのである［Thomas 2001: 183］(1)。「文化が○○を欠いているから」といった説明こそが、「私たち」と「かれら」との境界を固定する。グイと共に原野を歩き、動物たちと出会う経験から得られる直観を、この種の決めつけに対置させる必要がある。すなわち、「おれ」にとって、動物とは、人間と同じような意思と意図を具えた他者なのだ。この直観に従うならば、動物が人間の笑いを誘うことは、トーマスの「民俗心理学」とは正反対の解釈を導く手がかりとなる。まず、タブーカの語りを聞こう。**ドゥー gǂùū**（トビウサギ）はカンガルーのような体形をした夜行性の齧歯類である［写真2-2］。

写真2-2　トビウサギ
1983年2月まだ少年らしさが残るタブーカ。

【2-2】トビウサギが走るのを見て笑った

母さんが病気だったので、おれは父さんと一緒に採集に行った。おれはそのときまだ小さくて、ドゥーが二本の脚で跳んで逃げるって知らなかった。父さんがドゥーの巣に竿を突っこんで探ったら、別の穴からドゥーが跳びだして、後ろ脚でまっすぐ立ってぴょんぴょん逃げた。それを見ておれは笑って笑った。父さんが追いかけて捕まえたあと父さんに尋ねた。「アエー、そいつはどうしてそんなふうに逃げるの？」父さんは言った、「昔からやつは同じふうに逃げるよ。」そこで、おれはわかって言った、「そうかぁ、ドゥーって後ろ脚で逃げるんだね！」

タブーカの父、ヌエクキュエも笑いの経験について語った。以下では、動物名を明示せずに、罠にかかる獲物の総称〈カウ〉ǁʰàù を用いている。この総称はヤブダイカー（ノア ŋ!óà）をも含むが、以下に登場するのは、前出のスティーンボックだと思われる。

【2-3】罠の獲物を笑う

罠を見まわっていて、〈カウ〉（罠の獲物）がかかっているのを見つけた。いつもはやっつけるときそんなに暴れないのに、その日にかぎってひどく暴れて、おれを角で突こうとした。「何をしてるんだ？　おまえ、めずらしく暴れるじゃないか。」おれは、笑って笑う。「アッ、こいつったら、なんてざまだろう！」笑って笑ってそいつを叩き殺し、脚を折り曲げて横たえた。

無力な羚羊がちっぽけな角で突きかかってくるのを余裕綽々でいなしつつ、哄笑する。たしかにそれは優越の笑いであろう。だが少なくとも、獲物の意想外の抵抗ぶりが、「おれ」をおかしがらせていることは確かだ。動

写真2－3　イヌと休む
タブーカ（左）とカーカ　2004年2月コエンシャケネ付近で

物のふるまいが人間の予想を超えた複雑性に満ちているからこそ、人間の身体は笑いに揺さぶられるのである。

右の語りを収録してから十年も経ってから、わたしはまさにこれに類した哄笑をまのあたりにした。二〇〇四年二月一九日、男たち五、六人と高田明（京都大学大学院アジア・アフリカ地域研究研究科）とで、コエンシャケネの周囲で罠の見まわりをしたときのことだ『写真2-3』。わたしたちは、トウノウ（壮年の男、ガナ）やダオノア（老齢の男、ガナ）が罠木を埋めるのを待ちながら、獲物を撥ね罠へ誘導するために連ねられた罠柵の中にいた。罠柵はほぼ円形に直径十メートルぐらいの範囲を囲っていた。休みなく歩き続けていたので、私は空いた時間を利用してオイル・サーディンの缶詰で腹ごしらえし、水筒の水を飲んだ。キレーホがどういう気まぐれか、木陰で休んでいたイヌたちを追いたてた。イヌたちは、罠柵の隙間からとびだして外へ逃げたが、ダオノアが掛けている最中の罠に一頭がひっかかってしまった。ダオノアは、そのイヌの脇腹を棒でこっぴどく殴り、イヌはひどい悲鳴をあげた。そのあと彼は、イヌの前足にかかった罠をはずしてやった。これを見ていたキレーホがメチャクチャ笑って、地面につっぷしてなおも笑い、喘ぎながらこの滑稽な事件を語りなおした。高田によれば、ダオノアは「二度とこんなことをしないように殴った」と言ったそうだ。わたしはドジをふんでこっぴどく殴られたイヌがむしろ憐れだったから、イヌの受難にキレーホが文字どおり笑いころげたことに強烈な印象を受けた。

動物をからかう

この日の小トリップのあいだ、何度かノガンの巣に遭遇した。中にはウズラの卵よりやや大きい卵がいくつか産みつけられている。このときの彼らの臨機応変ぶりには感心させられた。履いていたスニーカーの靴ひもをほどき、それで即製のはね罠をしかけたのだ。

最初の巣を見つけて母鳥が罠にかかるのを待っていたときのことだ。さっきつかまえたドエ g||oe（ヒョウガメ、二種の陸ガメのうち大きいほう）が首と足を出して歩き、ダオノアが横たわっているその前腕を、前足で踏んだ。後ろ脚が革紐で縛られているので、それ以上前に行けない。ダオノアが知らんぷりしてカメのするがままに任せているのをタブーカが見て、やたらとおもしろがる。わたしが「ヒョウガメが年長の男とくっつきあっているぞ」

と言うと大受けする。(2) トウノウのキャンプに着いて日蔭で小休止しているとき、またもやカメが動きだした。カメが甲羅から顔を出すと、タブーカは後ろからそおっと手を伸ばして、首を捕まえようとした。カメが頭をひっこめると、笑う。鼻の前にパッと手を出し、頭をひっこめるとまた笑う。さらにカメの甲羅の斑紋をひとつひとつ指で押さえる。斑紋の数を数えているようだ。何がおかしいのか、また笑う。いい歳をした男が飽きもせずにカメと戯れている様子を、わたしはなかば呆れて見つめていた。

やがて高田明は一足先に帰国し、コエンシャケネに滞在する日本人は、わたしと丸山淳子の二人だけになった。雨季のカラハリは暑いだけでなく、たくさんの虫たちに悩まされる。なかでも、真っ黒な体節を光らせ毒々しい赤い足をうじゃうじゃと動かして這いまわる、巨大なソーセージのようなヤスデが、わたしは大の苦手である〔写真2-4〕。このヤスデは無害な虫なのだが、夜、こいつが小屋の中に侵入すると寝ている人の髪の毛を剃る、と言われている。ある昼下がり、わたしが、砂の上を這うヤスデのほうへ、いつ見ても気持ち悪いなあ、と思いながら視線を向けているとタブーカがふと言った。

「スガワラ、こいつはおどかすとクソを洩らすって知ってるか?」

「知るもんか。」

すると、タブーカは、やおら地面に這いつくばり、ヤスデの頭に顔を触れんばかりにして、「わあーっ!」と絶叫したのである。ヤスデ

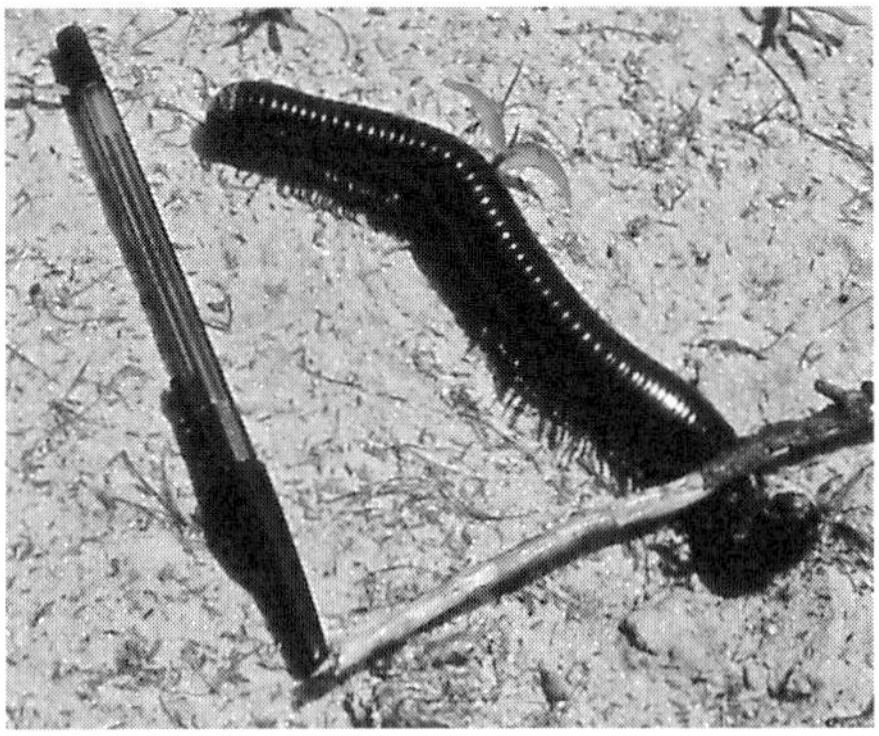

写真2-4 ヤスデ

は、あたふたと逃げ去っていったように、わたしの目には映った。砂の上を見ると、ほんとうに小さなクソの粒が点々と落ちているではないか。わたしは大笑いする。それから何日か経って、キレーホのキャンプに居候している丸山淳子が「日本人キャンプ」を訪ねてきた。彼女に「これ、おもしろいんだよ」と言って、再びタブーカに実演してもらった。丸山も抱腹絶倒する。

この一見クダラナイ遊びにこそ動物に対するグイの身構えの核心が凝縮されているのではないかと、わたしは考えるようになった。私たちは、人間からきわめて縁遠い多足類とコミュニケーションをもつ可能性など、はなから思いつきさえしない。だが、グイはこうした動物に対してさえ、コミュニケーション期待を投げかけているのだ。この期待の投げかけこそが、動物たちを自らのコミュニケーション域のなかに引き入れようとする、グイの絶え間ない企ての根っこにある志向性ではなかろうか。そのような企ての多彩きわまりない表現型は、第四章で描く鳥たちとの関わりにおいて全面的に開示される。

三　捕食者の技と知性――虚環境と制度化

人間そっくり

この節では、グイの関心をとくに惹きつける食肉類に注目する。中央カラハリでは霊長類の個体群密度はきわめて低いので、グイが出会う動物たちのなかでもっとも高度な知性を具えた存在は、大型の肉食獣である(3)。人の墓を曝く**ヌーツア** ŋ|ùūtsʰá（カッショクハイエナ、以下「ハイエナ」と略記）は、もっとも忌み嫌われる動物である【写真2-5】。

【2-4】ハイエナの生活

ハイエナは大きな巣穴に住む。結婚し、妻の腹が満ちる（妊娠する）と、夫婦が初めてつかう穴に目ぼしをつけておき、そこでたくさんの仔を出産する。巣穴にはツチブタの掘った穴をよくつかう。ツチブタは、入っていくと食われてしまうので、その穴は捨てる。夫婦はそこで長く暮らす。エランドの大腿部でさえも肩に担いで帰り、仔にやる。

写真2－5　カッショクハイエナ
1989年カデで。トラバサミで捕殺。

人の罠にかかったダイカーを横取りし、一度に二頭を担いで行くこともできる。肉が小さいとただ食って帰り、それを吐き出して子どもにやる。獲物をしとめたのに夜が明けてしまうと、死骸を潅木の中にほうりこんで隠す。日中は休み、夕方それを取りに来て持って帰る。そいつをドスンと置くと、子どもたちがぎっしり体を寄せあって食らいつく。子どもたちが自力で引きずって穴の奥深く持って行くこともある。ダチョウの足跡を見つけると、すべての足跡を横切って数え、その一本を辿り、ダチョウが草を食べた痕を見つける。そこから巣までの足跡を正しく見つけだして辿りなおし、巣に到達し卵を取る。まるで人間のように。卵をゆるく咬み、小さく穴をあけて運ぶ。巣穴に持ち帰ると、殻を咬んで割る。まるで人間のように。獲物を倒したライオンを見つけると、ハイエナはどうやって追い払おうかと考え、まるで人間のように「ワーッ」と大声をあげる。するとライオンは怖れて逃げる。昔は、人びとが死人を埋葬したのを見て、じっと待っていて、やがて人びとが移住すると、墓を掘り返して死体を仔のところに運んだ。

この描写を、たとえばオーエンズ夫妻の『カラハリ』のような、行動生態学の研究書とつきあわせれば、興味ぶかい一致と差異が見えてくる［オーエンズ＋オーエンズ 1988］。グイは子どもを育てるのが夫婦だと思っており、研究者が明らかにした雌たちの共同哺育のことは知らない。しかし、それはあたりまえだ。右のような緻密な観察のほとんどは、砂の上に残された痕跡の直示的認知に基づいているからである。動物学者のように行動それ自体を見つめる機会があったら、グイはとっくにその動物を殺していただろう。

それにしても、ハイエナについての語りに繰り返し現われる「人間のように」というコメントは印象的だ。グイは、ハイエナを忌み嫌いながら、いっぽうではその狡猾さと賢さにある種の敬意をはらっているようにさえ見える。さらに重要なことは、この「人間のように」という見解は、けっして荒唐無稽な「擬人主義」に逸脱しないということである。以下は猟にはあまり行かず道路工事で現金収入を稼いでいる青年カーカ（タブーカの交差イトコにあたる）と、罠猟の達人ヌエクキュエ（前出）とのやりとりである。

K：そいつ（雌ハイエナ）は人が眠っているときに人をさらうそうだ。
N：だれをそいつがさらったって？
K：で、人を持って進んで、そいつの家にもっていって、石で頭を打つんだよ。
N：石で人を打てるもんかい。そんなのは年寄りたちが昔おしゃべりしたことさ。おれたちはそんなことは知らない。そいつはおれたちの頭を打つなんてしないよ。

カーカ

ここでは、「迷信深い老人」対「合理的な青年」といった、ありきたりの世代論はみごとに裏切られる。自らが老人であるにもかかわらず、「年寄りたちの昔のおしゃべり」を一蹴するヌエクキュエの醒めた態度こそ、原野の森羅万象に対する透徹した注意力に支えられている。けれど、「未開人」の自然認識が現代の動物学者の観察に比肩しうる「精確さ」に貫かれていることを称揚するような語り口には、うさんくさいものがある。経験から得た知がヒトの生存の闘いを支えているかぎり、精確さはいわばあたりまえのことだ。そうした近代の押しつける価値からはみでた部分で躍動する感性にこそ、もっとも重要な問題が隠されている。「おもしろがる」とは、そのような感性のことである。

ときには動物に翻弄される人間のほうが、笑われる対象となる。以下は、言語能力に秀で、ツワナ語を理解するカーカが、農牧民カラハリ族（テベ）の老人から聞いた話である。

【2-5】ハイエナに欺された話

道路工事で働いているときに、おれはこのじいさんと知りあった。歯が剥き出しになった顔をしていた。彼は若いころ、ウマに乗って一人でゲムズボック〔もっともよく捕獲される大型羚羊〕の猟をした。獲物を解体して木の上に架けようと思った。肉を担いで登ってもすぐ落としてしまうので、下においた肉塊を長い枝でひっかけ、上にひきずりあげた。そこへ二頭のハイエナがやってきて「アオーッ」と人のような声を立てたので、彼はあたりをきょろきょろ見まわした。「だれかいるのか？」でもだれも応えない。不思議に思いながら仕事を続け、最後に大腿部一本だけが地面に残った。すると一頭のハイエナが枝をくわえて走りザーッと音を立て、その枝で近くに繋いであったウマを叩いた。ウマは騒いだ。「おい、だれかいるのか？」応えなし。彼はすっかり怖くなった。すかさず、もう一頭が忍び寄り、大腿部を肩に担いで逃げて行った。樹上の彼には大腿部がひとりでに歩きだしたように見えた。ガマ（神霊）の仕業だと思い、木の上で震えて夜を明かした。そこへ彼のオジが探しにきた。砂の上にハイエナが肉をひきずった跡がついているのを見つけ、足跡を辿ると焚火があった。ウマもいた。しかし人がいない。その男は、オジの姿を認めても木から降りようとしなかった。オジのほうがやっと気づいた。「どうした？　降りてこいよ。」しぶしぶ降りてはきたが、何も言わない。オジが問いただすと、やっと大腿部だけがひとりで行ってしまったと白状した。「そりゃぁハイエナだよ！　足跡があったもの。」「ええっ？　おれにはハイエナの姿なんて全然見えなかったよ！」

この語りもまたハイエナの狡猾さに対する感嘆を主要なモチーフにしている。ただしそれは、前述の「石で叩く」話と同様、擬人的な誇張に彩られている。ここには農牧民と狩猟採集民とのあいだの動物へのまなざしの差異が反映されているのかもしれない。そのことを差し引いても、この逸話は重要な問題を照らしている。木の上から見おろす男は、肉塊がひとりでに動きだすさまを目の当たりにして、超越者ガマが力を揮う虚環境に囚われたまま一夜を明かした。だが、地上を歩いてきた彼のオジから見れば、ハイエナが肉を奪ったことは一目瞭然だった。序章第四節では異なる身体図式をもった実存（たとえば女と男）であっても、時間差をおきさえすれば同一の視界を共有できると論じたが、ここでは逆に、かぎりなく類似した身体図式をもっているはずの二人の男（オジとオイ）でさえも異なる視界に身をおいたとき異なる世界の相貌に出遭うことが示されている。

屁で焼き口に咬みつくやつ

ミツアナグマ（英名ラテル）というイタチ科の動物は日本ではあまり知られていない。わたしはエチオピアでヒヒの調査をしていたとき、夕暮れどきのサバンナでこいつと遭遇した。「ガルルル」という唸り声がするので、何だろうと思って草むらの向こうを透かし見たら、二頭が向かいあって喧嘩していた。あるいは雌雄の求愛行動だったのかもしれない。剣呑な気配がしたので逃げるようにその場をあとにした。いま思えば正解だった。このさして大きくない動物は悪鬼のごとく凶暴なのだ。以下では方名**ガロシ** g!áròsì を用いる。

【2-6】ミツアナグマのすごさ

ガロシはウーッと唸って人間にも向かってくる。つねに**ガロシ**は獲物の口に咬みつく。ツチブタを穴に追いつめると屁をぶっぱなし、その匂いでツチブタはふらふらになってしまう。そこを見すまして、ツチブタの鼻づらに咬みついて殺す。やつは、スティーンボックが口を地面にくっつけて採食しているときに忍び寄り、そいつをたくさんの屁で焼く。スティーンボックはくずおれる。やつはそれを食い尽くす。家の中で屁をされてみろ。その家に入っただけで吐いてしまう。もうそこには住めない。**ガロシ**は**イアダ**（ブラックマンバ、アフリカ大陸最大の毒ヘビで強烈な神経毒をもつ。人が咬まれたら五分で死ぬという）をも簡単に殺す。**イアダ**が二本の木のあいだの狭い隙間を通ろうとすると、**ガロシ**はその前方で屁をする。**イアダ**は鎌首をもたげて戻ろうとするが、木に挟まれて戻れない。その木の両側からも屁をあびせ、**イアダ**が呆然としているところを咬み殺す。あるいは、ニシキヘビがとぐろを巻いている。**ガロシ**は風向きを知っているから、ヘビの周りをぐるぐる回る。ヘビが鎌首をもたげると、そいつに試しにちょっと屁をかける。ヘビは頭を高く上げる。やつは静かに通り過ぎる。ぶしゅっ。そいつの頭を屁で射る。そいつはぐったりする。やつはそいつを引きずって行く。そいつはもう死にかけてのたうっている。大きいやつだが、頭は小さい。やつは小さな頭をむしゃむしゃ齧る。引きずって進み続け、穴に入るとじっくり食う。ライオンでさえ、**ガロシ**に屁をされると逃げる。ヤマアラシがどんなに大きな巣穴を掘って隠れていても、**ガロシ**はその出入り口のすべてで屁をして、ヤマアラシの身動きをとれなくし、口を咬んで殺す。木のほらの中にあるミツバチの巣を探りあてると、ガロシは木の幹の薄い所を破り人間のように手をつっこんで蜜を取って食べる。蜂にからだじゅうを刺されると走りだして遠くへ行き、砂の上を転げまわって痛みを鎮める。そしてまた戻って手を入れる。毎日蜂に刺されているので、**ガロシ**は痛がって下痢をする。その下痢糞の上でまた転げまわり糞まみれになる。

ミツアナグマがこれほどまでにオナラを武器として活用する習性をもっているのかは定かではないが、蜂に刺されるくだりの描写はおもしろい。図鑑の解説によれば、ミツアナグマは厚い毛皮と皮下脂肪によって蜂の針から守られている。「痛がって下痢をする」という説明からは、動物と人間が同質の感覚をもっているという認識がうかがえる。

このほかにも**ガロシ**の恐ろしさを伝える語りがいくつもある。田中二郎の親友カワマクエ（ガナの男）は頬に古い傷痕がある。これは少年時代に**ガロシ**に咬まれた痕だそうだ。

――親たちは採集で出はらっていた。カワマクエはキャンプの近くで鳥を罠で捕え、羽をむしっていた。そこに**ガロシ**が忍びよった。彼は気づいて棍棒を振りあげたが、**ガロシ**はとびかかり足首に咬みついた。倒れると口に咬みついてきた。近くにいた友だちのホアコが駆けつけ、**ガロシ**を叩いてひっぱがした。彼がいなかったら、カワマクエは死んでいただろう。

次に示すのはキレーホの父、ピリ老人が語ってくれた話である。

——昔、ヌオナーという名の女がいた。夜、赤ん坊を抱いて小屋の中で寝ていたら、ガロシが侵入してきて、赤ん坊の口に咬みつき、ひきずって逃げようとした。赤ん坊の泣き声に気づいたみんなが追いかけてガロシを殺したが、すでに赤ん坊は死んでいた。ガロシはいくら棍棒で体を叩いても死なないが、眉間のまんなかをポカリとやると一発で死ぬ。

問答無用の凶暴さを発揮して人に襲いかかり咬みつくことは、動物という他者が秘めている幾多の可能性のひとつである。それについて飽かず語りあうことが、ある種のわくわく感を醸しだす。そのようなわくわく感が私たちを原野の旅へといざない続ける。

ヒョウとライオンの技

ネコ科の猛獣、とくにハム χám̃（ライオン）とオエ !ʔóè（ヒョウ）の恐ろしさは、第五章の主題である。人を襲うこれらの他者たちは不思議な能力を秘めていると言われる。

ツォウ

【2-7】ヒョウの尾（グイの年長者ツォウの語り）

ヒョウはカウ（罠の獲物）に忍び寄り忍び寄り、すわる。で、しきりと両の踝《くるぶし》をシュルシュルとこすり合わせる。チーターみたいにね。それから「そおっ」と言って、よそへまわりこむ。で、通って正面に体を丸めてすわる。そいつは草を食み草を食んでいる。やってきてすわると、それからやつは尾をもち上げ、立てて、尾をしきりと動かす。そいつ（小さな羚羊）はまさにそのものをつくづくと見て思う、『いったい何だろう。さっきからあんなふうにしてるけど。』尾は白くしきりとキラキラ光る。そいつはつくづく見る。で、まだ楽しがっていると、やつはそのとき「ふわっ」と言って、立ちあがり、降りる。そいつは思う、『アエ、何があそこで動いたんだろう？』と思っていると、跳びあがり、そいつを掃き出し、そいつを捕まえる。で、それから、そいつを切り刻む。首の骨を切断し、引きずって樹の根もとに横たえる。そいつの尻の先の中を食って食って、それから［後ろ脚で］砂を蹴立ててかける。かけて埋めて大事に置いておく。で、他の木のところへ行って休み休んでいると日が涼しくなる。やつは戻ってきて、それを引きだして、横たえ、食って食って、そうして木が小さいと思うと、大きな木に向かってそれを運んで行き、別のニイツォワ（食肉類の総称）が見るとやつをしつこく悩ますから、登って、ついに［枝に］架ける。背骨をガリガリ囓り尽くすと、胸肉と腿二本がぶら下がり、そのあいだにある皮で、それはつながって架かっている。（一九九九年九月九日収録）

獲物をしとめてからのヒョウのふるまいの描写は直示的認知に基づいていると思われる。とくに皮でまだつながった胸肉と腿が枝にぶらさがっている光景を狩人が興味津々で見上げることはカラハリの環境にしっかりと繋留されている。それ以上に聞く者を魅了するのは、ヒョウが尾のまっ白な和毛《にこげ》をキラキラさせて獲物を催眠術にかけることである。括弧入れという方法は、こうした観察の真偽判断を保留する。つまりそれが直示的認知に基づいている可能性を否定しない。だが、狙われたダイカーの心のなかの独白（内言）はけっして直示できない。

語り手は、動物が人間のことばを話し、しかもその心のなかの声を人間が自在に聞きとるような虚環境にすべりこんでいる。「楽しがっている」という小型羚羊（罠の獲物《カウ》）の感情描写もこの虚環境ではごく自然に聞こえる。こうした身構えが動物に関わるグイの談話の深い底を貫いている。それは驚くべきことではない。「ヒョウ小僧《オエッォワゴ・ビ》」とか「ダイカー嬢ちゃん《ノアッォワゴ・シ》」と呼ばれる、神話的大過去に暮らしていた動物人間たちは、今ここで直示するヒョウやスティーンボックと連続しているのだから。

以下の奇妙な話は、もっとも最近の調査で聞いた。最初はライオンが主題になっているが、後半は「ダチョウのペニス」へと脱線する。

【2-8】ライオンと牡キリン、あるいはダチョウのペニス

ライオンが牡キリンを殺すと、まずそのペニスを咬みちぎり、穴を掘って中に入れる。次に、キリンの「胃の中にある糞」（ヌイ ŋǀúì）を掻きだし、それで先ほどのペニスを覆う。さらに、この穴を砂で埋める。人間の狩人とまったく同じことをするのだ。ペニスがついたままの牡キリンを解体すると、イヤな匂いが肉にうつってしまうからだ。ライオンもこの匂いを怖れる。他のコーホ（食うもの、すなわち六種類の大型偶蹄類）を殺しても、そんなことをする必要はない。だが、ダチョウだけは例外である。ダチョウは鳥だけれど、雄にはペニスがある。男が息子の手をひいて罠の見まわりに行く。罠にかかったダチョウが暴れているのが遠くから見える。息子に「ここにいろ」と命じ、自分だけ罠の所へ行く。雄のダチョウだ。すかさずナイフでペニスを切り取り、木の枝の上や叢《くさむら》の中に隠してから息子を呼び寄せ、ダチョウを罠からはずす。息子がダチョウのペニスを見てしまうと、帰ってからそのことを人びとに言ってしまうだろう。すると人びとは「子どもにダチョウのペニスを見せた！」と言ってカンカンに怒るだろう。だからけっして見せない。（タブーカとカーカ談、二〇一三年八月一六日記載）

最後のくだりは、熱心に耳を傾ける人類学者に肩すかしをくわせる。男の子が「見た」と言えば人びとが怒るから男の子にはけっして見せないという説明は、禁忌が課せられていることの理由づけにまったくなっていない。「なぜタブーがあるのか?」「タブーを破ると人びとが怒るからだ。」「なぜ怒るのか?」「タブーがあるからだ。」これは典型的なトートロジーである。かつて動物学を学んだわたしは、鳥類は性別に関わりなく総排泄孔しかもたず、雄の精液もこの孔から射出されることを知っている。当然、タブーカとカーカに反論した。「ダチョウは鳥だ。鳥は雄だって〈キュアカム〉(cùā-qx’am 肛門)しかもっていない。ゴアン !gõã(精液)もそこから出る。」「いや、他の鳥はそうだが、ダチョウだけは違うんだ。」「じゃあ、おまえたち自身はダチョウのペニスを見たことがあるのか?」「おれたちは雄のダチョウを殺したことがないから見たことはない。だが、昔から年長者が言っていることだ。」「ない」はずのものが「ある」と主張される。わたしは近年の人類学で流行している「存在論的転回」という仰々しいキャッチフレーズには懐疑的だが、ここでわたしが直面しているのが、自分自身が自明視している「あるなし」に関わる判断と現地的なそれとのあいだの食い違いであることは確かだ。

わたしがこの話を丸山淳子に得々と話して聞かせたときに、彼女は醒めた見解を洩らした。「男の子にダチョウのペニスをけっして見せないのは、本当はそれがないからじゃないの?」もしそうならば、これは、年少世代をケムに巻く年長者の韜晦である。私たちとかれらの間に横たわる存在論的な断絶に思い悩むのは、お人好し人類学者だけである。また、この例を「グイたちはダチョウの雄にペニスがあるという虚環境につねに生きている」と解釈することは間違っている。なぜなら、現実の環境内でダチョウの雄を殺し解体した男はいくらでもいるからである。そのとき彼はペニスの有無を直示的に認知できたはずだ。「ある」という陳述が年長者の韜晦なのか、それとも（不思議なことだが）カラハリではダチョウの雄のペニスを直示できるのかどうかに関わりなく、その経験のない男たちが右の陳述を信じることは制度化の一種である。みずからの直接経験の裏づけをもたない命題が真理であると言明するとき、制度は恣意性をおびるのである。

もうひとつ、真剣な注意を向けるべき事柄がある。それは、グイと暮らしているときのわたし自身の身構えである。右に記したような調査助手との問答のあと、わたしはあっさりと議論から撤退する。「総排泄孔」に関するわたし自身の知識に固執して彼らを説得しようとはけっしてしない。こうした「啓蒙」の放棄は、フィールドワークを始めた当初からわたし自身が非反省的な次元で身につけた実践倫理なのだ。この論点は、最終章で動物の変身に関わるグイの知識について論じる際に再び浮かびあがるだろう。

本題に復帰すれば、【2-8】のライオンもまたハイエナと同様「人間そっくり」な存在として描かれていることを強調しなければならない。狩人と同じように、ライオンもまたキリンのペニスのイヤな匂いが肉にうつることを怖れ、そのペニスを穴に埋めるだけでなく、獲物の胃の内容物を上にかぶせることまでするというのだ。こうした観察の真偽を判定することもまた括弧入れしなければならない。

四　間身体的な感応

酔う・感づく・予感する

〈ナレ〉ŋ!àrē という複雑な意味をもつ動詞については今までに何度か書いた［菅原 1998a, 2004b, 2012］。グイの生きかたにとって重要な意味をもつ概念なので、復習しておく。

〈ナレ〉は他動詞であり「Xをナレする」というように目的語を伴う。説明的に訳せば、主体は「Xの影響を受けて平常とは異なったことをする」のである。もっともわかりやすい例は「酒に酔う」ことである。動物は酒を飲みはしないが、たとえばスティーンボックは明るい月夜には「月光に酔っぱらって」長い距離を歩きまわるという。

〈ナレ〉の二番目の用法は、遠隔的に何かを「感づく」ことである。この場合、感づく主体と感づかれる対象とは、ともにある種の「仲間性」または「間身体性」のなかに埋めこまれている。たとえば、イヌを連れてゲムズボック猟に出かけ、首尾よく獲物をしとめ解体という段になったら、獲物の心臓をけっしてイヌに食わせてはならない。心臓を煮たあとのスープでさえ砂の上にこぼし、その上で焚火をおこし、イヌが舐めるのを防ぐ。それを怠るとどうなるか。同じイヌを連れて再び猟に行くと、ゲムズボックたちは仲間の心臓を食ったイヌを〈感づき〉、一目散に逃げてしまうのである。このことを、〈タオ〉ǂao（心臓）という名詞に再帰性を表わす小詞〈イシ〉をつけて、〈タオシ〉ǂao-sì と言い表わす。

同様のことは、たとえ獲物となる羚羊類の種類が異なっていても起こる。グイの男たちは一九七〇年代の初頭まで秘密の成人儀礼を間欠的に挙行していた。ある年、一ヶ月にもおよんだ成人儀礼が終わろうとするとき、男たちは青年たちをひきつれて猟に出かけた。二つのチームに分かれて獲物を追跡し、一方のチームはほどなく牡のゲムズボックをしとめた。だが、他方のチームが毒矢を射あてた牝のエランド〔羚羊類中最大の種〕は、なかなか絶命せず、長いあいだ逃げまわった。やっとしとめて別チームと合流したあと、男たちは「あっちのゲムズボックのほうは死んでいたから、こっちのエランドはそれを〈感づいて〉なかなか死ななかったんだ」と語りあったという〔菅原 1999：226–227〕。

動物が何かを遠隔的に感づくことは、ある種の呪術にも利用される。同じキャンプに暮らしている男二人（AとB）のうち、Aの罠にばかりスティーンボックがかかり、Bの罠は延々と不猟続きである。Aがケチでちっとも肉を分けなければ、猟の不調にくさっているBは腹に恨みを溜めこむ。Bは、Aが食べちらかしたスティーンボックの骨片をこっそり拾ってブッシュに行き、その骨片の上に大便をする。そのあとは、Aの罠に近づいたスティーンボックは、「人のクソを感づき」その罠にけっして入らないのである。

最後の例は、〈ナレ〉という動詞で表わされる影響関係が、私たちが慣れ親しんできた物理的な因果関係とはまったく異なっていることを如実に示している。この影響の系列は以下のような換喩的な連鎖に置き換えられる。人の大便がついた骨片↓その骨片の主であるスティーンボック↓そいつを殺したA↓Aが今後仕掛ける罠↓その罠に近づくスティーンボック。物理的な原因は、非可逆的に流れる物理的時間系列にしたがってしか結果を引きおこさないが、右の換喩連鎖はこうした一方向的な時間の矢からはみ出しているのである。

第三の用法は「予感する」である。ただし、この用法があてはまるのは、人間のあいだだけのようだ。たとえば旅に出て長いあいだ留守にしている夫を待ちわびている妻のおなか（小腸）がグーッと鳴ったり、腋の下が燃えるように痒くなったりする。妻の身体は、夫の帰りが近いことを予感しているのである。これと同様の「嬉しい予感」は、キャンプ仲間が出猟しているときにもおとずれる。キャンプに残っている人の腋の下が妙に痒かったりすると、仲間が肉を持って帰ることを予感しているのかもしれない。

酔っぱらったり、下痢したり、腋の下が痒くなる「感覚」を直示的認知の対象として捉えることはできない。みずからの内的な感覚（およびそれをもたらす内臓諸器官）それ自体を同一性指定の対象とはできないばかりか、共在する他者に対して「そのもの」を指し示すことができないからである。ゆえに、これらの感覚は〈身体の変容〉として記述するしかない。感応と予感は、グイと動物との関わりだけでなく、グイの身体性全体について考えるうえで、核心的な意味をもっている。しかも、この主題を、南部アフリカが植民地状況に置かれていたころからの長い研究史のなかに据えると、ブッシュマンと総称される人びとの思いがけない姿が浮かびあがってくる。終章でこのことを詳しく論じる。

死のお告げ

本章の最後に取りあげるのは〈ズィウ〉dzìūという摩訶不思議な概念である。まず簡単な定義を与えよう。なんらかの尋常ではない出来事を体験する。しかし、そのときには、その意味がわからない。しばらくして、だれかが死んだという知らせがもたらされる。そのとき初めて、あの出来事こそ「〈ズィウ〉をおれ（私）に告げていたのだ」とわかる。その奇妙な出来事は、だれかの死の兆し（凶兆）だったのだ。ただ、ふつう「兆し」とは、未来に起きることの「予兆」を意味するが、この場合には、異変の起きた時点と「人の死」との前後関係ははっきりしない。たとえば、日ごろは仲の良い二人がその日にかぎって口汚く罵りあう。そのときにはもうすでにかれらのオジは死んでいたかもしれない。だとすれば、ズィウとは「死霊の発生」を意味すると考えたほうがよいかもしれない。

ズィウとみなされる異変は、どんな経験領域で起きる事柄でもよい。わたしがこの概念を初めて教わったときに挙げられた例は「口論」であった。しかし、その後、動物に関する語りを集め続けるうちに、わたしは、グイの男たちがもっとも頻繁に出会うズィウとは、動物に生じる異変なのだということを理解するようになった。まず最初にヌエクキュエ老の語りを聞こう。次に登場するツチブタは管歯目に属する夜行性の動物である。

ヌエクキュエ

【2−9】ツチブタの異常

おれの兄と息子と三人で、雌イヌ二頭を連れて猟に行き、遠くで野宿した。翌朝早く雨が降り、濡れた砂の上にツチブタ二頭の足跡を見つけた。雌のツチブタが仔を連れて歩いていた。たどっていくと「家」〔巣〕があった。入った穴の向こう側を、おれたちが延々と掘っていると、音を聞きつけて仔が飛びだした。おれたちはそいつをぶちのめした。そいつの腰骨のあたりの毛は剥けていた。ツギをあてたみたいに丸く刈り取られていた。クリツァー〔男の名〕があそこ〔別のキャンプ〕で死んでいたから、剥けていたのさ。クリツァーのズィウで。おれたちは言った、「アッ、そいつはなんてざまだ！　そいつはふとっているようだが、こんなひどいありさまだから、きっと〔皮を剥いだら〕痩せているぞ。」そう言って、おれたちは肘の所を切断して中の脂肪を見定めた。なんと、そいつはふとっていた。（一九九六年九月二六日収録）

ツチブタの分厚い皮膚は短毛で覆われつるつるした感じがする。その皮膚の一部の毛が丸く剥けていたことが異常なこととして認識されている。別のキャンプに住むクリツァーという男は語り手の近しい親族というわけではない。だから、ズィウを発生させる「死者」は、べつに親しい人でなくてもよいようだ。次の語りの焦点になっている**ナメ** ŋǁámē（センザンコウ）とは体を鱗で覆われた貧歯目の夜行性動物である。

【2−10】センザンコウの異常（同じ語りの続き）

おれは一人で**ナメ**の足跡をつけた。するとヒョウがそいつを捕まえた跡があった。そいつは丸まって、ヒョウはそいつに苦労してあきらめた。ヒョウが去るとそいつはほどけて立ちあがり、真っ昼間になっても進み続け、大きなオワ ǁqχ'óà〔アカシアの一種〕の木のでかい日陰に入って丸まった。おれがそいつのあとをつけ顔をあげると、そいつは木の根もとで顔を覆っていた。背骨で休んで〔あおむけに寝て〕しっぽを髭みたいにして太陽を遮り、そこに頭を入れ、目をつっこんでいた。ハワッー〔男の名〕の〈不幸〉のせいだ。おまえはナメを〔穴の〕外で見つける。〈不幸〉のせいで。〔ふつうは〕おまえは外でそいつを見つけることはできない。穴の中でだけおまえはそいつを見つける。おまえがナメを外で見るなら、それはズィウだ。

この語りで〈不幸〉と訳した〈ツォワン〉|qχʼôã とは、具体的には「死者を夢に見る」ことである。葬儀のあとには、死者の近親者はある種の植物の根を噛って「ツォワンを出す〔不幸をはらう〕」手当てをしなければならない。またハワツーという男は、カラハリ農牧民の血をひく強力な妖術師として有名であった〔菅原 2006a〕。前の語りのクリツァーと同様、語り手と近い親族関係があるわけではない。夜行性のセンザンコウがまっ昼間に穴の外で仰向けになって寝ているという異常事態を目の当たりにして、語り手は当惑した。しばらくして、遠くのキャンプでハワツーが死んだことを知らされ、過日センザンコウの異様なふるまいから感じた不気味さを想起し、それを彼の死とあらためて結びあわせたのである。

さまざまなズィウ

ヌエクキュエの語りに登場したズィウの用法に、わたしは魅了された。ズィウを手がかりにすることによって、グイの狩人たちが動物に起きるどんなことを「異常」として認識するかを把握できると思ったのである。その後、タブーカとカーカは、ズィウの実例をいくつも語ってくれた。まず典型的なズィウの例は以下のようなものだ。

――ふつう、おれたちが槍でエランドにとどめを刺すとき、そいつは鳴き声も立てずに横倒しになる。けれど、そいつがうつぶせに倒れて「エーッ」と鳴いたら、それはズィウだ。

彼らが罠猟において実際に経験した異常な出来事には以下のようなものがある。

【2-11】罠猟で経験した異常事態

①一九九四年、タブーカは三人のガナの男たちと共に罠の見まわりに行き、太った牡のダイカー〔写真2-6〕を捕えた。罠のそばで焚火をおこし、熱い灰の中に獲物を埋めて丸焼きにした。一口食ったらひどい味がしたので、残りは捨てた。しばらくして、野生生物局が防火帯作りに雇った人びとを満載したトラックが路上で横転し、三人が死亡し多くの人が重傷を負った。死者の一人はタブーカのオジにあたるハラーであった。彼はわたしにとっても大切な友人だった。

②一九九六年、タブーカはたくさんの罠をしかけ毎日見まわりに行ったが、まったく獲物がかからなかった。彼の母は重い病にふせっていた。ある日、やっと牡のダ

写真2-6　ヤブダイカー
1992年カデで。田中二郎が重さを推定している。

イカーが罠にかかった。痩せこけてまるで幼獣のようだったが、角だけは成熟した牡のように長かった。家に帰ると、母は診療所の車でハンシーの病院に連れて行かれたあとだった。三日後、カデの遠隔地開発局の事務所に無線連絡が入り、彼女が死んだという知らせがあった。

③同じ年、カーカはカデから二〇キロほど離れた道路工事現場に住みこみで働いていた。飯場の近くで罠をしかけた。ある日見まわりに行くと、ツチブタの足跡がたくさんついていた。罠を見て仰天した。三つの罠すべてに、ツチブタが前足で砂をかけ、撥ねないようにしてあった。しばらくしてから、一緒に工事で働いていた女の夫がカデで病死したという知らせが入った。

締めくくりは、名ハンター・カオギ老の体験だ。第六章で分析する語りの掉尾をかざる逸話である。ライオンに咬まれて重傷を負った女をみんなで看病していたが、彼女は衰弱するばかりだった。そんなとき、カオギは妻を伴って猟に出かけ、ツチブタを発見した。

【2-12】ツチブタが精液を漏らした

おれはやつを殴った。「このチンボコ野郎め！」殴って倒し、やつを横たえた。アエー、流れてゆくぞ、ツチブタの精液が。アエ、おれは言った。「あんなに流れているぞ！　ヘイッ！　ツチブタのは、たっぷり溜まっていたみたいだぞ。なんてことだ、あんなふうにツチブタが精液をこぼすなんて。」そう言いながらわれわれ〔夫婦〕は、そいつの皮をすっぽりむいた。皮に肉を包んでかつぎ、帰ってきた。それから眠った。翌朝、彼女は尽きた。

雄のツチブタが撲殺されるとき大量の精液を漏らしたことが異変とみなされている。ただ、この例は、重要な点で他のすべての事例と異なっている。瀕死の状態にあった女は、語り手と同じキャンプに住んでいたのだから、彼女が息をひきとる瞬間を語り手が看取っていたとしても不思議ではなかったのだ。この点については次節で考察する。

立ちあえない死――経験の連続性と想像力

前節の最後に挙げたカオギの語りを唯一の例外とすれば、ズィウの語りにはひとつの共通性がある。ズィウとして告げられる「人の死」を、おれは直示的に認知することはなかった。わたしの質問に対してタブーカとカーカははっきり答えた。もし病人を看病している最中に、彼（女）が死んだら、ズィウが告げられることはない。別の場所で起きた死を「知らされる」とき、おれはある異常な出来事を、ズィウとして解釈しなおす。ズィウという概念のなかには、社会的・自然的な環境で直示的に認知する異様な事象を、「伝え聞いた死」（遠隔的認知）へと回顧的に連結する、特有な志向姿勢が畳みこまれている。

動物たちの姿やふるまいのなかに現われる異常さにおれは思いを籠める。その異常さとは、環境のなかに立ち現われる差異である。それは、おれが知りつくしている動物たちの「平常状態」からの差異である。ゲシュタルト心理学の用語を使えば、原野を歩き続ける膨大な直接経験の積み重ねが、安定した「地」として知覚する世界の基底を形づくる。その「地」の上に動物の異常さがくっきりとした「図」として浮かびあがる。インタビューのなかで、男たちは口ぐちに言った。「あらゆるものがズィウを告げる」と。原野の森羅万象は無数の「虫の知らせ」に満ちているかのようだ。あなたは思うだろう、迷信ぶかい人たちなんだ、と。こうして、「おれ」と「あなた」との境界は揺るぎないものになる。そのような境界を攪乱するために、わたしにとっての虫の知らせについて考えなおしてみたい。

もう十年以上も前のことだ。アフリカへ出発する日の夜明けに、わたしは暗いうちから起きて、犬の散歩にとびだした。しばらく歩いて、ふと下半身に手をやると違和感があった。寝ぼけまなこで着替えをしたために、薄いジャージーのズボンを裏返しに穿いていたのだ。まるで死装束のように思えて、イヤな感じがした。そのとき思いあたった。たとえこれが虫の知らせだとしても、わたしは半日後には飛行機に乗るしかない。厳密に定まった海外調査の日程をそんな迷信じみた思いのために変更することはできない。災厄に遭う当事者はどんなに「虫が知らせた」ところで、すでに決まっている予定どおり突き進むしかない。「あれこそ虫の知らせだった」と認識するのは、「残された者たち」だけである。その認識は、災厄が起きてから回顧的におとずれる。ズィウとの本質的な差は何もない。

もちろんわたしの感じた「虫の知らせ」は幸いにも不発に終わった。あなたにだって、そんな経験はめったにないだろう。なぜ、グイの生活は、「あらゆるものがズィウを告げる」と言われるぐらい不吉な兆候に満ちており、私たちの世界ではそれが珍しいのだろう。第一の理由は単純だ。近代医療が導入されていない社会においては、人はまことにあっけなく死ぬ。定住化によって診療所や町の病院で治療を受けられるようになったとはいえ、それは日本とは比較にならないくらいお粗末なものである。平均的なグイの生涯は、近代に生きる私たちのそれよりも、ずっと多くの死に取り巻かれてきた。

もうひとつの理由のほうが、もっと重要である。私たちの物質的な環境を満たしているモノは、大小さまざまの道具である。ルーマン風にいえば、ズィウとは、心的システムにとって、その環境のなかに生じる「異常」である。私たちの物質的な環境を満たしているモノは、大小さまざまの道具である。ハイデッガーは、人間（現存在）が内-存在している世界が道具的な連関によって組織されていることを指摘したうえで、道具はふつう「目立たなさ」のなかに退いていることを強調した［ハイデッガー 1994a］。道具性によって織りなされた世界に生じる異常とは、とりもなおさず私たちの行為を妨げる「支障」でしかない。近代の生を覆いつくしている道具連関の網の目は、順調に作動し続けることへの莫大な期待を担って構築されている。だからこそ、そこに生じる破綻は、「奇妙な感じ」や「不気味さ」ではなく、端的に怒りをかき立てる。これに対して、野生の動物たちは、制御されたオペレーションとは無縁のところで生きている。もちろん、第五章で論じるように、おれは動物たちに期待を投げかけはするが、それは私たちが交通機関に投げかける期待とは逆向きである。私たちは道具連関が匿名の人びとの制御下で自律的に作動し続けることを期待するが、おれは自らの働きかけによって、獲物の自発的な意思が挫かれることを期待する。この期待が容易にはかなえられないことをおれは身にしみて知っている。困難との格闘を通じて、おれは、動物がけっして人間の意のままにはならない、予測不可能な他者であることを日々新たに思い知らされる。すなわち、動物という環境は容易には縮減しがたい複雑性のなかで揺らぎ続けているからこそ、汲めどもつきない「異様さ」が発生し、それがおれの思いをかき立て続けるのである。

このような「思い籠め」が、「おれの立ち会わなかった死」へと投射される。最後にそのことについて考えよう。わたしは自分の父以外の人の臨終に立ち会ったことはないが、いくつかの葬儀で、死者の顔を見つめたり、そのあまりにも冷たい額にふれたりした。もう二度とその人とことばを交わすことはないのだ、という冷厳な事実が直接的な知覚を通して、わたしに襲いかかる。これに対して、死に顔を見ることのなかった人の不在は、わたしの心の地平にわだかまり続ける。逆にいえば、もう一度その人と会うのではないかという想いが、いつまでも心の片隅をひっかく。だからこそ、わたしたちは、遺体も回収できないような事故で肉親を喪った人たちの嘆きの深さに粛然とし、あの負け戦から半世紀以上が過ぎた今もなお遺骨の収集に執念を燃やす人たちが抱えてきた悲しみを想像して胸を衝かれるのである。カラハリでも日本でも、大切な人の死に顔を目にしえず、その人の永遠の不在を〈遠隔的〉にしか認知できないことは、納得しがたい変事である。「あれこそが死のお告げだったのだ」と解釈することは、私たちのだれにとっても乗り超え不可能な変事に多少なりとも条理を与えようとする、想像力の苦闘なのである。

ここでわたしは初めて〈想像力〉という概念を明示的に用いた。サルトルは汲み尽くせない知覚の充実と対比させて、無を分泌するという対自存在の特性ともっとも深く結びついた実存の志向性を想像力と名づけた。だが、このような把握こそ、本書が乗り超えようとしている知覚と表象の二元論を強化するものである。環境のなかで展開する動物行動の基底にはつねに「探索」があることを思い起こさねばならない［リード 2000］。このことを隠喩的に拡張すれば、想像力とは、予見または回顧という二方向の志向姿勢をおびながら虚環境を探索する力能として定義できる。

年長者の経験知

本章の掉尾を、再定住村コエンシャケネで二〇〇八年八月下旬に起きた事件で飾りたい。わたしの知人ではないが、グイのアーククエという女が村の中で夜遅くまで酒を飲み、泥酔した。六、七歳の息子を連れて、村はずれの家に帰ろうとして迷子になった。二週間後にわたしが帰国したときも母子は行方不明のままだった。丸山淳子はわたしよりも後まで滞在し、再定住村内のキレーホのキャンプに寄寓していた。村からやや離れたモラカ（家畜囲いのある外のキャンプ）には、キレーホの父である高齢のピリが末娘夫妻らと共に住んでいた。彼は一九九〇年に白内障で失明して以来、家族の介護に守られながら平穏に暮らし、とうに八十歳を越えていた。

ある夕暮れどき、丸山がキレーホの家族と小屋の中にいると、突然、**ガイ** g!àī（カンムリショウノガン）という鴫《シギ》に似た鳥がばたばたと飛びこんできた［写真2-7］。当然のことながら捕まえて灰で焼いて食ったのだが、丸山はキレーホの妻や娘たちと、「**ガイ**が自分から家に飛びこんでくるなんて、ズィウじゃないかしら。迷子になったアーククエ母子が死んだことを告げているんじゃないかしら」と語りあった。だが、その後、モラカに行ってピリにその話をすると、

ピリ

写真2-7　カンムリショウノガン
エトシャで

彼は言下に否定した。「昔から、ガイはグーツァムナエ g!úūtsàm̀ŋ‖àē（コシジロウタオオタカ――この地域に普通に棲息する青灰色の美しいタカ）に追われると、慌てふためいて小屋に飛びこんできたものさ。そんなことがズィウであるもんか。」

のちに丸山からこの逸話を聞いて、わたしは心を動かされた。グイと長く暮らすことによって、丸山もまた、この環境のなかに生じる何らかの異変（差異）から、ある共通の感覚（サンス）を喚び醒まされるようになっていたのである。だからこそ、若い世代の女たちと一緒になって「ズィウかもしれない」などと事情通ぶることができた。だが、年長者は彼女たちの知ったかぶりに冷然と水をさす。そのようなピリ老のことを想うとき、わたしの胸は敬慕の念に満たされる。ピリの弟ヌエクキュエもまた、「石で人間の頭を打つハイエナ」の話を一笑に付したのであった。原野の人生の膨大な積み重ねだけが、わたしたちが無造作に「迷信」と呼ぶような「役立たずなお話し」と、思わず「アエッ」と眉を顰《ひそ》めざるをえない顕著な出来事との間の直覚的な弁別を養っているのである。それこそは、身体に根ざした経験知と呼ぶにふさわしい年長者の力能なのである。

一年後の二〇〇九年八月にコエンシャケネに舞い戻ったわたしの顔を見るなり、キレーホは、「年長者は死んだぞ」と朗らかに笑いながらわたしに告げた。彼らが重病の人に言及するとき、すぐに「死んだ」と表現することをわたしはイヤというほど思い知らされてきたので、念には念を入れて訊いた。「息が止まったのか?」「エへーッ」「砂に埋められたのか?」「エへーッ」こうしてわたしはその年の一月にピリが老衰で静かに息をひきとっていたことを知ったのである。だが、そのころ母国で暮らしていたわたしに何らかの虫の知らせがおとずれたという記憶はない。

ピリの死を知らされてから間もなく、迷子になったアークク工母子が奇蹟の生還を果たしたことを聞いた。動物保護区の北西端の境界にあるツァウ・ヒルに辿り着いたところを発見されたらしい。行方不明になってから救出まで三週間以上が過ぎていた。幸いこの年は野生スイカが豊作で原野にごろごろ実っていたから、それを食べて命を繋いだようだ。ピリ老が喝破したとおり、小屋に飛びこんできたガイはズィウなどではなかったのだ。

注

（1）マリー・トーマスはこれを「人類学者の解釈」としているが、出典はエンサイクロペディア・ブリタニカの記事で信頼性に欠けるので、彼が参照した文献書誌は割愛する。

（2）「くっつきあう」（ギバーク gíbà-kù）というのは日常の集まりのなかでよく目にする二者的な身体接触のありかたで、典型的にはあぐらをかいた膝や伸ばした脛を相手の腿や脛に載せてすわることである。親しい同性どうしのあいだでとくによく見られる。最初の調査のときにこの種の身体的関与に注目していた記憶が甦ったので、わたしはこんな冗談をとばしたのである。

（3）これはべつにわたしの独断ではない。アメリカの環境保護運動の理論的指導者であったポール・シェパードは、人間性をめぐる生態学的思考の支柱の一つに捕食者と被捕食者の知性の共進化を置いている。草食動物と食肉類の「大脳化指数」（体の大きさに対する脳容量の比率）を新生代の三段階で比較すると、三千万年以前では〇・三八：〇・六一、三千万年〜千三百万年以前では〇・六三：〇・六七、千三百万年〜現世では、〇・九五：一・一〇というふうに、一貫して食肉類のほうが高い値を示す。「これはそうでなければならない。勝負は対等ではありえない。そうでなかったら、捕食者は種として死滅していただろう」［Shepard 1978 : 10］。

第三章　食うと病むもの——肉食の禁忌と忌避

人間の生存を根幹で支える〈食べる〉という活動には、往々にして複雑な規制や象徴作用がかぶさる。だが、食物の摂取それ自体は環境内に鞏固に投錨された現実である。身体は食べることによって虚環境にさまよいだすわけではなく、それ自体が変容をくぐり抜けるのである。本章では、肉食に関わる禁忌と個人的な忌避の複雑な変異を分析することにより、肉を体内に摂取することによって引きおこされる身体変容への怖れと対処法を明らかにする。序章で予告したように、肉食禁忌こそ、身体の制度化の典型である。禁忌をめぐる微妙なかけひきを分析することは、制度と人間のあいだの交渉過程の一断面を鮮やかに照らすだろう。さらに、グイの民俗免疫理論が、恣意的な表象ではなく、身体の直接経験に動機づけられた思想であることを論証する。

本章では、第二章の中心的な主題であった〈ナレ〉（感応）という概念が、さらに具体的な形で展開される。また、本章で解明する肉食の詳細は、第五章で行う狩猟経験の分析の前提をなすと同時に、第七章と終章が収斂する、身体変容の究極としての〈変身〉へと到るための前奏の役割をもつ。いうまでもなく、グイにとって動物とはまずもってその肉を〈コー〉qχ'óō するための存在である。〈コー〉とは「肉を食べる」ことに特化した動詞であり、「食物一般を食べる」ことを意味する〈オン〉ǂʔoõ から区別される。以下では、〈コー〉を「食う」、〈オン〉を「食べる」と訳しわける。

一 「食うと病むもの」を食ったら——最初の遭遇

幼獣を煮る鍋を囲んで

発端は一九八九年にさかのぼる。四回目の調査で会話分析に脂がのりきっていたときだ。ある朝、わたしは弓矢猟の名手ツートマ〔調査助手カーカの父〕の小屋にぶらりと入った。火にかけた鍋を囲んで、七人の青年がぎゅうぎゅう詰めにすわっていた。その輪の端のほうで、ツートマは罠紐をなっていた。鍋の中で煮えているのは、前日に彼が捕獲したヤブダイカー〔小型の羚羊。以下、ダイカーと略す〕の幼獣の肉だった。

写真3－1　アフリカオオノガン
2013年8月CKGRで

以下の会話に現われるいくつかのことばを説明しておく。〈アエン〉ǁ'ãẽ（胃の乳）とは、授乳中の幼獣の胃に溜まった乳のことだ。前章にも登場したガイ（カンムリショウノガン）は、首と脚が細長い、ニワトリよりもひとまわり小さい鳥である。それと近縁なデウ gǂeu（アフリカオオノガン）はツルぐらいの大きな鳥である『写真3-1』。ヒョウガメは第二章にも登場した『写真3-2』。エランドは最大の羚羊で、脂肪の豊富なその肉はもっとも好まれる。クーズーは螺旋状の角が美しい大型の羚羊である（ただし、牝は長い角をもたない）。

この会話を理解する鍵になる概念が〈ナーホ〉ŋ!ãã-xó である。これは〈ナー〉ŋ!ãã という他動詞と「もの」を表わす派生辞〈ホ〉が結合した名詞である。「おれは煙草を〈ナー〉する」とは、「おれは煙草を吸うと病気になる」（だから吸わない）という意味である。肉に限れば、〈ナーホ〉とは「食うと病むもの」と訳すことができる。以下の会話の厳密な転写資料はすでに拙著で公表済みだが［菅原 1998a : 300–305］、本章の導入として不可欠なので、大幅な要約を再録する。同時発話のような複雑な構造的特徴は省略してある。

a

b

写真3-2　ヒョウガメ

a：1989年カデ付近で。弓矢猟の名手ツートマ。

b：1984年。まだ若々しいキレーホが解体しようとしている。右の女は当時の年上の恋人カオピリ。後ろに立っているのは母ホエガエ。

ダメゴ

【3-1】会話抄「鍋をひっくり返す」（その1）（一九八九年九月二二日）

〔ツートマの右から反時計回りにカーカ（K：ツートマの長男）、ケローハ（R：カーカのオバの夫）、ダメゴ（D：カーカの弟）、キレーホ（C：調査助手、カーカらと類別的な交差イトコ）、ほかに三人の青年がすわっている。話題になっているタブーカはこの場にはいない。〕

1R　タブーカがおまえの目の前で〈アエン〉（胃の乳）を飲んだら、どうする？
2C　へん、あんなもん、飲むものじゃない
3R　彼は、きっと食べてからおまえに向けて鍋をひっくり返すぞ
4C　だれが？　きっとそいつを食べたら鍋の摑みあいになるさ
5R　おまえがそれを食べなくても彼は鍋をひっくり返すぞ
6C　彼は鍋をおれにひっくり返したりしない。どっこい彼が病気になるさ。おれが鍋をひっくり返せばね
7↓　おれのほうには向いていない。人は〈ナーホ〉を食ったりしない
8R　彼は薬を噛みしめるぞ
9C　なんだって？　おれだって薬と一緒に食うさ
10R　彼はたぶんおまえの代わりに食ってくれるさ。おまえはわからんのか？　↓
11↓　**ガイ**〔鳥の名〕を人が食うとその近親はそれを感づくんだぞ
12C　タブーカはいつだったか**ガイ**を食った。そのときおれは食わなかったが、感づなかったぞ
13D　カーカも前に**ガイ**を食ったけど、ぼくは感づかなかったよ
14C　子どもたちは足がふらついて、痩せて痩せてひからびるんだ
15D　でもぼくはいまふとってるよ。ふっくらしてるぜ〔中略〕
16C　おまえが近親なら、おれはそのうち**デウ**〔大きな鳥の名〕を食ってやるさ《笑》
17R　そういう〈ナーホ〉は、おまえはいつまでも食わないのさ。他のやつらが先に食って行ってしまうのさ

18 C　いや、おれは**デウ**をそのうち食うつもりだ。今にタブーカと二人で猟に行って、↓
19 ↓　タブーカがそれを殺したら、彼はそれを［おれの父に］くれるだろう↓
20 ↓　ほかに人がいなかったら、おれは父さんの薬をおれ自身の肉に入れるのさ〔中略〕
21 R　おまえが**デウ**を食う前に、彼はヒョウガメを味見するだろう
22 C　おれはそんな歯ごたえのない、腿の薄っぺらなやつはわざわざ食わないさ《笑》
23 R　おまえはエランドの仔を食ったことがあるか？
24 C　おれはエランドをああして試したよ。タブーカより前にね
25 R　おれはクーズーの仔を食った
26 C　クーズーをおれは知らん〔後略〕

〈ショモ〉（老人の肉）

ここでは、自分たちの口には入らないご馳走を煮ている鍋を前にした青年たちが、彼らが「食えないもの」について論じあっていたのである。会話の中心的な主題は〈ショモ〉sumoである。この「珍味」を楽しむことができるのは老人と幼児だけである。〈ショモ〉の適用範囲には三つの位相がある。第一の位相が、ある特定の動物種である。その後の調査の結果、異論なく〈ショモ〉と判定される動物には五種あることがわかった。まず哺乳類では、センザンコウ（前章に登場）だけである。鳥類では、**カー** ǁàà（クロエリノガン）『写真3-3』と**デウ**（アフリカオオノガン）がこれにあたる。**カー**と近縁な**ガイ**（カンムリショウノガン）は、「女、子どもが食うもの」という

認識があるので、青年期以降に食うことを避ける男が多いが、〈ショモ〉に該当しない（11～13行目）。これに対して、**デウ**は〈ショモ〉の横綱であり、青年が食うことなどありえない。だから16行目でのキレーホの発言は笑いを誘っている。**デウ**には重要な文化的価値づけがなされているので、のちに改めてとりあげる。爬虫類では、二種の陸ガメ、すなわち大きなヒョウガメ（21～22行目）と、小さな**ギャムjam**（カラハリテントガメ）の双方が〈ショモ〉とみなされる。

第二の位相。ふつうは食うことのできる動物でも、特定の身体部位や発達段階にかぎって〈ショモ〉とみなされることがある。冒頭の〈アエン〉（胃の乳）はその典型である。頭部も老人に対して優先的に分け与えられる。この鍋の中で煮えているダイカーの幼獣も〈ショモ〉だし、エランドやクーズーといった大型偶蹄類でさえも、

写真3－3　クロエリノガン
1996年カデで。鳥を持っているのは、タブーカの一人息子エナーマシ。

その幼獣には規制が課せられる。ただ、これらの幼獣については、青年たちには「試す」余地がある（23～25行目）。

第三の位相は調理法である。たとえば大型偶蹄類の肉を煮て、杵でついて挽肉状にした料理は老若男女を問わず人びとの好物だが、これにその動物の脚の骨髄を混ぜて脂肪分に富んだ食べ物にすると、〈ショモ〉とみなされるようになる。

〈ショモ〉を十分に成熟していない人が食べると、ひどい下痢に襲われ痩せこけ、最悪の場合には死んでしまうとされる。〈ショモ〉に関わるタブーは、グイを身体の奥底から拘束する、病（すなわち身体のネガティブな変容）への恐れと結びついているのである。

抜けがけと解除

だが、この賑やかな会話は、「禁忌」ということばから連想されるやみくもな強制のイメージからはあまりに遠い。青年たちは、たしかに何かに拘束されており、しかもこのように議論しながらその拘束を確かめあっているのだが、同時に拘束をすり抜けるスリルをも楽しんでいる。一般的に、青年たちは結婚適齢期にさしかかるころからおとなとしての自覚をつよめ、禁じられた肉を「試す」チャンスをうかがうのである。この「試し」は、「近親」（〈ノーコ〉ŋ!oõ-kó：原義は「土地の人」）の同輩を出し抜くというかたちをとる。まだ食ってはならないものを食ったあとに、それを煮た鍋の口を同輩のほうへ向けて倒すと、食った当人は無事で、同輩のほうが病気になり、下痢に悩むのである〈3行目〉。だからこそ、自分のほうに向けて倒させまいとして、二人のあいだで鍋の「摑みあい」が起きさえする〈4行目〉。キレーホと、この場にいないタブーカとは歳の近い「兄弟」〈平行イトコ〉であるから、タブーカはキレーホを出し抜いて、青年たちがまだ「食えないもの」を先に「食ってくれる」だろう〈10行目〉——そう、ケローハはキレーホをからかっている。

抜けがけする方法はほかにもある。〈ナーホ〉を食っても病気になることを防ぐ効果をもつさまざまな薬木〈木の根を使うことが多い〉があるので、食う前後にそれを口の中で噛みしめたり、それを削った粉を肉に混ぜたりすればよい〈8〜9行目〉。たとえば、青年〈この会話ではタブーカ〉のかけた罠にデウがかかったとしたら、彼自身はこれを食うことができないので、年長の親族〈たとえばオジ〉にそれをあげるかもしれない。受けとったオジのキャンプの人たちは、たまたま彼自身の息子〈この場合はキレーホ〉を除いて、みんな出払っていたとしよう。デウはツルほどもある大きな鳥で、空を飛ぶことのできる鳥のなかでは地球上で最大の体重をもつ。とても一人では肉を食いきれない。腐らせてしまうのももったいないので、彼は息子を薬で治療してから、肉を食わせてやる。18〜20行目では、このような仮想状況が語られているのである。

感応しあう身体

以上の説明によってさきの会話抜粋はほぼ理解できるだろう。けれど、この賑やかなやりとりのもっとも核心的な意味はまだ照らしだされていない。それこそ、11〜13行目で言及されている「感づく」こと、すなわち前章でも注目した〈ナレ〉に媒介される特異な身体経験なのである。会話の終盤部分に目を向けよう。

【3-2】会話抄「鍋をひっくり返す」(その2)〔Qはキレーホの腹違いの姉の息子〕

1C　おれは鍋をおまえのほうにドスンと置いて去って行くのさ。《笑》おまえは一度でおれだと知るだろう
2R　おれはこのダイカーの仔の鍋をひっくり返してやる
3Q　おまえ下痢するぞ!
4C　おまえたちがそいつを食いつくして鍋をひっくり返したら、彼はこの鍋を取って↓
5↓　「ひえー、おれはヘマしちゃった」って言うんだろう
6D　うん、ぼくは鍋をこんなふうに置いて、渡さないよ
7C　下痢がピチャピチャ流れるぞ、おまえたちの《笑》ボタボタと肛門から流れるぞ↓
8↓　家で休んでなんかいられないぞ。おれは踏み跡をつくっちゃったよ↓
9↓　そこへ糞を運んで行って、またすぐに糞を運ぶ
10K　おーい、みんな! 今朝おれは下痢する夢を見ちゃったよ!《笑》おれはきっと下痢するぞ!↓
11↓　で、気分が悪くなって、トウモロコシ粥が食べられなくなるぞ

こうした尾籠なやりとりにみなぎる活気こそが、グイの青年たちの〈間身体性〉の底流をなしている。個々ばらばらの身体を先に措定してからその「あいだ」を満たす媒質を想定することは、間身体性という概念の本質を見誤ることである。わたしたちが生きる世界は最初から間身体性に満たされた場である。個々の身体は、その場のなかに凝集する相対的に密度の高い結び目のようなものだ。(1) そのことを銘記したうえで、便宜的に身体a、

身体bと名づけよう。身体aは、ある対象を「食わない」状態から「食う」状態へ移行する。すると、その影響を受けて、身体bは「健康」という状態から「病」（下痢）という状態に移行する。そして、排便のために何度もキャンプとブッシュのあいだを往復するので、砂の上に「踏み跡をつくり」（8行目）、「糞を運び、また運ぶ」（9行目）ことになる。〈ナレ〉という概念のなかにこそ、このような間身体性を流れる波動が凝縮されている。

前章では、他動詞〈ナレ〉の意味を「X（目的語）の影響を受けて平常とは異なったことをする」と定義した。この定義は、〈ナーホ〉を食うという「抜けがけゲーム」の本質とぴったり合致する。抜けがけをされた青年は、ライバルの身体の影響を受けて、平常と違ったこと、すなわち下痢をするようになる。身体はけっして皮膚という境界によって相互に分離された「もの」ではない。濃密に交わりあいながら育つ身体は、絶えずおたがいと感応しあい、影響を及ぼしあわざるをえないのである。

二　ヒョウの匂いで死ぬ――民俗免疫理論との遭遇

呪医の治療儀礼

前節で述べたことのすべてを、わたしは、あの会話を分析するなかで把握しえたわけではなかった。会話の背後に潜むグイのサンスの底知れない深淵を予感しながらも、みずからに課した会話分析の厳しいノルマをこなすことに精一杯で、中途半端なまま先へ進んでしまった。

三年後の一九九二年、思いがけなくも不幸な形で「食うと病む」という問題に再会することになった。カデで調査を再開してから間もなく、キレーホの母ホエガエの病を治療する儀礼があった。彼女の姉の昔の恋人であったガナの男ホアコが呪医の役を務めた。ホアコはホエガエの肝臓の上の皮膚を剃刀で切り、傷口に口をつけ血を吸い出した。それを「ウオーッ」という太い声とともに砂の上に吐き出した。これを五、六回繰り返してから、最初の傷口のちょっと上に新たな傷をつけ、ここからも数回にわたって血を吸い出した。ホエガエは苦しそうに呻きながら、施術者の頭と肩を両腕で抱きしめていた【写真3-4】。

元気な頃のホエガエ（1985撮影）

血を吸いとるのはかなり体力を消耗する仕事らしく、ホアコは唇をまっ赤にしたまま、しばらく荒い息をついて休んでいた。それから靴墨を入れる小さく平べったい缶を開けた。中にはいっている真っ黒な練り薬はコウモリを焼いてすりつぶしたものだという(3)〔写真3-5〕。ホアコは練り薬をひとつまみ指にとり焚火の燠につけて、

写真3-4　ホエガエの治療
1992年9月カデで。この2週間後にホエガエは亡くなった。

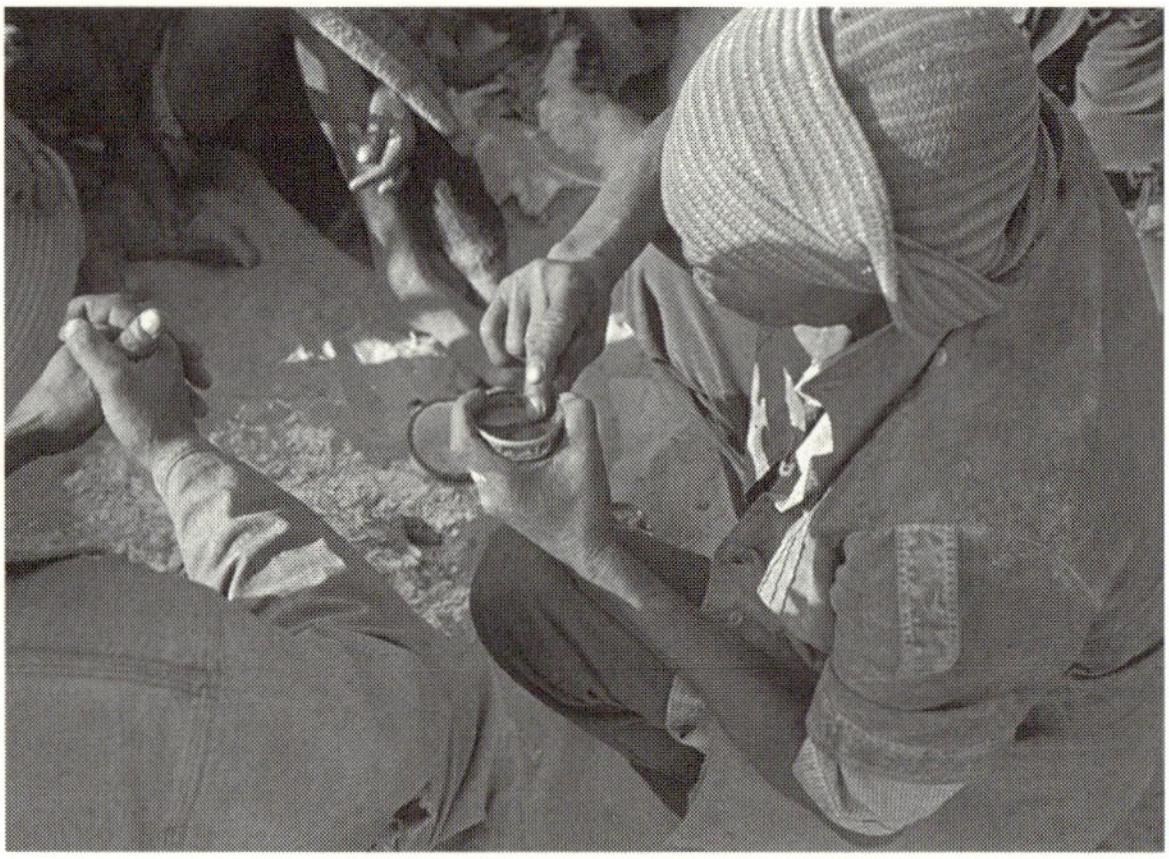

写真3-5　コウモリの練り薬

ぱっと白い煙を立ちのぼらせた。そうやって溶かした薬を傷口に塗りつけた。最後に、病人の両肩をつよく押さえつけ、彼女の上半身をぐいと後ろにねじった。ホエガエは苦しそうに呻いた。

治療場面を撮影し録音しながら、わたしは、ホエガエが見る影もなく痩せていることが気になっていた。けれど、その後すぐに、定住地の奥まった場所にあるツートマのキャンプに引っ越してしまった。調査助手として通ってくるキレーホが「母さんは何も食べようとしない」と言うので、彼に胃腸薬や精神安定剤をもたせたりもした。だが、治療儀礼から二週間後、ホエガエは危篤状態に陥った。わたしは、夜、診療所に車を走らせ、救急車の出動を要請した。けれど、彼女は、診療所に運ばれてまもなく、息をひきとった。(2)

呪医の診断

呪医は、口にふくんだ血の匂いを嗅ぎ、砂の上に吐き出した血の模様を見定めることによって、病気の原因を見ぬくといわれる。治療が終わったあと、わたしの質問に答えて、この呪医ホアコは三つの原因を挙げた。

第一の原因は、すでに過去のものとなった恋人関係である。グイ／ガナの社会の際だった特徴は、〈ザーク〉と呼ばれる婚外性関係のネットワークが複雑にはりめぐらされていることである。ピリと結婚したあと、ホエガエは幾人もの男たちとこの関係を発展させたが、とくに一九八六年以来続けてきた、ガナの男ノーシューとの関係は周囲の激しい批判にさらされた。ほぼ四年にわたるこの関係に終止符をうったのはノーシューの突然の病死であった。この治療からおよそ二年前の一九九〇年のことであった。ところが、最近、ホエガエの夢のなかに

ナエナクエ（ホエガエの姉）

ノーシューが現われたことが、病のひきがねとなったのである。

二番目は、ホエガエの姉ナエナクエの〈カバ〉qʰaba である。〈カバ〉とは年長者の恨みから生じる目に見えない力である。たとえば、ある人Aが年長の親族Bを冷遇したとする。具体的には、肉を分配しなかったり、現代的な状況では道路工事で得た金で砂糖を買ってやらなかったり、といったことである。するとBの〈カバ〉がAを病気にするのである。いまの場合、ホエガエが別のキャンプに暮らしていたことが、姉の心を痛めさせたという。ただし、〈カバ〉の発し手と目される人には、ふつう、自分がそれを発しているという自覚がない。それでも、「あなたのカバだ」という託宣を告げられると、〈ツェウ・ツォリ〉tsʰéū-ǀqχʼórī（手の汚れ）と呼ばれる治療儀礼に協力することが多い。しかし、ナエナクエは、瀉血治療ののちに、呪医（彼女の昔の恋人）の診断を告げられても、「自分にはまったく心あたりがない」と言って、「手の汚れ」への参加を拒んだ。

三番目が本章の主題と密接に関連する「ヒョウの匂い」である。この五年前、ちょうどわたしたちのキャンプがホエガエとノーシューの愛人関係の話題でもちきりだったころ、彼女の類別的な「弟」（実際は父方平行イトコ）シェーホが鉄罠でヒョウを捕獲した。彼は、その皮を、〈テベ〉ǂébè（カラハリ農牧民）の有力者に売りつけた。この有力者はヒョウの皮なめしをノーシューに依頼し、労働報酬としてトウモロコシ粉（マイ）を与えた。ノーシューは、皮をなめした手で、そのマイをホエガエのもとへ持参し、ホエガエはそれを粥にして食べた。こうして、ヒョウの匂いが初めて彼女の体内に入ったのだ。

それから四年半後、一九九二年初頭の雨季に、ホエガエは夫のピリと共に、甘酸っぱいカネの実を集めるための泊まりがけ採集行に参加した。採集キャンプの近くで、青年たちがワイヤーの罠を用いて母・娘二頭の雌ヒョウをしとめた。男たちはその肉を鍋で煮て食った。ホエガエは近くにすわっていたので、またもやヒョウの匂いを嗅いでしまった。こうして「二頭の雌ヒョウの匂いが新しくし、古いやつをぶり返させた」のである。

ホエガエの思った「死に至る病」のなかには、「食うと病むもの」に対する複雑な思考と感性が凝縮されていた。彼女の死に衝撃を受けながらも、わたしはそのことに魅了された。なぜ彼女は「ヒョウの匂い」によって死ななければならなかったのか？　それをきちんと納得することが、ホエガエへのわたしなりの弔いかたであるように思えた。

三　動物をいかに分類するのか

民俗分類の理論

先に進むまえに、動物たちに関するグイの民俗分類《フォーク・タクソノミー》を明らかにする。自然種の民俗分類としては、バーリンらが提唱した五段階の階層構造が有名である。グイの民俗分類には明瞭な階層構造は認められないが、基本的な概念はこの理論から借用する必要があるので、最初に階層的な分類の概略を説明しておく［Berlin et al. 1973］。

ある社会における動植物名のリストから民俗分類を抽出するためには、「語彙素分析」(lexeme analysis) と呼ばれる言語人類学的な手続きを踏まなければならない。そこから抽出される分類体系は、生物学的な分類から原理的には独立している [D'Andrade 1995 : 99]。語彙素の体系が階層をなしているなら、その最上位は唯一始発点《ユニーク・ビギナー》と名づけられる。これは、すべての動植物名を含むもっとも包括的なラベルであり、現代日本語を例にとれば、ドウブツとショクブツという明治以降に定着した翻訳語がこれにあたる。

第二段階は生活形《ライフ・フォーム》と呼ばれる。これは動物や植物のもっとも基本的な生態や形態を表わすラベルで、その数は多くても五、六箇ぐらいだ。動物界を例にとれば、中世のやまとことばでは、ケモノ、トリ、ウヲ、ムシ、カヒの五種類があった。平安時代後期に編まれた堤中納言物語のなかの「虫愛づる姫君」からも示唆されるように、ムシには節足動物だけでなく両棲類や爬虫類も含まれていたようだ。ヘビという語も生活形に対応すると考えてもよいが、下位レベルとのあいだに位置する「中間形」とみなすことが一般的である。

第三段階がもっとも重要な「基本レベル」であり、属体《ジェネリック》と名づけられる。わたしたちが直感的に動植物の名前だと思う語はすべてこのレベルに含まれる。生活形ケモノを下にたどれば、イヌ、ネコ、ネズミ、ウサギ、ウシ、等々、書きつらねていくことができる。

それより下のレベルは種体《スペシフィック》と呼ばれ、その方名はすべて「二次語彙素」で構成される。たとえば、サルは、ニホンザル、タイワンザル、アカゲザル、カニクイザル、ブタオザル、等々を含むが、これらは二次語彙素である。なぜなら、「サル」という語彙素(属体名)に修飾語がつくことによって、その下位レベルで並列が生じているからである。さらに種体の下位にあたる変種体《ヴァライアタル》には、民俗語彙としてはあまりよい例がないので、昆虫を表示する標準和名を例にひこう。属体名チョウを下へたどると、アゲハチョウ、モンシロチョウ、モンキチョウ、クジャクチョウ、スジグロチョウ、ギフチョウ、等々といった種体名が並列される。さらにアゲハチョウを下にたどれば、クロアゲハ、キアゲハ、カラスアゲハ、ナガサキアゲハなどに分けられるので、このレベルが変種体に対応する。

機能的カテゴリー——食うもの、咬むもの、役立たず

グイの民俗分類の基本骨格をなすのは、〈コーホ〉qχ'óõ-xó（食う［ための］物）、〈パーホ〉paa-xó（咬む物）、〈ゴンワハ〉goõ-wà-há（役立たず）という三つのカテゴリーである。田中二郎は、〈コーホ〉とは肉になるすべての動物を意味すると考えていた。たしかにこうした意味で〈コーホ〉という語を使うこともないではない。だが、ふつうは〈コーホ〉とは、大型・中型の七種類の偶蹄類だけを指す。もっとも大きなナベŋ!ābē（キリン）を除けば、すべてウシ科の羚羊類《アンテロープ》である。大型羚羊は、ギュウɟúù（エランド）、ツォー|χóò（ゲムズボック）、ツェー|ee（ウィルデビースト）、ギュワɟúà（クーズー）、カマǁχama（ハーテビースト）の五種である。中型羚羊は、カイǂqai（スプリングボック）一種のみである。

〈パーホ〉は人間に害をなす動物を覆うカテゴリーだ。もっとも典型的なメンバーが、ハムχám̄（ライオン）とオエ!ʔóè（ヒョウ）である。それと並んで怖れられるのが、毒ヘビ、毒グモ、サソリである。これに対して〈ゴンワハ〉とは、食うことはできないが、人畜無害な存在を指し、ときに植物、道具、人間にまで及ぼされる概念

である。田中二郎は、これらのカテゴリー間の境界が曖昧であることを強調した［Tanaka 1996］。典型的な〈パーホ〉であるライオンやハイエナでさえ食糧になることがある。逆に大型の羚羊類も年老いて痩せこけた個体は〈ゴンワハ〉（役立たず）と呼ばれるし、追いつめられて鋭い角で逆襲してくればにわかに〈パーホ〉（猛獣）に変身する。日常会話のなかでは、〈パーホ〉という語が、凶暴な人間や女にひどい仕打ちをする男に拡張されて使われることもある。

右の五段階レベルを上からたどれば、「唯一始発点」（つまり「動物」「植物」にあたる包括的な語）はグイ語には存在しない。最上位にあるのは、〈コーホ〉、〈パーホ〉、〈ゴンワハ〉という伸縮自在の機能的カテゴリーだが、これは外延の画定された分類単位とはいえない。生活形のレベルに対応するのは「鳥」（ゼラ dzera）、「ヘビ」（ツァオ ǀqχʼáõ）、「魚」（アウ ǁʼāū）である。「ヘビ」はその下位にマンバ、コブラ、パフアダー、ニシキヘビなどのいくつかの属体名を含むが、「魚」はこの地域にはまったく棲息していない。グイが「魚」ということばを使うのは、日本人の愛用する魚の缶詰を見たときぐらいのものである。

表3-1にカデ地域に棲息する哺乳類のリストを示す。これらの方名は属体のレベルに対応し、そのほとんどが生物学的な種の区別と合致する。哺乳類には、いくつかの下位カテゴリーを区分できる。前述した〈コーホ〉と区別されるのが、「罠の獲物」を意味する〈カウ〉ǁʰàù である。ここには、スティーンボックとヤブダイカーという二種の小型羚羊だけが含まれる。よく捕獲される齧歯類は「肉っこ」（ツァーツォワ ǀχáā-ǀóã）と総称される（ツォワは「子ども」を表わす指小辞である）。またゴオ g!óò（ツチブタ）は「別のコーホ」（qχʼóō-xó-ǀʔóbì）、トウ ǁχóū（イボイノシシ）は「年長のカウ（罠の獲物）」（ǁʰàù-gǁóò-bì）と呼ばれる。

表3－1　中央カラハリに棲息する哺乳類

目	科	標準和名	学名	方名（グイ語）
食虫目	ハリモグラ科	アフリカハリモグラ＊	*Atelerix frontalis*	ǂqónò
霊長目	オナガザル科	チャクマヒヒ＊	*Papio hamadryas ursinus*	ts^{h}ōnē
偶蹄目	キリン科	キリン	*Giraffa camelopardalis*	ŋ!ābē
	ウシ科	エランド	*Taurotragus oryx*	ɟúù
		クーズー	*Tragelaphus strepsiceros*	ɟúà
		ウィルデビースト	*Connochaetes taurinus*	ǀee
		ゲムズボック	*Oryx gazelle*	ǀχóò
		アカハーテビースト	*Alcelaphus buselaphus*	ǁχama
		スプリングボック	*Antidorcas marsupialis*	ǂqai
		ヤブダイカー	*Sylvicapra grimmia*	ŋ!òà
		スティーンボック	*Raphicerus campestris*	g!áẽ
	イノシシ科	イボイノシシ	*Phacochoerus aephiopicus*	ǁχóū
齧歯目	ヤマアラシ科	タテガミヤマアラシ	*Hystrix africaeaustralis*	ŋ!óe
	トビウサギ科	トビウサギ	*Pedetes capensis*	gǂòō
	リス科	ケープアラゲジリス	*Xerus inauris*	ŋǁáū
	ネズミ科	ネズミ類	——	ŋǂone
兎目	ウサギ科	ケープノウサギ	*Lepus capensis*	!ʔôã
食肉目	ネコ科	ライオン	*Panthera leo*	χám̄
		ヒョウ	*Panthera pardus*	!ʔóè
		チーター	*Acinonyx jubatus*	!qăõ
		サバクオオヤマネコ	*Felis caracal*	ǂeme
		サーバルネコ＊	*Felis serval*	gēēràhū
		ワイルドキャット	*Felis libyca*	!qórù
	イヌ科	リカオン＊	*Lycaon pictus*	ǁqaru
		セグロジャッカル	*Canis mesomelas*	gǀébī
		ケープギツネ	*Vulpes chama*	sure
		オオミミギツネ	*Otocyon megalotis*	ǁʔaa
	イタチ科	ミツアナグマ	*Mellivora capensis*	g!áròsì
		アフリカスカンク	*Ictonyx striatus*	ɟàã
	ジャコウネコ科	ジェネット	*Genetta genetta*	tsám̄bà

		キイロマングース	*Cynictis penicillata*	ǀɢòē
		ホソマングース	*Galerella sanguinea*	gǀòrī
	ハイエナ科	ブチハイエナ＊	*Crocuta crocuta*	ǁàū
		カッショクハイエナ	*Hyaena brunnea*	ŋǀùūtsá
		ツチオオカミ	*Proteles cristatus*	ǀìī
長鼻目	ゾウ科	アフリカゾウ＊	*Loxodonta africana*	ǂχōā
管歯目	ツチブタ科	ツチブタ	*Orycteropus afer*	g!óò
貧歯目	センザンコウ科	サバンナセンザンコウ	*Phataginus temmincki*	ŋǁámē
翼手目	?	コウモリ類	——	kààkāmānàkōɹáānò

標準和名の右に星印をつけた種はカデ地域では棲息数がきわめて少ないので、めったに観察できない。またアフリカゾウは中央カラハリ動物保護区内に本来は棲息しないが、まれに迷いこんでくることがある。

食肉類のすべてとアラゲジリスは〈ニイツォワ〉（ŋǂīī-ǀóã）というカテゴリー名でくくられる。〈ツォワ〉は先述の「肉っこ」の場合と同じく指小辞である。〈ニイ〉は人間を罵るときにも使われる語なので、否定的な意味あいをこめて「けだもの」と訳すのが適当であろう。ただし、タブーカの兄は、この語はグイ／ガナと近縁な言語集団ナロ（動物保護区に近い農場や町で低賃金労働に従事する人が多い）からの借用語である主張する。彼によれば、〈ニイツォワ〉は〈パーホ〉と同義だという。だが、もしそうだとしても、この語の認知的な有用性は侮りがたい。なぜなら、〈パーホ〉とはライオン、ヒョウ、毒蛇などの人間を攻撃する危険な動物をプロトタイプとするカテゴリーであり、脂肪ののった肉が好まれるオオミミギツネや小さなマングースを〈パーホ〉と呼びかえることはめったにないからだ。たとえ〈ニイツォワ〉が外来語だとしても、それは、食肉類に共通した形態的・生態的特性を機能的文脈から離れて同定することに役立っていると思われる。それに対して、前に述べたように、〈ショモ〉というカテゴリーは、哺乳類、鳥類、爬虫類にまたがるばかりか、身体部位や特別な調理法を経た肉にまで及ぶので、動物の分類単位とはいえない。

以上で概略を示したグイの民俗分類を構成する分類項《タクソン》の名称はすべて一次語彙素によって成り立っている。第三章で明らかにするように、鳥類でも事情は同じである。だから、バーリンらの定義に従えば、グイの動物分類には種体・変種体のレベルは存在しない〔ただし、ネズミ類には二次語彙素の方名をもつものがある〕。ところが、昆虫類は様相を異にする。「虫」を意味する生活形名は存在せず、昆虫は典型的には〈ゴンワハ〉（役立たず）であるが、食用になる種は「食べ物」（オンホ ǂʔoõ-xó）と呼ばれる。野中健一は約一四〇にのぼる方名を記載している［Nonaka 1996：44–45］、そこには少なからぬ二次語彙素が含まれていた。もっとも多いのがフンコロガシを意味する〈ダマ〉ǁàmà という語を含む方名で、一五が並列される。これらは、一つを例外として甲虫類を表示する。次に多いのがバッタを意味する〈テメ〉ǂēmē を含む七つの方名であり、すべて直翅目に含まれる。語彙素の種類から判断するなら、昆虫においては種体レベルまでの認知がなされているといってよい。

凶暴性と食用性――中川理論

中川裕は、野中と協力して昆虫類の方名を分析し、それに基づいてグイの民俗分類について新しい捉えかたを提案した。その要点は、グイによる動物のカテゴリー化は、二つの独立した分類基準が重なりあったものとして解釈できるということだ。その二つの基準を分類O、分類Pと呼ぶ。分類Oは「食用か否か」を問うものであり、その答えがイエスならば、動物は「肉／食べもの」（ツァー ǀχáā／オンホ）とカテゴライズされる。それに対し

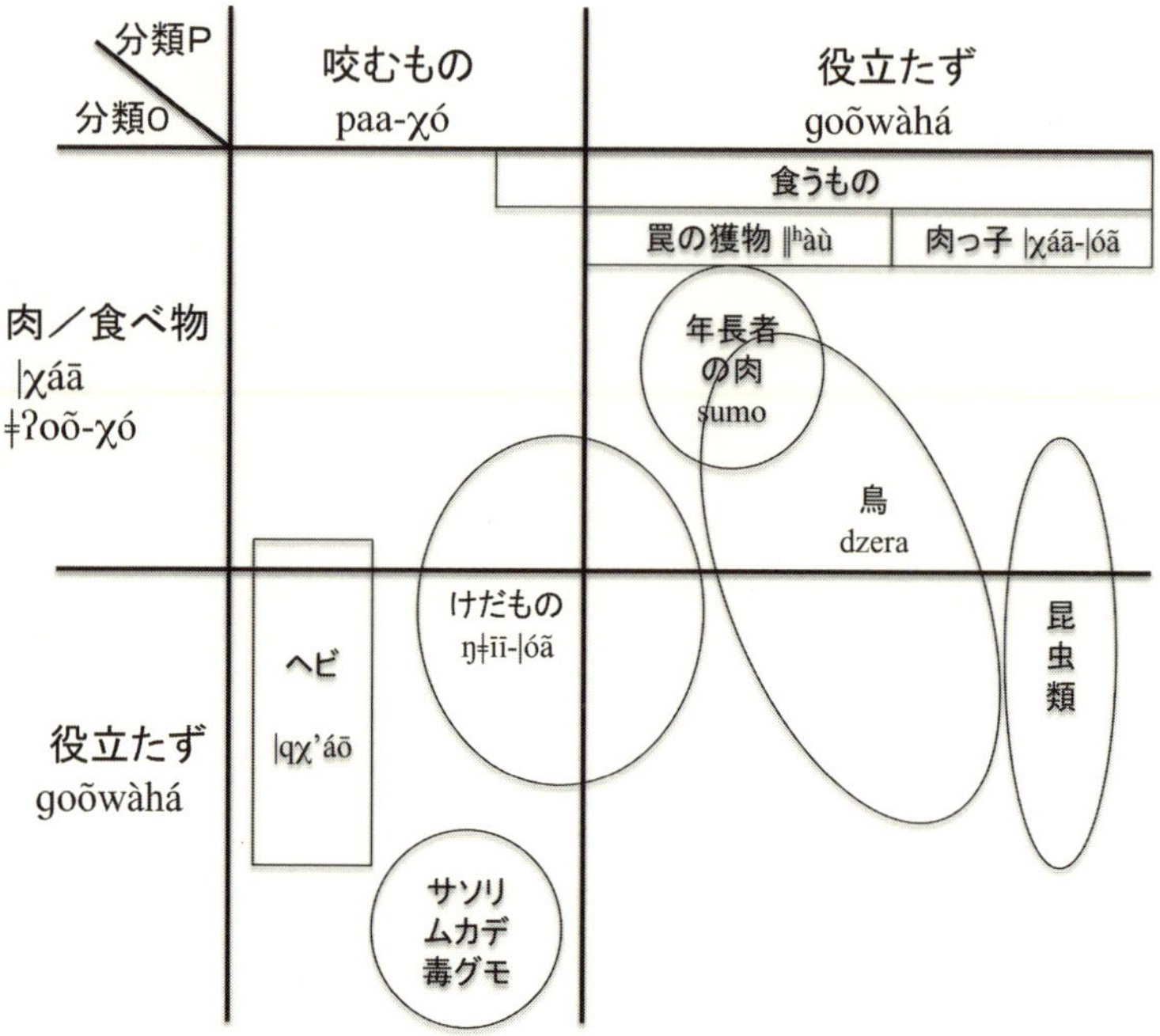

図3－1　グイの民俗分類の概念図
中川裕の理論と民俗カテゴリーとを重ねあわせたもの

て分類Pは「凶暴か否か」（つまり「咬むか咬まないか」）を問い、答えが肯定ならば、その動物は〈パーホ〉である。重要なことは〈ゴンワハ〉はカテゴリー名ではなく、双方の基準にとっての「否定」を表わす述語だということだ。それゆえ、動物たちの位置する認知空間はこれら二つの基準を座標軸とする四象限に分割されることになる「中川 2001」。

Ⅰ　食用、かつ、凶暴　……　男がヒョウの肉を食うような場合

Ⅱ　食用、かつ、凶暴さにおいて無能　……　〈コーホ〉が毒矢で息絶えるような場合

Ⅲ　食用として無能、かつ、凶暴

……　ライオンが人を襲うような場合

Ⅳ　食用として無能、かつ、凶暴さにおいて無能　……　真に役立たずな動物

日常生活の文脈である動物を問題にしたとき、分類OとPのどちらかが関連性の高いものとなる。たとえば、ゲムズボックはふつう「肉」であることが重要だから〈コーホ〉というラベルで指示されるが、手負いのゲムズボックが逆襲するという文脈では、その「凶暴性に関する分類に照明があたり」［中川　2001：152］、〈パーホ〉のラベルが前面に現われる。また、分類OとPのそれぞれに「程度の差」（大いに食用だ～少し食用だ／大いに凶暴だ～少し凶暴だ）が認められることが、動物認識に関わる変異性を高めている［前掲論文：155］。以上のような中川理論と、前の小節で紹介した生活形名や中間的なカテゴリー名とを一つの図に重ね合わせると、グイの民俗分類を図のようにモデル化することができる【図3－1】。

四　肉食の禁忌と忌避

インタビューを始める

ホエガエが死んだ一九九二年九月に戻ろう。わたしは、会話分析の合間をぬって、多くの人たちに「食わないもの」について問いかける作業を開始した。フィールドノートにわたしがそれまで覚えてきた動物の方名をずらりと書きだし、できるだけ多くの人びとに「もしいまここに○○の肉があったら、あなたはそれを食うか？」と質問するのである。

グイの食物規制の問題は、すでに田中二郎によって論じられているが［Tanaka 1980］、私の調査結果は田中の見解とかなり異なっている。その理由のひとつは、調査方法の差異に由来する。田中は彼の長い調査のなかでさまざまな動物が実際に捕獲され食われるのをつぶさに観察してきた。それに対して、わたしが広範なインタビューを行ったときには定住化からすでに一三年が経過していた。それゆえ、得られた回答は、実際に人びとが「行っている」ことではなく、もっと理念的な行為図式を反映しているといわざるをえない。食物となりうる脊椎動物四八種類（方名の数）について、四つの年齢層から選んだ既婚の女五三人、既婚の男四三人にインタビューした。未婚の男女からの回答もあるが、統計的な分析には少なすぎるので、以下では既婚者にかぎって「摂食率」の検討を行う。方名のうちわけは、哺乳類三四種類、鳥類七種類、爬虫類六種類、両棲類一種類であった。両棲類（大きなカエル）は以下の分析から除く。

インタビューに応じた人たちはおおむね協力的だったが、一人だけ例外があった。オノは、シワクチャ顔と乱杭歯が印象的なおばあさんである。

——あなたはキリンを食うか？「だれが、あたしにキリンの肉をくれるんだね？」

——じゃあ、あなたはエランドを食うか？「だれもエランドなんてくれやしないから、もう長いあいだ食ってないよ」

——いや、もし今、だれかがくれたら食うか？「それじゃ、おまえがおくれよ」

こんな調子でラチがあかないので、わたしはムッとして「じゃあ、もういいよ」と言って、インタビューを打ち切ってしまった。そのあと、傍らにいた親族の女に対して同じことを繰り返すと、彼女はすらすら答えてくれた。オノばあさんはちょっと悔しそうだった。彼女はわざと人をくった受け答えをしていたわけではなく、「もしキリンの肉があったら」というふうに仮定法で考えるコツがつかめなかっただけなのだ。オノの応対は、この種のインタビューにつきまといがちな不自然さに、鋭い批判を投げかけていたのかもしれない。

このような留保をもうけたうえで、なおもわたしは理念型の抽出に一定の意味があると考える。このような手続きを経なければ、「食うと病むもの」（ナーホ）をめぐるグイのサンスの全体像を把握することが不可能だからである。

忌避される動物

ほとんどだれ一人として食うことのない動物を列挙しておく。ライオン、アフリカスカンク（英名ゾリラ）、リカオン（この地域での棲息数自体が少ない）、ブチハイエナ（同じく棲息数僅少）を食うと答えた人は皆無に近かったので、〈ニイツォワ〉の摂食率を検討するさいには、この四種を除外する。ネズミ、オオトカゲ、ヘビ類も、食うと答えた人はいなかった。〈パーホ〉の典型であるライオンが忌避されるのは言うまでもなく「人を食う」からである。ある女は「あたしがライオンを食うんじゃなくて、ライオンがあたしを食うんだよ」と述べた。ライオンを食ったことがあると答えた唯一の男は次のように語った。

——昔、ドムツルという土地で、ギュベ〔騎馬猟が得意なガナの男〕が殺したやつを食った。脂肪が多くて太っていた。べつだん臭くなかったよ。キリンみたいな味だった。

右の見解とは対照的に、異口同音に発せられる忌避の理由は、その動物の臭さである。最悪の種がアフリカスカンクである。

――「匂いがうんざりさせるから食わない」(壮年の男)、「糞のような味がしてひどくまずい」(若い男)、「匂いがあるやつ。糞を飲まされるみたいでイヤだよ」(初老の女)

逆に、ほとんどの人が食う動物。すべての男が、〈コーホ〉、すなわち七種の大型・中型偶蹄類を食う。またほとんどすべての女がハーテビーストを除くすべての〈コーホ〉を食う。ハーテビーストには若年層に忌避する傾向があるが、これは次に述べるライフステージに従った女性の禁忌と関係している。〈カウ〉(罠の獲物)では、すべての男女がヤブダイカーを食う。スティーンボックについては、初老の男一名に個人的な忌避がみられた(第五節で後述)が、女では弱い若年層の忌避が認められた。またほとんどの男がイボイノシシ(年長のカウ)、ツチブタ(別のコーホ)、そしてすべての「肉っこ」(トビウサギ、ノウサギ、ヤマアラシ)を食うのだが、女には一貫して若年層の忌避が認められる【図3-2】。

若い女性に課せられる禁忌

今村薫は、女の肉食禁忌の問題を精密に解明した。初潮を迎えるころの少女はクーズーとダイカーを禁じられる。初潮後には、特別の儀礼を経ることなくこの禁忌は解除されるが、代わりにスティーンボック、ゲムズボック、ハーテビースト、ヤマアラシ、トビウサギを禁じられる。しかもこの五種については、禁忌を解除するさいに必ず儀礼を行う。成人後も妊娠・出産を通過する際に再びこの禁忌に厳格に従う[今村 2001:194]。禁じられる七種のうち、スティーンボック、ヤブダイカー、トビウサギはもっとも手にはいりやすい小型の獲物である。

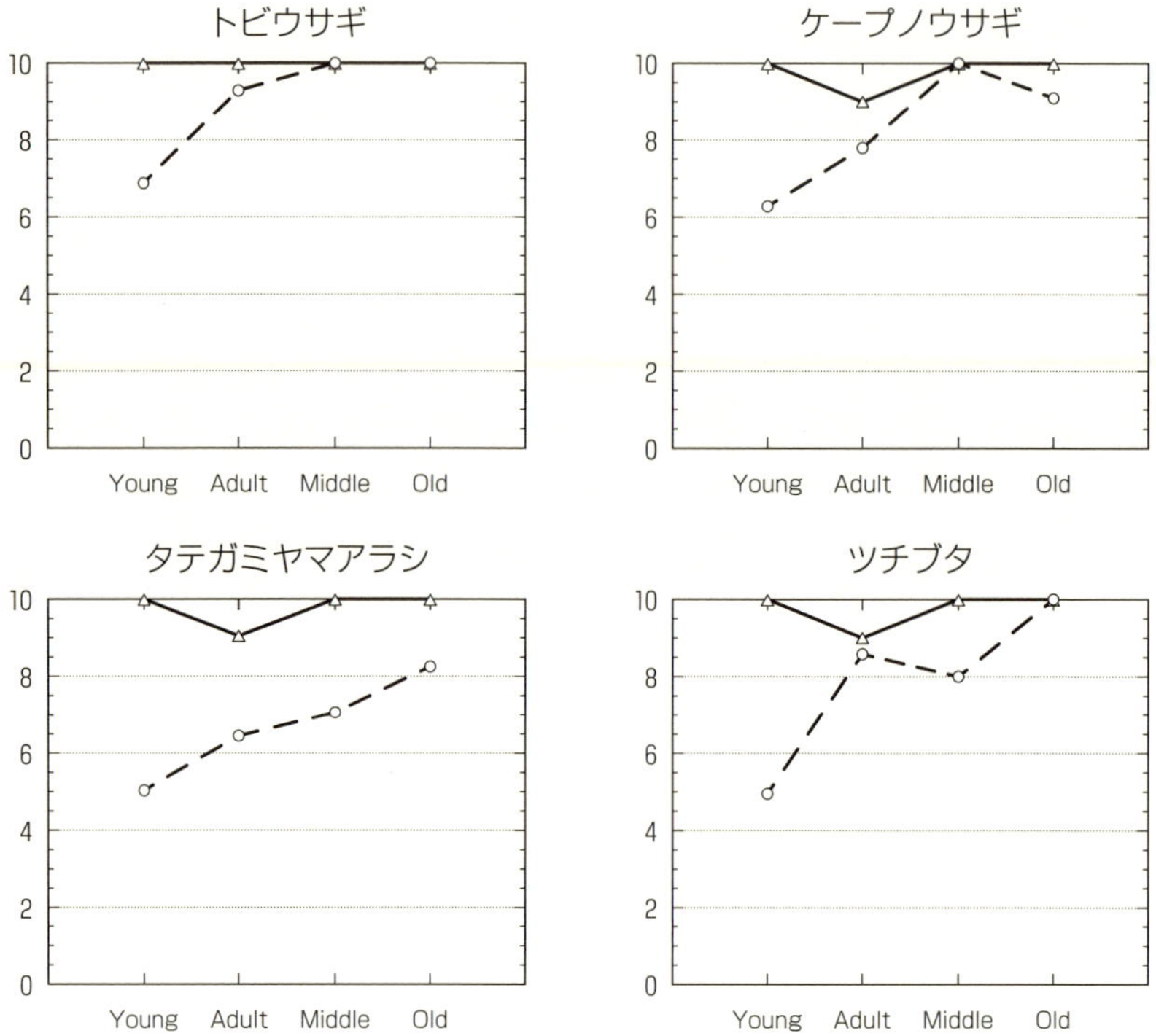

図 3－2　「肉っ子」およびツチブタ（べつのコーホ）の年齢層ごとの摂食率
△の実線が既婚男性、○の破線が既婚女性を表わす。各年齢層の人数を「10人」に平均化した。年齢層は以下のように区分した。Young（若年）：結婚後間もなく、たとえ子どもがいてもまだ幼い。Adult（壮年）：子どもが思春期から青年に達している。Middle（初老）：子どもはすでに結婚し孫がいることもある。Old（老年）：子どもがすでに壮年になっている。

また第五章で述べるように、ゲムズボックは弓矢猟でもっとも頻繁にしとめられる代表的な〈コーホ〉である。これらの肉を若年層の女や妊婦に対して禁じることは、彼女たちの動物性蛋白質の摂取量を減少させる効果をもつだろう。「適応価」で説明するなら二つの可能性が考えられる。第一は、思春期の女の排卵を抑制することによって人口増加率を低める、第二は、胎児を子宮内で大きく成育させないことによって、近代医療の導入されていない社会ではきわめて危険な難産を防止するという可能性である。(4)

子どもを妊娠し出産することは夫婦が乗り超えねばならないもっとも危機的なステージである。それゆえ禁忌は夫にも及ぶ。古くからの調査助手キレーホはとても食いしん坊である。だが、妻が初めての子を妊娠し臨月が近づいたころにはスティーンボックを食わなかったし、その子が生まれてからも健康状態が思わしくなかったときには、それまで何のこだわりもなく食べていた缶詰の魚を口にすることを神経質に拒むようになった。さらにこの頃、彼は、ゲムズボックの肉を口にする機会があるときは、その胃の内容物を赤ちゃんの腹(肝臓の上)に塗りつけるといった「予防」的治療を行っていた[菅原 1994]。

〈ショモ〉の禁忌

男女を問わず年齢ともっとも密接に相関した禁忌が〈ショモ〉に関わるものである。年齢層を横軸に、〈ショモ〉のカテゴリーにくくられる動物を食う人の率を縦軸にとると、この率は年齢層が高くなるのにともなって単調に増加する。しかもこのパターンは五種のショモのあいだで見事に合致する【図3-3】。ただし、「何がショモ

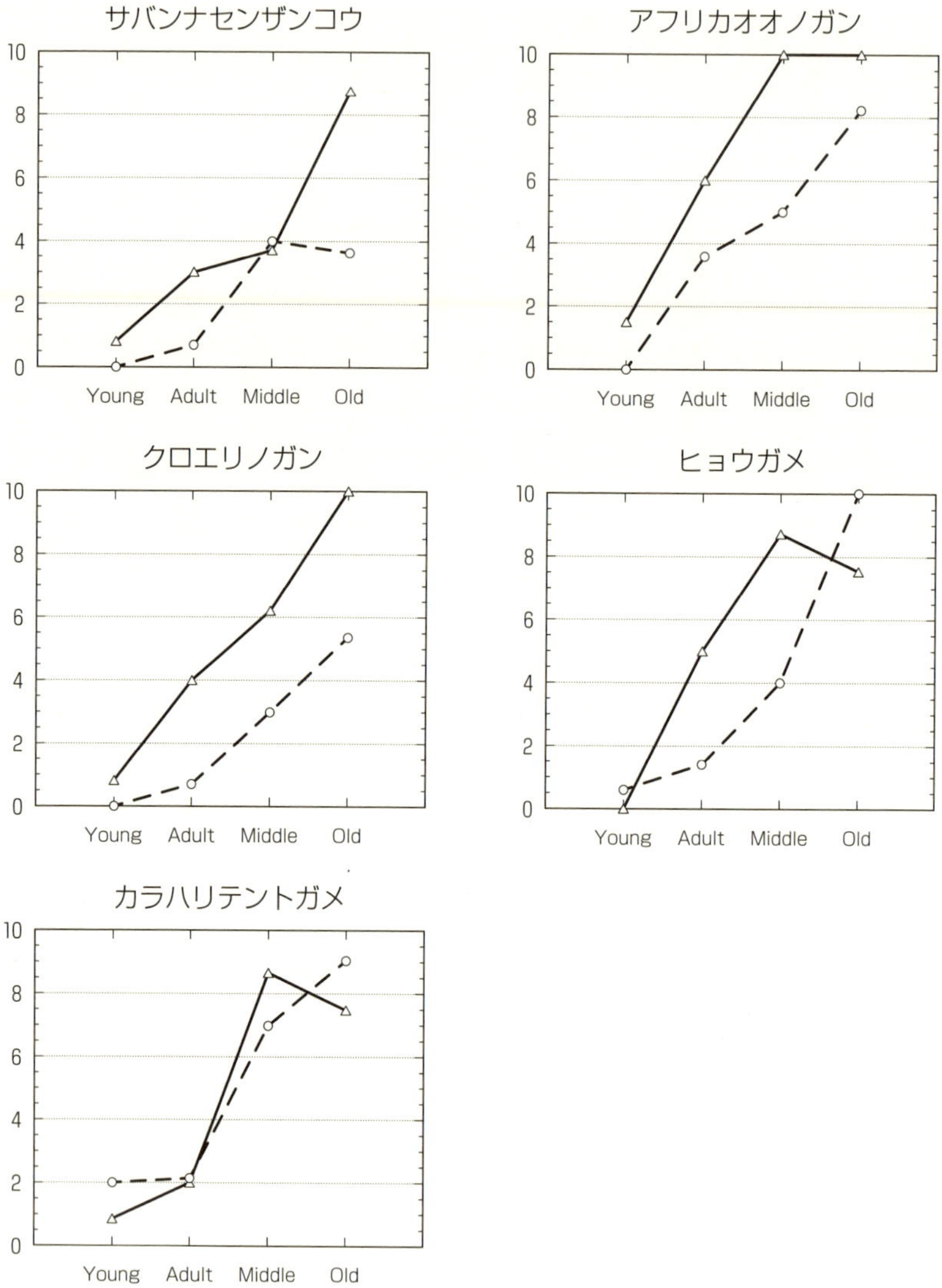

図3－3　ショモ（老人の肉）の摂食率

モなのか」という見解はけっして一様ではない。ダチョウまたはジェネットをショモとする意見も聞かれたが、前者については他の五種ほどきれいなグラフは得られなかったし、後者については、後述する他の食肉類と同様、年齢との対応はきわめて不規則であった〔写真3-6〕。二種の陸ガメのうち、小さなカラハリテントガメは肉としての価値に乏しいせいか、あまり話題にならない。ヒョウガメについては、形態的特徴からの連想が働いている。

――ヒョウガメを若者が食うと、カメの腿のように、シワシワの、皮が肉から離れたような、そういう腿になってしまうぞ。つまり、ひどく痩せるんだ。

写真3-6 ジェネット

哺乳類のなかで唯一〈ショモ〉とみなされるセンザンコウ（ナメŋǁámē）については、いくつかの興味ぶかい見解が得られている。

――小さいとき、父さんと小父さんが捕ったのを食ったら、立って歩くことができなくなったのでやめた。（未婚の青年）

――こいつを食うとからだが縮こまるから食わない。（老年の男）

右の二番目の見解をもらしたのは老人である。「老人のための肉」といっても、老齢になった人がみんな食べるというわけではないのだ。とくに、「食うとからだが縮こまる」という信念は多くの人が共有している。さきのヒョウガメの場合と同様、鱗をもち危険が迫ると体を丸めるセンザンコウの特有な形態と習性からの連想であることは明らかだ。

以下は、センザンコウについて、タブーカが教えてくれた奇妙なお話である。

——**ナメ**を若い者が食うと、その後、四年過ぎても、ひどいときには十年過ぎても、**ナメ**は見つからない。同じ〈ショモ〉でも、ヒョウガメを食ってもそんなことはないのになあ。

夜行性で個体群密度もヒョウガメよりもずっと低いセンザンコウがなかなか見つからないのは当然のことと思われるが、右の話では遭遇頻度が低いことの理由を若者が食物禁忌を破ったことに帰している。原野を歩きまわる狩人にとって、「見つからない」（〈カー〉!áã）ことは単なる偶然ではなく、ある種の変事として捉えられる。〈ズィウ〉と解釈される変事が直示しうる顕著な出来事であるのに対して、この場合には出来事の〈欠如〉それ自体に焦点が当てられ、その原因として、狩人の側の不適切な行為が措定されるのである。

食物禁忌とは無関係だが、センザンコウについては、ほかにもおもしろい描写がある。タブーカの父ヌエクキュエに聞いた話だが、**ナメ**は私たちにおなじみのカンガルーのような歩き方をする。二本脚で立った姿勢から体を前傾させ、前足が砂につくと後ろ足をもちあげ、長い尾で体重を支え前足と同じ所に後ろ足を置く。それから前足を地面から離して再び二本脚で立つ姿勢に戻る。だから、**ナメ**の足跡をつけると後ろ足の跡しか見つからない。けれど、若者たちはもっと荒唐無稽な（とわたしには思われる）ことを主張する。

——**ナメ**は人間のように立ち、腕を組むんだよ。近くで蟻を食べたりしながらゆっくり進むときには、ヌエクキュエの言ったような前足を使う歩きかたもするけど、一気に遠くまで行くときは、二本脚で立ってすたすた歩くのさ。

こうした想像のなかにも、センザンコウの特異な姿に対する関心が映しだされている。

成人儀礼と食物禁忌

本章冒頭の会話抜粋でも言及されていたデウ（アフリカオオノガン）こそは〈ショモ〉の代表である。この鳥の肉を若者の体内に入れてはならないという禁忌は非常に強い。

――デウを煮た鍋は火にかけて焼く。そのあと水でよく洗ってきれいにする。木の臼ではこんなことはできないから、デウの肉を搗くときには、若者と共用する心配のない古い臼を使う。

年長男性の生活史から過去に間欠的に行われていたグイの男性成人式の儀礼を再構成することによって、デウに賦与された特異な意味が明らかになった［菅原 2004c, Sugawara 2008］。この儀礼は〈ホローハ〉（!hórō-xà）と呼ばれるが、中川の語彙分析によれば、〈ホロー〉とはデウの後頭部にはえる冠毛のことである。〈ハ〉は、「～がある／～をもつ」ことを表す名詞派生辞であるから、儀礼の名称の意味は「冠毛をもつ」である。

この儀礼は、思春期前後の少年たちを原野のなかに特別にあつらえたキャンプに一か月以上も閉じこめ激しい懲罰をくわえながら、「ものを見る分別」を叩きこむことを主要な目的とした。「分別」の中核にあるのが食物に関わる規制だったのである。実際、この儀礼キャンプでは、若者たちは、もっともよく罠でとれるスティーンボックをはじめとする多くの動物種を禁じられ、ほとんど植物性の食物だけを食べさせられた［菅原 1999］。

さらに、〈ガマ〉（神霊）の出現を若者たちに経験させる儀礼的な道具だてがあった。なかでも重要なのはうなり板をつかって不気味な旋回音をたてることだった。このうなり板は儀礼にのみ使われたわけではない。男は成人した後も長いあいだデウを食うことを忌避し、自分の罠にそれがかかっても年長者にやってしまう。中年を過ぎてからデウが罠にかかると、彼はついにそれを食う決心をする。丸焼きにした肉を木の上に隠し、自分の小屋に帰ると、隠し持っていたうなり板をひそかに取り出し、深夜にその木のもとへ戻る。小さな焚き火を起こしてうなり板を鳴らすと、それを聞きつけたキャンプの年長男性たちが駆けつけ、皆で肉をたいらげるのである。キャンプに豊富に食物があるときに年長の男がダチョウの卵、蜂蜜、ツチオオカミなどのご馳走を獲得したときも、うなり板は鳴らされた。うなり板で旋回音を発することは、神霊を呼び寄せる象徴的な行為であると同時に、年長者が稀少なご馳走を独占するために用いる遠隔コミュニケーションの手段でもあった［菅原 2004c］。

食肉類の忌避にみられる性差と個人的変異――差異化への志向性

「食うと病むもの」に関する調査によって明らかになったもっともめざましい特徴は、前節で〈ニイツォワ〉という中間的なカテゴリーにくくった食肉類（ただし一種はアラゲジリス［写真3-7］）について、顕著な性差があったということである。すなわち女たちはごく一部の高齢者を除くと、これらの動物をほぼ一〇〇パーセント忌避

写真3－7　ジリス（下）とキイロマングース（上）

するのに対し、男たちには複雑な個体的変異がみられるのである。いいかえれば、男においては、〈ニイツォワ〉の摂食率は、ジャッカルを唯一の例外として、年齢とまったく相関しない【図3－4】。

個体的な変異の問題はあとで詳しく分析する。一三種類の〈ニイツォワ〉を、忌避する男の人数の割合にしたがって順位づけてみよう（表3－2）。ほとんどの男が食わない前述の四種類を除外すれば、忌避される「ワースト・スリー」はミツアナグマ、ハイエナ、ヒョウである。とくにヒョウには顕著な特徴がある。三〇パーセント以上の男がヒョウの肉を食うと答えたのに対し、食うと答えた女は皆無であった。ヒョウこそ、女が体内に入れてはならないもっとも危険な動物だったのである。

もう一種、女がけっして食わない〈ニイツォワ〉がいる。ヅォリ g|òrī（ホソマングース）である【写真3－8】。これは、ある意味で有標化された小動物である。まず、この肉を食うことに奇妙な恐れをいだく人がいる。

写真３－８　ホソマングース

──ヅォリを食うと、昼間歩いていて、目の前が真っ暗になることがある。木につまづいて倒れたり、道に迷ったりする。すぐに回復して、また歩きだすけどね。（初老の男）

──目の前にひどく影ができるのよ。（中年の女）

しかもヅォリは犬にとっての〈ナーホ〉でもある。犬がヅォリを食うと痩せこけて死んでしまうとされる。だから、犬がヅォリを捕獲すると、即刻とりあげて、高い木の枝に放りあげてしまう。これは、わたしが猟の途上で目にした印象的な光景である。

逆に、多くの男たちが食うベスト・スリーはツィー ǀĩĩ（ツチオオカミ、英名アードウルフ）、アー ǁʔaa（オオミミギツネ）、テメ ŧeme（サバクオオヤマネコ、英名カラカル）である。とくに、シロアリ食に特殊化したツチオオカミはたいへん美味でほとんどの男の好物であるが、女では、〈ショモ〉と同じく年齢に比例して食べる人の率が増える。オオミミギツネの肉はしたたるほど脂がのっており、女性にも「好物だ」と答える人が多い〖写真３－９〗。

〈ニイツォワ〉に対する男たちの忌避の多様性を明らかにするために、比較的多く（七種以上）の〈ニイツォワ〉を食う男性二三人について、ど

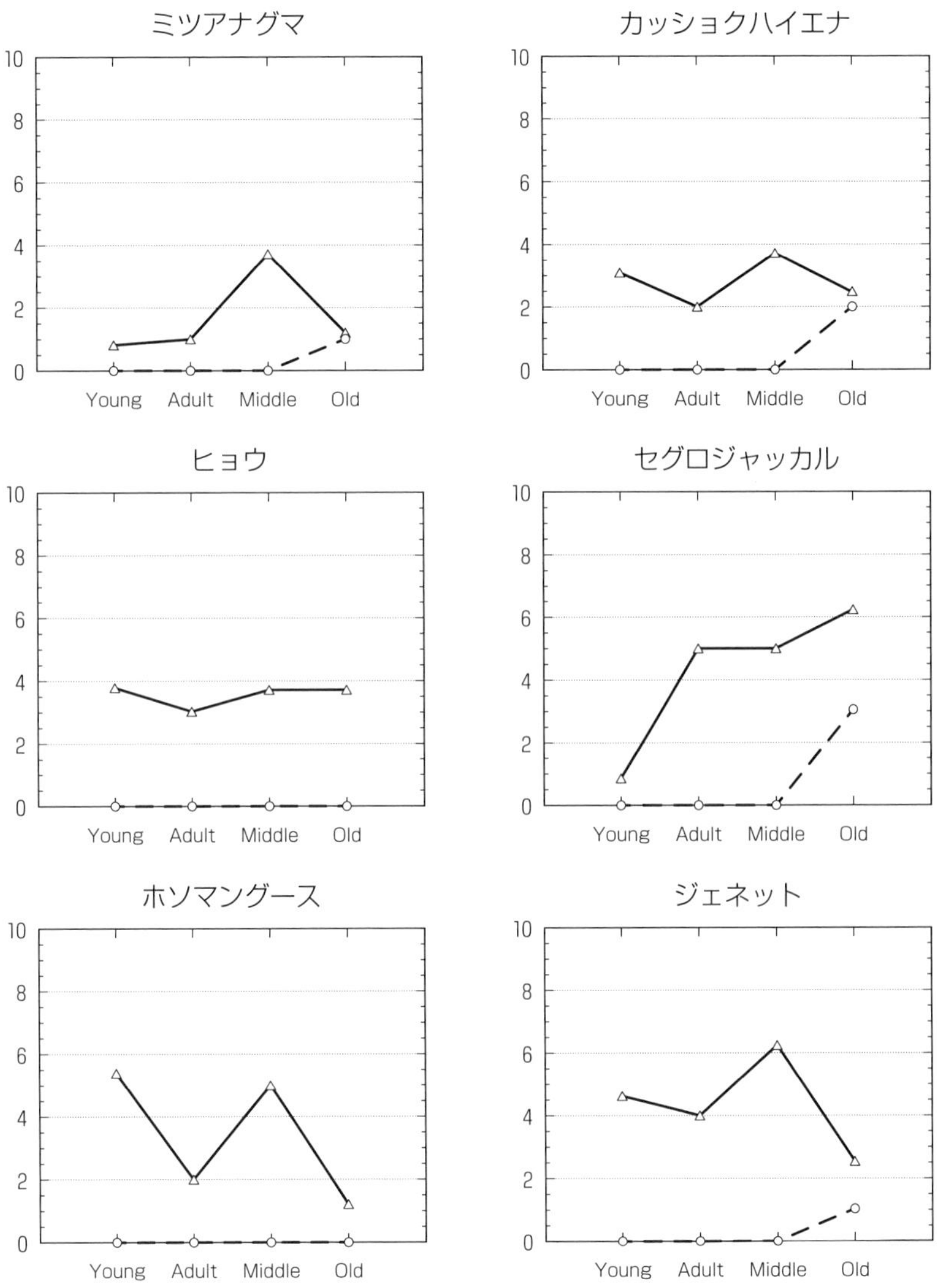

図 3－4　ニイツォワの摂食率
忌避の程度が高いものから低いものの順位に合わせて、左から右に、そして上段・中段・下段の順に並べてある。

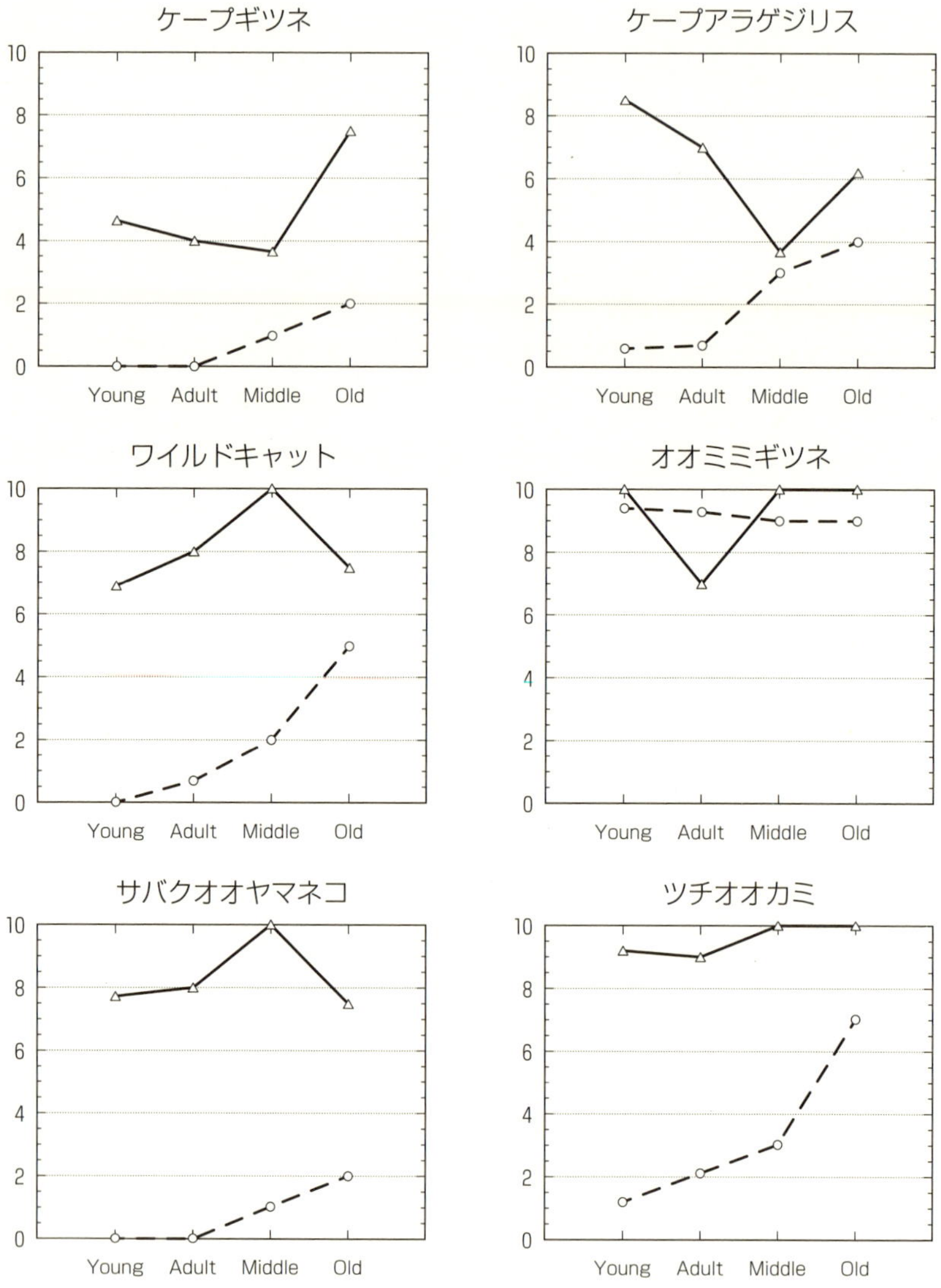
ケープギツネ
ケープアラゲジリス
ワイルドキャット
オオミミギツネ
サバクオオヤマネコ
ツチオオカミ
0
2
4
6
8
10
Young
Adult
Middle
Old

図 3－4　（続）

表3－2　既婚者における哺乳類の摂食率

民俗カテゴリー	方名の聴覚印象（標準和名）	摂食率	
		男(43人)	女(53人)
コーホ qχ'óō-xó（食うもの）	ツォー（ゲムズボック）	100.0	100.0
	ツェー（ウィルデビースト）	100.0	96.2
	カマ（アカハーテビースト）	100.0	86.8
	ギュウ（エランド）	100.0	100.0
	ギュワ（クーズー）	100.0	100.0
	ナベ（キリン）	100.0	100.0
	カイ（スプリングボック）	100.0	100.0
カウ ǁʰàù（罠の獲物）	ノア（ヤブダイカー）	100.0	92.4
	ガエン（スティーンボック）	97.7	92.4
年長のカウ	トウ（イボイノシシ）	95.3	37.7
ツァーツォワ ǀχáā-ǀóa（肉っ子）	ドゥー（トビウサギ）	100.0	84.9
	オワ（ケープノウサギ）	95.3	79.2
	ノエ（タテガミヤマアラシ）	95.3	62.3
ゴンワハ goõ-wà-há	ノネ（ネズミ類）	0.0	0.0
ニイツォワ ŋǂīī-ǀóã (けだもの)〔＊のジリス以外はすべて食肉目に含まれる〕	ハム（ライオン）	2.3	0.0
	ギャーン（アフリカスカンク）	0.0	0.0
	カル（リカオン）	0.0	0.0
	カウ（ブチハイエナ）	2.3	0.0
	ゲーラフ（サーバルネコ）†	?	?
	ガロシ（ミツアナグマ）	11.6	1.9
	ヌーツァ（カッショクハイエナ）	20.9	3.8
	オエ（ヒョウ）	32.6	0.0
	ヅェビ（セグロジャッカル）	37.2	5.8
	ヅォリ（ホソマングース）	41.9	0.0

	ツァンバ（ジェネット）	44.2	1.9
	シュレ（ケープギツネ）	48.8	1.9
	ナウ（ケープアラゲジリス）＊	67.4	11.5
	ゴエ（キイロマングース）	69.8	1.9
	カオン（チーター）	69.8	5.8
	コル（ワイルドキャット）	79.1	11.5
	テメ（サバクオオヤマネコ）	81.4	5.8
	アー（オオミミギツネ）	90.7	86.5
	ツィー（ツチオオカミ）	93.0	19.2
べつのコーホ	ゴオ（ツチブタ）	97.7	73.6
ショモ	ナメ（サバンナセンザンコウ）	24.5	17.0
ゴンワハ	カーカマナコギャーノー(コウモリ類)	0.0	0.0

全年齢層を合計して男女それぞれの摂食率を求めた。†のサーバルネコはめったに捕獲されないので質問した方名リストに含めることを失念した。

んな種類を忌避しているかを比較してみた。ただし、この比較には未婚の青年三人のデータも含めた。驚くべきことに、同一の忌避の組み合わせを示すのはたった二組（四人）しかいなかった。残りの一九人はそれぞれ自分一人だけの〈ナーホ〉（食わない物）のリストをもっていたわけだ（表3-3）。

このような「無秩序」に秩序だった解釈を与えることは難しい。まず確認しなければならないのは、〈ニイツォワ〉を男が食うことは標準化された規範の埒外にあるということである。その意味でそれは〈ショモ〉と対照的だ。規範化されない選択の領域では、個人のてんでばらばらな嗜好が集積されて不規則性を生むとしても不思議ではない。

だが、偶発性によるにしては、忌避のパターンにこれほど個人間の重複が少ないことのほうが、かえって奇妙である。ハンターの具体的な実践の場に目を向けると、そこにも〈ショモ〉の場合と逆方向の選択がうかびあがってくる。すなわち、前節のデウ（アフリカオオノガン）の例に典型的に見られるように、男は歳をとるにつれてある動物を「そろそろ食おう」と決意する。しかし、ニイツォワの場合には、狩猟の最中に偶然しとめたとしても、「食うまい」と決意することによって、その種を自己と特異的に関係づけるのである。おそらく、このような決意は、日常の会話場で公にされているはずである。少なくともキャンプの仲間に関しては、男たちはみんな、だれが何を食わないかをよく知っている。あまりにも手垢にまみれた言葉ではあるが、自己と他者との「差異化」への志向性をここに読みとることはたやすい。平たくいえば、「あいつが食うならやめよう」あるいは「あいつが食わぬなら食ってみよう」といった判断が働いている可能性は十分ある。[5]

写真3－9　オオミミギツネ
1997年４月カデ・パンで。
ダオノアが捕獲した。

表3－3　ニイツォワ（けだもの）の忌避に見られる個体間変異（男のみ）

動物種／年齢層	O	Y	Y	O	Y	al	A	Y	al	A	al	M	O	A	M	Y	A	M	A	O	M	M	Y
ミツアナグマ	■	■	■	■	■	■	■	■	■	■	■	■	■	■	■	■	■	■					
カッショクハイエナ			■	■	■	■	■	■	■	■	■	■	■	■					■	■	■	■	
ヒョウ					■	■	■	■	■	■	■				■	■	■	■	■	■			
セグロジャッカル			■	■	■	■		■	■							■					■	■	■
ホソマングース				■				■		■		■	■	■			■		■	■			
ジェネット							■		■	■		■					■	■		■			■
ケープギツネ				■							■			■				■			■		
アラゲジリス															■		■	■				■	
キイロマングース													■	■									
チーター											■					■							
ワイルドキャット																							
サバクオオヤマネコ																							■
忌避する種数	1	1	3	5	4	4	4	5	5	5	5	4	4	5	3	4	5	5	3	4	3	3	3

忌避の率が高い順から12種類のニイツォワを選び、忌避の程度が低い（5種類以下しか忌避しない）23人の男たちの忌避する種の組み合わせを示す。■はその種を「食わない」という答えを示す。網かけした2組（4人）だけが完全に同一の忌避のパターンを示す。年齢層の略号は以下のとおり。O：老齢、M：初老、A：壮年、Y：若年、al：未婚青年。

五　食わない理由

嫌われる動物――忌避の感覚的基盤

この節では、ある動物の肉を嫌うというその〈感覚〉自体について、問いなおしてみたい。まず評価の低い動物の肉をめぐる見解を記述してから、人気の高い動物を食うことを忌避する少数意見に注目する。

ある種の食肉獣では、肛門のそばにあるふくらみ、つまり臭腺が刺激臭を発生する。この腺は〈ツィーダ〉tsīídàと呼ばれる。

――ハイエナの〈ツィーダ〉は白かったり黒かったりするけど、ツチオオカミのは黄色い。ヒョウやジェネットの〈ツィーダ〉は小さいんだ。

前章で活躍したガロシ（ミツアナグマ）は〈ツィーダ〉から臭い匂いを発することで悪名高いが、この種については、肉の味に関して多様な見解がある。

――「肉が臭いから食わない」（若い男）、「まずい。〈ツィーダ〉が匂うせいだ」（壮年の男）、「小さいときに食ったら、肉なのに甘かったからやめた。あやつは蜂蜜をしょっちゅう食べているせいだ」（若い男）、「おいしいよ」（老年の男）、「肉が固くておいしいよ」（壮年の男）、「おいしいけど、頭は甘いから捨ててしまう」（壮年の男）、「あの肉は〈デー〉だよ」（初老の男）、「あの肉は〈タータ〉だわ」（老年の女）、「まずくて〈デー〉だが、おれは食うよ。**ガロシ**の肉には汁気がない」（初老の男）。

〈デー〉、〈タータ〉といった味覚を表わす語に直面すると、インタビュー調査の限界が露になる。わたし自身が**ガロシ**を食ったことがないから、その味を実感に即して記述することができないのだ。〈デー〉g‡èè とは、水気の少ないトウモロコシ粉の粥のように「味がなくパサパサしている」ことである。〈タータ〉‡ʰáà‡ʰà も同じような意味らしい。それは汁気（肉汁　ツァバ |χábà）に乏しいことでもある。〈デー〉という形容詞はカッショクハイエナの肉を食う男たちの口からも頻繁に聞かれたが、「〈デー〉でまずい」と言う人もいれば、「〈デー〉でおいしい」と断言する人もいるので、味覚による評価を一般化することは困難である。

前にも述べたようにカデ地域では、リカオンに遭遇することはめったにない。けれど、たとえ殺す機会があるとしても、この動物を食うことはまずありえない。

――「犬だから食わないよ」（青年）、「こいつは〈外の犬〉（カエーカラ・アバービ）だ。もうひとつの犬だ」（初老の男）

〈カエーカラ〉!qáē-qχʾàrā とは、「外で」「外へ」「外の」といった意味を表わす副詞・形容詞である。同じ語根をもつ名詞〈カエーオ〉は「キャンプの外」を意味する。グイ語には「自然」という概念はないが、人間の居住空間と対立する〈カエーカラ／カエーオ〉は、「原野」または「自然」と大まかに重なりあっていると考えることもできる[6]。

セグロジャッカル〔以下ジャッカルと略す〕も犬によく似た動物である。実際、田中二郎の採集した民話では、昔、犬とジャッカルは一緒に原野に住んでいたとされる。犬だけが人間のキャンプを訪問し、そこにいすわってしまった〔田中 1994〕。夜、ジャッカルは「ワアーー、ワアーー」とけたたましく哀しげな声で鳴く。わたしが収録した異伝によれば、犬は「生肉ばかり食うのはうんざりだから、人間に火をもらいに行く」と言ってでかけた。だから、ジャッカルは火を「持ってこい！」〔ウワー ʔūā〕と叫んでいるのだ。この鳴き声のオノマトペ〈ウアテ〉ǂʔúàtè はジャッカルの別名である。

表3-2からもわかるように、ジャッカルは食用となる〈ニイツォワ〉のなかでは「不人気度」第四位である。食うと答えた男は、四〇パーセントに満たない。タブーカは「ジャッカルは殺すときに犬みたいにキャンキャン鳴くから、おれは食わない」と言った。犬との類似性が忌避の大きな要因であることについては次節の最後であらためて論じる。

忌避の個人的な理由

〈肉っこ〉〔齧歯類の動物〕、〈カウ〉〔罠の獲物〕、あるいは〈コーホ〉〔食うもの〕に分類されるような、ほとんどの人にとっては理想的な「肉」でさえも、特別な理由をつけてそれを忌避する少数の男女がいる。まず〈肉っこ〉

のなかで最大のヤマアラシについて。

――ヤマアラシを食うと、小便がヤマアラシの尿のように臭くなり、キャンプのそばで用をたすとひどく匂う。それが厭で食わないんだ。（未婚の青年）

この同じ青年は、「年長の〈カウ〉」ともよばれるイボイノシシについても「匂いがひどいから捨てた。ロバみたいな匂いだった」と評している。

「別の〈コーホ〉」として珍重されるツチブタについては、「すばらしい。食えばこころよい」と絶賛する老人がいるいっぽうで、特異な体験を語る壮年の男もいる。

【3-3】ツチブタで病んだ

野生生物保護局に雇われてアーカという名のパン（太古の湖底跡である丸い草原）で働いていたとき、ツチブタを食って病気になった。テベ（農牧民）の呪医が「〈ガマ〉（神霊）の水」という名の治療を施してくれたが、ちゃんとは治らなかった。マウン（ハンシーの町から二〇〇キロほど離れた大きな町。オカヴァンゴ沼沢地の観光拠点として有名）に連れて行ってもらい、〈ガマ〉の水が流れる川に浸からされた。とても冷たい水だった。そして「もうツチブタは食うな」と言われた。それ以来、食っていない。子どものときには、食ってもなんともなかったのになあ。

罠猟の達人ヌエクキュエは、自分がしょっちゅう捕ってくるスティーンボックをみずからはけっして口にしない。

——おれを病ませた。病気になってやめて、それから長くやめたままだ。

じつはヌエクキュエはこのときわたしに多くを語りたがらなかったのだ。第四節でふれたように、過去の成人儀礼〈ホローハ〉が挙行されたキャンプでは、何種類もの猟獣の肉が禁じられた。息子のタブーカによれば、青年期にこの儀礼を受けたヌエクキュエは、禁を破ってスティーンボックを食ったために、重い病気になったのである〔菅原 1999〕。

最後に、〈コーホ〉に属する動物を忌避する二人の女の例を紹介しよう。前述のように若い女には厳格な食物禁忌が課せられるが、この二人はとっくに初老期を過ぎている。

【3-4】ウィルデビーストやハーテビーストを食わないわけ

①タナカ〔田中二郎〕が赤ちゃんのヒロキ〔田中の長男〕と来たあとのことだった。ものすごくたくさんのツェー〈ウィルデビースト〉がキャンプに近づいてきた。男たちがそれを狩り、一頭のツェーがキャンプに迷いこみ、犬に追われて、私のいる小屋の戸口に頭をつっこみ、私を見つめた。私はひどく怯えた。その後、別の男たちがしとめたツェーを食ったら、病気になったので、やめた。〔初老の女〕

②タナカがヒロキを連れてきたころ、コーサ〔グイの男の名〕たちが拾ってきたカマ〈ハーテビースト〉を食って具合が悪くなり、それからやめた。どうもこのカマはライオンが殺したものらしい。ライオンもいっしょに私の体内に入ったのさ。〔老年の女〕

これらの例は、ある動物を個人的に忌避することが、過去にその動物の肉を食ってひどい目にあったという苦い体験に基づいていることを示している。とくに、右の談話①では、ある動物にひどく怯えたことが忌避のきっかけになったという重要な動機づけが語られている。こうした動物にまつわる恐怖体験は、〈ドネ〉という特異な概念と深い関連性をもっている。以下は、一九八九年に収録した日常会話の断片を抽出したものである。この会話の全体はすでに拙著で公表した［菅原 1998b : 87］

【3–5】会話抄「鉄罠がライオンの足を折った」

カデの南東一四〇キロメートルに位置するモナツェから来訪しカデに長期にわたって滞在していた老齢の女ウーグエが、わたしの住んでいたキャンプを訪れ、年長の男シエクエと会話した。彼女の息子ズブウはシエクエの娘と結婚しこのキャンプにいわば「婿入り」して暮らしているのだが、姻族たちとの生活になかなかなじめないことをウーグエは心配している。ズブウが慢性的な脚の不調をかかえていることの原因を彼女は語る。

――昔、マーラペ〔モナツェに住む男の名〕の馬をライオン〔雄〕が襲ったのよ。男たちが鉄罠をしかけ、鉄罠がそやつの足を折った。そやつは鉄罠をひきずって歩き、彼らはそやつを怖れた。あやつが彼〔ズブウ〕の脚を〈ドネ〉したのよ。彼がよく言うには、「おれはロバに乗ると脛が苦しいよ。」そうして、あたしは長いこと経ってからベレギュロ〔モナツェに住む呪医の名〕に言ったのよ。「あんたは脛を‐‐脛を‐‐病んだ脛を刺してちょうだい。」それやこれやを彼に話した。脛を刺してから〔ベレギュロは〕言った、「ライオンだ。彼らは昔‐‐ライオンが昔、鉄罠にかかった。それでその鉄罠が、そやつ〔の足〕を折って、そやつはひきずって歩いた。彼らがそういうことをしたので、やつは彼らに襲いかかり続けた。で、そのライオンを彼は怖がったので、彼の脚は〈ドネドネ〉した」〔一九八九年一〇月一四日収録〕

ズブウがこのキャンプへ婿入りするよりもずっと前に、モナツェで足に食いこんだ鉄罠を引きずって歩きまわっていた手負いのライオンを他の男たちと一緒にしとめようとしていたら、ライオンが向かってきたので、ズブウはひどく怯えたのである。その後、彼が脚の不調を訴えるので、母ウーグエは呪医に治療を依頼した。呪医はズブウの脚に傷をつけて瀉血し診断を下した。手負いのライオンに怯えたことが、息子の脚を〈ドネ〉g|ó̰nē した、つまり「ひどく病ませた」というのである。さらに重複形〈ドネドネ〉が使われることにより他動詞が再帰化し、「彼の脚は深刻な重病になった」と結論づけられたのである。

前章で、「グイは動物に対する情動的な同一化を欠いている」という民俗心理学者の解釈を引用した。しかし、事態はまったく逆であることを、この〈ドネ〉の例ははっきり示している。折れた足の激痛にのたうちまわるライオンを目撃し人間は慄然とする。この極限的な情動反応を通じて、類似した身体部位にその激痛が写し取られる。苦しみもがく動物に抱腹絶倒することも、その苦悶を自らに転写することも、動物との絶え間ない影響関係に浸された狩猟者の身体において表裏一体になっているのである。ある動物の肉を「食うと病む」ことこそ、そうした影響関係のもっとも物質的な具現である。

六　規範との交渉——経験の連続性

象徴と生態

食物禁忌の研究は、人類学において特権的な位置を占めてきた。単純化すれば、それは観念論（主知主義的な思考）と唯物論（生態学的な思考）が鋭く対立するアリーナであった。レヴィ＝ストロース、ダグラス、リーチといった構造主義者たちは、肉食をめぐるタブーこそが、象徴的思考の原理をもっとも鮮やかに具現し、社会編成に関わる認識の深構造を照らしだすと考えた。いいかえれば、環境のなかで動く生身の存在としての動物ではなく、「野生の思考」がブリコラージュを成し遂げるための操作子《オペレーター》としての、抽象化された動物こそが問題であった（序章第三節の小節「分割線の固定化」参照）。

かつてわたしの同僚であった、若き日の口蔵《くちくら》幸雄は、このような象徴論に真っ向から異議を唱えた。そこで彼が依拠したのは、行動生態学における最適採食戦略《オプティマム・フォレージング・ストラテジー》の理論であった。マレー半島の吹き矢ハンター、スマッ・ブリがある種のサルに禁忌をかぶせるのは、キャンプ内での肉の公平な分配という原理に抵触するような小さな種を最初から排除し、狩猟効率を高める適応戦略の一環なのである〔口蔵 1981〕。

生態人類学的な説明は、もちろん、グイにおいても一定程度の有効性をもつ。グイの食物規制のなかでもっとも「タブー」（つまり「禁止の規則」）の名にふさわしいのは〈ショモ〉に関わるものである。田中二郎が指摘するように、このカテゴリーに該当する動物はどれも肉量がさして豊富ではないから、多人数で分配することにふさわしくない。だから、社会的弱者である年長者と幼児に優先的に割りあてるというわけだ。

人類学者が自らのコミットした理論枠に従って、規範に秘められた象徴的意味やその適応的機能を説明することを責める必要はない。それどころか、それこそが人類学の仕事だという信念のほうが優勢なのかもしれない。それらの説明が検証に耐えうるだけの説得力をもつならば、そのことが再帰的に理論それ自体の「正しさ」を強化するであろう。だが、こうした理論枠優先の論証は、往々にして、規範に拘束される（ときにはその裏をかく）人びとによって生きられるサンスから乖離した観念論へと上昇しやすい。現象学的実証主義を貫くならば、そうした上空飛行の手前に踏みとどまり、日常の会話場において人びとが、あくまでも自発的に、自らが規範とどのように交渉を重ねているかを言表化する様態に注意を集中しなければならない。そのような方法こそ、生活世界に還帰せよ、というフッサールの指令が私たちに要求していたことである。本章の冒頭で記述した青年たちの会話は、まさにそうした交渉の典型例であった。もうひとつ類似の例を挙げよう。

一九九七年七月末、わたしは他の日本人調査者と共に、再定住計画が実行されたばかりのコエンシャケネでうろうろしていた。調子の悪いジーゼル車がエンコしたために生じた無為の時間、周りにいた三人の中年男たちが賑やかに話しだした。

【3-6】会話抄「おれは食う」（一九九七年七月二九日記載）

A：おれはまだカー（クロエリノガン）は食わない。でも、デウ（アフリカオオノガン）は食うようになった。こないだ、某〔人名を書きとめていない〕の息子が殺したデウをツォウ〔グイの年長者、【2-7】「ヒョウの尾」の語り手〕にくれた。ツォウはカムツァ〔広葉樹の名〕の根をおれにかじらせて治療してくれたんだ。それからおれはデウを食えるようになった。

B：おれはとっくにデウを食うようになったよ。でも、ドエ（ヒョウガメ、大きな陸ガメ）もギャム（カラハリテントガメ、小さな陸ガメ）も食わない。

C：ドエもギャムも肉はちょっぴりだ。おれは子どもたちにやっちゃうよ。

このおしゃべりを聞いているとき、わたしは妙に心楽しかった。自分たちが「おとなの男」であるという連帯感のようなものがこみあげてきた。規範は日常の会話場を活性化させるプラグマティックな（語用論的／実用的な）資源《リソース》として利用されるのである。そこに現出する言表化こそが、人びとが世界の内側から生きているサンスを観察者が了解する手がかりとなる。以下では、わたしとかれらの経験の連続性という視点から、身体への摂取をめぐって生きられるサンスを考察する。

食うことの恐ろしさ

第一節で述べたように、年長者だけでは〈ショモ〉を食いきれないときには、年下の親族または姻族の男（と

きに女〉の下腹に傷をつけ薬を塗りこむ「治療」を施し、アドホックに禁忌を解除してやることがある。この治療は〈ツァレオ〉|qχ'áré-ʔò と呼ばれ、会話抄【3-6】でも言及されていたとおり、雨季に大きな葉を茂らせるマメ科の喬木カムツァ ǁàmts'á の根が薬としてよく用いられる。このような対処には、グイの生きかたの大きな特徴である「ご都合主義」「現実主義」が遺憾なく発揮されている。(7)

一九九四年にわたしはカデ定住地から南に一〇キロメートル近く離れたキャンプに暮らしていた。そこで、クーズーの肉を搗いて下肢の骨髄と混ぜ合わせた〈ショモ〉が作られたことがあった。呪術の達人である年長の男キェーマが、彼の息子の妻の太腿を切って呪薬をすりこむ場面をわたしは撮影した『写真3-10』。さらに彼は、手ずから肉を義理の娘の口に入れてやった。居あわせた人びとが、「スガワラはもう髭も白くて年長者だから、治療しなくても大丈夫だろう」と言うのを信用して、わたしもお相伴にあずかった。とてもおいしくて、ついおかわりまでしてしまった。その夜はいつもどおりテントの中でシュラフにくるまって寝た。夜明け前に腹痛で目がさめた。それからひどい下痢が始まり、わたしは苦痛に身をよじらせ、夕方まで数えきれないほど茂みに足を運んだ。まさに会話抄【3-2】でキレーホが言ったように、「家で休んでなんかいられない。踏み跡をつくり、糞を運びまた運ぶ」という状態になったのである。生涯で最悪の下痢であった。〈ショモ〉の恐ろしさをそのとき私は身をもって知ったのである。

写真 3-10 ショモの解除儀礼
1994年カデ周縁のキャンプで。希代の語り部キューマが息子の妻にショモを食わせてやるため治療している。

「外の犬」ふたたび

二〇〇八年八月、わたしは長年にわたって調査の手助けをしてきてもらったタブーカの語りを収録した。彼は定住化が始まる前の原野での少年時代の思い出を語った。その冒頭近くに、わたしを驚かせるエピソードがあった。

【3-7】語り抄「おれは吐いた」

おれたち二人〔キレーホとタブーカ〕はツェー〔ウィルデビースト〕の足跡をつけた。そいつに追いつく前にジャッカルを殺した。その乳房は犬の乳房そっくりだった。けれど、おれ自身がナイフを出した。で、切り裂いた。そいつは太っていたから、まるで犬から内臓を取り出しているみたいだった。〈彼女〉〔犬〕の腸を取り出している…おれはそんなことを思い、心は痛みを感じた。それから、おれたちは進んだ。まもなくツェーの足跡に出くわした。そのとき、さっきのことをおれは思った。心のなかで思った。アッ、思っただけなのにおれは気分が悪くなった。それで吐いた。おれは吐いて吐いた。（二〇〇八年八月六日収録）

ジャッカルについて、わたしには鮮烈な記憶がある。一九八二年、最初の調査のときのことだ。この年は雨季の訪れが早く、カデに着いてから二ヶ月も経たないうちに、キレーホたちの一族は採集のために原野のキャンプに移住した。わたしもそこに一週間滞在した。ある夕暮れどき、キレーホとタブーカが、巣穴にひそんでいた

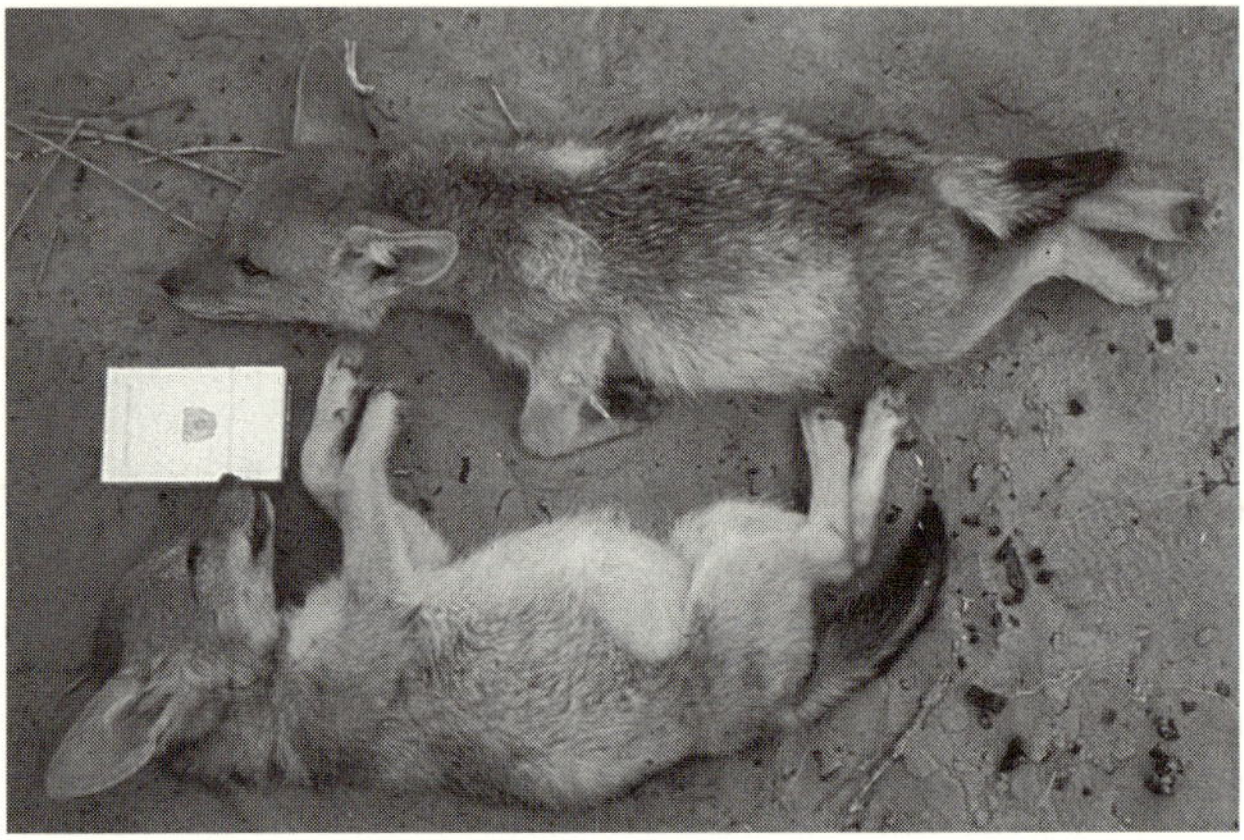

写真 3-11　ジャッカルの仔
1982年初めての調査開始間もなく原野のキャンプで。キレーホとタブーカが捕獲してきた。

ジャッカルの子ども二匹を殺して持ち帰った。仔犬そっくりの可愛らしさに胸が締めつけられた〖写真3-11〗。

それから一二年が過ぎて、わたしは日本でまっ黒なラブラドール・レトリバーを飼い始めた。甘えん坊の雌犬は、暇さえあれば仰向けになってわたしに腹を撫でてもらいたがった。左右に並んだ乳首が掌にあたる感触が今も忘れられない。愛撫している最中に、動物の解体シーンの記憶がよみがえったことがある。こいつも喉をかき切り毛皮を剥いでしまえば、ただの肉塊になってしまう。そんな想像をする自分がおぞましく感じられた。

長いあいだ、優れたハンターであるタブーカは、このようなわたしの感傷からはほど遠い、タフな神経をもっているものと思いこんでいた。だが、太ったジャッカルの乳房から雌犬を連想し、気持ちが悪くなってしたたかに吐いてしまったという述懐を聞いたとき、わたしは自分と彼のあいだをつなぐ経験の連続性を再発見したのである。

七　民俗免疫理論——身体化された思想

蕁麻疹とアレルギーの体験

個人的な体験へと遡行しよう。子どものころ蕁麻疹になったことなど一度もなかったのに、初老期にさしかかった二〇〇〇年ごろに激甚なビーフ・アレルギーを発症し、何年間も苦しんだ。そもそもの抗原は、青春時代にジェームズ・ジョイスの『ユリシーズ』に憧れて食った「豚の腎臓」だったのかもしれない。それから十数年後、札幌で学生たちと焼肉屋で「マメ」を食ったら深夜に人生初の蕁麻疹を発症した。あるいは、カラハリの単調な食生活のなかで、コンビーフを毎日のようにシチューにぶちこんでいたために、ビーフへの抗体が体内に蓄積されたのかもしれない。やがて引き金となる肉はビーフからポークへ、さらにチキンへと拡大したので、数年間というもの、わたしは魚以外のいっさいの肉類を絶つ生活をした。だが、不思議なことにいつの間にか治ってしまった。

蕁麻疹の痒さに悶えているとき、よく〈ナーホ〉のことを思った。スティーンボックを一生食わないと決めたヌエクキュエと、ビーフエキスの入った食品をちょっと口にしただけで皮膚がトカゲのように変貌するわたしとは、同じではないか。食べものを口に入れたのちに身体の内部で進行するプロセスをわたしはけっして直示することができない。食べものは、身体そのものに変容すると同時に身体を変容させる可能性をもつ。ある種の肉を摂取することに対するグイの恐怖と、アレルギー反応へのわたしの怯えとは、ともに、〈見えない身体〉という生のもっとも根源的な基底において連続している。

第二の例は、「虫」に咬まれる〔刺される〕体験である。グイの調査を始めたばかりの一九八二年の十月、わたしは夜、ピリ〔キレーホの父、前章の末尾に登場〕の小屋のそばにすわっていて暗闇のなかでサソリに右手小指を刺された〔菅原 1999〕。一二月半ばに一足先に帰国する田中に同行し、ボツワナ一周の大旅行に出た。首都ハボローネ滞在中に田中は旧知のドイツ人夫妻を訪ねた。夫クラウスは養蜂の専門家で、かつてカデを訪れその普及に努めたことがある。彼が知人の家の軒下に造ったミツバチの巣をチェックする作業に同行した。紙巻き煙草の煙を巣に吹きつけるという杜撰なやり方に呆れていたら、突然、蜂が攻撃してきた。逃げるわたしの眼鏡と瞼の隙間に入りこんで刺した。クラウスと手伝いの青年は地面に伏せ難を逃れた。彼がわたしの上瞼に刺さった毒針を抜いてくれたあと、煙草の煙を傷口に吹きつけたのには唖然とした。田中と別れてカデに戻る前日、クラウスから貧弱なボール箱を託された。彼がカデ定住地のはずれに設置した巣箱に新しい女王バチを入れたいというのだ。翌々日、恐怖の砂道運転に集中しているとき、激しい振動のためにボール箱が破れ、夥しい蜂が車内を飛びまわり、またもや目の上を何カ所も刺された。夜、ハンシーの町に辿りつき、ホテルの部屋で鏡を見たら、顔がパンパンに腫れあがっていた。カデに着くと、駐在していた農業指導員が巣箱に案内してくれたが、ボール箱を開けたら中には数匹の働きバチが残っていただけだった。話はこれで終わりではない。ある朝わたしは、ドラム缶に満たした水を薬缶に入れるために、ゴムホースの先を咥えて吸った。その途端、喉に激痛が走った。水の匂いに惹かれて飛来していた蜂がホースの中に潜んでいたのだ。涙を流しながら喉の奥に指を突っこみ、探りあてた毒針をつまんで引き抜いた。何年かのちの夜、テントの中で腕を何かが這いまわる感触がした。反射的にはらいのけた瞬間、掌に鋭い痛みをおぼえた。まだ成長しきっていない小さなサソリだった。

もっとも最近の調査のとき、また不運に見舞われた。裸足にサンダルをつっかけて砂の上を歩いていたら、右足の裏に激しい痒みを感じた。体長一センチはあろうかという巨大なダニが食いついていた。タンマナと呼ばれるこのダニは、以前の暮らしではまったく見かけなかった。再定住地で政府が配給したウシに寄生するダニが増殖したのだ。すぐにもぎ取ったが、三〇分もしないうちに腕や首すじに大きな水ぶくれができ、体じゅうに広がった。腹痛にも襲われ、ブッシュの中に用を足しに行ったが、目眩がひどくて歩くこともままならなかった。夕食もそこそこにテントの中に転げこみ、全身の痒みに七転八倒した。神経ブロックの効能がある鎮痛剤のおかげか、夜明け前に目が醒めたときには痒みは手足の末端へ退いていた。調査助手たちによれば、グイ／ガナの人びともタンマナに咬まれると全身が苦しくなるそうだ。診療所に行くと「血で作った薬」（血清のことだろう）を注射してくれるという。咬まれた痕は赤黒い血腫になり、長く消えなかった。帰国後病院に行き切除手術を受けたが、その傷跡が完治するまでにさらに二ヶ月を要した。

身体の時間的連続と再組織化

かくも長ながとわたしの体験を記したのは、アレルギーと呼ばれる身体の異変は生活史の長いスパンにまたがる物語を呼び寄せることを示すためであった。ミツバチ、サソリ、ダニのそれぞれが作りだす毒素は別種の蛋白質であるかもしれないから、ミツバチとサソリに何度も刺されたことがタンマナによるアナフィラキシー・ショックの原因になった、という想像には医学的な根拠は乏しい。だが、気の狂うような痒みが、三十年という時間幅を貫いて現在へ嵌入している「刺され咬まれる」体験の連続性を照らしたことは確かだ。二度目のヒョウの匂いが「古いやつをぶり返させた」ためにホエガエは病魔に襲われたという呪医の解釈もまた、長い時間幅にまたがる彼女の体験を再組織化することであった。

アレルギーに関わる医学理論とグイの民俗免疫理論とのあいだには明瞭な相同性が見られる。根本的な前提は、何かが複数回（少なくとも二回以上）体内に侵入することである。「回数」が発生することの必要条件は時間性である。医学的であれ民俗的であれ免疫理論の根幹をなすのは身体の時間的連続性なのである。それを図式化すれば以下のようになる。

シナリオα

（1）ある物質Xが健康な身体Bに入ると、Bは病を潜勢態としてもつB'になる。

（2）同一の物質XがB'に入ると病は現勢態となり、B'は病む身体Ƀになる。

この病因シナリオを反転させると、予防や治療の実践シナリオを生みだす。第四節で紹介した、幼い娘の健康を案じるキレーホの工夫を思い起こそう。自分がゲムズボックの肉を食うと娘が病むのではないか、と彼は心配した。そこで、そのゲムズボックの胃の内容物を娘の腹になすりつけてから、肉を食ったのである。

シナリオβ

（i）父の身体Bと子の身体bは連続している。

（ii）XがBに入ると、それはbにも入ったことになり、bは病む身体ƀになる。

（iii）Xと連関（隣接）した少量のxをbに入れると、bはXに免疫のあるb'になる。

（iv）XがBに入ると、それはb'にも入ったことになるが、b'は変化しない。

さらに、もっとも最近の調査でタブーカの亡妻の母親ツェネの語りを収録したとき、彼女は、タブーカおよびもう一人の調査助手カーカとかけ合いで次のことを語った。ここで「病ませる」と訳したのは、会話抄【3-5】「鉄罠がライオンの足を折った」の鍵概念となった〈ドネ〉である。またコル!qórì はワイルドキャットのことである〖写真3-12〗。

写真 3-12　ワイルドキャット

【3-8】語り抄「ワイルドキャットの毛」

おまえ〔男性単数〕は暮らしていて病み、死にはしないが……。おまえはあのコルをそれと知らずに食う。あれだとは知らずに食う。やつ〔コル〕はおまえを病ませる。で、おまえの肝臓に向かう。おまえは痛い。毎日おまえは痛い。呪医がいれば、彼は剃刀で切って治療して言う。「コルが昨晩人を殺した〔ひどい目に遭わせた、の意〕。その匂いがするぞ。だから、コルの毛はないか？」もし〔手近に〕コル〔の毛皮〕があれば、彼〔呪医〕は毛を取って、剃刀で〔患者の下腹部を〕切る。〔その毛を薬として傷口に擦りこむと〕治る。（二〇一三年八月一三日収録）

インタビューでワイルドキャットを食うと答えた男は八〇パーセント近くにのぼるが、食うと答えた女は一二パーセント以下であった。だから、男性二人称が使われているものの、コルが〈ドネ〉する（病ませる）「おまえ」とは、実際には女である可能性が高い。ここから浮かびあがるシナリオはごく単純である。

シナリオγ

（Ⅰ）XがBに入り[8]、Bは病む身体Ƀになる。

（Ⅱ）Xと連関（隣接）する少量のxをɃに入れる。

カエカエ

（Ⅲ）$\bar{B}$は健康な身体Bになる。

先に示唆したように、シナリオαは私たちのアレルギー理論と同型である。それに対して、シナリオβは見かけ上の複雑さを削ぎ落とせば、「予防接種」という近代の医療実践を支える理論である。最後のシナリオγはもっとも単純であるが、私たちの免疫理論と因果関係が逆転している。しいて対応を求めれば、タンマナ（ダニ）の例で言及した、血清を注射して病を治すという医療実践に似ているのかもしれない。

病因シナリオαを反転させれば予防シナリオβや治療シナリオγが得られるといっても、それは構造主義者が期待するような論理の対称的反転ではない。さらにいえば、こうした図式を抽出することのねらいは、象徴的思考の論理を明らかにすることにあるわけではない。もちろんグイには「免疫」に対応する概念などない。だが、身体の異変に向けられるグイのサンスは、シナリオβの（ⅲ）のような命題を実践的に把握しているのである。以下に紹介するのは、わたしをもっとも驚かせた発見のひとつである。

【3-9】「種痘」の実践

わたしは再定住地の外側に位置するカエカエ一族の暮らすマイパー（不法占拠キャンプ）を訪れた。カエカエは片脚の麻痺した身体障害者であるが、頭脳明晰で弁舌の巧みな年長者である［菅原 2010：201-241］。彼の息子のシェーホとその妻ダオコはわたしと親しい仲である。わたしがカエカエとその第一夫人カオギの前にすわっていると、シェー

シェーホ

ホがやってきてわたしの隣にすわった。どんなきっかけだか憶えていないが、シェーホは彼の左肩にある瘢痕をわたしに見せて「ホレタ χòrētá（天然痘）の治療だ」と言った。わたしの世代は学童期に小学校で種痘を受けた。その痕は今も左上腕のてっぺんに残っている。それよりも大きいが、形状はそっくりである。「白人がこのようにしたのか？」「エ〜エ、父さんがしたんだ。」わたしは驚いてさらに詳しく聞く。「父さんはホレタにかかった別の男の人が快方に向かっているとき、治りかけた傷（発疹のこと）から腐ったもの（膿のこと）を取って、それと薬を混ぜ合わせ、おれと兄さん（カエカエの長男にあたるが青年期に病死した）に擦りこんだ。だから、おれたち（二人）はホレタにかからずに済んだ。」わたしはカエカエに向きなおって尋ねた。「テベ（カラハリ農牧民）があんたに教えたのか？」カエカエはにたにたしながら「おれが自分で考えたのさ」と言った。シェーホが「クア（ブッシュマン）と白人とは同じさ。だが、テベは違う。この土地にはクアが先にいて、そのあと白人が来たのだ」といった趣旨の「民族論」を弁じたてたので、種痘の話はうやむやになってしまった。（二〇〇四年二月一三日記載）

大崎雅一の行った歴史復元によれば、ボツワナで天然痘が流行したのは一九五〇〜五一年にかけてのことだった［大崎　2001：82–84］(9)。当時カエカエは三十代初めで、シェーホは六、七歳であったと推定される。彼はだれにも教えられることなく息子たちに自己流の種痘を施し、その命を救ったのである。「抗原／抗体」という作用主《エージェント》に関する知識などまったくないままに、彼はあるサンスに導かれ〈見えない身体〉の奥底で荒れくるう力との交渉を試みた。その試みを方向づけたのは次のような推論構造であっただろう。

（a）ホレタは人を殺す。だが、ホレタになっても生き延びる人がいる。その人に入ったホレタは他のやつよりも弱いはずだ。

（b）ホレタの人を病ませる力は水疱の中に宿っているはずだ。

（c）弱いホレタの弱い力を水疱から取り出して息子の身体に入れてみよう。
（d）たとえ強いホレタが息子の中に入っても、すでに弱いやつが入っているのだから、「おれはもういるよ」と言い、強いやつは欺されて引き返すだろう。

埋葬さえできない死体がそこかしこに転がっている酸鼻をきわめる情況のなかで、人が（a）（b）に類した洞察を得ることは充分に想定できる。だが、（c）は経験だけからは帰納しえない決断である。その理由（d）は、わたしが勝手にひねり出した絵空事であるとの誹《そし》りをまねきかねまい。だが、ヒョウの匂いのために病み衰えたホエガエおばさんの瀉血治療をしたあと、呪医は次のような託宣を述べていたのである〔菅原　1994 : 405–406〕。

――これで治らなかったら、店にあるライオンの皮から毛をひとつまみ取ってこい〔この前年、カデの近くで家畜を襲ったライオンが鉄罠で捕獲され、その毛皮は定住地の中心にある店に展示されていた〕。それをガワ-イイ g‖àwã-ĩĩ〔木の名、ガワは「死者の霊」、イイは「木」のこと〕と混ぜて、彼女の頭のそばで燃やせ。消えたら灰を鼻の穴につけろ。ライオンとヒョウは兄弟だ。これは小さいほうの病気だ。大きいほうが入れば、小さいやつを咬み殺すさ。つまり「おまえはいるのか？　おれの弟よ。おれの匂いがそこへ行くぞ。おまえは人を困らせるな」って〔ライオンが〕言えば、小さいやつはきっと隠れるさ。

先にわたしが仮想した（d）とこの呪医が依拠した推論構造とは相同である。図式βの（iii）「Xと連関した少量のxをbに入れると、bはXに免疫のあるb'になる」のごとき直観は、グイの観念世界に降って湧いた恣意的な思いつきではなく、百科全書的な知識からライオンとヒョウの兄弟関係を喚び起こす呪医の物語と同じく[10]、人間／動物／物質性を貫く身体の連続性を鋭敏に感知する特有のサンスから必然的に帰結すると考えられる。

注

（1）このような身体の捉え方は、ジェフリー・サミュエルの思考から示唆を受けている。サミュエルの分析の準拠枠は様相態（modal state）という概念である。それは関係の流れ、あるいは「渦」としてイメージされる。「個人」と呼ばれる領域（様相態 i）は、人間どうしまたは人間と生態系とを結ぶ関係が重なりあった場に析出する密度をもったパターンのことである。「社会」あるいは「文化」という渦全体（様相態 c）は科学哲学の「パラダイム」に類比されるが、それは一元的な枠組ではなく、共時的に競合し、通時的に交替する複数の様相態の重合として把握される［Samuel 1990, 菅原 1997 : 46］。

（2）この悲しい出来事のさらに詳しい顛末は別稿で報告した［菅原 1994］

（3）コウモリのことをカーカマナコギャーノー kāākàmānàkōjáànòò というが、これはグイ語でもっとも音節数の多い単語である。こうした特別な方名もコウモリのもつ神秘的な力と関わりがあるのかもしれない。

（4）この第二の可能性は、何年も前に、あるシンポジウムで、アフリカをフィールドにする人類学者が示唆してくれた。実名を記すことを控え、謝意を表しておく。

（5）以上の分析はかなりの単純化を含む。〈コーホ〉でさえもさまざまな身体部位が忌避の対象になる。妊娠している女は分娩が遅れるという理由でウィルデビーストの胃を食わない。ゲムズボックの心臓を食うと自分の心臓がドキドキするので食わない、という男もいる。イヌの〈ナーホ〉として、ホソマングース（ヅォリ）だけでなく、スティーンボックの大腸も知られている。これを食った犬がどこかへ走り去ってしまうことを「大腸走り」（!ùū-!xoe）と呼ぶ。一九九六年の乾季にスティーンボックの解体を見ていたとき、小腸の下に赤黒い豆状のものがあることに気づいた。その名称を〈アオギナ〉ǂ'áō̃gìnā という。「こいつを食うと、たとえ空腹でも、〈ヌルーシ〉ŋǂuru-sí になって何も食べられなくなる。だから捨てる。」〈ヌル〉とは、長く煮すぎてジャガイモなどが「煮くずれる」ことである。その動詞に再帰性を表わす派生辞〈ーシ〉がついて、「胃が溶け食欲がなくなる」ことを意味する。最初わたしはこの「臓器」を脾臓かと思ったが、脾臓には別の名がついている。臓器ではなく腫瘍だったのかもしれない。

（6）この点は、序章で参照した、人間の居住空間とそうでない空間との区別を軸のひとつとするエレンの「自然の認知幾何学」と対応している［Ellen 1996］。

（7）別稿で、オポチュニズム（日和見主義）をグイ／ガナの臨機応変な生き方を捉える鍵概念として用いることを提唱した［Sugawara 2002, 菅原 2004b］。

（8）この「連関（隣接）」とは英語の congruity の訳であり、記号論の創始者パースの「指標」（index）の定義に用いられた。「煙」は「火」と隣接するがゆえに「火」を意味する。同様に、ゲムズボックの胃の内容物は、その肉と連関している。グイの治療儀礼で利用される、垢、汗、尿、爪、血といった「身体分離物質」も身体または人格そのものと連関している［今村 2001］

（9）カエカエの第一夫人カオギと第二夫人ゴヤシエに同時にインタビューしたとき、二人は天然痘の惨禍について詳しく語ってくれた［菅原 2007b : 127–128］。ゴヤシエは感染したが生き延びた人で、顔にあばたが残り、鼻には針で刺したような小さな穴があいている。

（10）この呪医の託宣はスペルベルの理論に従えば、典型的な象徴表現である。そこでは、「ライオンとヒョウは似ている」「ライオンはヒョウより大きい」といった百科全書的な知識に多重の焦点合わせが行われている［スペルベル 1979］。

第四章　翼ある告知者——環境と虚環境の双発的生成

都市生活者にとって鳥はもっとも身近な「野生動物」であろう。空をすばやく横切る姿にふと視線をひきつけられる。早朝に聞こえる囀りは、新しい一日への希望をかき立てる。さまざまな文化で鳥の鳴き声や飛びかたはなんらかの「お告げ」として、特別な解釈を与えられる［内堀 1996, 寺嶋 2007］。英語には「鳥占い」を意味するオースピス（auspice）ということばがあるが、それはまた「吉兆」のことでもある。

グイにとって多くの小鳥は深い関心の対象である。小鳥は子どもたちの弓矢遊びやパチンコ撃ちの獲物となるが、肉としての価値は乏しい。むしろ、その姿を目にし、鳴き声を聞く機会が頻繁にあるということが、狩る＝食うという目標に直結しない鳥への注意力を涵養している。本章では、日常生活と神話的世界とのあいだを行き来し、さまざまなメッセージをもたらし、環境と虚環境とのあいだの媒介者となる鳥たちの多様な姿を描き出す。

第一節では、わたしの民族鳥類学的な探究の発端にまで遡り、グイにとっての鳥類の大まかな位置づけを示したうえで、方名に埋めこまれた認知の仕組みを素描する。第二節では、鳥たちの形態・色彩・習性への思い籠め、それに基づく見立てと予兆、さらに鳥に対する歌と呼びかけを解明する。分析の軸となるのは〈コミュニケーション期待の投げかけ〉である。第三節では鳥の鳴き声がグイ語になぞらえられる夥しい例を記述したあと、鳴き声やふるまいが何ごとかの告知と解釈されることを明らかにする。こうした身構えは、〈コミュニケーション域への引きこみ〉として理解できる。第四節では、習性や形態の起源を解き明かす神話を分析したのちに、複雑に組織された神話を記述する。第五節では、これらの探究を統合し、直示的認知と遠隔的認知が相互を補強する関係にあることを、フィールドでの直接経験に基づいて明らかにする。鋭敏な観察によって走査される環境と、神話的な想像力によって探索される虚環境とは、双発的に生成しているのである。

本章の基本的な動機《モティーフ》は、第一章で素描した「始原の物語」の母胎となる神話的想像力の多彩な働きを、環境との関わりを軸にして全面展開することである。同時にそれは、第二章が照らしたような、グイの生活世界に張りめぐらされた〈感応の回路〉を、鳥たちの無数の身体を寄り座《ヨリマシ》しとして具現する試みでもある。

一　民族鳥類学事始め——バード・ウォッチングからの接近

鳥にめざめる

少年期から動物学者になることを夢見ていたくせに、わたしはなぜか鳥にはさっぱり関心が向かなかった。霊長類研究所の大学院生だったとき、わたしがムクドリさえ知らないことが露見して、自然愛好家の司書さんをあきれさせたことさえあった。

一九八二年、初めてカラハリへむかう途上、経由地のナイロビで伊谷さんのお供をして自然史博物館を訪れた。鳥類の夥しい剥製を前にして、伊谷さんは「南部アフリカの鳥類相は東アフリカとはかなり違っているだろう。それを見られるなんて羨ましい」とおっしゃった。わたしは「豚に真珠かも…」と呟いて師を苦笑させた。

ナイロビで伊谷さんをがっかりさせたことは、わたしの心にひっかかりとなって残った。カラハリに通い始めて十年ぐらい経つと、同定できた鳥のリストもさすがに増えてきた。首都ハボローネで買った英語の鳥類図鑑をボロボロになるまでめくった［Newman 1989］。そして図版の下に、タブーカたちから教えてもらったグイ語の名称を書きこんだ。

転機は一九九六年におとずれた。その年、わたしはカデ定住地の東のはずれに住んでいた。十月初旬、雨季が始まりかけた蒸し暑い日のことだ。タブーカ、カーカと罠の見まわりに行き、収穫ゼロでがっかりして帰る道すがら、すばやく飛び去ってゆく小鳥を見かけた。「ノロだ。」それをきっかけにして、タブーカとカーカは、歩きながら、かけあいでひとつのお噺を語ってくれた。それが、わたしが鳥の神話を聞いた最初だった。

【4-1】モズがワシを欺した

昔むかし、だれかが鳥たちすべてを集めた。〔奇妙なことにだれかは明示されない。わたしが「ガマ（神霊）か?」と尋ねると、「たぶん」との答え。しかし、これはフィールドワークでは厳に慎むべき誘導尋問である。〕「おまえたちのなかでもっとも偉いのはだれだ?」ハトが答えた。「私です。私の心は良い。私は人間を悩ますことなどできない。」しかしゴマバラワシ〔以下、ワシと略す〕は言った。「おれだ。おれは強いぞ。」集めた人（神?）は言った。「じゃあ飛んでみろ。みんなを追い越したものがいちばん偉い。」鳥たちは飛んだ。キクスズメはすぐ疲れた。コマドリもすぐ疲れた。ハトもすぐ疲れた。だがワシはみんなを追い越し高く飛んだ。ノロはワシの翼のあいだの肩の上に乗った。ワシはゆうゆうと舞い降りた。ノロは飛びあがり、ワシのすぐ先に降りたので、ノロがいちばん偉いということになった。ワシは怒り、ノロをやっつけようとしたので、ノロは穴の中に飛びこんだ。だから、ノロは今でも素早く逃げて穴に入る。

その後、幾度かこの鳥に遭遇したが、双眼鏡の照準を合わせた瞬間に飛び去ってしまう。そのたびに物語のリアリティを実感した。アフリカジュズカケバト（テビ ǂʱebi）〖写真4-1〗、キクスズメ（ツォエン tsʼoẽ）、アカオヤ

写真4－1　ハト

写真4－2　コマドリ

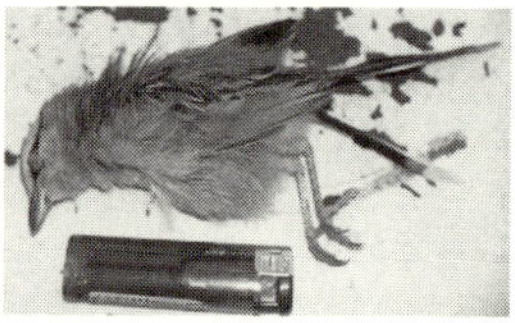

写真4－3　チャガシラヤブモズ

ブコマドリ（ヅェナネ glènànē）〖写真4－2〗といったありふれた鳥たちと、警戒心の強いこの鳥とのあいだには、人間からの距離に顕著な対照がある。その対照が鳥世界での地位の分化として表現されている。ノロ ŋ!òrō の正体がチャガシラヤブモズであることがわかったのはずっと後のことである〖写真4－3〗。

鳥の位置づけ

「鳥」は、民族動物学においてとくに重要な位置を占めるクラスである。わたしが関心を寄せてきた「身体化された心」と呼ばれる認知科学の潮流の礎になっている学説がある。認識人類学と認知心理学の接点で発展したプロトタイプ理論である。エリーナ・ロシュはアメリカの大学生が「鳥らしさ」をどのように認知しているかを明らかにする実験を行った。そこから、「鳥」というカテゴリーは、スズメ、コマドリ、カナリア、ハトなどの

「典型例」が中心を占め、ペンギンやダチョウなどが周縁に位置する放射状構造をもつことを導きだした［Rosch 1975］。「飛ぶ」という卓越した特徴が、このクラスを人間の認識にとってもっとも顕著な「生活形」にしていると思われる。

グイには、生活形としての「鳥」（ゼラ dzera）というカテゴリーの同一性指定について曖昧さはない。ダチョウのような巨大な鳥も、キクスズメのようなちっぽけな鳥も〈ゼラ〉であることに変わりはない。しかし、食の対象としては〈ゼラ〉は大きな異質性をそのなかに抱えもっている。ホロホロチョウとシャコ類二種を含むキジ科の鳥は「ニワトリのようなもの」で、多くの人が好む食物である。ノガン科の三種も罠でよく捕獲されるが、第三章で示したように、アフリカオオノガンとクロエリノガンは〈ショモ〉、つまり老人と幼児にのみ許された肉である。ダチョウとその卵が貴重なご馳走であることは言うまでもない。肉量が比較的多いサイチョウ科の二種もよく捕獲される。逆に猛禽類は偶然に罠にかかっても、それを食う男は少数派である。多くの小鳥は子どもたちの弓矢遊びの標的である（近年はパチンコも用いられる）。しとめられた小鳥のほとんどは熱い灰で焼いて食われる。このように、小鳥たちの多くは目につきやすく鳴き声もしょっちゅう耳に入るが、食物としての価値は高くない。かれらは「殺して食う」というグイの基本的な身構えが投げかける射影から、ややはずれたところに位置するのである。

名前に刻まれた認識

表4-1に現在までに同定しえたすべての鳥類を示す。方名（属体名）は七六種類（および別名六種類）が採取されたが、これは生物学的種八一種に対応する。同定されたが方名が知られていない種が一種だけあった。ミナミカマハシである。長く彎曲した嘴をもったこの黒い鳥は再定住地コエンシャケネで観察されたもので、「カデでは見かけないので名を知らない」という。

これらの方名は、ある属体名の下位区分としての並列的な種体名を含まないという意味ですべて一次語彙素である。表4-2にその語彙素分析を示す。七六種の方名のおよそ半分強（五四パーセント）が分解不可能な語彙素、残り半分弱（四六パーセント）が分解もしくは説明が可能な語彙素であった。さらに後者のおよそ四分の一が鳴き声の擬音語のみで構成されていた。分解可能で生産的な語彙素、すなわち「鳥」という生活形名を含む語彙素（八種類）は次のようなものである。

【4-2】生産的な語彙素（〜鳥）をもつ鳥の名

①ピリ-ゼラ piri-dzera（ヤギ鳥＝アマサギ）はいつもヤギのそばにいる。ヤギの体についた傷をつついて血を吸うのである。

②ペーン-ゼラ pẽẽ-dzera（ペーン鳥＝シロマユコゴシキドリ）は、ペーンペーンと鳴く。

表4－1　中央カラハリに棲息する鳥類

目	科	標準和名	学名	方名（グイ語）
I	コウノトリ科	アオハシコウ	*Ciconia abdimii*	guuʔò
		アマサギ	*Bubulus ibis*	piri-dzera
II	チドリ科	オウカンゲリ	*Vanellus coronatus*	dà̰ī
	イシチドリ科	ケープイシチドリ	*Burhinus capensis*	!ʰòẽ!ʰòẽ
	ツバメチドリ科	アフリカスナバシリ	*Cursorius temminckii*	!āē-ʔò-ǀìì ①
		スナバシリ	*C. rufus*	!āē-ʔò-ǀìì ②
III	キジ科	セアカハネシャコ	*Francolinus lavaillantoides*	ǂ’énā
		サザナミシャコ	*F. adspersus*	!óbō
		ホロホロチョウ	*Numida meleagris*	ǀχane
IV	ダチョウ科	ダチョウ	*Struthio camelus*	gǀèrō
V	ノガン科	カンムリショウノガン	*Eupodotis ruficrinusta*	g!àī
		クロエリノガン	*E. afra*	ǁàà
		アフリカオオノガン	*Ardeotis kori*	gǂeu
VI	タカ科	ミミヒダハゲワシ	*Torgos tracheliotus*	qχ’áẽ ①
		コシジロハゲワシ	*Gyps africanus*	qχ’áẽ ②
		ゴマバラワシ	*Polemaetus bellicosus*	ǁχónō
		ダルマワシ	*Terathopius ecaudatus*	!óè!òbè
		トビ	*Milvus migrans*	tsùūkútsùbà
		コシジロウタオオタカ	*Melierax canorus*	g!úū-tsàm̀-ŋǁàē
		カワリウタオオタカ	*M. gabar*	ǀqʰónògá
		サバクノスリ	*Buteo buteo vulpinus*	ǀqama
	ヘビクイワシ科	ヘビクイワシ 〔その別名〕	*Sagittarius serpentarius*	gǀă̰õ 〔gèrām̀ʔóǁàm̀〕
VII	サケイ科	シロボシサケイ	*Pterocles burchelli*	ʔm̄m̄cà-gǁòlì
	ハト科	アフリカジュズカケバト	*Streptopelia capicola*	ǂʰebi
		シッポウバト	*Oena capensis*	zá̰ū
VIII	フクロウ科	メンフクロウ	*Tyto alba*	g!oãg!ona
		アフリカオオコノハズク	*Otus leucotis*	ǂʔēbē-rì
		アフリカスズメフクロウ	*Glaucidium perlatum*	ŋǂóm̀-gǀèrù
		クロワシミミズク	*Bubo lacteus*	ǁʔò̰m̀
		アフリカワシミミズク	*B. africanus*	ǀò̤õ
IX	ヨタカ科	ホオアカヨタカ 〔その別名：ガナ語〕	*Caprimulgus rufigena*	ŋǁàī 〔ǂʰaubà〕

表4－1（続）

目	科	標準和名	学名	方名（グイ語）
X	ハチクイ科	エンビハチクイ	*Merops hirundineus*	ɟúù-qàm̄
	ブッポウソウ科	ライラックニシブッポウソウ	*Coracias caudata*	ǁábàxàm̀kúdzǎẽ
		チャガシラニシブッポウソウ	*C. naevia*	ǀhoã
	カマハシ科	ミナミカマハシ	*Rhinopomastus cyanomelas*	?
	サイチョウ科	キバシコサイチョウ	*Tockus flavirostris*	ɢóbà
		ハイイロサイチョウ	*T. nasutus*	!abe
XI	キツツキ科	アフリカコゲラ	*Dendropicos fuscescens*	!’órò-ǀʔõ ①
		クロヒゲゲラ	*Thripias namaquus*	!’órò-ǀʔõ ②
XII	ツバメ科	ツバメ	*Hirundo rustica*	ŋǂáà-ŋǂèrà
	ゴシキドリ科	シロマユコゴシキドリ	*Lybius leucomelas*	péẽ-dzera
	ヒバリ科	ハヤシヤブヒバリ	*Mirafra sabota*	g!āmāné
		ハイイロヤブヒバリ	*M. apiata*	!òp̄!òp̄-cùī
	オウチュウ科	クロオウチュウ	*Dicrurus adsimilis*	ǂháṵ̄ǂʔà̰nà
	カラス科	ムナジロガラス	*Corvus albus*	!ă̰ ã
		ツルハシガラス	*C. capensis*	ǁʔò̰à̰rà
	ヒヨドリ科	アカメアフリカヒヨドリ 〔その別名：グイ語〕	*Pycnonotus nigrican*	háīcàkùlē 〔!ābīrì!áī〕
	シジュウカラ科	ハイイロガラ	*Parus cinerascens*	ǀee-dzera
	ヒタキ科	シロクロヤブチメドリ	*Turdoides bicolor*	qχ’ááqχ’ába
		ハジロアリヒタキ	*Myrmecocichla formicivora*	cʰui
		アカオヤブコマドリ	*Erythropygia paena*	gǀènànē
		ウタツグミモドキ	*Turdus litsitsirupa*	ŋ!ābē-ŋǁà-ǂʔuru
		クロエリサバクヒタキ 〔その別名：「止まる・入る」〕	*Oenanthe pileata*	còbōròcó 〔cie-ǂāã〕
		ケープカラムシクイ	*Parisoma subcaeruleum*	chúī-cùāqχ’am
		ムナグロハウチワドリ	*Prinia flavicans*	ǂqàẽǂqàẽ
		マミジロセッカ	*Cisticola rufilata*	ǁ’òn̄ǁ’òn̄
		サバクセッカ	*C. aridul*	gǀèbīrí
		オオチャビタキ	*Bradornis infuscatus*	ǀχónō-dzera
		シロハラチャビタキ	*Bradornis mariquensis*	tsā̰mā
		キバラヒメムシクイ	*Ermomela icteropygialis*	cèrāciàɟina

表4－1（続々）

目	科	標準和名	学名	方名（グイ語）
Ⅻ（続）	モズ科	シロクロオナガモズ	*Corvinella melanoleuca*	gǂăãgǂàtsāō
		シロズキンヤブモズ	*Eurocephalus anguitimen*	kăãkăã
		ハジロアカハラヤブモズ 〔その別名〕	*Laniarius antrococcineus*	!ʰauǁgàē 〔gǁábèríqχ’àā〕
		ヒメヤブモズ	*Nilaus afer*	bóōrí-dzera
		チャガシラヤブモズ	*Tchagra australis*	ŋ!òrō
	ムクドリ科	アカガタテリムク	*Lamprotornis nitens*	gǁò̰ōrí
		コシアカテリムク	*L. australis*	dzùbū
		トサカムクドリ	*Creatophora cinerea*	!obi
	タイヨウチョウ科	ヒガシニシキタイヨウチョウ	*Nectarinia mariquensis*	ǂáàtàm̀pòō
	ハタオリドリ科	ハイガシラスズメ 〔その一般的通称〕	*Passer griseus*	bere-dzera 〔ŋǁàn̄-dzera ①〕
		オオスズメ	*P. motitensis*	ŋǁàn̄-dzera ②
		キクスズメ 〔その別名〕	*Sporopipes squamifrons*	ts’oẽ 〔ǀχóò-dzera〕
		マミジロスズメハタオリ	*Plocepasser mahali*	ǂqχ’aa-gǀò̰rī
		メンガタハタオリ 〔その巣の集合〕	*Ploceus velatus*	tsχ’áūtsχ’ànà 〔ǀò̤nēts’à〕
		アカハシオオハタオリ	*Bulanornis niger*	ǁóròxàm̀
		ミカドスズメ	*Vidua regia*	gǀà̰m̄-kúrī
	ツリスガラ科	キバラアフリカツリスガラ	*Anthoscopus minutus*	ǁ’uru-dzera
	カエデチョウ科	トキワスズメ	*Uraeginthus granatinus*	ǀhàrī
		オオイッコウチョウ	*Amadina erythrocephala*	gènāté ①
		ニシキスズメ	*Pytilia melba*	gènāté ②
	アトリ科	キイロカナリア	*Serinus flaviventris*	ŋǁàn̄-dzera ③
	ホオジロ科	キンムネホオジロ	*Emberiza flaviventris*	kó̰lè-qχ’oa

左端のローマ数字は分類学上の「目」を表す。Ⅰ：コウノトリ目、Ⅱ：チドリ目、Ⅲ：キジ目、Ⅳ：ダチョウ目、Ⅴ：ツル目、Ⅵ：タカ目、Ⅶ：ハト目、Ⅷ：フクロウ目、Ⅸ：ヨタカ目、Ⅹ：ブッポウソウ目、Ⅺ：キツツキ目、Ⅻ：スズメ目。①、②…などは、同一方名の通し番号。同定種の総数は82種、方名種の総数は76種である。両者の比は82/76=1.08。

表4－2　方名種の語彙素分析

<table>
<tr><td>生産的な方名（～鳥）</td><td colspan="3">非生産的な方名</td></tr>
<tr><td rowspan="4">8</td><td colspan="2">分解可能</td><td>分解不可能</td></tr>
<tr><td>オノマトペを含む</td><td>オノマトペを含まない</td><td rowspan="3">41</td></tr>
<tr><td>13</td><td>14</td></tr>
<tr><td colspan="2">27</td></tr>
<tr><td colspan="4">76</td></tr>
</table>

③ツェー-ゼラ ǀee-dzera（ウィルデビースト鳥＝ハイイロガラ）の頭はこの羚羊のように黒い。

④ツォノ-ゼラ ǀχónō-dzera（寒さ鳥＝オオチャビタキ）は、まるで寒くて震えるように、羽毛を打ち震わせる。

⑤ボーリ-ゼラ bóōrí-dzera（話す鳥＝ヒメヤブモズ）は、雄と雌が鳴きかわす様子が、人間が長ながと挨拶をしあっているように聞こえる。

⑥ナン-ゼラ ŋǁàn̄-dzera（スイカ鳥）という名は、少なくとも、オオスズメとキイロカナリアという異なる二種に適用される。いずれも、スイカの果肉や種子をよくつつく。

⑦ベレ-ゼラ bere-dzera（ベレ鳥＝ハイガシラスズメ）の「ベレ」は意味不明だが、この種もナン-ゼラと呼ばれるほうが一般的だ。

⑧ウル-ゼラ ǁ'uru-dzera（ウル鳥＝キバラアフリカツリスガラ）の「ウル」はスポンジ状の鳥の巣を意味する。

分解可能だが非生産的な語彙素は二七種類をかぞえるが、このなかには、それに含まれる形態素の関連性が不明なものも多い。また擬音語・擬態語を含むものもある。それ以外の明確に意味がとれる形態素を含む方名は以下の一二種類である。

【4‐3】分解可能で非生産的な語彙素をもつ鳥の名

①コエンコエン !ʰòẽ!ʰòẽ（ケープイシチドリ）は、まだら模様のある鳥で、方名の〈コエン〉は「ふくらんでいる」ことを表わす。脛が細いのにふくらんだ膝が目立つ『写真4‐4』。

②カエ‐オ‐ツィー !āē-ʔò-ǀìì（スナバシリまたはアフリカスナバシリ）も、地上性のつよい、チドリのような姿をした鳥である。この鳥は、人間のすぐ近くに立って、木のうしろに隠れ、局部を隠す前垂れの中を覗き見るという。肛門を見て、人を侮辱するのである。方名は、まさに「前垂れ（カエ !āē）の中を（オ ʔò）覗く（ツィー ǀìì）」であり、この鳥が頭を上下させる習性をそのまま写しとっている。

③グー‐ツァム‐ナエ g!ʼúū-tsàm-ŋǁàē（コシジロウタオオタカ）の〈グー〉は「平穏にしている人を怒らせる」という動詞、〈ツァム〉の意味は不明、〈ナエ〉は「しゃべる」という動詞。この美しいタカがいつも他の鳥をいじめるところからついた名前らしい『写真4‐5』。

写真4‐4　ケープイシチドリ

写真4‐5　コシジロウタオオタカ

④エベリ ǂʔēbē-rì（アフリカオオコノハズク）の〈エベ〉は「耳が立って頭が平たい」という意味の動詞、〈リ〉は指小辞であろう。いうまでもなく、この鳥の頭の形を記述している。

⑤ノムーヅェル ŋǂóm̀-gǀèrù（アフリカスズメフクロウ）の〈ノム〉は「丸くする」という動詞、〈ヅェル〉は、女たちがスイカをボールのように投げわたしながら踊る「メロンダンス」のことである。この小さなフクロウは、巣の雛を守るため、下を通りかかった人間にむかって、羽を閉じ丸くなって体あたりしてくる。その習性を写しとった名前だろう。

⑥ナアーネラ ŋǂáà-ŋǂèrà は日本でもおなじみのツバメである。〈ナア〉は「見つめる」という意味の動詞だが、〈ネラ〉の意味は不明である。最初の形態素は、ツバメが「人に近づかず、空から見つめ、水を探す」ところからきているという。

⑦ギュウーカム ɟúù-qàm̄（エンビハチクイ）は黄緑色でツバメのような尾をもつ美しい鳥。〈ギュウ〉はエランド、〈カム〉は胆嚢の意味だ。色彩がエランドの胆嚢そっくりだからである。

⑧ナベーナーウル ŋ!ābē-ŋǁà-ǂʔuru（ウタツグミモドキ）の〈ナベ〉はキリンのこと、〈ナ〉は「角」ŋǁàà の短縮形。まだら模様がキリンに似ている。最後の〈ウル〉の意味は不明である。

⑨キュイーキュアカム chúī-cùāqχʼam（ケープカラムシクイ）は〈キュイ〉（傷）と〈キュアカム〉（肛門）の合成語である。腹部の後方（肛門付近）が赤く、傷口のように見える。

⑩ヴァムークリ gǀ̃ám̄-kúrī（ミカドスズメ）の雄の尾はとても細長い。〈ヴァム〉は「水平にわたした竿に干した肉」を意味する。尾の形状からの連想だろう。〈クリ〉の意味は不明。

⑪コレーコア kǫ́lè-qχʼoa（キンムネホオジロ）は〈コレ〉（食用の野草）+と〈コラ〉（生《なま》の）の合成語である。この鳥の美しい色彩を「生のコレのような鮮やかな黄色」にたとえている。

⑫カアーヴォリ ǂqχʼaa-gǀ̃ǫ̀rí（マミジロスズメハタオリ）は、〈カア〉（草のかけら）と〈ヴォリ〉（ホソマングース、前章に登場したイヌの「食うと病むもの」）の合成語である。前者は、この鳥の食性を表わしているのだろうが、マングースとの関連性は不明である。

表4-2に示したように語彙素の種類を問わず分解（説明）可能な方名の意味を分類すると、そのおよそ四〇パーセントは鳴き声や鳴きかた（ケラ類のように木をつつく音も含めて）から由来している。このことは、グイにとって鳥を認識するうえでもっとも重要な特性がその鳴き声や囀りであることを示している。

さて、このやや古典的ともいえる、鳥の方名の語彙素分析は、グイの動物認識にとってどんな含意をもっているのだろう。それは、第二章で示した哺乳類の方名と比較すれば一目瞭然である。まず哺乳類の方名は短いものが多い。三六例中、二音節の名が八六パーセントを占める。しかも、これらの方名はすべて分解することも説明することも不可能だ。これに対して、鳥の方名は、その鳴き声、形態、色彩、習性を記述したり写しとったりするものが非常に多いのである。ここからやや思いきった思弁を行うことができる。

ソール・クリプキの『名指しと必然性』は、可能世界論から固有名の問題を解き明かした独創的な著作として有名である［クリプキ 1985］。その後半で彼は、自然種の名前と固有名とは様相論理学的にみて同一の働きをすると示唆している。このクリプキの見解をヒントにして考えてみよう。昔むかし、権力者は、山の縁に田んぼを作った家の人びとを「山田」と名づけた。それはこの人びとのある特性を「記述」したものであった。だが、長い時間が経ったあとでは、この「記述」の由来になった特性など、だれもめったに思いださない。すなわち、「山」や「田」といった普通名詞は、固有名のなかに組みこまれることによって、その意味機能を凍結させてしまったのである。

人に名前を与えることと同様に、自然種を名づけるという言語活動もまた、長い歴史を経て積み重ねられてきたであろう。だとすれば、音節が短くもはや意味をたどることもできないほど「固有名化」した哺乳類の方名のほうがずっと昔に確立したのに対して、意味機能が息づいている鳥の方名は、自然種名としては生成の途上にあると推測することができる。属性記述が方名へと変化するプロセスそのものを次の例にみることができる。

——ハイイロヤブヒバリの雄は中空に舞いあがってから、羽をばたつかせて宙に浮かび、「ヒュイー」という甲高い鳴き声をあげて急降下してくる。図鑑の説明によれば、これは求愛のための誇示行動である。わたしがこの鳥の名を尋ねても、タブーカは知らなかった。だが、父のヌエクキュエは「コップコップキュイー !òp̄!òp̄-cùī」と答えた。

この方名は雄の特徴的な羽ばたき〔「コップコップ」は日本語のバタバタに対応する擬音語〕と鳴き声（キュイー）を描写しただけのものである。ひょっとしたら、これは年長者の「発案」であり、まだ「自然種名」として定着する手前にあるのかもしれない。

多様な言表化と談話

ノロがワシをだましたという民話に興味をひかれてから半年が過ぎた。プロローグで述べたとおり、一九九七年の三月下旬から四月下旬にかけて、雨季の終わりにカデに滞在したとき、タブーカとカーカは、鳥が活躍する民話をいくつか語ってくれた。それから間もなくコエンシャケネへの再定住計画が強行された。再定住からほぼ一年後、七〇種の方名について「何か話を知っているか？」と順次問いかけることを試みた。このインタビューには、キレーホとガナの年長者ダオノアとが協力してくれた。その後も、鳥についてグイの人たちが発することばを、おりにふれて書きとってきた。次節からは、語彙素の釈義には収まりきらない、長短さまざまの鳥に関わる言表、歌、談話《ディスコース》を分析する。

七六の方名種の半分以上（五一パーセント）の三九種類についてなんらかの語りが得られた。また田中二郎が採集した民話にもダチョウ、クロオウチュウ、サイチョウなどの鳥が登場するものがあるので、それらを加えれば、約六〇パーセントの種類について、グイはなんらかの「意味づけ」を行っていることになる。これらの語りは次の五タイプに分類できる。（1）習性や形状についての言及と派生語、（2）呼びかけの歌とダンス、（3）鳴き声を伴わないお告げと見立て、（4）鳴き声の言語的なぞらえとそれによるお告げ、（5）神話。さらに最後のタイプを（5a）習性や形状の起源を説明する物語、（5b）組織化された神話、という二亜型に分けることができる。以下では、この順番に沿って記述を進める。

二　注視と呼びかけ

習性・形状への注目と派生語

西欧の男性の礼装が文字どおり「燕尾服」〔英語からの直訳〕と呼ばれたり、前にそりかえった胸が「鳩胸」といわれたりするように、グイにおいても、鳥の姿形や色彩は、人間社会のさまざまな事柄と結びつけられる。

【4-4】鳥の形態と色彩からの見立てとお告げ

①ドオリ g‖ǒ̰ōrí（アカガタテリムク）の羽毛は濃い青緑色をしている。邪術を主題にした語りのなかに、次のような言いまわしがあった。「そのときにはドオリどもの眼の笑う男はひからびていた。」死んだ人の眼が、このムクドリの羽のように青黒くなっているさまを描写している。ただし、この「笑う」という動詞の用法はきわめて異例である［菅原 2006：88］。

②ゴアンゴナ g!oãg!ona（メンフクロウ）の目の周りの白い模様は、服にあいた穴に貼りつける皮に似ている。人は服を繕うとき「ゴアンゴナの〈目の開き〉でそこを塞ごう」と言う。

③カウガエ !ʰau‖gàē（ハシジロアカハラヤブモズ）の腹は鮮やかな赤色である。この鳥がキャンプに飛んでくると、罠に獲物がかかったというお告げである。キャンプの中も獲物の肉で赤くなる、と見立てている。別名をガベリカーg‖àbèríqχ'àā というが、〈ガベ〉は横隔膜のことである。獲物を解体したときに目につく横隔膜の赤い色からの連想だろう〖写真４－６〗。

さらに、鳥たちのさまざまな習性が、人間の関心をひき、ときにおもしろがらせる。

【４－５】鳥の習性への注目とお告げ

①コエコベ !óè!òbè（ダルマワシ）が飛んでいるところを見あげると、尾羽が目立たず尻が丸いように見える。このワシは「オーッ」と太い声で鳴き、死んだ動物の目玉を食うといわれる。

②ダオン g!ãõ（ヘビクイワシ）は、アフリカのサバンナでよく見かける、脚の長い猛禽類である。人を怖れると後頭部の冠毛と尾羽を揺すって走るので、その様子を「娘のようにはしゃぐ」という。娘が大きなおっぱいを揺すって両肩を交互に揺らしながら走るさまに似ている。

③ザウ zãū（シッポウバト）は、雨季にたくさん飛来する、尾の長いハトである。このハトが人を怖れず家の近くにおりるなら、「遠くから訪問者がやってくるよ」というお告げである。

④ノムヅェル（アフリカスズメフクロウ）についてはすでに【４－３】

写真４－６　アカハラヤブモズ

⑤で名の由来を述べた。巣の付近を人が通りかかると、母鳥は怒って頭突きをくらわせる。さらに「ヒューヒューヒュー」と鳴いて夫を呼び、夫婦でぶつかってくる。人はよけて逃げまわるしかない。

⑤オム ǁʔòm（クロワシミミズク）はミミズク類中最大の種である。耳がなく丸い頭をしている。小さな羚羊スティーンボックさえ捕える。腸をついばんだあと、死骸をワシづかみにして、飛んでゆく。「ブッ、ブッ、ブッ」と〈パーホ〉（猛獣）のような低い声で鳴き、夜行性のトビウサギをだます。トビウサギは、夜間採食するとき「ヘッ、ヘッ」と喘ぎ声をだし、「性交しよう」と異性を誘う。オムが「ムッ、フッ、フッ」と鳴くと、トビウサギは別の仲間が鳴いていると思いこみ、そっちのほうへぴょんと跳ぶ。そこに襲いかかり爪で刺し殺す。

⑥コロ-ツォ !'órò-ǀʔõ（キッツキ）の方名の〈コロ〉は「コッコッ……」と木をつつく音の擬音語、〈ツォ〉は「羽毛」のこと。人が斧で木を叩くように、木に穴をあけて家を作っている。

⑦ヅェビリ glèbīrí（サバクセッカ）はヒバリに似た地味な鳥である。「テッテッテッ、ヒューヒューヒュー」と、人間が手拍子をとり口笛を吹くように歌う。尻が見えそうな短いスカートを「ヅェビリ・スカート」と呼ぶ。男は「すぐ性交できそうだ」と思い、欲情してしまう。

⑧キョボロキョ còbōròcó（クロエリサバクヒタキ）は、他の鳥の声を鳴くのが上手である。別名キエ-タン cie-ǂãã（止まる-入る）とも呼ばれる。人が近づくとぴたっと止まり、素早く穴に入る。

⑨ゴバ góbà（キバシコサイチョウ）には特異な習性がある。雌が抱卵すると、雄は木のほらの口をふさいで雌の嘴だけが出るようにし、餌を運ぶ。「産後、家に籠もる」という意味の〈ゴベ〉góbè という自動詞はゴバからの派生語である。女性は出産の後、数週間、新生児と家の中に籠もり、女性親族から食べ物を与えられ、ゆっくり産後の疲れをいやす。

鳥たちの形態・色彩・習性に注目し、それらを人間と関連する事象に見立て、お告げとして受けとめることこそ、コミュニケーションの原初形態としての思い籠めにほかならない。鳥たちは人間の都合にはおかまいなく、囀り、飛びまわっているのだが、グイはそこに何かしら自分たちの社会生活と結びついた意味（サンス）を発見するのである。

歌い呼びかける

子どもたちが夕暮れどきに群れ飛ぶ黒い鳥を見あげながら「カラス、なぜ鳴くの？」と問いかけるとしたら、そのような感性こそ、グイが鳥たちに呼びかけ、歌いかけ、ときにはからかう、その身がまえと連続しているであろう。表に掲載した科の順序とは食い違うが、わたしが鳥に投げかけるグイのユーモアに魅せられるきっかけをなした歌から始める。

【4-6】ブッポウソウへ呼びかける歌

タバハムクーザエン ǁábàxàm̀kúdzã̆ẽ（ライラックニシブッポウソウ）は、英名（和名も）のとおり藤色をした美しい鳥だ。方名の末尾の「ザエン」は木の硬い部分に斧が「ガチン」とあたる音のことだ。この鳥は人間のような声で「ウワッ、ウワー」と鳴いて肩を揺するので、次のように歌ってからかう。

〽ゴーン・エー・ノム・ツァ・ヌロ・ワ・ターン、カラ・エー・ノム・ツァ・ヌロ・ワ・ターン g!õõ ǀʔee ŋǂōm̄ tsá ŋǂúrō wà ǂāã, ǁárà ǀʔee ŋǂōm̄ tsá ŋǂúrō wà ǂāã（ゴーンの熾《おき》がおまえの背中に入ったな！　カラの熾がおまえの背中に入ったな！）〖写真4-7〗

ダオノア（左）とキレーホ

写真4－7　ブッポウソウ

ゴーンもカラもアカシアの一種で、その枯れ枝は薪《たきぎ》として最適である。この鳥は背中だけが茶色いので、これを火傷とみなし、焚き火の燠がはねて背中に入ったために熱がっていると見立てるのである。組織的なインタビューのとき、キレーホとダオノアは肩をすくめて両腕を広げ、「ウワッ、ウワー」とブッポウソウのだみ声をまねた。その滑稽な仕草にわたしは大笑いした。この歌と相前後して、次のような歌も教わった。

【4－7】ヨタカをからかう歌

ナイ ŋǁàī（ホオアカヨタカ）の母鳥は、抱卵を始めると、巣にうずくまったまま逃げなくなる。子どもたちはその周りを歌いながら踊って回る。〈サ・ナイ・シュブ、サ・ヅァ・ペー sà ŋǁàī súbū, sà gǀà pēē（おまえ〔女性形二人称単数命令形〕ヨタカ弱くあれ。おまえほら飛べよ）〉

子どもたちが手拍子を打ち鳴らしステップを踏むまんなかで、目をぱちくりさせながらじっとしているヨタカの姿は、想像するだに微笑ましい。何年も経って、キレーホとカーカに実際に踊ってもらった。二人は大きく脚を広げてしゃがみこみ、股の内側から腕をつっこんで自分の踝を握りしめ、ぴょんぴょん跳びはねた。無理な姿勢なので、やがて後ろにひっくり返った。こんなに騒ぎたてられても、母鳥はじっと我慢しているのだろうか。

本題からはやや脱線するが、もうひとつヨタカの話しを書きとめておく。コエンシャケネに他の日本人が滞在していないときは、夕飯を済ませて調査助手たちが帰ってゆくと、わたし一人が「日本人キャンプ」で夜を過ごすことになる。ある夜、みんなが帰ったあと「コプ、コプ、コプ、ブルルルル・・・・」といつまでも続く変な音が南のほうから聞こえる。まったく途切れることのない音で、とても動物の声のようには聞こえない。翌朝、やってきたキレーホたちに訊いてみた。「エンジンみたいな音…」と言うとすぐにわかる。「そりゃ、**ナイ**だよ。こいつの鳴き声を聞くと、その夜の焚き火の燠は全然消えず、朝までもつんだ。」あとで図鑑をひいてみると、「小さなエンジンのような声が長く持続する」と書いてあった。なるほど……。

次の二つの歌はきわめて単純なものだ。

【4―8】コウノトリとトビへの呼びかけの歌

①雨季のカデ定住地で水汲みに行ったとき、見慣れない黒っぽいコウノトリを見かけた。**グーオ** guuʔò（アオハシコウ）である。〽グーオ、グーオ……とリフレインする歌と踊りがある。

②**ツークツバ** tsùūkútsùbà（トビ）は毎日のようにフンコロガシを食っているという。そこで、フンコロガシの視点に立った次のような歌がある。〽ツークツバ、キ・ガノ・カエ tsùūkútsùbà, cì g‖ánò !ʰáē（トンビよ、おれの腰骨〔股関節？〕を刺したな）

さて、カラハリにはウズラをひとまわり大きくしたようなシャコ類（キジ科）二種が棲んでいる。人びとは「ニワトリの妹だ」と言って、この肉を好む。**エナ** ǂʼénā（セアカハネシャコ）の歌とは次のようなものだ。

【4-9】シャコへ呼びかける歌

〈キョーン・テー、キョーン・テー、エナーシ・キ・オン。ヤ・カエン・サ・クオム。キョーン・テー、キレ・ヘ・サ・ツォン cṍõ ŧéẽ, cṍõ ŧéẽ, ǂ'énā-sì cì ǂʔoõ. já !âẽ-sà kuom. cṍõ ŧéẽ, cìrè hẽẽ sà |qχ'ṍõ.（キョーンの鼻、キョーンの鼻、シャコがよく食べるよ。で、良い匂いがする。キョーンの鼻、おれはあんた〔二人称女性形単数対格、シャコのこと〕を殺すだろうよ）

〈キョーン〉とは、雨季に生える食用の野草のことである。草の根もとを掘り棒の尖った先端で切断すると、端に固い部分がのこる。これを「鼻」と呼ぶ。この歌詞のあとには、小斧の刃を錐で「ツィリリリリ」と研ぐ音、そして錐で皮にプツッと穴をあける音とを口まねで出すのだが、なぜシャコと皮の縫製が関連しているのかは不明である。

エナの歌は次のような遊びのなかで歌われる。二人の子どもAとBが対戦する。まず砂を一つかみ握ってさらさら落とし、風向きを確かめる。Aが風上（カオ !ao）、Bが風下（アム |ʔam）に決まったとしよう。二人は向かいあって砂の上に正座し、片手の拳で自分の胸を叩くと同時にもう一方の拳で前の地面を叩く。手の右左を交互に替えて繰り返し叩く。両者の呼吸を合わせてこの動作を同時に止める。その瞬間に地面についた拳が相手の拳と「交差関係」（たとえば、Aの右手とBの右手）になったら風上のAの勝ち、「鏡像関係」（たとえば、Aの右手とBの左手）になっていれば、風下のBの勝ちとなる。勝ったほうは自分の前の砂を手で掘って印をつける。この一セッションを何回も繰り返し、最終的に自分の前につけた印の多いほうが勝者となる。小型の羚羊の名前をとって〈ガエン・カム〉g!áẽ-qχ'am（スティーンボックのやりかた）と呼ばれる遊びもこれと似ているが、歌の代わりに

「ハッ、ハッ」と喘ぎ声（吸気音）を発するところが違っている。

最後に、歌ではなくて、単なる呼びかけのことばを挙げておこう。

【4-10】ヒタキへの呼びかけ

ツァマ tsāmā（シロハラチャビタキ）の方名は「ツェーン、ツェーン、ツァワ、ツァワ……」という鳴き声の擬音語である。オオチャビタキ（【4-2】の④）と形は似ているが腹の白さが目立つこの鳥は、人が皮なめしをしていると、そばに舞い降りて、皮から削り落とされた獲物の毛を嘴でひっぱって持ちあげる。それを投げ捨てて飛びたち、また近くに降りる。人は呼びかける。「錐を探しておれにくれ。おれの錐をおれはあそこで夜に落としちゃったから」（エナの歌にも登場したこの錐で、皮をこする小斧の刃を磨いて切れ味をよくする）。するとツァマはいつまでも飛びたとうとしないので、矢を射かけることができる。

【4-9】のエナの歌と同じく、鳥に向けた呼びかけや歌の背後には「殺す」というもくろみが隠されていることがある。それらは、私たちが思い入れるほど詩的な言語活動ではなく、むしろ、相手の気を惹き油断させる企みの一環なのかもしれない。そのことも含めて、これらの歌と呼びかけこそ、序章で提示したコミュニケーションの定義、すなわち「私の情報意図はあなたに理解されるかもしれない」という期待の投げかけにぴったり当てはまる。ブッポウソウが肩を揺すってだみ声を出す姿をおもしろがるかぎりにおいて、自分のことばが「彼（女）」に通じているという思いは人間にとって単なる幻想ではなく、身体的な現実なのである。私たちの文化に

おいても、子どもがそのような思いと共に生きていることに気づくことがある。(1) そんなとき、私たちは、子どもは天性の詩人だと感心する。だが、異質な他者へのコミュニケーション期待を捨て去った私たちの社会のおとなとは、じつは世界に対するきわめて特殊な身構えに固着した実存の仕方なのである。

三　言語へのなぞらえとお告げ

鳴き声をことばになぞらえる

鳥という他者について考えるうえで、本節はもっとも本質的な意味をもっている。鳥は鳴く。それを聞く人がその声をことばになぞらえることは、日本人にとっておなじみのことである。(2) カラスは「アホーアホー」と人を馬鹿にし、ウグイスは「法華経」を唱え、ホトトギスは「テッペンカケタカ?」と問う。学生時代、大文字山で植物生態学の実習をしたとき、やかましい鳥の声を聞いた。引率の教官（全共闘に好意的な助手だった）が「あれはオマワリや」と教えてくれた。コジュケイが「チョットコイ、チョットコイ」と鳴いていたのだ。これと同じように、グイは、いろんな鳥の声にグイ語をあてはめる。

――【4-3】①で紹介したコエンコエン〔ケープイシチドリ〕は、夕方に「ピーッ、ピーッ」と鋭い声で鳴く。こんな単調な鳴き声も、母親が乳児をあやすことばとして聞きなぞらえる。〜ギエ・エ、ノオ・ネ・ツォム ɟìē é, ŋ!óō ne |óm̄〔ママちゃんや、黙っておっぱいを吸いなさい〕。

冒頭の「ギエ・エ」は直訳すれば、「母ちゃんよ」という呼びかけである。グイ語の親族呼称には、「逆転」という興味ぶかい特質がある。子どもから「母ちゃん」と呼ばれるべき母親が、子どもにむかって「あやしことば」として「母ちゃん」と呼びかけるのである。「父ちゃんよ」、「じいちゃんよ」、「おばちゃんよ」、「おばあちゃんよ」を表わす「バー、エ」「ババ、エ」「マー、エ」「ママ、エ」も同じように使う。わたしが年長者にインタビューしているときも、かれらはよく「ババエ」「ママエ」などと言う。つまり年長者は、わたしを息子や孫〔甥〕扱いして、親しみをこめて「父ちゃんや」「ばあちゃんや」などと呼んでくれていたのである〔菅原 2013c：328–329〕。次に、さまざまななぞらえを列挙する。

【4–11】鳥の声の聞きなぞらえ（カラス、オウチュウ、ムシクイ、モズ、ホオジロ）

①ムナジロガラスの方名カアン !ãã は擬音語である。しかしこのカラスは、日本のカラスとは異なる複雑な鳴き声をあげることがある。これは次のように言語化される。「イカオ・カワ・キャ・アー ʔíǁàò qχ’awa cíā !ʔaa」〔おまえたち〔男性複数〕は今におれを知るだろう〕、「ツァム・キャ・アー？ tsám̀ cíā !ʔaa?」〔おまえ〔男性単数〕はおれを知っているか？〕、あるいは「ツィ・ハ・キャ・アー」〔おまえ〔男性単数〕はおれを知るはずさ〕。これらはいずれも、邪術師が「おまえたちはおれの力を思い知るだろう」と嘯《うそぶ》くことばなのである〘写真4–8〙。グイもまた、わたしたちと同じようにカラスに不気味さ〔不吉さ〕を感じているようである。このことは次節で示すツルハシガラスの

写真4－8　ムナジロガラス

写真4－9　クロオウチュウ

神話にもっとも鮮明に表われている。

②**ハウアナ** ǂhą́ũ̄ǂʔą̀nà（クロオウチュウ）はカラハリに暮らすとまっさきに目につく印象的な鳥である。まっ黒で尾はツバメのようにV字状に切れこんでいる。田中二郎が記載した「子さらい」の民話〔第五節参照〕では、**ハウアナ**は「テー・ツロ・カエン ǂèè ts'uro qχ'ãẽ̄、キュエン・クリ c'ôẽ̃ kúrī̄、キュエン・クリ」と鳴く。訳せば「チンボ腐れを笑う、良い（美しい）年、良い年」である[3]〔Tanaka 2010:pp.30-31〕。この鳥の囀りは、「テー・オエン ǂèè ǂʔõẽ̄」（亀頭をむく）とも聞きなされる〖写真4－9〗。

③**キエラキャギナ cèrāciàɟina**（キバラヒメムシクイ）はメジロ大の小さな鳥で腹が黄色い。方名は「キレ・キ・ツァ・ギナ cìrè cì tsá ɟina」（私はあなたにへりくだる）という聞きなぞらえから派生している。こんなことを言っているから、梢の中に隠れていた**テメ**（サバクオオヤマネコ）に簡単に捕まって食われてしまうのだ。

④**カーンカン kãākãã**（シロズキンヤブモズ）の方名も、この鳥の鳴き声を模した擬音語である。カケス大の白っぽい鳥で、フワッフワッと特徴的な飛びかたをする。**カーンカン**は、夜、心細くて「カーン、カーン」と情けない声で鳴く。人間がわざと「ブオー」と大声を出しても、怯えて鳴く。「パーホービ？ paaxo-bi̋？ パーホービ？ イイホーシ？ ìĩxó-si̋？ イイホーシ？」（パーホ〔猛獣〕か？ パーホか？ なんだい？ なんだい？）と言っているのだ。

⑤**コレコワ**（キンムネホオジロ）の方名の由来は【4－3】⑪で紹介した。この小鳥は、「コアコア・テーー !ǫa!ǫa

ǂēē::::」と鳴く。〈コアコア〉とはスティーンボックの幼獣の小さな耳のことであり、〈テー〉も耳を意味する。自分の罠にかかったスティーンボックがあまりにちっぽけなので、「妻と子どもたちだけで食っても腹がふくれなかろう」と恥じている。

写真4−10　アカメヒヨドリ

ハイキャクレ haícàkùlē（アカメアフリカヒヨドリ）は後頭の毛が立っているので頭が四角く見える〔写真4−10〕。黒い顔に赤い目がひときわ鮮やかだ。この鳥の鳴き声は、数年に一度なる〈ノネ〉ŋǀònē は、細い常緑の葉を茂らせるフウチョウソウ科の喬木で、ひょろっとした姿はカラハリの原野でとくに目立つ。他の木々が葉を落としてしまう乾季には、稀少な日陰をつくってくれる。

【4−12】ヒヨドリのいまいましさ

ハイキャクレはノネの実が大好物で、後足で枝を引き寄せ、嘴で実をついばみ、皮をぽろぽろ捨てる。その鳴き声は「イキョ・キャ・ティー・ダ・カラ・オ ícīo cíā ǂii da qʰárā ʔò」（あんたたち〔男女複数〕、私を呼んで「ノネの実を容器の」中に吐き出させて）と聞こえる。〈カラ・オ〉とは、〈ノネ〉の実を噛んで種子だけ口の中に残し、果肉を唾液と共に容器の中に吐きだすことをいう。器に溜った果肉を小枝でかきまわし放置しておくと、発酵し甘みが増すのである。

貴重な〈ノネ〉の実をぼろぼろ落としながらついばむいまいましいヒヨドリを見あげながら、こいつは人間の専売特許である〈カラ・オ〉という特殊な採集法を羨んでいるのだ、と考える。生活の文脈とぴったり合致したことばを鳥の声に聞きとっているのである。

写真4－11　オウカンゲリ

告知者としての鳥

たとえ鳥の鳴き声を人間のことばになぞらえることがなくても、それが何かのお告げとして解釈されることがしばしばある。

【4-13】鳴き声によるお告げ

①ダイ dà̰ī（オウカンゲリ）は広く見られるチドリの仲間。頭頂が白と黒の縞に彩られているので冠をかぶっているように見える。長い脚は鮮やかな朱色だ。飛びながら「ツェ、ツェ、ツェ……」とけたたましい声を発する。この声はナイフを研ぐ音に似ている。「罠に獲物がかかっているぞ、ナイフを研いで獲物を切り裂け」と教えているのである『写真4-11』。

②ガイ（カンムリショウノガン）は、すでに第二章の末尾や前章の【3-1】で紹介した『写真2-7』。罠猟に行き、誘導柵を連ねている途中でガイが鳴きながら飛ぶと、もうその場所では獲物はけっして罠にかからない。だから、あきらめて罠を仕掛けずに帰ってきてしまう。だが逆に、誘導柵を作るために木を折っているときに、遠くでガイがキョキョキョキョキョ……と鳴くと、「エヘー、おれの腕は生きている」と考え、良い気分になる。「この罠にはかか

るぞ。木の折れる音を聞いてガイが怖れている。この罠に獲物がはいって暴れまわり倒れることをガイが知って怖れている。」また、夜、ライオンが近づいてきて、小枝をポキッと踏んで折ると、ガイはそれを聞きつけて鳴く。人は起きて火を大きくし、翌朝、案の定、ライオンの足跡を見つける。またガイはハゲワシの舞っていることも知らせる（後述）。

③エベリ（アフリカオオコノハズク）の名の意味は【4-3】④で紹介した。このコノハズクはエランドが近くを通りかかると、「ホーッ、ルルルル……」と鳴く。人はそれを聞いて言う。「アー、あそこのエベリが鳴いている所にエランドがいるぞ。やつはエランドの角の上に乗っているんだ。」そしてその方角に進み、エランドを見つけて狩る。

④キュイ cʰui（ハジロアリヒタキ）は黒い小鳥である。方名は鳴き声の擬音語だ。この鳥は穴に住んでアリを食べており、穴の所在を人に教える。人が歩いてくると、キュイは人を怖れ、「キュイー、キュイー、ツツツ」と鳴いて翼を羽ばたかせ、近くの木の上に飛んで行ってすわり、また鳴く。そこで人は前方に穴があるのを知り、穴に足をつっこまずにすむ。

⑤カーカバ qχ'áàqχ'ábà（シロクロヤブチメドリ）はムクドリ大の白い鳥。嘴や尾の黒さがひときわ鮮やかだ。木に集まって「ツォコエン、ツォコエン……」とやかましく鳴くのを聞くと、人は「カーカバたちが、カマ（ハーテビースト、大型の羚羊）の皮を小斧でこすっているぞ」と言う。

⑥タータムポー ŧáàtàmpóō（ヒガシニシキタイヨウチョウ）は青緑色の金属光沢をして下腹部が深紅色の美しい小鳥である。長い嘴は弓なりに湾曲している。「キュン、キュン、キュン……」と仔犬のように鳴いて「人がすぐ死ぬぞ」あるいは「人がどこかで死んだぞ」と凶兆（ズィウ）をしゃべっている。この鳥はだれも食わない。食うと死ぬとされている『写真4-12』。

⑦ツォエン（キクスズメ）は冒頭の【4-1】にも登場した。スズメより小さく、頭頂に鱗状の黒い模様がある。方名は鳴き声の擬音語。別名をツォーゼラ |χóò-dzera（ゲムズボック鳥）という。ライオンが木の下を通ると、「ツェーツェツェツェ……」と鳴くので、人はライオンの接近を知る。また狩人がツォー（ゲムズボック）に忍び寄ると、「ツエ、ツエ、ツエ……」と鳴いて知らせる。ツォーは振り返り、人を見つけて逃げてしまう『写真4-13』。

写真4−12　タイヨウチョウ

写真4−13　キクスズメ

右のリストの②で述べられる「**ガイ**のお告げ」は、とくに注目に値する。そんなジンクスが罠猟という重要な生業活動の帰趨を左右するなどということは、私たちの常識では理解しがたいことだ。そこで、わたしはあるときキレーホたちに尋ねた。「どうして**ガイ**は、罠に獲物がかからないことを人間に教えるんだ?」彼らは呆れ顔になった。「べつに**ガイ**が教えるわけじゃない。**ガイ**が鳴きながら飛んだら、もうその罠に獲物が入らないことを、人間が知っているのだ。」この確信に満ちた答えは、わたしをたじろがせた。彼らにとって、「**ガイ**が鳴きながら飛ぶ」ことと「獲物が入らない」こととの関係は、黒雲がやがて降る雨を予示するのと同じくらい自明な結びつき（記号論の用語を使えば「指標」）なのだ。わたしがそれに「ジンクス」というラベルを貼ってしまうのは、この二つのあいだに合理的な因果関係を想定できないからだ。実証精神に忠実な調査者ならば、彼らに「実験」を促すだろう。「今度、**ガイ**が鳴きながら飛んだとき、試しに罠を仕掛けろ」と。だが、グイはそんな〈ゴンワハ〉（役立たず）なことは断固として拒否するに違いない。だから、それが「知識」なのか「信念」なのか、実践的には決着がつかないのである。

四　神話のなかを飛ぶ鳥たち

習性の起源

再定住化の一年後、短い調査を終えて帰国の途につく前に、ヨハネスバーグにあるウィットウォーターズランド大学附属の南アフリカ医学研究所に立寄った。二郎さんの古くからの友人トレヴァー・ジェンキンス教授に会うためだ。トレヴァーは医師であると同時に、ブッシュマンの集団遺伝学で著名な研究者である。研究所の食堂でランチを食べながら、トレヴァーは、わたしの最近の仕事について尋ねた。わたしが鳥の習性の起源を説明する物語について話すと、トレヴァーはすかさず言った。「じゃあ君は、エスノ＝オーニソロジーをやってるんだね！」だが、不覚なことにわたしはその英単語（ornithology）を知らなかった。まさにわたしがやろうとしていたことは「民族鳥類学」であったのだ。

ノロの民話こそ、すばやく飛び去り穴の中に隠れるというこの鳥の習性の起源を説明するものであった。わたしがこの噺に強く惹かれたのは、こうした「習性起源譚」がほかにもたくさんあるのではないかと予感したから

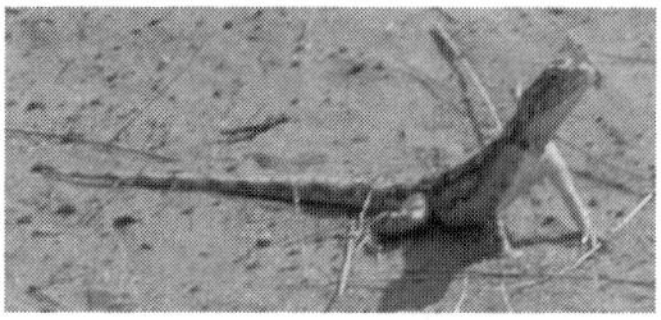

写真4－14　アガマトカゲ

である。その予想はみごとに的中した。

【4－14】なぜガイ（カンムリショウノガン）は地面に卵を産むようになったか

昔、ガイは木の上に卵を産んでいた。ハゲワシが来てそれを食ってしまった。ガイは困って別の木に登って産んだが、またハゲワシに食われた。タータ‖qãā‖qà（アガマトカゲ）が言った〖写真4－14〗。「こら、ガイよ。登って産むからハゲワシに食われるんだ。私のように砂に子どもを産めよ。」ガイは降りて砂に卵を産んだ。だがタータはまた忠告した。「私は卵を埋めて見えなくする。でも、おまえは広い場所に産んでいる。ハゲワシがまた見つけるよ。草の中に産みな。」その通りにすると子どもはすべて生きていた。ガイは感心して言った。「まったくあんたは正しかった。私はもう二度と登って産んだりしない。」そんなわけで、タータとガイは、ハゲワシの飛んでいるのを見つけると「キュロキュロキュロ……」と鳴いて言う。「ほらあそこにあいつがいる。おまえの子を食い尽くすぞ。」人はそれを聞く。「エッ、なんだろう?」遠くを見わたすとハゲワシが飛びすぎて行く。「ああ、ガイがハゲワシを見つけたんだ！」

罠猟について行く途上で、わたしは「スガワラ、聞いたか?」と、キレーホに注意を促された。「えっ？　何を?」「今、ガイが鳴いたろう。あいつを教えてくれたんだ。」彼が指さすほうを見あげると、はるか上空に豆粒のように小さなハゲワシの舞う姿が見えた。わたしは不思議な気分になる。本当にガイはあんな上空を飛んでいるハゲワシに気づいて鳴いているのだろうか？　ハゲワシをいち早く発見するのがグイにとって有益なことであることは確かだ。ハゲワシの舞う方向をめざして歩いていけば、ライオン、ヒョウ、チーターなどが食い残した獲物の死骸を「めっけものする」（カエリ『āēri』）可能性があるからだ。

【4−15】二種のノガンどうしの対決

ガイと近縁なカー（クロエリノガン）は、第二章で明らかにしたように、〈ショモ〉（老人と幼児のための肉）の一種である。**ガイ**が**カー**に自慢した。「おれは上空に飛んでから、翼も脚もひっこめて袋のように落ちてきて、地面に着陸することが上手なんだ。」**カー**はそれを認めず、二人は口論した。**ガイ**は言った。「じゃあ、おまえそんなことができるか？　やって見ろよ。」**カー**は答えた。「エ〜エ、おまえが自慢したんだから、おまえが先にやれよ。でも、軟らかい砂の上でやるんじゃないぞ。砂が軟らかかったら、ちっとも痛くないからな。」**ガイ**は上手にやって、地面すれすれでぱっと脚を出して足から着地した。**カー**も同じようにやって、頭からまっさかさまに落ち、地面に激突し首を折り頭を割った。だからいまでも**カー**の頭は大きい。

たしかに**カー**の雄はサイヅチ頭をしているように見えるので〔写真3−3〕、これは形態の起源を説明する噺でもある。それ以上に興味ぶかいのは**ガイ**の習性である。鳥類図鑑にはこの鳥について次のような記載がある。「夏には雄は三〇メートルぐらいまで急上昇し、それから撃たれたようにまっさかさまに落ちる。」ご丁寧にも、逆さになって落ちるこの鳥が地面の少し上で回転して脚を下に向けるさまが図示されている［Newman 1989 : 88］。すなわち、右の物語は、カンムリショウノガンの雄の特異な誇示行動を見事にとらえているのである。

【4-16】タカはどうしてホロホロチョウとニワトリをいじめるのか

クーク（ニワトリ）と**ツァネ |χane**（ホロホロチョウ）のキャンプには錐がなかったが、**グーツァムナエ**（コシジロウタオオタカ、以下タカと略す）は錐を持っていた。ニワトリの服が破けたので、タカから錐を借り服を縫っていたが、その錐をなくしてしまった。やがてタカが言った。「ヘッ？ ずっと前におまえら錐を取って行っただろう。娘っ子たちよ、錐を返せ。」「エ～エ、錐はなくなっちゃったよ。」「おやまあ、だったらおれはおまえたちを刺して食うぞ、ちゃんと探さないなら。」ニワトリもホロホロチョウも砂を掘るのが上手だから、後足で砂を掻きまわして、いたる所を探したが、見つからなかった。タカは怒ってホロホロチョウを襲って食ってしまった。だから、ニワトリもホロホロチョウも、タカを見ると怖れて木の下に隠れる。

タカはキャンプの中にいるニワトリをよく襲うばかりでなく、罠にかかったホロホロチョウを食ってしまうこともある。このような「天敵」と「被捕食者」とのあいだの関係が、後肢で砂を掻いて餌を探す後者の習性と結びつけられている。さらに、この物語には、【4-10】の**ツァマ**（シロハラチャビタキ）への呼びかけと同様に、大事な道具である錐がよく砂に埋もれてなくなってしまうという日常の実感が巧みに写しとられている。

次に登場する**カエンカエン ǂqàẽǂqàẽ**（ムナグロハウチワドリ）は、スズメよりも小さな鳥である。長い尾を上下にヒョコヒョコさせながら砂の上を歩きまわっている。雨季には喉の黒い模様がよく目立つ。この物語と次節の【4-18】で**カエンカエン**が「強い」鳥であるのは、印象的な喉の模様もさることながら、しょっちゅう見かけるこの小鳥に人びとが特別な親しみを感じていることの反映かもしれない。もう一方の**コンコン ǁ'òn̄ǁ'òn̄**（マミジロセッカ）は茶色く地味なヒタキ科の鳥である。二種の方名はともに鳴き声の擬音語である。

【4-17】ウチワドリのセッカへの治療

カエンカエン（ムナグロハウチワドリ）は喉に「命の薬」を塗っているので、それが黒い模様に見えるのだ。この薬を塗っていると、死ぬことがない。コンコン（マミジロセッカ）が「それはなんだ?」と訊いたので、カエンカエンは「命の薬だ」と答えた。コンコンは頼んだ。「おれのことも〈ツィー〉（呪術治療）してくれ。そしたらおれも死ななくなるから。」カエンカエンは首をかしげた。「いや、この治療をすると、おまえは死ぬかもしれん。」「エ〜エ！　おれを〈ツィー〉しろよ！」「そこまで言うなら…」カエンカエンはナイフを研いだ。そしてそのナイフでコンコンの喉を切り裂いた。「アッ！」コンコンはひどく怖れて「エッ、エッ、エッ……」と恐怖の声をあげて腕を前に出し、顔をそむけようとした。今でもそうしている。

〈ツィー〉tiiとはグイの宗教実践の核をなす概念だ。狭義には「治療ダンス」のことであるが、より一般的には超自然的な「術」をさす。第三章の第二節で描いたように、呪医は病人の体に剃刀で傷をつけて、呪薬をすりこむ。その治療痕は刺青となって皮膚に残る。カエンカエンの喉の模様は治療の結果だとみなされているわけだ。それと対比して、コンコンの鈴を鳴らすような連続的な鳴き声と臆病な性質とが、この物語では注目されている。

形状・色彩の起源

この小節では、ありふれた二種の鳥の形態（または色彩）の特徴がどうして生まれたかを説明する物語を紹介する。まず、第二節冒頭の【4-4】でも紹介したムクドリの仲間ドオリ（アカガタテリムク）に注目する。この鳥の羽毛はまっ黒に見えるが、日があたると青緑の金属的な光沢が輝く。しかも眼は鮮やかな黄金《こがね》色をしている。この物語のもういっぽうの主人公は、すぐ前の【4－17】と同じく、**カエンカエン**（ムナグロハウチワドリ）である。

【4－18】ムクドリの目はどうして「赤い」のか

カエンカエンと**ドオリ**は他の男たちと猟に行き、エランドをしとめた。**ドオリ**は黒くてきれいだが、**カエンカエン**の脛といったら草のようだ。しかし**カエンカエン**は年長で偉かったので、男たちは獲物の脛の骨髄も大腸もすべて彼に分けた。**ドオリ**はむくれて毒づいた。「どうして彼が偉いのさ？　あんな脛なのに。おまえたちは彼の喉が黒いことだけで彼を偉いと思っている。」**カエンカエン**はそれを聞いていたが黙っていた。肉を運ぶ途中で涼んだときに、**カエンカエン**は大きな荷の上にちょこんとすわった。**ドオリ**も自分の荷の上にすわり、また罵った。「あんな草みたいに脛の細いやつが偉いんだと？　握れば折れてしまいそうな脛なのに、おまえたちは彼をたてまつって〈ショモ〉（珍味）を全部やってしまった！」**カエンカエン**は黙って聞いていたが、やおら立ちあがり、まだしゃべり続けている**ドオリ**の喉をつかんだまま荷の向こうがわへ押し倒し、喉を締めあげた。「ムギュギュギュギュギュ……」**ドオリ**の両目には血が溜まった。男たちが「アー、彼は死んじゃうよ」と引きとめたので、**カエンカエン**はやっと放した。**ドオリ**の両目は赤くなり、彼は怯えきって、もう二度と文句を言わなかった。

肉の分配のときに生じやすい葛藤が活写されている。**カエンカエン**は「体に肉がついていないので食わない」と言われるほどちっぽけな小鳥であるのに対し、**ドオリ**は美しい中型の鳥である。だから、この物語は「見かけで人を判断してはならない」という教訓をも含んでいる。鮮やかな黄金色の目も「充血して赤い」にすぎないのである『写真4－15』。

写真4−16　キバシコサイチョウ

写真4−15　アカガタテリムク

次の物語の主人公は二種のサイチョウである。ゴバ（キバシコサイチョウ）はすでに第二節の第一小節の末尾で、〈ゴベ〉（出産後に家に籠もる）という派生語とともに登場した。キャンプに頻繁に飛来する鳥である〔写真4−16〕。もう一種のカベ !abe（ハイイロサイチョウ）を見かける頻度はそれよりずっと少ない。

【4−19】サイチョウ二種のうち一方の嘴が大きいのはなぜか

ゴバ夫婦とカベ夫婦が、同じキャンプに住んでいた。ゴバの夫は、カベの妻と〈ザーク〉（婚外性交渉）しようと、いつもしゃべっていたが、カベの妻は拒んだ。「あんたみたいに口の長い男とザークしたら、口の長い子どもが生まれてしまうよ。」ある日、カベの妻は、夫のために食物を煮てとっておき、採集に出かけた。そこへゴバの男がやってきて、すべての食物を食べて立ち去った。カベの妻は帰ってきて、子どもたちに尋ねた。「あら、父さんが帰ってきて食べたの？」子どもたちは答えた。「父さんじゃないよ。別の男が来て、ぼくらには分けないで食べ尽くしちゃったんだよ。」「あらあら、いつもあたしの所に来て、ザークのことをしゃべっているあの男にちがいない。」カベの夫が泊まりがけで採集に出かけたとき、またゴバの男がやってきて「ザークしよう」と口説いた。

カベの妻は言った。「アッ、おまえは私をうんざりさせる。どうしておまえはあたしの夫が出かけるとやってきて、ザーク、ザークって言うんだ!」カベの妻は立ちあがり、ゴバの口を「こいつめー」とばかりにひっぱり、ゴバが泣くのもかまわずねじりあげた。ゴバのデカ頭はますますでかくなり、デカ眼も赤くなってしまった。

〈ザーク〉とはグイの社会の大きな特徴をなす持続的な婚外性関係のことである。ここにも動物世界と人間世界との巧みな重ねあわせがみられる。人びとの語りから再構成した〈ザーク〉の事例のなかには、夫が長く家を留守にしているときに妻が他の男に誘惑されたという場合があった[菅原 2002a : 235-239]。その一方で、夫の留守をねらいすましたかのように訪れる下心ある男の執拗な求愛は、女をうんざりさせる。このような生活実感が、サイチョウ二種の形態的な差異と結びつけられている。ゴバの嘴はカベのそれよりも大きく、また目の周囲は赤い皮膚で覆われているのである。

組織化された神話

第一章で論じたように、神話的な時代には、すべての動物は人間のように暮らしていたが、その動物の現在の属性も併せもっていた。これらの神話的な「動物人間」も、それぞれの方名の後に〈ツォワゴ〉(「小僧」「小娘」の意)という指小辞をつけて呼ばれるが、以下ではこの指小辞を省いて記述する。この小節では「動物人間」としての鳥たちがピーシツォワゴをはじめとする他の神話的キャラクターと交渉する物語を、鳥たちに関わる「組織化された神話」と定義する。そこで語られる事件は、鳥たちの世界内部では完結せず、鳥たちにとっての「異類」の世界へと開かれているのである。
まず登場する**ガマネ** !gamané（ハヤシヤブヒバリ）は、地味な褐色をしたヒバリの仲間である。灌木のてっぺんに一羽でとまり、「チュルチュクル……」「ピョキョピョキョ……」などと聞こえる複雑な囀りを発する。**ムーキャドリ** ʔm̄īm̄cà-g‖òlì（シロボシサケイ）を含むサケイ科は日本にはいない。ライチョウに似た姿をしているが、分類学的にはハト科に近い。

【4-20】ヒバリとサケイの共謀[4]

ガマネと**ムーキャドリ**は、ピーシツォワゴがダチョウの卵をかついで通りかかったらそれを奪おうとしめしあわせた。**ガマネ**は木の上に登ることが得意なので、木の上から見張った。**ムーキャドリ**は木に登れないので、砂の上に身をひそめた。ピーシツォワゴが来ると、**ガマネ**は「ツォルルツォツォクツォルルツォツォク」〔人が早口で喋るような声〕と鳴いて教えた。**ムーキャドリ**は、走って先まわりし、ピーシツォワゴの足もとで「グーウ、ぺぺぺぺ！」と鳴いた。ピーシツォワゴは驚き、卵を捨てて逃げて行った。彼ら二人は卵を取って食べた。

ムーキャ-ドリという方名の意味は「ムーと〔鳴く〕＋刃の欠けたナイフ」である。つまり方名自体のなかにこの鳥の低く響く警戒音が織りこまれている。また末尾の形態素は、脚が刃の欠けたナイフのように短いことを表わしている。実際、草むらを歩いていて、突然足もとからこの鳥がばたばたと飛び立つと、心臓がでんぐり返りそうになる。**ガマネ**の囀りの模写も巧みだが、圧巻は「グーウ、ぺぺぺ！」という**ムーキャドリ**の警戒音の再現である。これは文字に書き表わすことの不可能な音楽的な旋律を伴っている。私はまだ実際にこの鳴き声を聞いたことはないのだが、キレーホの演技にすっかり感心し、日本に帰るまでに忘れてしまわないように、よく一人で口ずさんだものである。

次に登場する**デウ**（アフリカオオノガン）は、〈ショモ〉（老人の肉）の代表格である。

【4-21】オオノガンの復讐

ピーシツォワゴはウィルデビーストに化けて死んだふりをした。そこへ鳥の女たちがやって来て「めっけもの」だと喜んだ。若い娘が皮の風呂敷にそれを入れてかついで歩くと、ピーシツォワゴは背中から娘に性交した。「あら？風呂敷があたしをズコズコするわ」（原語ではホァンホァン）。年長の女たちは「皮紐を短くしてかつぎなよ。そしたらおまえのケツにあたらないよ」と言った。キャンプに帰り、鉄鍋に入れて煮ようとしたが、脚を切断しようとすると、たくさんの脂肪がこぼれ出てくる。腹を切り裂こうとすると、ここからも脂肪が溢れ出る。あきらめて、鉄鍋に丸ごと入れて水を満たして蓋をした。それから、みんなでシロアリを採集にでかけた。ピーシツォワゴは腹にたくさんの〈カビ〉!ʰábī（ダチョウの卵の殻の水筒）をつけていた。鍋の中にすわったまま、すべての水筒を満たし、残りの水は全部飲みほした。そして、内側から鍋を割って脱出した。鳥女たちは帰ってきて、水をすべて盗まれたことを知った。

何日かが過ぎた。鳥女たちが採集していると、ピーシツォワゴが遠くからやってくるのが見えた。彼はまだ女たちに気づいていないようなので、みんなで急いで相談した。「**ガイ**（カンムリショウノガン）の卵じゃ小さいから、やつは見向きもしないだろう。**デウ**なら下痢糞が腹にたくさんつまっているわ。子どもたち（卵のこと）を産む前からずっとおなかに溜めていた糞を出さないでおきなさいよ。」**デウ**は大急ぎで巣を作り卵を産みつけた。ピーシツォワゴはそれを見つけると、喜んで罠を仕掛けた。すぐに**デウ**はわざと罠にかかった。頃あいを見はからって、鳥女たちはみんな彼の周りに集まった。ピーシツォワゴが、**デウ**の首を折って殺そうとすると、みんなで止めた。「そんなふうに殺すんじゃないのよ。こいつはケツの穴を吸うだけで死ぬのよ。」彼がケツの穴を吸うとデウは死んだふりをした。灰で焼こうとすると、みんなは「こいつは焦がしすぎたらだめだよ」と忠告した。ピーシツォワゴは言われるままに、獲物を泥で覆い、カムツァ〔マメ科の広葉樹〕の葉で包み、その上で火を焚いた。いよいよ食おうとすると、肛門から脂がしたたり落ちたので、みんなは叫んだ。「アエー、あんた、脂をこぼしたらだめじゃないの。早く肛門を上にして脂を啜りなさいよ。」手で灰をはたき落とそうとすると、「そんなことしちゃだめ。草でそっと落としなさい。」ピーシツォワゴは言われたとおりにし、やっと肛門から脂をすすった。するとまず硬い糞が喉を詰まらせ、それから煮えたぎった大量の下痢糞で口も喉も胸も焼けただれ、ピーシツォワゴは死んでしまった。

鳥の女たちがピーシツォワゴをやっつけた武器とは、デウの腹に溜まった糞だったのである。デウだけでなく、ダチョウやニワトリなどの地上性の鳥は、卵を暖めているときは何日も巣の中でじっとして排泄をしない。たまに巣から離れて何日分もの溜め糞をするのである。このような習性に対する関心がこの尾籠な物語のモティーフをなしている。

三番目に紹介するのは、鳥を主題にしたすべての物語の白眉ともいうべきものである。【4-16】でタカに食われてしまったホロホロチョウは、私たちにもおなじみの鳥である。フランスではよく食卓にのぼるし、わが国でも近年飼養されている美味な鳥である。クロエリノガンについては、すでに【4-15】でその受難を描いた。「人-を-食う-者」（クエ-マ・コー-ギ kʼʰóè-mà-qχʼóō-ʃí 略して「人食い」）はライオンの神話的な人格化であろう。

【4-22】ホロホロチョウとクロエリノガンの受難

ツァネ（ホロホロチョウ）の夫婦とカー（クロエリノガン）の夫婦が、同じキャンプに一緒に暮らしていた。ツァネの夫とカーの夫は遠くまで採集に行き、二人の「人食い」に殺されてしまった。彼らは、犠牲者の皮を剥いでそれを着て、余った肉をかついでツァネとカーのキャンプに行き、それぞれの着た皮と同じ模様をもった妻のところで荷をおろした。人食い二人は、肉を食ったばかりで満腹だったので、キャンプにあったコム（甘みのある小さな漿果）もカネ（甘酸っぱい小さな漿果）もカン（棘のあるメロン）も食べなかった。ツァネは様子がおかしいのに気づいて「シュー、シュシュシュシュ……」と言って、近づかず、焚火を挟んで遠くにすわった。しかしカーはまったく気づかず、夫に化けた人食いに勧められるままに、自分の夫の肉を食ってしまった。ツァネは「肉を食え」と言われても、「とっておいて、あとで食うわ」とごまかし、横に置いた。逃げたら殺されると思い、何くわぬ様子で子どもたちに言った。「ウンチに行きましょう。このままで寝たら、あんたたちウンチお洩らしして、父ちゃんにウンチつけちゃうわよ。」人食いはそれを聞いて、正体がばれていないと思い、ご満悦だった。ツァネはカーも誘った。「子どもたちも連れてきなさいよ」と言っても、カーは子どもを置いて出てきてしまった。「あのノネの木ぐらい」〔ここで語り手はその場から見える遠くの木を指し示す〕の所に行ってから、ツァネはカーに言った。「あいつらは私たちの夫たちじゃないわよ。私があんなに何度も「子どもも連れてこい」って言ったのに、なんであんた置いてきちゃったのよ！」それを聞いたカーはびっくりして、とってかえして、男たちを詰った。〽イツァオ・コマ・キャー-ツァオ・クエ-ツァオ・エ・ケ、キ・ツォワ・ウアー ítsàò koma caã-tsàò kʰóè-tsàò ʔé kẽ́, cì ǀoã ūa（あんたたち〔男二人〕は別人二人だそうだから、あたしの子を連れてきてよ！）

人食いたちは彼女を矢で射ころしてしまった。ツァネは親たちの所に逃げ帰り、わけを話した。カーの母が「私の娘はどうした」と訊くので、殺されてしまったことを話した。ツァネの「おば」（または祖母）は喜んで次のように歌った。〽ママシ、キャ・カオン・コナ・カオン mámãsì, cìà !qaõ̀ khònà !qaõ̀（まあまあ、あたしが注意ぶかいように「この子は」注意ぶかいわ）。タッタタラララ……、タッタ。それに対して、カーの母や「おば」（祖母）は泣きながらこう歌った。〈ママシ、キャ・ウー・コナ・ウー mámāsì, cìà ǂʔūū khòná ǂʔūū（まあまあ、あたしが阿呆なように［あの子は］阿呆だわ）。トラッ、トラッ、トラッ、トラッ……〉。

ツァネのたくさんの子は生き残ったので、今でもツァネはたくさん卵を産む。カーの夫婦も子どもたちも皆殺しになったので、今でもカーは少ししか卵を産まない〔写真4-17／18〕。

物語の最後では、地上性の強い二種の鳥の産卵習性が対比され、それがかくある理由が説明されている。さらに、これらの鳥たちの鳴き声の巧みな模倣が物語を盛りあげる。夫の正体を疑ったツァネの「シューシュシュシュ……」という声も、カーが人食いを詰るこっけいな節まわしの声も、この二種の音声を巧みに模している。さらに最後に喜びと嘆きの歌とともに繰り返される高らかな鳴き声は、よく響きわたる雄の誇示行動の音声に対応しているようである。この音声については、本章の最後で改めて取りあげる。

前の小節で挙げた民話が習性の起源を説明するものであったのに対し、右の三つの神話では、むしろ習性の特徴をプロットの要《かなめ》として利用することに力点が置かれていた。最後に、とくに習性への言及がなされていない物語を紹介する。その主人公は、漆黒のツルハシガラス（オアラ ǁʔò̰á̰rà）である〔写真4-19〕。この地域では、ムナジロガラスよりもずっと数が少ない。方名は鳴き声の擬音語である。以下の物語では、この鳥をカラスと略す。

【4-23】迷子を見つけたカラス

昔、数人の子どもたちが迷子になった。親たちがいくら探しても見つからず、悲しくあきらめた。遠い所で子どもたちを「人食い」が見つけ、かれらに蝿を食わせた。「人食い」が出かけたあと、カラスが子どもたちを見つけ、

写真 4-17　クロエリノガン雌

写真 4-18　ホロホロチョウ

写真4-19 ツルハシガラス

食ってはならない物を食わされたことに気づき、蝿を吐き出させた。子どもたち全員を自分の腋の下に入れて、飛んでキャンプに帰った（カラスもこのキャンプの住人だったのだ）。彼はまず一人の男の子の家に行き、戸口の所にすわり、子どもたちを連れ帰ったことは言わずに、ただ「脚が痛いから、脚に塗る脂をくれ」と乞うた。その家の女は拒んだ。「おどきよ、ムケチンボめが！あたしの子がいなくなったのに、おまえはすわって、あたしの耳を塞いでいる〔喧しくしゃべることを「人の耳を塞ぐ」という〕。おまえは術がうまいなんていうけれど、だったらあたしの息子を連れておいでよ。」彼女は家の中の焚火の灰を集めて、灰を彼の上にまき散らしながら横を通り抜け、遠くへ灰を捨てにいった。彼はそれを黙って見ていたが、やがて立ちあがり灰を体からはたき落とし、別の家に行き、同じ要求をした。するとその家の女は快く脂をくれた。さらに別の家でも乞うと脂をくれた。彼はその脂を腋の下の子どもたちに塗った。それから最初に脂をくれた女に「毛布を敷いておれを寝かせてくれ」と言った。女が敷いてやると、彼はその上に、脂で滑りやすくなった子どもたちを次つぎと出した。母親たちはそれを見て「あらま、あたしの子どもを持っていた男の人にあたしは脂をやったんだわ！」と叫び、駆け寄った。カラスは脂をくれなかった女の息子は出さずに、はるか遠くまで飛んで、上空でその子を放りだした。男の子はくるくる回って落ちていき、地面に叩きつけられ頭が割れた。母が見つけたときにはもう死んでいた。彼女はおいおい泣いたが、他の女たちは見つかった子を撫でさすって喜び、カラスを敬った。

この物語は聞く者の不安を掻き立てる細部に満ちている。子どもに蝿を食わせるグロテスク、意図を隠蔽したふるまいにひそむ罠、客の体に灰をこぼしながら通り過ぎる非礼さ、等々。最後の点は「ベッギングを邪険に拒んではならない」という訓話とも聞こえる。何よりも強烈な印象を与えるのは、同じ共同体の成員たちの運命がくっきりと明暗を分けたとき、悲嘆にくれる者をよそに幸運を得た者が喜びに酔いしれる描写である。それはまた、姪（孫）一家の全滅を嘆くクロエリノガン一族の傍らで、「タッタララ」と高らかに歌うホロホロチョウ一族にも共通する残酷さである。この物語の後味の悪さは社会生活そのものが孕んでいる不気味さに由来するのかもしれない。

五　環境と虚環境の双発的な生成

直示的認知と遠隔的認知の相互補強

本章の最後に、カラハリの鳥たちをめぐるこの旅が切り拓いた地平を、フィールドでのわたし自身の直接経験を軸にしてまとめてみよう。

出発点。わたしはキレーホ、タブーカらと原野を歩き、出会う鳥たちの方名を教えてもらう。そのとき、わたしと彼らはともに直示しうる同一の対象を知覚している。このあたりまえの事実こそが「動物」に対する人類学的な研究の根拠をなしている。そこに何らかの客観世界との照合点があるからこそ、グイも西欧の鳥類学者も、**ガイ**（カンムリショウノガン）の雄がまっさかさまに落下する行動を同一の事象として特定できるのである。直接的な知覚に基づいて環境に立ち現われる差異を認めることこそ、直示的認知である。

直示的認知を更新しているのは、何かに「気づく」こと、あるいは何かに「注意を向ける」ことである。小屋の中でテープレコーダーと格闘しながら、タブーカと共に語りの聞き起こしをしているときに、彼がふと席を立って外を覗きに出たことがあった。「**ツェナネ**（アカオヤブコマドリ）がやけにうるさく鳴くなあ。ヘビを怖がっているんじゃないかな」と彼は呟いた。だがすぐに戻ってきた。「アエー、ヤギを怖がって鳴いていたんだ。」だが、別のときには、本当に茂みの蔭にひそむコブラを発見し、叩き殺した。告知者としての鳥の実用価値は確実にこの局面にある。鳥の警戒音に注意を喚起されパーホ（咬むもの）の先手をうつことは、明確に適応的である。また、もし**ガイ**（カンムリショウノガン）が本当にハゲワシを警戒して鳴くのであれば、その声に気づいた人間はいち早くハゲワシを発見し、さらにその下に横たわる獲物の死骸を「めっけもの」できるかもしれない。この種の適応価は動物たちにも与えられる。人間にライオンの接近を知らせてくれる**ツォエン**（キクスズメ）の声は、ゲムズボックが狩人の接近に気づくことをも助けるのである。

次に、ハゲワシの接近を知らせる**ガイ**に改めて目を向けよう。キレーホが**ガイ**の「キョキョキョキョ…」という鳴き声に気づくことと、彼が、【4-14】「なぜ**ガイ**は地面に卵を産むようになったか」を想起することとは不可分である。だが、**ガイ**が木の上に卵を産んだり、トカゲが**ガイ**に忠告するといった出来事を直示することはできない。神話的過去は言語表象を介してしか認知しえない。表象を媒介にして虚環境に立ち現われる差異を認めることこそ、遠隔的認知にほかならない。鳥の習性の起源を説明したり、不気味な物語を紡ぎだしたりする神話的想像力とは、遠隔的認知の一部である。鳥たちの世界を旅することからもたらされたもっとも大きな発見は次の命題に要約される。――直示的認知（気づくこと）と遠隔的認知（神話的想像力）とは相互に補強しあう関係にある。

この洞察はひとつの印象的な光景とともにわたしに到来した。一九九四年九月中旬、乾季が終盤にさしかかった頃のことだ。わたしはカデ定住地から一〇キロメートルほど南の奥まったキャンプに住み、年長者の生活史の語りを分析することに取り組み始めていた。

――昼食を食べ終わったとき、南の空で三羽の**グーツァムナエ**（コシジロウタオオタカ、以下タカと略す）が一羽の**ゴバ**（キバシコサイチョウ）を追って空中戦をくりひろげ始めた。打ち落とされたかに見えた**ゴバ**は高く舞いあがり、一羽のタカが執拗に追いすがる。タカはさらに上空に達し、そこから急降下するが、タッチの差ではずれてしまう。キレーホとタブーカは、「あの一羽が〈持ち主〉（ギャービ）だ」と言う〔獲物を殺した狩人をその獲物の「持ち主」という〕。タカは何回か**ゴバ**のすれすれを掠めるが、そのたびにきわどい差でよけられる。それを繰り返しながら北東へ遠ざかる。すると、どこからともなく、最大の猛禽**トノ**（ゴマバラワシ）が現われ、タカの獲物を横取りしようとする。しかし**ゴバ**は逃げきり、北へ飛び去る。タブーカが神話をひきあいに出して解説する。「カベツォワゴ（ハイイロサイチョウ+指小辞）もあんなふうにしたのさ。ウサギが追いかけると、カベツォワゴは、いまの**ゴバ**みたいによけて逃げたんだ。」

タブーカがこのとき語った「子さらい」の噺を、わたしはすでに田中二郎から聞いて知っていた〔Tanaka 2010 : 30–31〕。その要約は以下のようなものだ。いたずら者のウサギがエランドと採集に行き、自分の赤ちゃんとエランドの赤ちゃんを取り替えた。皆がいくら頼んでも返してくれなかった。そこで、**ゴバ**とその妹の**カベ**、そして**ハウアナ**（クロオウチュウ）の三羽が集まって歌い踊った。**ハウアナ**はとても美しい声で歌った〔第三節参照〕。

ウサギが聞き惚れている隙にカベが赤ちゃんを取り返した。ウサギが取り戻そうとすると、カベは巧みによけて追跡をかわした。結局、赤ちゃんをエランドに返してあげた。

絶体絶命の危機にあったゴバが、タカとワシの追撃をかわしてみごとに逃げきったことは、ほとんど奇蹟的と思えた。同時にわたしを驚かせたのは、ゴバとカベが身をかわすのが上手であるという、日ごろの観察に立脚した認識が神話のプロットにスムーズに組みこまれたことである。(5) しかも、鳥たちの息づまるドラマが眼前に展開したとたん、「ほら、やっぱり」と言わんばかりに神話を語りだすその身構えが、わたしを深くとらえた。習性への正確無比な観察がある物語(表象)を生みだし、しかも、「今ここ」である行動を目の当たりにすることが、すでに蓄積されていた表象を喚起し更新するのである。

神話的想像力と同一性指定の不可分性

最初に【4-22】「ホロホロチョウとクロエリノガンの受難」の噺を聞いたときのタブーカの印象的な演技を今でも忘れられない。クロエリノガンの祖母(またはオバ)は嘆く。「まあまあ、あたしが阿呆なように阿呆だわ!」そう叫びながらタブーカは両方の拳を固く握りしめて両眼の上を覆い、悲嘆の身ぶりをした。さらにノガンの声を「トラッ、トラッ、トラッ」と哀れっぽくはりあげた。日本に帰ってから大学院のゼミでこの鳴き声を自分で実演したら、他分野からゼミに参加していた女子院生がくすくす笑った。

神話に登場する鳥たちの活躍は、聞く者を文句なしに楽しませる。遠い過去の神話創作者たちの想像力の躍動と、現在の語り手の卓抜な技芸とがあいまって、今ここの場に虚環境を現出させ、哄笑の渦を巻き起こす。このような物語の愉悦と表裏一体のものとして、単純な認知過程が進行している。その過程こそ「同一性指定」である［スペルベル 1979］。

同一性指定とは、主体がある時点での知覚入力 x と別の時点での入力 y とを「同じ」と認識することである。詳しくいえば、二つの入力が、ある同一のカテゴリー（またはタイプ）に属する要素（またはトークン）であると認めることである。部屋に入ったとたん異臭に気づき、「ガスの匂いがする」と判断する場合などはそのもっとも単純な例である。バード・ウォッチングに熟達すれば、ある鳥の姿を見た瞬間、まさにその「種」を「同定」できる。さらに、神話のなかで再現される嘆きの声と、実際に原野で聞く鳥の鳴き声とが「同じ」と感じられれば感じられるほど、おかしさはいや増すであろう。以下に述べるわたしの経験こそ、まさに同一性指定の原初的な過程であった。

――一九九八年八月、再定住村の日本人キャンプで、わたしは他の数名の調査者たちと暮らしていた。ちょうど鳥類譚の聞き起こしに一区切りついた夕暮れのことだった。夕飯を済ませて調査助手たちが帰ったあとに、東のほうでけたたましい鳥の声が聞こえた。あたりは薄闇に包まれ始めていたが、遠くの木にかなり大きい鳥の黒い影がいくつもとまっているのが見えた。調査者の一人が「なんの鳥だろう？」と首をかしげた。わたしは試しにいま聞いたばかりの鳴き声を「口三味線」の要領で口ずさんでみた。「タッタララ、タッタララ…あれ？　なんだか自慢しているみたいな調子だなあ。」そのとき、わたしははっと思いあたった。「ホロホロチョウだ！」だが、他の二人の調査者は「ほんまかいな?」と言って信用してくれなかった。翌日の夕刻、まだ調査助手たちがいるときに同じ鳥の声がした。わたしはとっさにキレーホに尋ねた。「あの鳥の声はなんだ?」すかさず答えが返ってきた。「ツァネだ。」ほおら、やっぱり……。

このささやかな経験は、実際的な観察と神話的な想像力とがたがいを補強する関係にあるというさきに述べた命題を裏づけるものである。スペルベルはその象徴論において、外界からの入力はまず「概念装置」で処理され、その処理に失敗すると「象徴装置」が起動されるという仮説を提示した［スペルベル 1984］。だが、鳥たちをめぐるこの旅を経ることによって、わたしはこの種の二元論に大きな疑いをいだくようになった。

人食いが子どもたちに蝿を食べさせたり、カラスがその子たちを脇の下に抱えて飛翔したりする世界をわたしたちはけっして直示することはない。それはまぎれもなく「物語」として象徴的な意味作用をもつ。同一性指定に還元できない「呼び起こし」の力によって、わたしたちの受動的な記憶に光があてられ、情動が揺り動かされる（ともあれカラスの噺は不気味だ）。これらはすべて、スペルベルの理論が予想するとおりである。けれど原野のなかで営々と紡がれてきた物語は、単に恣意的な絵空事として象徴の領域に自律的に存在するわけではない。神話的な表象を心にいだくことがそのまま環境の差異を検出する能力に磨きをかけ、逆に、環境に立ち現われる顕著な事柄に注意を研ぎすますことが、神話的な想像力に無尽蔵の素材を供給し、それを豊かにするのである。

一九六〇年代の終わりから七〇年代にかけて、ボツワナの北西部（ナミビアとの国境近く）に位置するドベ地域では、ハーバード大学のチームが中心になって、ジュホワン（かつてはクンと呼ばれた）の総合的な調査を続けていた。ブルトン・ジョーンズとコナーが行った「民族行動学《エスノ=エソロジー》」の研究もこの調査の一環であった。それによって、ジュホワンが動物の習性についてもっている知識は行動学の知見とよく一致することがわかった。だが、動物についてジュホワンが抱いている「非合理的な信念」のほうは、「民族行動学的な知識とはきわめてかけ離れた心の領域《ドメイン》に存在しているように見える」と結論づけられた［Blurton Jones & Konner 1976：344］。本章が描きだしてきたグイと鳥たちとの関わりが、こうした見解とまっこうから対立するものであることは、もはや明らかだろう。

　概念と象徴、合理と非合理、自然と文化——西欧の知はさまざまな二元論によってわたしたちを包囲している。それらの二元論が折り重なって、動物と人間の境界を深く穿つ。だが、原野を歩きまわり、鳥の声に耳をすまし、鳥の飛ぶ姿に目をこらすことによって錬磨される神話的な想像力は、そうした観察を支点にして物語を生動させるその瞬間に、凡百の二元論を跨ぎこす。環境に繊細な注意を向けることが虚環境を豊穣にする養分を供給するし、逆に、虚環境に魅惑されることが環境内の事象を新たに気づきなおす力を私たちに与える。このとき環境と虚環境は双発的に生成しているのである。

　個人的な挙証責任を果たそう。エチオピアでヒヒの調査をしていたとき、何度もダチョウを見かけたが、ダチョウの足には太い指が二本しかないことにわたしは不覚にも気づいていなかった。鳥類図鑑では足の外縁に小さい爪のような指が描かれているが、足は横向きに描かれているので、指二本は見えない。だが、二郎さんから「ダチョウから火を盗む話」を聞いて以来、わたしは飼育されているダチョウと会う機会があれば、その足に視線を落とすようになった。太く醜い二本の指を見るたびに、カウキャカバの鋭い棘を踏んづけてしまったダチョウの受難に想いが向く。わたしもまたグイの神話という虚環境に身をおいたことによって、リアルなダチョウの足に〈気づく〉ことができたのである。

大収穫（ネヤン）

本章の第一節で述べたように、小鳥は食物としての価値はさして高くない。だが、ときたま大きな収穫がもたらされることがある。社会性ハタオリドリが樹上に大きな巣を作っているのを見つけると、グイは斧で樹を切り倒し、巣の中にいる雛を一網打尽にするのだ。本章の掉尾として、その「大量殺戮」の現場を報告しておこう。二〇〇四年二月二六日。わたしは雨季のまっただなかのコエンシャケネに滞在していた。朝は薄曇りだったが、午後は青空が眩しく輝いていた〘写真4-20〙。フィールドノートから転載する。

——三時ごろ、キレーホ、タブーカ、カーカをひきつれて、車で薪とりに行った。アカシアの樹がたくさんあるとても美しい場所だ。鳥の声がしきりとする。あたりをうろついていたキレーホたちが、大きな鳥の巣を見つけた。高いノネの樹と、その隣のカラの樹のそれぞれに三つずつ巣がついている。あたりを飛びまわっている鳥は未同定の種だ。漆黒と見まがうばかりの濃い茶色で、羽に白いスジがある。嘴は橙色だ。ヒゲが生えているのかと思ったが、よく見るとイモムシをくわえているのだ。**トロハム**という名だと教わる。キレーホとタブーカが斧をふるってノネの樹をあっという間に切り倒してしまう。巣から雛を三〇羽ぐらいも取りだす。

団子のようにかたまった雛たちの上にかがみこんで、わたしは何度もシャッターを押した。黄色い嘴を大きく

写真 4-20　タブーカ（右）とカーカ　巣を探す

写真 4-21　アカハシオオハタオリの雛

開けてキーキーと鳴く姿を見つめていると、たくさんの小さな生命を奪うことへの痛みが胸を刺した。そんなわたしの感傷をよそに、カーカがことばを教えてくれた。「こんなふうに食べものが一度にたくさん穫れることを〈ネヤン〉ŋǂejã っていうんだ。鳥の雛だけじゃない。イモムシでも、ナン（スイカ）でも、カン（棘のあるメロン）でも、一カ所でたくさん見つかったら〈ネヤン〉だよ。」【写真4-21】

トロハム ǁóròxàm̀（アカハシオオハタオリ）と出会って以来、わたしのカラハリでのバード・ウォッチングのリストには、新しい種が一つもつけ加わっていない。

注

（1） わたしは内外を問わず、初めての都市を訪れると、よく動物園に行く。何年も前、博多で学会があったとき、福岡市動物園を訪れた。コンクリートで固めた放飼場の中をのっそりとうろついているクマ（ナマケグマだったと思う）を見おろしていたときのことだ。そばに若いお母さんに連れられた四、五歳の可愛い女の子がいた。クマが水を溜めた小さなプールの中に仰向けに入るとどっと水が溢れた。するとその子がおしゃまな口調で叫んだ。「あーっ、お風呂のお湯こぼしたらダメでしょー！」

（2） わたしは鳥の鳴き声のグイ語へのなぞらえについて考え始めた頃、それを「見立て」と呼んだ。しかし、調査演習の授業でこの話をすると受講していた女子学生から「『見立て』は視覚優位だからおかしい。『聞きなし』ではないですか」と指摘され感服した。それ以来、「聞きなし」という語を使ってきたが、国語辞典に「聞きなす」という用法は載っていないことに最近気づいた。不本意ではあるが、この用語も撤回せざるをえない。

（3） ただこの翻訳には問題が残っている。〈ツロ〉という聴覚印象をもつ語には tsʼúrō（腐っている）と tsóró̄（殻、硬い皮）がある。もしも後者なら単に「包皮を笑う」の意味なのかもしれない……

（4）　二〇一三年に神話の語りをビデオに収録したとき初めてわかったことだが、この物語は【1-3】「ダチョウから火を盗む話」の続きである。火を盗まれたあとしきりと吠えているダチョウに向かってピーシツォワゴは呼びかける。「おれにおまえの卵を取らせろ。」そのことばどおりに翌日ピーシツォワゴは網でできたリュックサック（オンツォノ）を持って出かけ、卵を取ってかついで帰った。以下はその帰り道での出来事なのである。

（5）　だが、これはこの場の文脈に合わせたタブーカの巧みな脚色であったかもしれない。仮にそうだとしても、論旨は変わらない。

第五章　殺しのパッション——狩る経験の現象学

本章と次章は対をなしており、語りの取り扱い方が他の章とは異なっている。狩ることも狩られることも、極限的に情動をかき立てる経験である。その情動を追体験するためには、「語りの表情」に最大限の注意を払う必要がある。そこで第五章と第六章では、ときにきわめて冗長な語りをなるべくその原形を損なわないように再録することにした。

グイの狩猟は単独でなされることが多いが、獲物の解体や運搬、そして肉の分配という実践を通して、社会的次元において共同体（コミュニケーション域）に接続する。それゆえ、この章では、狩人と獲物の相互行為もさることながら、狩人とその仲間たちとのコミュニケーションの様態を明らかにすることに大きな比重が置かれる。

第一節では、グイの殺しの技術を支える二種類の道具、すなわち撥ね罠と弓矢の構造を説明する。第二節では、狩人たちの一団が獲物の奇妙なふるまいに驚かされた事例を発端として、狩猟経験の根底を流れる情動のうねりを照らす。第三節では、弓矢猟を組織する実践シナリオを分析し、仲間との交渉の特質を「期待」を軸に論じる。第四節では、追いかけ槍で突くという別の猟法の特性を明らかにするとともに、動物を焼き殺した逸話に注目し、それがわたしに与える「胸の痛み」を反省する。表題をなすパッションとは「情熱」と「受苦」という二重語義をもつことばだが、本章の範囲内では、苦しみを蒙るのはほとんどの場合狩人ではなく動物のほうである。

一　殺意の装置──罠と矢

反コミュニケーションとしての罠

狩猟とは他者を殺す技術である。まず、高い確率で小動物を捕獲できる「撥ね罠」猟に注目する。撥ね罠に凝縮される狡知は、第二章で分析した〈しるし〉(ツェエ)と対照することによってくっきり浮かびあがる。〈しるし〉が原初的な「記号」によるコミュニケーションであるのに対して、だれかを躓かせるイタズラ心によって結

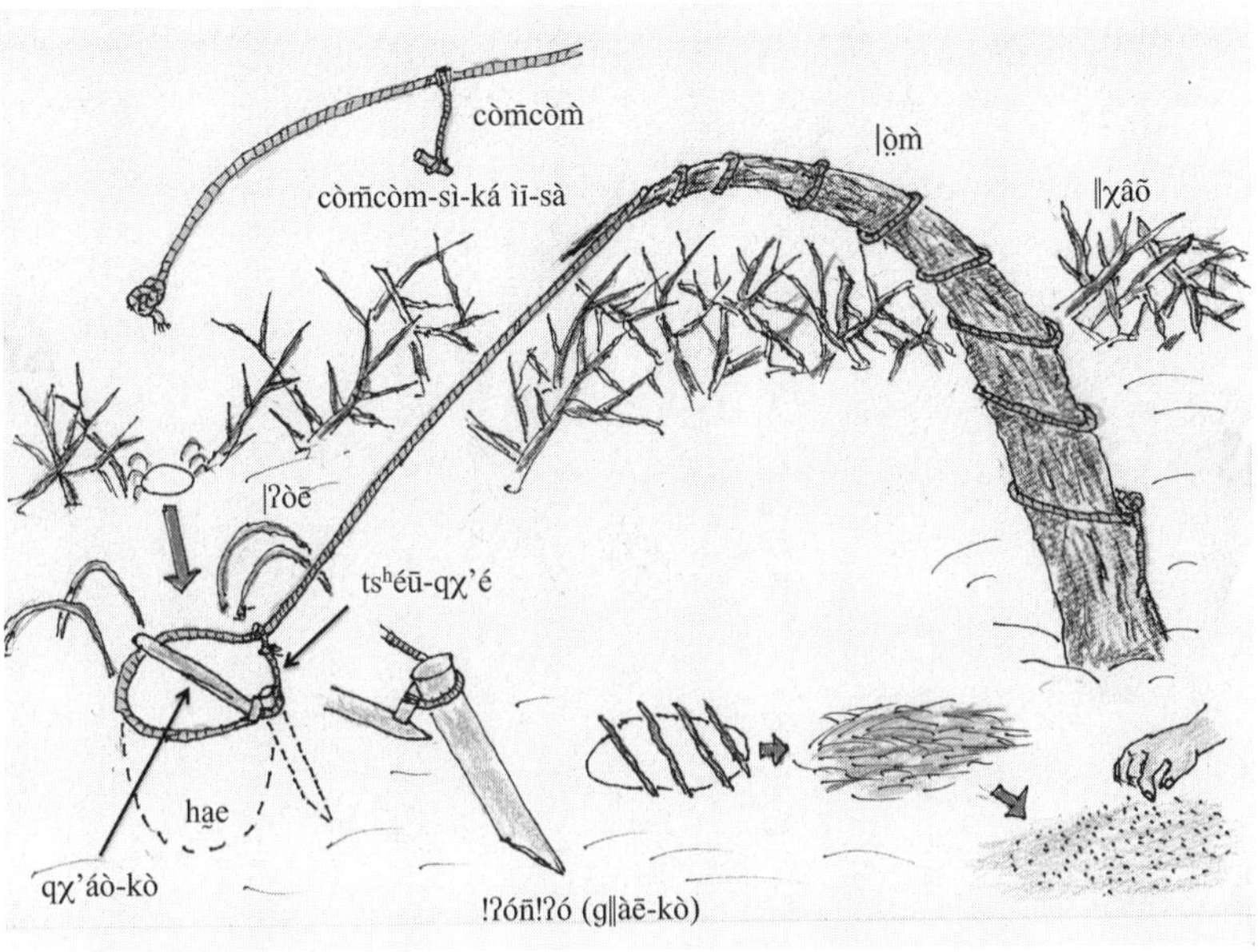

図5－1　撥ね罠の構造と各部の名称

ばれた草束はコミュニケーションではない。撥ね罠は後者と同型の「反コミュニケーション」に貫かれた道具である。この意図を動機づけるのはイタズラ心ではなく殺意である。殺意を向けられた他者はそれに気づかないことが期待される。彼は自発的に罠に近づきそれを踏む。この仕掛けは、それゆえ、誘導→踏み抜かせ→捕縛の三つの機能を具えなければならない【図5-1】。

①誘導：「罠の獲物」（カウ）がよく通る獣道を探し出す。あたりから棘だらけの灌木を切り出して獣道の近くに並べ、長い「誘導柵」（カオン）を張りめぐらす。もっとも重労働を強いられる工程であり、一日がかりの作業になることも稀ではない。

②踏み抜かせる：砂を手で浅く掘り下げ落とし穴（ハエ）を作る。その真ん中にカオコ（原義は

「男の人」）と呼ばれる細い棒を渡す。さらにその両側にもっと細い小枝を並べ、罠をかけた後（③の終結後）にこれらの棒と小枝の上に草を敷きつめ、その上を砂で覆う。穴の周囲の砂には、よくしなる小枝（ツォエ）をアーチ状に曲げて何本か突き刺し、獲物の足が通過する空間の幅を狭める。

③捕縛：罠紐（グイ g!úī）をなうところから始まる。同名の多肉質の草を採取し掘り棒で削って繊維をほぐし出し、太腿の上で掌でこすり捩り合わせる。次に、「撥ね木」（ドム）を斧で切り出す。罠場から離れた所から肩に担いで持参することもある。根元に近い太い部分を砂に深く埋め、罠紐をきつく巻きつける。ドムは先端に行くほど細くなり弾力性を増す。罠紐の端に作られた結び目の小さな隙間にあらかじめ紐が通されているので、それを引っ張れば自在に輪（ツェウケ）を作れる。輪が広げられていない状態で、紐の尖端の結び目から五〇センチメートルぐらいのところに罠紐よりも細い一〇センチほどの紐（キョムキョム）が縛りつけられ、その先に「キョムキョムの木」と呼ばれる数センチの短い棒が括りつけられている。これが罠の「留め木」となる。先端を斜めに切断して尖らせた細い棒（オンオ）[1]を砂に斜めに打ち込む。罠紐を引っ張ってドムをしならせ、穴の縁を囲むように輪を広げるとキョムキョムが結び目の上にくる。砂の上に出ているオンオの基部にキョムキョムを巻きつけ「留め木」を引っかけ、それをカオコの端で押さえる。「撥ね木を曲げて留める」ことをハン ‡hánī という動詞で表わす。

単純に見える撥ね罠でさえ、動物の道具使用の代表であるチンパンジーのシロアリ釣りやヤシの実割りとは異質な精緻さをもつ。いくつもの部品によって構成される「罠」の全体が「反コミュニケーション」すなわち他者を「欺く」意図に貫かれている。罠猟に同行してもっとも驚かされたのは、部品のほぼすべてに名称が付与されていることであった。罠かけに関連するその他の語彙も言語的な解像度を高めている。ツァン tsχ'àn は「ドムの根もとを掘り棒の平たい端で叩いて砂を固める」こと、ツェメ ǀèmē は「ドムにグイを巻きつける」こと、そしてカロ ǀqàrō は「獲物が足を穴に入れて踏み抜く」ことである。

矢毒の「発明」

次に、大型偶蹄類（コーホ）を標的とする弓矢猟の技術を説明する。狩猟用具の作製や衣服の縫製に不可欠の素材が、ゲムズボックの首の上部を走る腱をほぐして作る「糸」（アバ ǁʔábà）である。アバで作られた弦は弓（キエ ciē）の両端に固く結びつけられる(2)。矢は、矢軸（ベレ bèlē）、鏃《やじり》（カオ qχ'ao）、そして両者を繋ぐ接合部からなる。外界から流入した針金を叩いて鏃の先端と基部を成形する。基部は鋭く尖らせて火で熱し円筒形の小さな木片に突き刺す。この木片に名称はないが、便宜上「キセル」と呼ぼう。「キセル」の逆の端は削って細い孔をあける。この孔と矢軸にあけた孔との双方に両端がすっぽり収まるように削った紡錘形の部品がガバ gǁábā である。獲物に矢を射当てると、ガバがはずれて鏃と「キセル」だけが突き刺さったまま残る。ガバこそは、毒を体内に確実に送りこむ狡知の結晶である。原始的とされるブッシュマンの矢もまた四つの部品で構成されているのである。これらの接合部三箇所にはアバを巻きつけ不慮の脱落を防止する。

矢毒（トワ ǁʔóã）。すべてのブッシュマンは、和名でハムシと呼ばれる小さな甲虫（学名 *Diamphidia simplex*）の

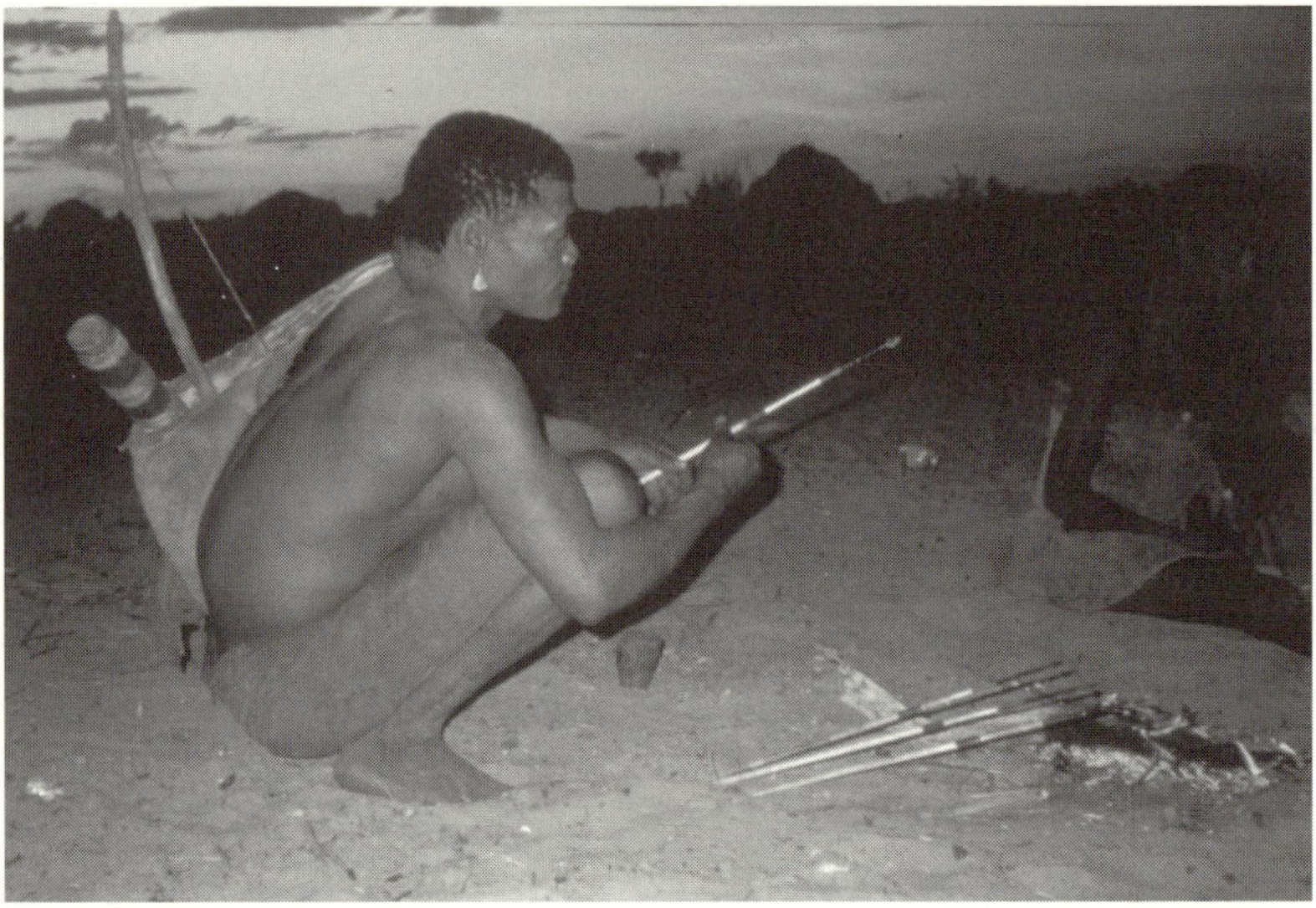

写真5－1　毒矢の準備
1984年カデにて。この頃まだツートマは散発的に弓矢猟をしていた。

幼虫の体液を矢毒として用いる。この幼虫は雨季の初めに出現し、コッミフォーラ属（*Commiphora*）の灌木の葉だけを食べる。調査助手たちによれば、この葉自体に毒があり、幼虫はそれを体内で濃縮するのだという。幼虫は地中にもぐり、そこで自らの分泌液と泥との混合によって作った黒っぽい殻で身を包み、蛹になる［Lee 1979: 133–135；Tanaka 1980: 45］。狩人は地面から数十センチ下にひそむこの蛹を掘り出して殻を除去し、専用の毒壺（カリ ǁχārī）の中で蛹を擦りつぶし、食用の根茎から絞り出した汁や唾液と混ぜあわせて液状にし、鏃の基部全体に塗りつける（鋭さを損なわないよう先端には毒を塗らない）。小さな焚き火にかざして乾かして完成させた毒矢を矢筒[3]に入れて保管する〖写真5－1〗。

ブッシュマン文化の初学者であったわたしは、小さな甲虫の幼虫が猛毒をもっているという突拍子もない知識がブッシュマン全体に共有されていることを不思議に感じた。フィールドで二郎さんからこんな答えが返ってきた。「掘り棒で何か掘っとるとき、偶然つぶしたんやろなぁ。運悪く手に傷があったんで死んでしまいよったんやろ。」この「講釈師見てきたような」話は妙な説得力をおびている。かつて私は「発明する」としか訳しようのない〈ナム〉ŋ!ám という動詞を知り、違和感をおぼえた。「発明」とは近代の宿業であり、ブッシュマンの生き方とは無縁ではないかという思いがあった。だが、これはあまりに浅慮であった。ブッシュマンの狩猟文化の根幹をなす「殺しの技術」こそ、（おそらく偶発的な発見にヒントを得た）発明によって生みだされたのだから。

二　狩猟の情動シナリオ

獲物の奇妙なふるまいに驚く

グイのターは静かな声で話す穏やかな年長者である。彼とわたしが住むキャンプの人びととの親族関係はそれほど近くない。彼は、調査助手カーカと年齢の近接したオバ（カーカの母の歳の離れた妹）の義父、つまりカーカのオバの夫の父である。この語りは、猟の獲物がときに予想もしないふるまいをして狩人の度肝をぬくことを鮮やかに示している。

【5-1】スティーンボックに怯えた

おれはまだ青年だった。おれたち〔全部で四人〕は猟に行き、牡牝二頭のスティーンボックに出会った。かれらは「結婚をつくって」いて、たがいを追いかけあっていた。そしておれたちのほうに突進してきた。おれたちは怯えて叫んだ。すると牡は、おれたちから遠ざかろうとしていたのに、叫び声を聞くと、くるっと向きを変え、おれたちのまっただ中に突っこんできた。やつはあおむけにひっくり返り、砂に両方の角が突き刺さった。やつがデカ腹を見せてもがいているあいだ、おれたちは動顛し、ただ立ちつくし、叫ぶばかりだった。おれたちはやつをぶちのめすべきだったのに、ただ叫び叫ぶばかりだった。すると、やつはぱっとはね起き、走り去った。一人が言った、「アッ、おまえはまずいことをして、やつを打たなかったな。」もう一人が言った、「どうしておまえが自分で打たなかったんだ?」おれたちは歩きながらずっとそのことをしゃべって、おたがいを笑いあった。「おまえが打とうとしてたら、おまえはきっとやつから狙いがはずれて、他の人を打っちゃってたよ。」こんなふうに言って、おれたちは、笑い笑った。やがて、おれたちは、自分たちの無能さがつくづく口惜しくなり、泣きながら歩いた。〔二〇〇四年二月一四日収録〕

本章を貫くライトモティーフは、「驚き」という情動反応である。狩人が獲物と関わる文脈に限定すれば、驚きを導く情動シナリオは一般的に以下のようなものであろう。

（1）私は、X〔獲物〕がBxをすると予想している。

（2）だが、Xはまったく異なるByをする。〔Bはbehavior（ふるまい／行動）を表わす〕

第二章で述べたように、動物のふるまいは人間の予想を超えた複雑性をおびて揺らぎ続けるので、ときに狩人を哄笑させ、ときに驚愕させる。スティーンボックは人間が近づいたら逃げるものである。しかし、このときこの牡と牝は「結婚」(性交)に夢中になって正気を失っていた。自分のほうから人間に向かって突進してきて、びっくりした人間が思わず叫ぶと、あたかも逃避反応が逆転したかのように狩人たちの集団のどまん中に突っこんできた。彼らがなすすべもなく立ちつくし叫び続けたという事態こそ、狩人と獲物との関わりの本質に光を当てる。獲物を狩り屠《ほふ》る実践は対向する意思がせめぎあう相互行為であり、その通常の展開の仕方を狩人は予想している。つまり、「おれ」はある種のゲームのルールを他者に投げかけ、他者もまたそれに従うことを期待する。だからこそ、他者がその期待を完全に裏切ると、「おれ」は相互行為を先へ進める手がかりを見失い、佇立《ちょりつ》する。このような事態から、コミュニケーションの原理的な不可能性として仮想される「二重の偶有性」まではあと一歩である(4)。わたしがどう出るかはあなたの出方によって決まるし、あなたがどう出るかはわたしの出方によって決まる。しかし、あなたの出方がわたしの側が想定している行為の意味の埒外に逸れてしまったら、わたしはフリーズするしかない。

狩人の内言と話体の特徴

狩猟の経験を語る狩人の話体には大きな特徴がある。彼は、自分の心のなかを流れる想念を独白調で再現するのである。すなわち「内言」である。このとき、語り手自身は典型的には一人称男性単数形の〈ツィ〉で指示される。訳出に際してはアングル括弧をつけて〈おまえ〉と表記する。ツートマは、わたしが住んだキャンプの男たちのなかでもっとも卓越した弓矢猟の達人である。穏和で謙虚な、ブッシュマンの男の理想型を絵に描いたような人物である。調査助手カーカは彼の長男だ。以下の事例は、青年期に弓矢猟をおぼえ始めた頃、牝のツォー〔ゲムズボック〕に続いて牡を初めて仕留めたときの経験である。

【5-2】「血がガバについてるぞ」

《要約》おれは牡のゲムズボックに遠くから矢を射たが、当たっていないように見えた。しかし、足跡をたどると鏃と矢軸の接合部ガバに血がついて落ちているのを発見した。帰って継父にそのことを話すと、彼は「おまえは射当てたんだ」と喜んだ。二人で傷ついた獲物を追跡し、とどめを刺し、解体してキャンプに肉を運んで食った。

おれはそれでツォー〔牝〕を学び、で、再びツォーの牡を学んだ。一人でそのときおれは採集に出ていた。おれは歩き、で、こんな風のぐあいだった。「アッ、おやまあ、忍び寄って、射られたらなあ」とおれは思って、歩いて遠くを見ると、ツォー〔牡、以下同じ〕がしきりと草を食んでいた。おれは見て言った、「アッ、ツォーだ！ツォーに忍び寄ってたどり着けたらなあ。」そう思って忍び寄り続けた。やつは一頭だった。そやつに忍びよーーり、そこは広びろしていて、おれが〔身を隠して〕忍び寄ることができる木がなかった。おれは〔思った、〕「アッ、〈おまえ〉がやつを射てから彼が逃げるんだったらいいけどなあ。」おれは考え考えた、「木がなくなったから、やつはおれを見つけられるぞ。」そう考えて「アッ、やつは遠いけれど、やつを射よう。」で、そやつを射た。で、遠かった。小さな矢っ子、短い矢っ子だった。おれはおぼえたてで、短い矢っ子、小さい矢っ子をおれは持っていたんで、おれはそいつでやつを射た。で、遠くでやつの腿に命中した。やつは蹴ってやつは蹴った。おれは思った、「〈おまえ〉はやつに当てたぞ！　アッ、それ〔矢〕は入っていないな。」やつは逃げた。おれは「アッ、ダメだ！〈おまえ〉あれは入ってないぞ！」そうおれは思い、引き返して、狩猟袋を取りあげ、またやってきて、足跡をたどった。「オッ、ガバといっしょにベレ〔矢軸〕も落ちているぞ。」おれは言った、「血がガバについてるぞ。〈おまえ〉あやつに当てたんだ。そいつ〔矢〕が入ったから、血がこんなにガバについてるんだ。」そうおれは思い、そいつをほうって帰った。で、着いて寝て、で、翌朝おれはあのケナーマシたち〔男二人、語り手の父違いの弟二人〕の父におれは話した。父さんは死んでいて、ツァーネ〔語り手の実父〕は死んでいて、ケナーマシたち二人の父が母さんをめとっていた。カオン〔継父の名〕がね、母をめとった。エー、ガエギ〔語り手の母の名〕をめとった。彼におれは話した。で、言った、「おれは昨日行って**ツォー**〔牡〕を射た。」彼は言った、「おまえは昨日やつに矢を入れたのか？」そう言った。おれは言った、「アエ、そいつは入らなかったよ。エー、ガバに血がついてたよ。」彼は言った、「おまえはやつに当てたんだ。だから、血がガバについていたんだ。そんなら、行って着いて見ようじゃないか。」おれたち二人は行った。で、着いた。やつは、その痛がっている**ツォー**はすわって、おれたち二人が来ても、やつはおれたち二人を怖がらずにただすわっていた。おれたち二人はそいつを刺して息の根をとめた。で、そいつをバラした〔原語〈エー〉ǂʔéé は獲物の死骸を「解体する」ことであるが、口語的にするために「バラす」と訳した〕。そいつをバラしてバラしてバラして、そいつを運んで、われわれは食った。

話体について注意すべき点を挙げる。それは、狩人の内言にしばしば現れる「願望」を表す特殊な構文である。傍線部の「おやまあ、忍び寄って射られたらなあ」や「**ツォー**に忍び寄ってたどり着けたらなあ」といった言いまわしがこれにあたる。(5)

次に、狩猟の段どりで注目すべき点を指摘する。矢を射当てたことを見定めたあと、獲物を「ほうって帰った」のである。ヘタに獲物を追うと恐慌をきたし死にものぐるいで逃走する可能性がある。追跡に余分な労力が

写真５－２　ゲムズボックの解体
1992年カデにて。殺したのは手前に横たわっているケナーマシ（ツートマの弟）。

かかるばかりでなく、最悪の場合には見失ってしまいかねない。だから、深追いせずにキャンプに帰るのである。事例の末尾近くに、翌日、狩人たちに追いつかれたツォーが彼らを「怖がらずにただすわっていた」というくだりがある。この何気ない描写の残酷さはわたしをたじろがせる。べつに人間を「怖がらない」わけではなく、全身に回った毒にぐったりして動くこともできなかったに違いない。

何よりも重要なのは、傍点部を付した部分から透けて見える情動シナリオである。まず、獲物にうまく当たらなかったと思う。しかし、「血のついたガバ」などの徴候から射当てたことを確信する。だが、同じコミュニケーション域にいる仲間（この場合は継父）に告げるときは、当初の失望の姿勢を保持したまま「矢は入らなかった」と言明し、そのあとさりげなく「血のついたガバが落ちていた」ことを付け加える。ここで狩人は、「それならば、獲物に当たっているはずだ」という推論を聞き手のほうにあずけているのである。すなわち自らは顕示的なコミュニケーションを避け、ただ彼の情報意図は聞き手に理解されるだろう、という期待だけを投げかけているのである〔写真5–2〕。

情動のシナリオ――嬉しい驚き

次に検討する事例の語り手ギナシエは笑顔に愛嬌がある好人物だが、婚外性関係の達人として知られている。生活史を追うインタビューによれば、若い頃から数えて少なくとも九人の女を恋人にした。五番目に関係をもった女カイと結婚したが、田中二郎の二回目の調査の頃、自分よりも年上の亭主持ちの女クイ（ガナ）と深い仲になり、この二組の夫婦は互いの配偶者を交換する形になった［田中 1978］。それ以来、ギナシエはクイと暮らし続けたが、過去の恋人とも縒りを戻し、浮き名を流し続けた。以下に示すのは、クイと結婚して間もない頃、牝のツォー（ゲムズボック）を仕留めた経験である。

ギナシエ

【5–3】「やつは生きてるぞ」

《要約》妻と共に採集に行ったら、妻のほうが先にゲムズボックを見つけた。忍び寄って射かけたが、失敗したように感じた。しかし、じつは毒は急速にまわっていた。妻と一緒に追跡すると、ほどなく獲物が倒れているのに出くわした。解体して肉を焼いて食ってそのまま野宿した。肉の一部を持って帰るとキャンプの皆はびっくりした。

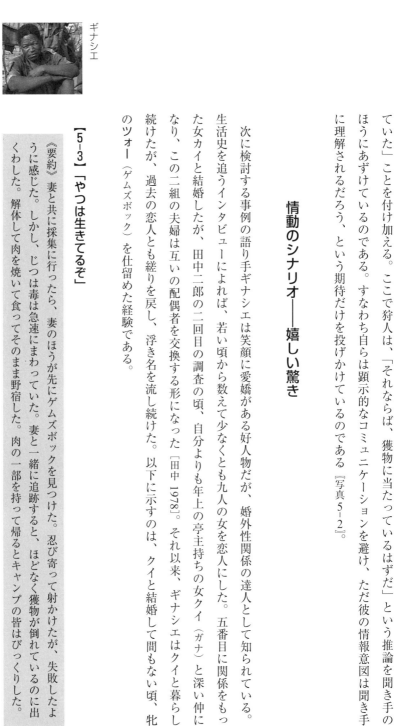

ロバを連れて行き、肉を運び、たらふく食った。

エヘーイ、おれは彼女を連れて彼女の手を引いてきた。われわれ〔男女二人、以下同じ〕は採集していた。われわれは採集した。われわれは行って、おれはコロト〔地名〕でそいつら〔牝〕を探した。エー、するとほら、そこに、そいつらはターオトエ〔地名〕の岩塩の所にいた。そのツォーたち〔牝〕を見つけたのはクイだった。で言った、「ほら、あのあそこにいるのは［カイ〔スプリングボック〕とツォーの］どっちかしらね。白いけれど。」そう言った。おれはそのとおりに顔をあげた。まさしく［彼女の言った］そのとおりにそいつらを見た。で、われわれは身を低くしてやってきてゴーン〔アカシアの一種〕［の日陰］で涼んだ。おれは［矢を］出してから忍び寄り忍び寄って行くと、［そいつらは］踏み出しておれに向かって歩いてきた。で、こっちに向かって向かって向かってきて、で……おや、そいつらは、このままじゃおれのすれすれを通るぞと［思って］おれはすわった。おれはすわって［体の］向きを変え、一本［の矢］を置いて、もう一本を［弓に］つがえて、で、引きしぼった。で、すわって、あそこにいる毛の白い［ヤギの］ようなやつに放った。で、プスッと［腹につまった］草の中におれはそれ〔矢〕を入れた。そいつは、すると、走って立ち、跳びおりた。突き刺された痛みで立ちどまり、で、そこで立ったので、おれは思った、『アッ、感じなかったぞ。〈おまえ〉の腕の中に。アッ、てめえら！〔イカオ、二人称複数男性代名詞を間投詞のように使っている〕そいつは生きてるぞ。〈おまえ〉の腕に感じなかったもの。おや、〈おまえ〉はいつもならそれ〔矢〕が良いときには、それは、この上腕筋の所を蹴りあげるのに。こりゃぁ、おれは失敗したぞ。』おれは思った。『オッ、そいつは生きてるぞ』と思っていると、そいつは走って、もがきながら行って、急に止まったんで、おれはそれから立った。［矢を］取り上げてもう一本のでそいつを遠くから射た。そいつの立ちどまった所めがけて。するとはるか遠くで、首の横の肉の中にみごとに［矢が］落ちて、あそこの何本もの血管を切り裂いて通りすぎて、ズボッと入った。心臓の血管の中にね。すると再びパッと走り出し、遠くに行って恐れたようになり、苦しく感じたので、そいつは遠くまで行って通りすぎた。〈川跡〉を出て倒れた。おれは戻った。彼女〔妻〕の所へ。われわれは進んだ。おれは［前に］蜂の巣に目をつけていた。われわれは進み、そやつら〔蜂たち〕が鳴いているのを〔羽音のこと〕、おれはそやつらを斧で切って出し、彼女に与え、その女はそれらを食べ、で、われわれはそれから引き返し、で、戻ってやってきた。で、おれは言った「ここを通りすぎているぞ。そいつらの足跡をつけ先回りしよう。そいつらはあっちのほうへむかっているぞ」と言って、われわれは通って通って通って、三頭だけ〔の足跡〕についた。**ツォー**のそいつらはさっき四頭だった。三頭だけ〔の足跡〕に着いたから一頭の足跡は消えていた。「アエ」おれは言った「戻ろうよ。やつらの入ったところに。〈川跡〉の縁の所を乗り越えた場所を、戻って見つけようぜ。」われわれは通って通って、そうして、われわれが通っていると、彼女自身が足跡に出会った。「アエ、ここに、よろよろふらついて行く足跡を、おまえちゃんよ、おまえちゃんよ、見なさいよ〔妻が親しみをこめて、男性二人称単数命令法〈ツァ〉に「子」を表す指小辞〈ツォワ〉をつけて〈ツァーツォワ〉と夫を呼んでいる〕。あんたたち〔男複数〕は足跡をよく知っているんだから。そんなに射るのが上手なんだから、それらの足跡を選び出すことも好きなんでしょ」と言ったので、おれはやってきてそこで言った。「アエ、まさにそいつが今、そいつ自身が、腹の水をこぼしたのが滴《したた》って続いている。」こう言っていると、彼女自身は目がよく見えるので、顔をあげるとそいつが横たわっていた。「こいつが、ほら、横たわっているわ。あんたの目の前よ」と言って、われわれはそこにやってきて荷をおろし、そいつのもとで涼んだ。それから薪のある所にわれわれは走って行き、〔枯れ木を集めて焚き火を起こし、すでに捕らえていた〕ヒョウガメの甲羅を割って、おれは灰で焼いておいて、われわれはあいつ〔ツォー〕の皮を剥いで剥いだ。われわれはそいつを斧でバラバラにして、あばら肉を灰で焼いた。〔枝を敷いてから〕そいつら〔解体した部位〕を持ち上げてドサッと置いた。さっきのヒョウガメを火からおろして、〔甲羅の中で〕柔かく搗いて、そいつを食べた。で、そのままあばら肉は置いといて、眠った。で、翌朝、かれら〔男女複数、キャンプの人びと〕はわれわれをしきりと探していた。で、言った。「どこへかれら〔男女二人〕は行ったのか。かれらはべつに〔外で〕寝ることをしゃべらなかったのに。それなのに今はかれら〔の声〕が聞こえないぞ。」そうかれら〔男女複数、以下同じ〕がしきりと言っていると、眠る時刻がきた。エヘー、かれらは眠った。で、アエ、われわれ〔男女二人〕も眠った。**ツォー**の死骸の所でわれわれは起きあがり〔肉を枝に〕架けた。われわれは帰った。かれらがすわってすわっている所へ。われわれは**ツォー**のあばら肉をもってやってきた。そこで〔かれら〕言った。

「あんなことをかれら〔男女二人〕は昨日して〔外で〕眠ったんだ。」そうして、ロバをおれたち〔複数〕はつかまえた。あの年長の男のやつ〔牡〕を、あのツェーンテベ〔グイの男の名〕のやつをおれたちは連れて行き〔肉を〕積んで、〔ロバの背に〕載せた。ンー、このように、おれは‥われわれ〔男女二人〕はした。われわれ〔男女複数〕は食った。

妻と採集しているときに妻が獲物を発見し、夫は猟に切り替え見事に仕留めた。夫婦で協力して猟をするというのは珍しいことだが、次章【6-5】⑩でもその片鱗が見られる。

まず、カラハリ砂漠の景観に関わる重要な民俗概念を説明する。それは仮に〈川跡〉と訳した〈アエ〉ǁʔàè である。カデ地域付近を上空から俯瞰すると、太古の大きな「谷すじ」（カー |qãã）であったオクワ峡谷から三、四本の支流が南西方向へ延びていることがわかる〔地図参照〕。それは小さなパンとパンとをつなぐ線である。鳥瞰しないかぎりこのパンの連なりを視認することはできないはずだが、人びとは植生の違いから〈川跡〉を一本の直線として認識している〔野中・高田 2004 : 46-47〕。狩猟の語りには、獲物や狩人自身がこの〈川跡〉に「入った」とか〈川跡〉から「出た」という表現が頻繁に現われる。

傍線部ではこの場から見えている白いヤギを指し示し、獲物との距離を再現している。同様の言いまわしは次の【5-4】にも見られるので、そこで再度論じる。何よりも重要なのは、前半部で傍点を付した部分である。うまく矢を射れば上腕の筋肉に蹴られたような衝撃が走るのだが、それが感じられなかった。だから、毒矢はちゃんと当たらず、獲物は「生きている」と最初は思ったのである。だが、じつは獲物はかなり傷ついていた。二の矢を放つと、見事に心臓の血管（冠動脈か）を矢が貫いた。この語りは【5-2】のツートマの語りの傍点部と相同な情動シナリオによって組織されている。

（i）おれは、獲物に矢がうまく当たらなかったと思う。

（ii）だが、獲物が傷ついていることがわかる。

この図式は、【5－1】「スティーンボックに怯えた」から抽出したシナリオと同型である。ただし、弓矢猟の場合には、「おれ」の予想がはずれることは恐怖ではなく「嬉しい驚き」となって到来する。もちろん、主体が実際に経験した「心の動き」（ルーマン風にいえば心的システムにおける表象の連鎖）がありのままに言表に写像されるわけではなく、言表は当初の「心の動き」とは異なった「かたり」(6)になるであろう。そこから、ある特異な身構えが「今ここ」の場に立ち現われる。さらに分析を重ねたうえで、このことを論じなおす。

三　狩猟経験の構造

狩猟の実践シナリオ

詳細をきわめるギナシエの一つの語りを典型例として、狩猟実践の開始から終了までを辿ってみよう。分析の便のために、行為の連鎖を（Ⅰ）〜（Ⅷ）の八つのステージに分割する。以下の事例は【5-3】に時間的に先行する逸話で、最初の妻カイと結婚していた頃の出来事である。頻出する擬音語は、日本語の語感に近い和訳と原語とを併記した。

もうひとつ、これ以降に分析する語りにたびたび出現する重要な修辞的特徴に注目する必要がある。序章の第一節のⅠ《環境と虚環境の相互滲透》で予告したことだが、語り手はしばしば虚環境と環境の〈重ねあわせ〉を行う。つまり、語りの場から視認することのできる樹や家などを指し示し、過去に自分が経験した、動物とのあいだの〈距離感〉を「今ここ」の場に再現するのである。そのつど指摘するのは煩雑なので、このような〈重ねあわせ〉が起きている発話文に傍線をつけて地の文から区別する［菅原 2004b：76–78］。

【5-4】牡エランドをしとめた

《要約》おれはエランドの群れの足跡を見つけた。遠望すると牝が草を食んでいるのが見えたので忍び寄った。するとその牝より近くにいた牡が突然茂みから姿を現わした。おれが射かけると脇腹に命中し、やつは毒がまわって苦しがりうずくまった。キャンプに戻り、獲物が元気を回復しないように、あえて苦みを消していないビイ（球根はグイの主要食物）の汁を生で飲んだ。翌朝、キャンプの二人の男に猟の成功を仄めかすと、彼らは喜んで追跡に参加した。昨日、射当てた所よりもはるか向こうで、すでに息絶えている牡エランドを、おれがまっさきに見つけた。一休みしてからキャンプに戻り、女たちをその場に連れてきてみんなで解体して肉紐をつくり、干し肉の束をかついで帰った。それを食っているうちに雨季が始まった。

（Ⅰ）このように風がしきりと吹いていた。おれは、飛んで飛んで行き、丘を登った。ツォーコ〔地名〕の丘を登って、立ち、思った。「オッ、てめえら！　なんとここにはたくさんいることか。ギュウ（エランド）の群れがここにはいたぞ。」おれはそれから丘〔の上〕に登り立ち、見晴るかした。するとそいつ〔牝〕が口を突きだし、しきりと草を食んでいた。おれは思った、「アッ、てめえら！そいつだけだぞ。」あたりを見まわしたが、他には見つからなかった。おれは袋をおろし〔藪の蔭から〕覗き見た。そいつはただ草を食むばかり。おれは忍び寄り忍び寄って進んだ。小さいカラ〔アカシカの一種〕の後ろに着いてすわった。窺い見た。そいつはしきりと草を食んでいた。おれはそいつに忍び寄り忍び寄り、それから止まった。おれはそいつ自身をつくづく見た。すると「すっく」（ǂʔé）と言って立った。小さいガー〔灌木の名〕の中からやつ〔牡〕がパッ（!'óp）と出てきた。ほら、そのカラぐらいの所にやつはいたんだ。「アッ、なんと、〈おまえ〉のほうにやつはいたんだ。〈おまえ〉は向こうのそいつを見てたのか。」やつはそれからうまい具合にすわってすわった。

（Ⅱ）そこに落ちつき、それから〔おれは矢を筒から〕落として、やつのほうへおれは戻って行った。やつは風の下手に横たわっていた。おれはやつに向かって走り、膝を砂に置き、すばやく這い進んで、〔茂みに〕入って、落ちついた。ナンテ〔栄養価の高い実をつけるマメ科植物〕の花がたくさん咲いていた。ちょうど風がやつを追い立て、やつは立ち、ナンテの茂みに向かい、ツァーン〔デカ頭を食用の大きな根茎に喩えている〕を水平にしていた。おれは思った。『風はまだこんなふうに言っている。そいつ〔風〕がやってきたとしても、〔風の〕欲情はあっちのほうにある。このように風はまだ一箇所にとどまっているから、やつに向かって走ろう。それから、そいつ〔風〕は別の方を通るだろうから、そいつ〔風〕の後ろにすわろう。』そうおれは思って、すばやく這い進み、ナンテの茂みがたくさんあったから、その近くに落ちついた。すると、やつは草を噛みちぎりながら、茂みのほうへまっすぐ、まるでおれのいる所に入りこむみたいに近づいてきて、それから向きを変えた。横向きになり、そこに止まったので、おれは射た。脇腹の筋肉を小さくひきちぎって当たり、胃の尻〔底部のこと〕の上にそれ〔矢〕は入った。ぴょんとやつは走りだした。ドスドス（g!úri）と跳んでは降り、跳んでは降りしたが、それ〔矢〕は噛みついたままだった。やつは息をするたびに、それをぶらぶらさせた。それはやつの内側を切り裂いたので、やつは砂を蹴り上げて激しく走り、遠くまでドスドス跳んでは降りると、ガバ〔鏃と矢軸の接続部〕がはずれて落ちた。やつは止まった。向こうのそいつの手前にやつは止まった。わけがわからず、やつはそこに止まっていて「ばあっ」(q'abu)と言った〔体内で矢毒が広がるさま〕。やつは出て、カラ〔木、前出〕に向かって進んだ。おれは思った、「アッ、てめえら！　アエー、やつはいったい何をしてカラに向かって進んでいるのか？　それ〔矢〕はうまく噛みついているぞ。〔腹の中の〕クソに入ったのかもしれん。」そう思って、すわって、おれはやつの様子を見ていた。やつは進んだ。で、着いて、そのカラの根もとに入った。やつはぐいっと入って、それからやつは〔その場で〕ぐるぐる回った。やつはすわり〔動きが〕止まり、やつはくるっと振り向き、それからじっと横たわった。で、おれは思った、「様子を見よう。アッ、てめえら！　やつは以前から病んでいたのか。まるでそんなふうに、やつは休んでいるぞ。」そうして、おれは戻り、四つん這いで行き、〔矢の〕一本を取り、袋を取って、おれはそれから、残っていた矢を〔矢筒に〕入れた。おれはそれから進んだ。おれは戻って四つん這いで走った。やつは立ちあがり、〔また〕すわりこんだ。忍び寄り止まって窺い見ると、やつは撥ね起きた。で、やつは立ちあがり、じっとして、数歩歩きかけ、止まってぐるぐる回り、またもや、〔木の根もとに〕入って蹲った。それで、おれは思った、「やつをほうって、もう行こう。ずっとあんなふうにしているんだから、きっとやつは明日も近くにいるだろうから、やつはどうも人を見つけていないようだから。」そうおれは思って、おれは進んだ。

(Ⅲ)それから進み続け続けて帰った。かれらはしきりとビイ〔乾季の水分源になる球根〕を搾って飲んでいた。おれは太陽のために掘った〔暑くて砂を体にかけた、の意〕。射当てた男がビイを飲むと、少しずつ〔獲物は〕回復するそうだ。おまえが着いて涼むと〔獲物の傷も〕冷たくなる〔傷が癒える〕。おれは、クエシの母〔妻カイのこと〕に言った、「エー、ビイの生のやつを搾れよ。おれにビイを飲ませろ。ガーの〔葉を混ぜた〕やつをおれは飲めないから。」カイが生のをおろして搾った。アエ、おれはそれを飲んだ。それからキャンプの中で休んだ。で、休んで休んで、それから、日が沈んだ。われわれ〔男女複数〕は眠った。

(Ⅳ)で、翌朝、おれはしゃべった。おれは彼ら〔男二人〕に話してあげた。で、言った、「おれは昨日あそこへ行くと、エランドのたくさんの足跡の中に入って思ったよ。『そいつらはたくさんだ。きっとたくさんが草を食んでいる』と思った。で、そこの足跡を探して行くと、かれら〔牡牝二頭、以下同じ〕を見つけた。かれらがいたので、かれらを見た。かれらに忍び寄り、すわり、矢を射たが、矢がどうしたのか、おれにはよくわからなかった。だから、おれにあんたたち〔男二人〕を連れて行かせ、あいつ〔牝〕を探させてくれ。おれたち〔複数〕の目でおれたちは探そう。たぶんおれは一人だったから、おれはそいつを見なかったんだろう。たぶんそいつは倒れているかもしれないが、おれはそいつを見なかった。」

（Ⅴ）彼ら二人は嬉しかった。おれたちは進み、進んで進んで、進み続け、おれが昨日やつに射当てた所じゃなく、もっと向こうのカラをめざした。で、やってきて、おれは顔を上げ、モノを見た。彼ら二人は気づかなかった。で、おれは言った、「アエ、てめえら、いったい何があそこにあるカラの所で休んでいるんだ？　よく見ろよ、遠くのあそこを。あんたたち〔男二人〕が顔を上げて、ほら、あそこのカラの下に着けば、〔午後の〕長く伸びた影の中に横たわっているのを、おれと共に見るよ」と言うと、ツォウ〔グイの男の名〕が注意した。その男は顔をあげ、まさにその男はこうしたことをやってきたのだから〔狩猟の経験を豊富に積んできた、の意〕、彼はついに、カラの長く伸びた影の中、おれの目が見ているほうを見た。で、言った、「あやつだよ。おや、あやつは昨日横たわったんだ。昼間に。弟よ、それじゃ、おまえはやつに射たんだね！　昼間にやつはとっくに死んでたんだ。アオッ！　おまえちゃんがもし昨日やつ〔のこと〕をしゃべっていたら、おれたちみな〔複数包含形〕は、昨日、あやつの所にわれわれみな〔男女複数包含形〕を置いて眠ったものを！」おれたち〔複数、以下同じ〕はそこへ進み、そしてやってきて立ちどまり、おれたちは涼んだ。

（Ⅵ）おれたちは女たちをほうっておけただろうか？　おれたちは戻り、着いて、彼女らを連れて、われわれ〔男女複数、以下同じ〕はそやつ〔牡〕の所へやってきて、そやつの〔死骸の〕所へ入って、落ちついた。おれたちは長い肉紐を架けた。心臓の脂肪と共にやつは歩いていたんだ。胸〔の脂肪と〕と共に歩いていたんだ〔心臓と胸郭にたくさん脂肪をつけていた〕。おれたちは、やつを細長く切って架け、やつをバラバラにし、細長く切るのを終えた。置いて乾かした。われわれは休んだ。休んで休んで休んでいると、それは乾いた。

（Ⅶ）われわれは、それが乾くと、みんなそろって額にかつぎ、それを束にしてみんなそろってキャンプに帰ってきた。

（Ⅷ）住んでそれを搗いては食べ、搗いては食った。アイー、そうやって搗いては食ったりしているうちに、雨がやってきて降った。

実践シナリオの分析——自然的＝文化的プログラム

弓矢猟の実践シナリオの基本的な骨格は以下の通りである。

（Ⅰ）足跡を探索し、獲物を視認し、気づかれないように近づく。
（Ⅱ）矢を射当て、獲物の様子を見定める。
（Ⅲ）キャンプに戻り休息する。
（Ⅳ）仲間に猟の成功を知らせる。
（Ⅴ）仲間と共に傷ついた獲物を追跡し、発見する。
（Ⅵ）［まだ息があればとどめをさしてから］解体する。
（Ⅶ）肉を運搬する。
（Ⅷ）キャンプ内で消費する。

右のシークエンスは、カラハリ砂漠の自然環境という客観的構造と適合した技術の諸特性と人間の行為とを組織的に噛み合わせることから確立した自然的＝文化的なプログラムである。とくにステージ（Ⅰ）（Ⅱ）（Ⅴ）（Ⅵ）（Ⅶ）を構成する諸動作は言語化の困難な身体技法に支えられているが、この実践シナリオ全体は「肉を食う」というゴールをめざして進行する「意図的な企て」へと統合されている。各ステージごとに、とくに注目すべき話体から浮かびあがる狩人の認知と実践の特徴を抽出しよう。

（Ⅰ）では、狩人は最初のうち牝エランドにしか気づいていなかった。しかし、そちらへ忍び寄ったら、牝よりもずっと近い藪から突然、牡が姿を現わした。これも「嬉しい驚き」のシナリオに合致する事態の展開である。

（Ⅱ）の叙述では、獲物に忍び寄る一挙手一投足が、吹きわたる「風」に対する身体の方向づけによって刻一刻と調整される様が活写されている。「風」は女性形単数の代名詞で指示され、「風が人間の匂いを動物に運ぶ」ことは「風が欲情する」というイディオムで表現される。第一章の性交起源神話からも明らかなように、「欲情する」（ドエン g‡ôẽ）ことはグイの性欲の中核をなす情動反応である。「風」がその動作主になりうることも、グイの生活世界を満たす「感応の回路」の一環である（第二章第四節参照）。

脇腹に致命傷を負ったあとの牡エランドのふるまいの微に入り細を穿った描写は、わたしの心をかき乱す。何が起こったかもわからず、じわじわ広がる苦しみに戸惑い、立ったり蹲ったり回ったりする。射られたエランドが最後まで狩人の存在に気づかなかったという事実は衝撃的である。だからこそ狩人は、「このまま近くで息絶えるだろう」とほくそ笑み、「やつをほうってもう行こう」と余裕綽々で帰途につくことができた。

（Ⅲ）ではビイという球根にまつわる実践知が語られる。獲物に矢を命中させたブッシュマンの狩人は、キャンプに帰ってから水や食物を口にしないのがふつうである。それによって獲物が元気を回復して逃げることを恐れるからである［Lee 1979；田中 1971/1990］。ギナシエは喉の渇きを癒やすことにささやかな制限をくわえた。ガーという灌木の葉は、カン（棘のあるメロン）の果肉に含まれるアクの毒消しとして用いられるが、ビイから搾った汁の苦みを薄めるのにも有効なのである。彼はガーを混ぜずにビイの汁を飲むという小さな禁欲によって、牡エランドが元気を盛り返す懸念に対処したのである。(7)

（Ⅳ）で再現されるギナシエの発言の話体（傍点部参照）は、狩猟の成功を知らせるコミュニケーションの特質を典型的な形で示す。従来の狩猟民研究は、狩人が猟の成功を広言せず、仲間たちは彼の節食や控えめな挙措から上首尾を推し量ることに注目してきた［市川 1982］。狩人がそれを口頭で告げるとしても、彼の発言は特有の婉曲語法で彩られる。「矢がどうしたかよくわからなかった」「倒れたかもしれないが見なかった」といった曖昧な表現だけでなく、獲物が一貫して女性代名詞で指示されることも注目に値する。大型偶蹄類は牡のほうが大きく肉量も豊富だからである。射当てたのは小さな牝だと仄めかすことで、仲間たちの期待を低減しようとするのである。

（Ⅴ）で息絶えた獲物を見つけるプロセスにも、成功した狩人の謙虚な態度が鮮明に現われている。狩人自身は遠くの木陰に横たわる骸《むくろ》にとっくに気づいていたのに、同行する仲間たちはずっと気づかない。ぎりぎりになって彼は注意を促す。彼よりも歳上の仲間ツォウは無邪気に感心し、「昨日のうちに言ってくれたら、みんなでここへ来て肉をたらふく食って、この場で寝たものを」と詠嘆する。実際に、キリンやエランドといった巨大な獲物が仕留められたときは、運搬の手間を省くためにキャンプ全体がそこへ引っ越すこともあったという。これを「死骸（アーン !ʔâã）の中で暮らす」という。ツォウの発言は、それが可能なほどすごい獲物を捕ったことへの賞賛だと思われる。

（Ⅵ）のステージは、典型的なシナリオからやや逸脱している。獲物を追跡した男たちだけが解体に携わるのではなく、キャンプにいる女たちも呼び寄せ、みんなで干し肉作りを行った。これと連動して、（Ⅶ）の運搬のステージも典型的な段どりからややずれている。男たちだけで肉塊をかつぐ代わりに、みんなが干し肉の束をかついで帰途についた。「額にかつぐ」（カヤ !ʰáyā）という動詞は、採集物を詰めた皮の風呂敷の端を結んで「額に架けて背負う」ことを表わし、女特有の身体技法である。干し肉の束を運ぶ必要性に迫られ、男もそれを真似たのかもしれない。最後に、（Ⅷ）では、最初の発話文の傍点部で〈コー〉（本書では「食う」と訳す）ではなく、〈キョム〉cóm̀という動詞が使われているのがおもしろい。〈キョム〉は柔らかい食物を「呑みこむように食べる」ことを意味する。硬い肉を噛みしめるのではなく、脂肪分の豊かなエランドの肉を柔らかく搗いて「食べた」幸せな記憶がこの小さな「言い間違い」を動機づけているのかもしれない。

コミュニケーション期待vs.実質的期待

本章の冒頭で指摘したように、グイの狩猟経験は解体・運搬・分配といった協同的活動によって必然的に共同体（キャンプ）と接続する。この社会的次元の本質を照らすのが、右の実践のシナリオのうち、とくに（Ⅳ）のステージで見られる狩人の独特な話体である。狩人とその仲間たちが双方に対して投げかけあう期待は次のように表わせる。（イ）狩人は、直截に言明せずとも、彼が獲物に毒矢を命中させたと仲間たちが推測することを期待する。さらに、（ロ）彼は、仲間たちが獲物の解体と肉の運搬を手伝うことを期待する。一方、（ハ）仲間たちは自分とその家族が多くの肉の分配にあずかることを期待する。これを抽象化するなら、二種類の期待を定式化することができる。第一は、コミュニケーションに関わる期待である。すなわち、私の情報意図が他者に理解されることを期待するのである。（イ）の場合がこれである。第二は、実質的期待である。すなわち、他者が私に何らかの「良いこと」（well-being）をもたらすことを期待するのである。（ロ）では「他者」＝キャンプ仲間／「私」＝狩人、（ハ）では「他者」＝狩人／「私」＝キャンプ仲間という等式が成立する。以下では、"communicative/substantive" という英語の頭文字を取って、第一の期待を「C期待」、第二の期待を「S期待」と略称する。

狩人の婉曲語法が示しているのは、彼は仲間たちにC期待を投げかけはするものの、その言表化は独特の〈減衰装置〉をくぐり抜けるということである。だが、仲間が狩人の上首尾にまったく気づくことなく、獲物の死骸は原野に放置されたままハイエナやハゲワシに食い尽くされる……などといったことがあるはずはない。狩人のC期待は遠からずかなえられるはずである。だとしたら、これはある種の八百長ではないのか。少なくとも、〈減衰装置〉をくぐらせてC期待を投げかけることが慣習化された言語ゲームであることは確かである。その慣習がなぜ必要とされたのかが問われねばならない。

答えは単純である。狩人たるおれは、仲間がおれに対して「彼は肉をもたらす」というS期待を投げかけることを予測する。だからこそ、獲物に命中させたおれは、みずからのC期待を〈減衰装置〉に委ねることによって、仲間のS期待の増幅を抑止する。いいかえれば、おれは、仲間たちがおれのC期待の投げかけを顕示的コミュニケーションとして認識することを望まない。逆に、おれは、仲間たちが一方的な思い籠めの結果として自発的な協同へと動機づけられ、おれのS期待をかなえることを望むのである。だが、期待の投げかけをどのように受けとめるかは他者（この場合は仲間たち）の裁量に任されている以上、相互行為の展開はつねに不確定性に開かれている。

狩人と仲間の交渉過程

ギナシエの精細きわまりない語りのなかに、狩人と仲間とのあいだに展開する相互行為の複雑さを見事に定着した逸話がある。彼とそのキャンプ仲間たちは、ナン（野生のスイカ）がたくさん実っている土地で暮らしていた。

【5-5】「黙ったまま踏み跡を見ておれ」

われわれ〔男女複数〕は〔ナンの〕果肉を削り、割って食べた。そうして、われわれはずっとずっと腰を落ちつけて住んで住んで、それを飲んで飲んで飲んだ。すると、亡きカム〔男の名〕が猟に出かけた。彼はシロアリの塚を見つけた。そこには、よく牡のギュウ（エランド）が来て、食べていた。やつ〔牡エランド〕は、そのあたりに住んでいて、いつも二つのシロアリ塚のあいだに踏み跡をつけていた。カムはやつを見つけて射た。彼はキャンプに帰りそれを話した。「行ってみるとあんなふうに踏み跡をつけてシロアリ塚を食べていたから、おそらく新しい踏み跡だよ。」するとクアテベ〔男の名〕が言った。「アエッ、アオッ、男の人はよくモノを見つけるが、それはいつも生きている。どうして男の人がそんなことを話せるんだ？」すると彼〔カム〕は言った、「アエッ？　おれはただ踏み跡のことを話しただけさ。男の人はそういった足跡のそばで自分の探し物を見つけられるだろうさ。その足跡があることをおれはしゃべった。」そう言うと彼〔クアテベ〕は言った、「それじゃ、おまえはやつを見つけたっていうのか？　だから、やつのことを話しているのか？　おまえがまだやつを見つけていないなら、おまえは黙ったまま、踏み跡を見ておれ。黙ったまま、明日の朝そこへまた行って、やつを探すがいい。やつがシロアリ塚から立ち去らないっておまえが思うんだったら、おまえはやつを射なくちゃいかん。」そう彼は言った。〔カムは答えた。〕「アエー、おれはたしかにやつを見つけたが、やつは生きてるよ。」しかし、彼〔クアテベ〕は言った、「アオッ、おまえ、そんなことが言えるのか？　いったいぜんたい、おとなの男ともあろうものが、生きているコーホを見たあとで、そいつのことを話したりできるものなのか？　おまえがうまくやったっていうんなら、おまえがやつを見たとき、やつはどんな様子だったんだ？」彼〔カム〕は言った、「アエー、おれがやつを見つけたとき、おれはやつに忍び寄り、すわり、やつを射た。そしたら、矢はやつに届いて、やつに入ったように見えた。けれど、おれはやつをよく見なかった。だから、やつはあんまり怖がっていないよ。それで、おれはやつをほうった。」すると彼〔クアテベ〕は言った、「エイッ！　なるほど！　おまえが、やつを殺したから、やつは怖がらないんだよ！」そう彼は言った。そうしておれたち〔複数〕はそこで眠って、翌朝、おれたちは行った。歩いて歩いてやってくると、彼が前日に射当てたギュウがずっといる所へおれたちはやってきて止まった。

狩人カムの仄めかしに仲間のクアテベがかみつき、二人の押し問答によって情報が徐々に開示されてゆく過程が直接話法で生なましく再現されている。たとえここに語り手の創作が混入しているとしても、緊迫した応酬それ自体から、狩猟経験が共同体と接続する社会的次元の本質がくっきりと浮かびあがる。明らかに狩人の言表は規範化された作法によって方向づけられている。一口でいえば、「成功に確信がもてない段階では、むやみに人にしゃべらない」ということである。この作法は、結果が不首尾であった場合にもたらされる仲間の失望が狩人への責任追求に帰着することに対する予防措置として理解できる。

期待の遮断

今まで見てきたように、猟の成功を仲間に知らせようとする狩人の戦術は、特有の表情と所作に彩られている。その底には、C期待であれS期待であれ、明確な期待から距離をとろうとする態度が横たわっているように思える。狩人の内言に頻出する「当たらなかった!」という狼狽は、自分自身の行為の帰結に対するS期待を減衰させるのである。

ここから一つの思弁へ導かれる。カラハリに生きる世界-内-存在を彩る一般的態度とは「がっかり」への耐性を育むことではなかろうか。他者と世界に向けた強い期待が裏切られることが度重なれば、失望が実存の活力を削ぐ毒となって累積するだろう。こうした一般的態度を〈期待の遮断〉という用語で呼びたい。狩人の語りからは逸れるが、老齢の女ゴヤシエの語りから典型的な例が得られたので紹介する。彼女は、この節の冒頭に登場したツートマの妻の母、すなわち調査助手カーカの祖母である。別稿で要約を示した語りの原文を以下に示す［菅原 2007c : 19］。

ゴヤシエ

【5-6】「父ちゃんがいま…」

で、夕方になった。で、すっかり日が傾いた。私は〔ビイを〕削りおろした。削りおろしていると、彼がそれを担いで帰ってきた。小さい子たちがすぐに彼を見つけた。かれら〔男女複数〕は言った。「父ちゃんがいまね、父ちゃんがいまダチョウを捕ってきたよ。」〔他の子より〕大きくなっている子が聞きつけて言った。「あれが、ほら、コプコプって言ってるよ。」私は言った。「何だってさ！　ビイを男の人が持ってきただけだよ。何だってさ！　何をまた悪ガキどもは発明することやら！」そう私は言った。彼は、その〔子どもたちが言った〕とおりに荷をおろした。で、もう〔灰で〕焼きあがったのを二つ出して、私にくれた。彼はこっちのやつをしきりと錐もみして、で、そいつを〔生で〕飲んだ。やってきて、〔ずらりと卵を〕置いた。で、それからすわってそれに口〔穴〕を開けた。彼女〔夫の第一夫人〕が昔、私にくれた洗面器に、すわって、それを注ぎ入れた。で、それをかき回した。われわれ〔男女二人、以下同じ〕はそれを食べた。で、われわれの子どもたちは小さかったけれど、それは〈食べられないもの〉だったから、われわれがそれを食べ、で、それを食べた。（二〇〇四年八月一九日収録）

【5-4】（Ⅲ）にも登場した球根ビイは、厳しい乾季を乗りきることに欠かせない水分補給源である。帰ってきた夫が背負う網状のリュックサックに入れられた幾つものダチョウの卵の殻がコプコプと擦れあう音を年長の子どもは耳ざとく聞きつけるのだが、母はあえてご馳走への期待を遮断し、それは苦いビイにすぎないと言い捨てたのである。第一節で注目した〈ナム〉（発明する）という動詞がこの文脈で使われていることはとても興味ぶかい。母は幼子たちが「何を言いだすのやら」と慨嘆しながら、自分のほうは夫が実際にすばらしい収穫物を目の前に差し出してくれるまで、それに気づかぬ風を装い続ける。こうした「期待を隠す作法」は言説の内部で理想化される虚構ではなく、グイの日常生活でしばしば見られるものである。わたし自身、一九八四年に二回目の

調査をしている際に、似たような場面に遭遇した。日もとっぷり暮れた頃、ツートマが大型の羚羊ハーテビーストの肉をかついで帰ってきた。子どもたちははしゃいで父親にまつわりついたが、妻はねぎらいのことば一つかけるわけでもなく、焚き火のそばにすわったまま知らんぷりしていた［菅原 1999 : 98–99］。こうした観察もまた、「期待の遮断」という身構えがグイの生活世界に広く滲透していることを傍証していると思われる。

「怖がらない」動物

右の分析からは枝道に逸れるが、【5–5】の語りの末尾にも、獲物が「怖がっていなかった」という特有の言いまわしが出現したことは注目に値する。【5–2】の事例も併せれば、次のような推論構造を想定できる。

（1）動物は人間を怖がる。（2）怖がった動物は逃げる。（3）しかし、この動物は逃げない。（4）ゆえに、この動物は人間を怖がっていない。ここから推論は二通りに分岐する。

（5a）こいつが人間を怖がらないのは、人間よりも強いからである。［含意：こいつはパーホ（咬むもの）である。こいつから逃げろ。］

（5b）こいつが人間を怖がらないのは、死にかけている（または、すでに死んでいる）からである。

もちろん、獲物との命がけの闘争の現場では、（5b）は自明である。けれど、「怖がっていない」という言いまわしがこれほど好まれるのは、単にそれが〈減衰装置〉に利用されるからばかりではない。「動物は怖がって逃げる」ことが人間と動物との関わりのデフォルト（欠性値）として骨の髄まで染みこんでいるからこそ、「逃げない」動物と対峙することが、そのつど鮮烈な驚きとして経験されるのではなかろうか。【5-1】「スティーンボックに怯えた」の例はこのことを如実に示していた。弱り果てたコーホが、潤んだ大きな眼で近づくおれを無力に見あげる。もちろんおれは、自らの行為がそいつをそんなふうにしたことを忘れたわけではない。だが、「ああ、こいつはもうおれを怖がっていない」という驚きにも似た認識がおれの身体の奥底からこみあげてくる。それはけっして自己欺瞞ではない。そいつの逞しく艶やかな全身に漲るいのちを、今、このおれの手で奪おうとしている。それは人間にとって希有な「真実の瞬間」(8)であればこそ、その他者がもはやおれを怖れず、おれに身を委ねようとしていることが、そのつど、かけがえのない一回きりの出来事としておれに到来する。メルロ＝ポンティなら、おそらくそれを祝福と呼んだだろう。

だが、狩る経験の現象学はこれで終わりではない。弓矢猟とはかなり様相を異にする殺し方がまだある。次節では、別の語り手たちが、そのことを明らかにする。

四　異なる殺し方――槍突きと焼殺

定住化に伴う外部の社会システムとの接触によって、狩猟法にも大きな変化が生じた。弓矢猟は廃れ、騎馬猟が盛んになった。(9)また撥ね罠には町で売っているナイロン・ロープが使われるようになったので、雨季にも撥ね罠猟ができるようになった。新月の夜にトビウサギの眼を懐中電灯で眩ませ駆けよって撲殺する新しい猟法も発明された。だが、こうした文化変容以前にも、弓矢猟とは異なるやり方でコーホを仕留めることが得意な男たちがいた。この節では、弓矢猟とは別の「殺し」の経験を分析する。

追いかけ槍で突く――狩人を襲った不幸

ダオノアの生い立ちはやや複雑である。彼の母はガナだったがグイの男と結婚した。しかし、幼い頃、父が死んだので、母は亡父の「弟」にあたるギオクア（ガナ語では「ダオクア」と発音する）と再婚した。継父ギオクアが彼を立派に育てあげたのである。彼は母の言語を受け継ぎガナ語を話すが、青年期にはグイの成人儀礼ホローハにも参加した。わたしは訝しく思い「ガナ人なのに入ったのか?」と訊くと「おれはグイ人だ」と答えた。

ダオノアがもっとも得意としたのは、走って獲物に追いつき槍で刺し殺す猟であった。インタビューにおいて、彼は、何年間にわたる経験なのか定かではないが、立て続けに一八例もの狩猟の逸話を語った。逸話の通し番号を(一)(二)……などの漢数字で、仕留めた獲物の種類別の累積頭数を①、②……などの囲み数字で示せば以下のようになる。

(一)キリン①、(二)ゲムズボック①、(三)ゲムズボック②、(四)ゲムズボック③、(五)年長者がクーズー①をしとめた、(六)キリン②、(七)キリン③、(八)キリン④、(九)クーズー②、(一〇)ゲムズボック④、(一一)ゲムズボック⑤、(一二)キリン⑤、(一三)スプリングボック①、(一四)ウィルデビースト①、(一五)キリン⑥、(一六)ゲムズボック⑥、(一七)ゲムズボック⑦、(一八)キリン⑦。

(五)は彼以外の年長者の成果なので、それを除外して合計すれば、キリン七頭、ゲムズボック七頭、クーズー、ウィルデビースト、スプリングボック各一頭という華々しい戦績である。とくに、過去にはこれほど頻繁にキリンが捕獲されていたことは驚嘆に値する。これらすべてを記述するのは紙数が許さないので、青年期に猟をおぼえ始めた頃の逸話(一)と(二)、および興味ぶかいディテールが満載されている(七)だけを掲載する。

なお、以下の語りには、今までの記述の主人公だったギナシエが、まだ未熟な青年として登場する。

ダオノア

【5-7】キリンを初めて捕獲した話

《要約》ギナシエと二人で猟に行き、牡のキリンと遭遇した。ギナシエはぼんやりしていたので、おれが率先して追跡した。キリンを引き戻すと、後から来たギナシエと会ったので、二人で協力して殺した。みんなに知らせ、解体し、食った。

おれがキリンを学んだとき、グー〔パンの中にある水穴の名前〕で殺すことを学んだとき。走ってキリンを学んだとき。グーを出発してヌアツァエ〔地名〕に進んだ。で、行くと、キリンが跳び出し、おれはギナシエと一緒だったんで、おれたち二人は進んだ。木の水を飲んだ。するとキリンが跳び出して走った。そこで、言った、「やつ、その牡キリンは一頭だ。今までにキリンを倒したことのある人間ならば、殺せるだろうになあ。」彼〔ギナシエ〕はおれの言うことを聞いてなかった。で、黙ったままだった。〔おれは言った、〕「アッ、おい、何をして、黙りこくって、〈おまえ〉たち二人は走ろうとしないんだ！」〔おれは思った、〕『この男はほうって、そして走ろう。彼に〈おまえ〉をつけさせろ。彼はおまえを重んじないんだから。この人はいつも走ることを知らないんだから。〈おまえ〉が一人で射当てろよ。』キリン〔の姿〕を捉えて追った。彼〔ギナシエ〕は立ち尽くし、思った。『アー、男の人をつけよう。男の人は飛んで行ったから。』彼はおれをつけた。おれたち二人がグーグアム〔パンの名〕に近づくと、おれはそこでキリンのほうへ向かい、やつはぐっと旋回し、近くを通って行った。で、思った、『やつにつべこべ言わせるな。やつはグーグアムの小さいやつに辿り着くぞ』〔大小二つのパンが並んでいる〕。そう思っておれはやつのそばに入った。やつを追い、そいつ〔グーグアム〕の小さいやつに辿り着くと、おれはやつを引き戻した。やつは引き返し、〔おれは〕彼〔ギナシエ〕に出会うと言った、「おい！　キリンはいま消耗しているから、殺しにかかろうよ！」そこでおれたち二人はやってきた。やつもやってきた。おれたち二人はキリンを引き返させた。やつを殺した。おれたち二人はやつを殺した。やつを〔人びとに〕指し示した〔みんなに知らせた、の意〕。われわれ〔男女複数〕は行って、やつをバラした。行ってやつを食った。

傍点部の原語〈カバ〉!q'ábà のもとの意味は「〔人が〕荷物を片方の肩にかつぐ」ことである。この場合は、長い首を振って進む方向を変えるキリンの独特な動作をこの語で巧みに描写している。以下は、このすぐ後に連続する語りである。

【5-8】ゲムズボックを初めて捕獲した話

《要約》イヌ二頭を連れて猟に行き、牡のゲムズボックに出遭ったが、イヌが獲物を攻撃しないので叱った。おれ一人で長く追跡し、やつを殺し、夜に帰宅した。妻がおれの脚をさすってくれた。

しばらくしてわれわれ〔男女複数、以下同じ〕は別れ、かれら〔男女複数〕は行った。われわれは移住し、住んだ。おれは通り過ぎ、ドア〔地名〕に向かいトア〔アカシカの一種〕の樹脂を食べた。イヌども〔雌雄二頭〕がおれと一緒だった。ツォー〔牡〕を見た。イヌどもをけしかけた。だが、やつに注意を向けなかった。おれは戻り、太い丸太を拾いあげて、かれら二頭を追いまわし、ぶちのめした。『かれら二頭のよがり汁どもめ！〈おまえ〉だけで行こう。〈おまえ〉がコーホを見つけたら、〈おまえ〉は忍び寄れるぞ。かれら二頭はツォーを引きとめないや。』そう思って、かれら二頭を追いまわしたら、二頭は逃げて行った。おれはやつのあとをつけた。つけて着くと、ドア〔地名〕にやつはいて、おれは〔茂みを〕出て、彼を〔間近に〕捉えた。追って、やつを追った。彼を追いかけてーー、キュエ〔地名、大きなパンがある〕を過ぎてもやつを追いかけるとーー、はるかキューテラ〔地名、小さなパンがある〕に〔やつは〕いた。やつを殺した。そこを出て夜に帰ってきた。かれら〔男女複数〕にやつのことを話した。おれはカワシエの母〔本名トーパ〕をめとっていた。その〔結婚した〕年のことだった。トーパをね。彼女に言った、「おれはいま死にそうだから、おれをさすれ」と言うと、彼女はオーリ〔スモモに似た酸っぱい果実〕を灰で焼いていたが、おれをさすってさすってさすった。おれの脚をさすった。われわれは寝て、遠くでやつを手に入れ、そやつを食った。

イヌを猟に連れて行ってもさっぱり獲物を追わず狩人を憤激させることがある。「よがり汁め！」と訳した罵倒のことばの原語はゴアン-クラ（精液-三人称通性双数の接尾辞）である。おそらくこの二頭は獲物の追跡はそっちのけで性交に夢中だったのだろう。実際、多数のイヌを伴う追いかけ猟を参与観察した池谷和信の論文には、猟場で性交ばかりしている役立たずなイヌに関する詳細な記述がある［池谷 1989］。

もうひとつこの語りには注目すべき点がある。新婚間もない妻トーパが疲れきった夫の脚を長いあいださすってくれたというのである。いかにも夫婦の睦まじさを示す描写のようであるが、わたしには、これがその後ダオノアを襲った悲劇の予示であるように思えてならない。最後に、三頭目のキリン殺しの詳細を克明に語った長い談話を掲載する。

【5-9】手負いのキリンに手こずった話

《要約》冬に農牧民の男たちが訪れ騎馬猟をした。彼らが去ったあと、つらい季節を過ごしていると雨が降り始めた。相棒のガナの男ゴリ（あだ名）と猟に行くと、後ろ脚を怪我して跛行している牝キリンを見つけた。足跡をたどりついに追いついたが、そのキリンは悪鬼のように荒れくるい、命がけの死闘になった。何度も槍で刺したが、日没になってもしとめられなかったので、あきらめて帰った。翌日、大勢の男たちと追跡し、長く手こずったあげくやっと息の根をとめた。

シャオ（冬）の季節に入った。(10) ウマたちがやってきた。カラネバたちのウマども…いやケーシ［いずれも農牧民の男の名〕だった。その男がそいつら〔獲物たち〕を殺した。われわれは住み、そいつらを食った。食ったりしてたら、その男たちは行った。われわれはつらい季節を耐え過ごした。つまり、モノを殺さなかった。つまり、コーの季節〔乾季の最終段階〕つまり罠だけが残っている。雨が降ってくると、われわれはノネグレハオ〔地名〕に住んだ。ツァオシエの父とね、タバの父とね、亡き父さんとね、それとゴリ〔ガナの男のあだ名〕とおれたち二人、われわれは住んだ。で、行くと、牝キリンがこんなふうに進んでいた〔その足跡を見つけた〕。そいつはびっこだった。後ろ脚が。夕方、おれは〔キャンプに〕着いて、そのことを知らせた。ゴリに言った、「あそこにいるぞ。牝キリンが住んでいるぞ。そいつは不具らしくて、こんなふうに進む。だから、明日そいつの所へ行こう。」そう言うと、おれたち〔二人、以下同じ〕は翌朝行って、そいつの足跡を見つけた。びっこをひいている足跡をたどった。たどって行くと、昨晩眠った所を見つけ、そいつのほうへ進んだ。おれたちは行き、そいつを〔至近距離に〕捉えた。そいつを追いかけて一一行くと、牡と出会った。やつら〔牡牝二頭〕はおれたちから走り去った。「アエッ、キリンのこいつ〔牝〕はおれたちから走り去ったぞ、不具なのに。」すると雨が落ちてきた。おれたちはカムツァの木の下に休んですわり、言った。「行こう、あっちへ。そいつは逃げたから、あの向こうのゴエツァオ〔土地の名〕の向こうにあるノネの木〔のほらに〕は〔水が〕満ち、まだなくなっていないだろうから、そこへ進んで行ってそいつを飲もう。木の水を飲もう。そうやって通って行って、帰ろう。」おれたちは進んで行き、タンコキュエ〔地名〕で立ち止まり、キリンをほったらかして〔水を〕飲んだりしていた。すると、濡れた砂を踏んでずるずる引きずって行く、脚の跡をまた見つけた。「今しがたやってきて、濡れた砂を踏んで行ったから、そいつをつけよう。」おれたちがそいつをつけて行くと、たくさんの足跡を見つけた。そいつはその足跡からもはずれた。さらにそいつの足跡をたどって行くと、そいつは〔木の中に〕入ってから、出た。そいつはそこを去って走っていたんで、おれたちも出た。彼は言った、「弟よ！　おれはもはや力尽きた。疲れたから、おまえがそいつを追え。」で、おれはそいつを捉えた。われわれ〔男女二人、自分と牝キリンのこと〕は進んだ。進んで進んで進んで、で、オアガ〔土地の名〕の向こうにある、人びとが「ダム」〔グイ語ではギャム、カラハリテントガメを意味する地名〕と言っているあたりで、おれはそいつを刺した。そいつはふうふう息を吐いていた。おれはそいつを怖れ、刺し、立ち尽くすと、そいつはふうふう息を吐き、おれを殺そうとしたので、おれはケルの木の中に入って立ち大声で叫んだ。「ゴリよ！　来いよ。おれのパーホ〔咬むもの〕がこんなに手こずらせるというのに、どこへおまえは行ったんだ？」そのとき雨がしきりと降っていた。雨のなかを彼はやってきた。そこで言った、「ゴリよ！　あの牝キリンの所に走って入るんじゃないぞ。そいつはおまえを殺すから。」そう言っているとそいつは走って行き、止まった。おれたちはそいつを追い、そいつはノネの木の中に入った。彼は言った、「アッ、牝キリンはあそこで木に通せんぼされるぞ。だから、おまえ入ってそいつを刺せ。」そこでおれは言った、「アエ、入るな！　あの牝キリンはおまえを殺すから。」彼が腕を上げて槍を構えると、そいつは小さいノネの木のそこの所からぴゅっと〔首を〕出した。だから言った、「ゴリよ、走れー。キリンがおまえを殺すから。」彼は急停止して引き返した。おれは言った、「そいつはおまえを踏んづけるぞ！」彼は遠くのトワの木の中にぶすっと跳びこみ、そこに入りこんだまま、震えた。すると〔キリンはトワの鋭い棘を怖れて〕ぴたっと止まった。おれたちはそいつを苛め、そいつは悪鬼のように怒った。おれたちはそいつを苛め苛め、それからおれ一人がそいつを苛めた。彼は怯えて死にそうで、彼は震え続けていた。おれたちはそいつを苛め苛め追い立て、タンコキュエの丘へ向かうほうへそいつを追いやった。そのとき槍二本をおれは握っていた。おれはそいつをそれで刺した。それから再びおれがかがんで枯れ木を取り上げたとき、チンボの中め！　おれを〔脚で〕打とうとした。彼が言った、「ダオノア！　そいつはおまえの頭のてっぺんをかち割るぞ。そいつを怖れろ！」おれは急停止して引き返した、走ってー。われわれ〔男女二人、自分と牝キリンのこと〕はぐるぐる回った。そのひからびたキリンは怒っていた。そいつは手こずらせた。痩せた牝だった。おれたちはそいつを苛め苛め追い立てー、タンコキュエの林にさしかかった。太陽は傾き沈んだ。おれたちはそいつを置きっぱなしにした。帰った。そいつは生きていた。おれたちは帰って着いて、そいつのことをしゃべって言った、「まさにパーホのようなキリンにおれたちは出くわした。いくらやってもダメでダメで、おれたちはそいつをほうって帰ってきた。」キュエアムたち〔男複数〕、まだ小さい男の子たち、おれたち〔複数〕はみんな一緒になり、ツァオシエの父もおれたち〔複数〕と合流し、翌朝、進んで進んで進んで、おれたち二人が昨日そいつを置いてきた所へ向かって、おれたち二人の足跡に沿って行き、そいつが昨晩やってきた所を見つけた。そいつはケルの木の中に入っていたんだ。彼〔ゴリ〕の持ち物だった槍がまだ〔キリンの〕上腕〔前脚の上部〕にくっついていた。そいつはついにばたっと倒れた。「とびかかれ」と言ってたら、起きあがった。おれたち〔複数〕はそいつに手こずり手こずり、やっと殺した。われわれはそいつを食った。住んで、そいつを食って、そいつ〔肉〕はなくなった。

射当てた後でさえ獲物に狩人の存在を気どられないことを理想とする弓矢猟とは異なり、追いかけ猟では複数の狩人が協同して獲物を追いつめるほうが効果的である。ダオノアにとって最良の相棒は、彼よりやや年長のガナの男ホアコであり、「ゴリ」というあだ名で呼ばれてきた。第一回目の調査で彼と初めて会ったとき、わたしはフィールドノートに「キツネ目の男」と書きつけた。風貌ともあいまってアクの強さを感じさせる人物である。キレーホの母をコウモリの練り薬で治療した呪医はホアコであった（第三章第二節参照）。

足跡の様子から動物の負傷や衰弱を読みとったときに、追いかけ猟の得意な狩人にとっては最大の好機がおとずれる。右の事例の場合、片方の後ろ脚に怪我をしていたために速く走れないキリンを延々と追跡し、樹木に遮られて容易に方向を変えられないような場所に追いつめて槍で何度も刺した。しかし、日没までに斃《たお》すことができなかったので、いったんキャンプに帰り、翌日、少年をも含む大勢の男たちと共に出なおしたわけである。首を振りまわし脚を蹴り立てるキリンに接近して槍を打ちこむことは命がけの冒険である。「神霊」を意味するガマという名詞が重複形ガマガマとなり、動詞化するという用法をわたしはこの事例以外に知らない。「ガマになる」という意味だというタブーカの釈義に従って「悪鬼のように怒る」（傍点部）と訳したのは苦肉の策である。もうひとつこの狩りの描写で注意をひかれるのは、〈カエ〉ǁχáè（苛める）という動詞が頻出していることだ。子どもが他の子を苛めたり、夫が妻を虐待したり、同じ人をしつこく訪問して嫌がらせたり、等々、多様な文脈で使われる日常語である。狩人は巨大なコーホに執拗につきまとい、何度も槍で責めたて痛めつける。追いかけ猟に横溢する血なまぐささをこの「苛める」(苛む)という動詞はこのうえなく鮮明に写しとっている。

原野を疾走し、ひたすらキリンやゲムズボックを追い立て、「チンボの中め!」といった侮辱語を浴びせながら槍を投げる。これがダオノアの青春であった。突然襲いかかった障害のために彼が悲惨な境遇に陥った経緯は田中が目の当たりにしている。一九六七~六八年に行われた田中の最初の調査の頃、原因不明の病気でダオノアの右脚は完全に麻痺してしまい、這って進むことしかできなくなった[田中 1978]。

以下の語りに登場する人びとの親族関係をあらかじめ説明しておく。ガナの有力者ホアアヤは田中とは旧知の間柄である。妻のジューバにとってホアアヤは二度目の夫だった。前夫は娘のトーパを残して病死し、ホアアヤと再婚してからは二男三女をなした。長い歳月の後に、その次女とわたしの調査助手キレーホが一九八八年に結婚した。ダオノアが実際に語った逸話の順番を入れ替えて、年代順に再構成した語りを示す。

【5-10】「それから歩けなくなった」

《要約》猟の達人だったおれは、妻トーパの母親のお気に入りだった。トーパ一族は農牧民の血をひいていたので、おれの母は結婚に反対したが、トーパの母は押しきった。子どももできて、おれは猟に励んだが、突然脚が麻痺して歩けなくなった。いくら治療を受けても治らないので、トーパの継父はおれに見切りをつけ、彼女を裕福なヤギ所有者に嫁がせた。白人が来てたくさん薬をくれたら、少しよくなった。ぶり返したときに、タナカの妻がおれを治療したら、歩けるようになった。罠猟を再開し、二番目の妻カイをめとった。足萎えの原因はわからないが、キリンの肉の分配をめぐる諍いで侮辱されたおれの父親の〈カバー〉(人を病にする恨み)のせいだったのかもしれない。

トーパの母は言った、「彼はすごく強くていつもモノを殺す。いつもあらゆるモノを作る。彼はオムツェ〔ウリ科の根茎、主要食物の一種〕を掘るのも上手だ。彼は罠が上手だ。彼は皮こすりも知っている。」けれど、母さんは反対した。「テベの女がクア〔ブッシュマンの総称〕の男をめとるもんじゃない〔トーパの父方の祖父はカラハリ農牧民だった〕。どうせクアの男と結婚しても、テベの男たちが彼女を彼から取りあげるだろうさ。」母さんは正しかった。あの女の人〔トーパの母〕のほうはあのようにしゃべって言った、「ウオッ！　彼はクアだけど彼女をめとるのよ。」トーパをおれにくれた。彼女が小さいときおれは彼女を食べさせ食べさせ、彼女はおれのもとでおとなになった。で、おれのもとで〔初潮儀礼を〕オコナッタ〔「神秘の力を揮う」ことを意味するツィーという動詞〕。おれのもとで、子ども〔づくり〕も習いおぼえた。彼女のためにガエン〔スティーンボック〕の皮のスカートも縫ってやった。それを穿いた彼女はどんなに美しかったことか。最初に生まれた子はすぐ死んだが、二番目の男の子はすくすく育った。おれがホローハ〔グイの成人儀礼〕に入ったのはそんなころだった。しかし、ホローハを出たあと、せっせと猟に出ていたら、突然脚が動かなくなった。最初は手から始まった。手の骨がダメになった。それから歩けなくなった。母さんと父さんが、かれら〔男女二人〕がおれを助け、おれに食べ物をくれた。ゴリはおれを剃刀で切って治療した。ホアアヤ〔トーパの継父〕も治療した。たくさんの男たちが治療した。母さんとトーパがおれをさすり、父さんがさすった。だが何をやってもよくならなかったので、ただおれを諦めた。「この男は死にかけているから、いくら治療してもよくならん。ただ眼で彼を見ているしかない。ただ食物だけで彼を助けるしかない。」やがて義父〔ホアアヤ〕は言った、「この男は死んでいるから、ツォマコ〔多くのヤギを所有するガナの男〕に彼女をめとらせよう。もうわれわれは彼を捨てよう。」かれら〔男女複数〕はおれを捨てた。おれは父母の家に住んだ。しかしわれわれは依然として同じキャンプに住み続けた。暮らし暮らしているとあの白人がやってきた。ナメ〔センザンコウ〕というあだ名で呼ばれていた。「この男の人をおれは治療する。だから、おれに彼をよこせ、おれを彼と共に行かせろ。遠くマウンで彼を治療しよう。」そう言った。かれらは言った、「ワイー、この男をあんた〔の車〕に積んで行ったら、道で彼は死んじゃうよ。ほら、ここにいて彼に薬をあげなよ。」彼はおれにたくさんの薬を飲ませてくれた。彼はおれの腕を摑んだ〔脈をとった〕。「アッ、今、彼の脈は速く打っているから彼は生きるかもしれん。飲め、薬をたくさんあんたは飲め。」かれらに言った、「彼に薬と一緒に水もたくさん飲ませろ。」すると、それまでひからびた糞が少しだけ出ていたのが、たくさん出るようになった。食べ物もたくさん食べられるようになり、気分がよくなった。さらに、歩くこともできるようになった。おれは生きのびた！　かれらは言った、「あの男の人は生きてるよ。」だが、すでに妻はツォマコに与えられてしまっていた。おれは自力で歩いて、それまで住んでいた土地を去り、カデに着いた。すると再び障害がおれをとらえた。そこへタナカが彼の妻と共にやってきた。タナカの妻がおれに注射し、薬を飲ませた〔田中夫人は看護士である〕。おれは歩くのが上手になって、忘れていた罠のかけ方も思い出した。それからカイ〔ギナシエの最初の妻だったが、夫婦交換で別の男と結婚した。その後、新しい夫と死別した〕を見つけた。彼女はきれいだった。妻をめとりたいとおれは思った。〔「いったい何があなたを足萎えにしたのか？」というわたしの質問に答えて〕おれにはわからない。きっとキリンのために〈カバ〉〔冷遇された人の怨みから発する力、第三章第二節参照〕が造られたんだろう。おれがしとめたキリンの肉をノーシュー〔ガナの男の名、前掲箇所参照〕がたくさん取ったので、父と口論になった。ノーシューは「テベは馬に乗って猟をしてたくさんのキリンを殺すが、その馬もいつかは死んでしまう。おまえの息子も追いかけ猟が得意なようだが、いずれ馬と同じように死んでしまうさ」と悪態をついた。それで父の心は痛み、カバを造った。そのカバがおれを不具にしたのかもしれん。

センザンコウというあだ名で呼ばれた白人は医術の心得があったようだが、その正体は不明である。カラハリに旅立つよりもずっと前に二郎さんの著作を読んだとき、脚萎えになったダオノアが舐めた辛酸はわたしの脳裡に深く刻まれた。だが、追いかけ猟のすさまじい経験をつぶさに聞いたあと、わたしのなかに〔荒唐無稽かもしれないが〕一つの想像が芽ばえた。青年期にダオノアがひたすら原野を疾走していたことは、彼を襲った障害の遠因をなしていたのではなかろうか。ひょっとしたら自分でも気づかなかった微細な疲労骨折が彼の手脚を蝕んだのかもしれない(11)。

この解釈の当否は別にしても、追いかけ猟という身体技法が直立二足歩行者としてのヒトがもつ能力の極限を示していることは確かである。定住化によってイヌの個体数が飛躍的に増え、多くのイヌを猟犬として利用する追いかけ猟が盛んになったことは、池谷［1989］の報告に詳しい。初めてこの猟を参与観察したあと池谷が「マラソンですね」と漏らしたことが忘れられない。当時すでにかなり高齢であったホアアヤが青年たちと一緒に走りまわっていることを知ったのも驚きであった。それだけではない。ツートマの三男フーペーラは少年の頃からオオミミギツネなどの小動物を走って捕らえることを得意にしていたが、長じて追いかけ猟の達人になった。また、調査助手タブーカは、かつてチーターを延々と追いかけ、疲れて動けなくなったところを仕留めたという。何十キロも長距離走ができることこそ、サバンナの狩猟者が陶冶してきた恐るべき能力なのである。

もうひとつ、障害の原因が養父ギオクアの〈カバ〉ではなかったか、というダオノアの解釈はわたしを驚かせた（ただし、わたしの「誘導尋問」がこの見解を導き出したことは厳に自戒すべきではあるが）。ダオノア自身は父に対して何ひとつひどい仕打ちなどしていない。その毒舌や女に対する手の早さのために「性悪《しょうわる》」（コーハ）な男だという定評のあるノーシューの暴言（次章にも登場する）がギオクアの心を痛ませたために、息子に致命的な影響が及んでしまった。この不条理さこそ、〈カバ〉という民俗概念の本質を照らしだしている。それは、発生源となる人自身の統御さえもが及ばない盲目的な作用なのである。

焼き殺す――観察者の情動反応

最後に、弓矢や槍といった「武器」を使わないで動物を殺した例を二つ挙げる。第三章の六節で述べたように、わたしはジェスチャー分析の基礎資料にするために、わたしともっとも気心が知れあっているタブーカの語りを収録した。その聞き役はキレーホが務めた。キレーホの父ピリはタブーカの父ヌエクキュエの兄なので、二人は父方平行イトコの間柄にあり、グイの親族名称体系においてはアニとオトウトに類別される。カデへの定住化が始まる直前まで、彼らは毎日のように猟に出ていた。わたしの年齢推定では、当時、キレーホは一七～八歳、タブーカは一四～五歳で、少年から青年になりかけるころだった。

【5-11】「やつは燃えて燃えて焼け死んだ」

《要約》イヌ二頭を連れてオオミミギツネを探しているとき、片方の後ろ脚を骨折した牡のウィルデビーストと遭遇した。槍を持っていなかったが、たまたまマッチを持っていたので、そばの草に火をつけるとやつの鬣《たてがみ》に燃えうつった。近くの樹に登り、苦しみ悶える様子を見ていたら動かなくなったので、近づいて巨大な枯れ枝を頭に打ち据えた。周囲に草を積んで再び火をつけると完全に焼け死んだ。火が消えてから死骸を草で覆い、解体用のナイフを取るためにキャンプに帰った。

おれたち〔二人、以下同じ〕はアー〔オオミミギツネ〕を探していた。イヌども〔雌二頭、以下同じ〕が通り過ぎて吠えた。「アウ！　アウ！　アウ！」それでおれは思った。アーたち〔雌複数〕にそいつら〔イヌ〕は吠えているな。そう思い、身をこっそり隠して行くと、やつ自身が黒く、いた。おれは言った、「あれまぁ、ライオンだ。」おれは引き返した。「キレーホよ。アエ、ライオンの所にイヌどもは入ったぞ。おれたち二人は逃げよう。」すると彼は言った。「エ〜エ、近づいてよく見ようじゃないか。おまえは黒いものと言ったから、おれたちはそいつの見えざまを見よう。」で、おれたちはやってきて立ちどまった。「アエ！」彼自身が言った、「ツェー〔ウィルデビースト〕じゃないか、アエ！」やつはびっこをひいていた。おれはそのことでやつを見くびった。で、言った、「アッ、ほれ、やつは骨折しているぞ。やつは能なしだから、おれたちは行ってやつを打とう、ただちに。脚がずっと前から折れてるから。」すると彼は言った、「こないだツァビー〔カラハリ族の血をひくガナの年長者の名〕をツェーが殺した〔瀕死の重傷を負わせた〕んだから、おまえはそんなふうに言うんじゃない。」そう聞いて、おれは再び怖くなった。おれは怯えた。こう心の中で思った、「アッ、なんてことをおまえは言うんだ。」おれはやつを怖れた。彼〔キレーホ〕自身がおれを怖くさせたんだ。途方に暮れておれたちは立ち尽くしてやつを見ていた。イヌどもが襲いかかると、やつは脚三本で「イヌを蹴ろうとして」倒れた。すわった、砂の上に。おれたちはそのとき槍がなかった。火〔マッチ〕だけを持っていた。で、掘り棒を持っていた。おれたちは立ち尽くしあれこれ心の中で考えた。「アエッ！　あんなふうに草の中にやつはすわってるぞ。おれたちは火をつけよう。そして、やつが火をどうするか見よう。イヌどもは怖がるだろう、火を。で、やつをほうって行くだろう。やつはおそらく自分だけで残り、焼け死ぬから。」そうおれたちは言った。「アイッ！」と言い、火をつけた。火はやつの所へ来た。やつは走り、火と喧嘩した。やつが「ブフーッ」と言ってると、ここにある毛《喉から首のあたりを指し示す》はたくさんだ。それで、火はそこからやつに燃えうつった。ここの所の毛に燃え進んだ。〔首の後ろの〕鬣《たてがみ》の所だ。喉にあるやつと、ここにあるやつはたくさんだから、「ヴドゥドゥドゥドゥ……」〔めらめらめら〕と言った。おれたちは逃げた。おれ自身が先に来た。で、着いて、ゴーン〔アカシカの喬木〕に登った。で、言った、「来いよ、あいつを怖がらずに、近くに登ろうぜ。おまえ何してるんだ?」おれたちはよじ登った。やつはやってきた。おれたちは〔枝の上に〕すわった。やつは火をたずさえていた。火は燃えさかっていた。やつは進んだ。そして熱がって頭を地面に打ちつけた。火と共に。火はそこで燃えさかり燃えさかり燃えさかり、やつを焼き、やつは苦しみを感じ、ぐったりした。で、すわった。で、すわり、そこで鳴いて言った、「メエ〜、メエ〜」と言った。おれは、で、言った、「イヤー、火はいま届いたぞ、やつに。いいぞ。だから、おれたちはやつに近づこう。」そう言って、おれたちはでっかい枯木のスゴイやつを取った。ノネ〔フウチョウソウ科の常緑樹〕を両側から摑みあった。やつはそのときすわっていた。おれたちは通り過ぎ、やつの二本の角のあいだめがけて、その薪を命中させた。その場で草を引っこ抜いた、すばやく。積んだ。燃やし燃やした。やつはすると火の中でしきりと鳴いた。「ボーッ」とやつは言った。やつは燃えて燃えて、で、焼け死んだ。やつが「ブーッ」と言ったとき、煙はこんなふうだった《拳を握って右腕を上に突き上げる》。やがて死んだ。おれたちは立ち尽くしてやつを見ていた。「アイ！　アイ！　**ツエー**のおれたちのだよ！　すてきなやつだ。おれたちはいまナイフがないから、いったん帰ろう。」おれたちは他の所から引っこ抜いた草を載せて〔死骸を〕覆った。火が消えてからね。つまり、ハゲワシどもがやつを食わないように。おれたちはそんなふうにしてから帰った。（二〇〇八年八月六日収録、主な語り手はタブーカ）

この虐殺のあまりにも事細かな描写を聞いたとき、わたしは形容しがたいむごたらしさを感じた。まず、煽情的な語句を使えば、これは「嬲り殺し」である。だが、けっして「無意味な殺し」ではない。槍も携えていない少年二人が、手負いのウィルデビーストを仕留めるという難題に直面したとき火を使うことを思いついたのは、まことにあっぱれな「発明」だった。それによって彼らは大量の肉を獲得することができた。

だが、そうした「意味」によっては納得し尽くせない何かが残る。序章で引用したシンガーならば、「焼き殺す」ことは犠牲者の苦痛が長時間持続するがゆえに許しがたい、と断じるかもしれない。だが、先述した矢毒は、一〇〜二〇時間にわたって徐々に効力を発揮し、獲物を緩慢な死に追いやる。その間に獲物が経験する塗炭の苦しみを想像するならば、焼き殺すことが特段に残虐な殺害方法であるとは言いきれなくなる。

火が殺害に使われたというそのことが、わたしの胸を痛ませたむごたらしさの主要因であったことは明らかだ。毒矢にせよ、撥ね罠にせよ、狡知を凝らした「殺意の体現」としての道具を使うことは、非力なヒトが自分よりずっと力強く敏捷な他者を「技術」によって打ち倒すという（種の存亡を懸けた）フェアな闘いのイメージを喚起する。だが、火の利用は自らの「身を養う技術」であったはずだ。いや、そもそも「火起こし棒」は道具だが、燃えさかる「火」それ自体は道具でも技術でもない。それは太陽や雨と同じく「おのずから然り」としての自然の力である。火を利用する技術とは、人間を超えた荒ぶる力をなだめすかし、慎重に制御することにほかならない。だからこそわたしは動物を焼き殺すという「論理」の運用法に空恐ろしい傲慢さを嗅ぎつけたのではなかろうか。

次の逸話を語ってくれたのは、グイの年長者ケネノーである。彼は猟の達人であるばかりか、治療ダンスの名手としても知られているが、わたしのキャンプの人びととは親族関係を辿ることができない。非常に長い語りなので前半部は梗概を示すにとどめる。

【5-12】ヒョウの執拗な襲撃（あらすじ）

《要約》おれはキレーホのキャンプに寄寓していた。雄ヒョウが出没し放牧中の牝ヤギを殺した。死骸のそばに仕掛けたワイヤーの罠にもかからなかった。雨季になって移住したが、ヒョウは夜キャンプに侵入し雌イヌ一頭に重傷を負わせた。三日目と四日目の夜にも侵入を繰り返し、計三頭の牝ヤギを殺した。おれたちは追跡にかかった。

その頃、おれは今は亡きホアアヤ、彼の長男でやはり最近死んだダオノー、それにホアアヤの娘と結婚したキレーホとが暮らすキャンプに住んでいた。そのキャンプの周辺を雄ヒョウがうろついてヤギを狙っていた。ある夕暮れ、キレーホの牝ヤギが戻ってこなかった。翌朝、ヤギの群れの踏み跡をたどったら、カロ〔酸っぱい実をつける木〕の下で死骸を見つけた。この木の下に身をひそめていたヒョウが、うっかり近づいた牝ヤギを斃し、その肉を食っては眠り、また起きては食うことを繰り返していたようだ。おれとキレーホはそこにワイヤー罠を仕掛けたが、小憎らしいことにやつはうまうまと罠をよけて生き延びた。おれたち〔二人〕は言った、「待とう。またいつかおれたちはおまえと会うだろう。」しばらくしてわれわれは移住した。女たちはすぐに草で家を葺いた。小さな雨雲ができて年の初めの雨が降りそうな気配だった。みんな家の中に入って風の音に耳を澄ましているとき、イヌがキャンキャンキャンキャンとけたたましい悲鳴をあげるのが聞こえた。跳びだして見ると、さっきまで焚き火のそばに丸まっていた雌イヌの姿が見えず、灰の上にはヒョウの足跡があった。燃えている枝を摑んで追いかけると、咬まれて首がねじ曲がったイヌの姿が見えた。ヒョウが立てる音のする方向へみんなで棒を投げつけたが、その一本は間違って咬まれたイヌに当たってしまった。イヌは怯えて逃げ去り、そのまま行方不明になった。それから三日目の夜、ヒョウはまたもやキャンプに侵入し、キレーホの牝ヤギを切り裂いて味見した。翌朝、われわれはその皮を剥いでから、他のヤギたちを水飲み場に連れて行った。帰ってきて眠っていると、ヒョウはまたもや侵入した。まず一頭の牝ヤギを打ち倒して即死させ、もう一頭の首に牙を突き立てている所におれたちは駆けつけた。ヒョウは柵の上に駆け登り、人びとが一箇所に集まっているそばに跳びおり、昔ダオノーが持ってきた荷車にぶつかり、おれが槍を探してもたもたしている隙に逃げて行った。翌朝、おれたちは殺されたヤギ二頭の皮を剥ぎ、肉を煮てから、追跡にかかった。

このときすでにキレーホは結婚しホアアヤのキャンプに住んでいた。わたしはこの事件をまったく知らなかったから、調査に二年間の空白が生じた一九九〇〜九一年頃の出来事と推測される。放牧中のヤギを殺した雄ヒョウは、人びとがカデ定住地の外へ移住してからもつきまとい、夜陰に乗じて三度にわたってキャンプに忍びこんだ。いったん無力な家畜に味をしめると、この猛獣は平然と人間の居住域に侵入し執拗に殺戮を繰り返すようになるのである。その恐ろしさをこの語りは活写している。以下は人間の復讐劇である。

【5-13】「やつの模様はなかった」

《要約》ヒョウはイヌに追われて穴の中へ逃げこんだ。火でいぶしてしばらく待つと黒焦げになって出てきた。おれたちはちりぢりに逃げたが、やつはすぐに息絶えた。死骸は穴に押し入れた。

やつをたどった、やつをたどった、やつをたどった。あの小さいカラがびっしり生えているあたり《この語りの場から見えるわたしのテントのそばを指し示している》ぐらいの所に、ゴーンの木が立っていた。やつはこんなふうに横たわっていた。ピリベー〔雄イヌの名〕は通り過ぎ、風が得意な〔嗅覚が優れているの意〕やつだったので、ツーンといって〔ヒョウの匂いが〕鼻に入った。あそこのチンボコ野郎めの所を通り過ぎたとたん、バッといってやつ〔雄イヌ〕はやつ〔ヒョウ〕に跳びかかった。〔ヒョウは〕「ガブ、ガブ、ガブ、ガブ」と唸り、すぐにやつ〔イヌ〕を出し抜いて、穴にたどり着いた。やつ〔イヌ〕が「捕らえるぞ」と言ったときにはスポッと入った、穴に。おれは言った、「こりゃしめた！　もうすわろうぜ。もうおまえたち〔男複数〕はやつを怖れることはない。やつは出てきておまえたちを引っ掻くだろうが、もうやつにはしゃべることはない。これで、おれたちは済みだ。」草を引っこ抜いて引っこ抜いて束にして縛って縛って、スポッと押し込んで入れた。おれたちは突っこみ突っこみ突き刺してから火を放った。それは燃えさかり、おれたちは行ったり来たり、そのあたりをぐるぐる周り、どんなふうにやつが動く音がするか耳をすました。ついに炎が鎮まってきたので、おれたちは少し掘り返し、砂に穴を開けたりした。すると煙だけが立ちのぼった。「おや、やつはたぶん生きてるぞ。なんで煙が手前から出るんだ？」「いいや、やつは死んだよ。」火がおさまって、そこに突っ立ち、見守り続け、見守り続け、見守っていると、ついにおれは言った、「出たぞー、キレーホよ！　おまえたち〔男二人〕は『やつは死んでる』なんて言ったけれど、嘘ばっかり！　出たぞ、あやつが！」やつは火で何てざまに焼きあがってることか。焼けて焼けてやつの模様はなかった。やつはただ炭と共にあった〔炭のようにまっ黒だった〕。火に焙られころげまわり、もがき苦しんでいると、火はしきりとやつに対して働いた。足の皮も眼も焼け爛れ、よろよろとおぼつかなく、でっかいやつが出てきた。「コッコッコッコッ」と喘いで言った。おれたちは言った、「喘ぐなよぉ。」背を向けてみんなちりぢりに逃げた。おれは振り返りやつを見て言った、「ワイ、あいつはいまもう死んでるよ。」イヌども〔雌〕も引き返してきた。そいつらがやってくるとヒョウは横たわってぃた。まっ黒くなって横たわり、あたりを手探りしていた。イヌどもがやつを打ちのめす間もなく、やつは乾ききった〔息絶えた〕。そこで、おれたちは立ち、やつを摑んで持ち上げ、穴の中に下ろし、やつを押し入れた。

ヤギもイヌもグイ／ガナの人びとにとってもっとも貴重な財産である。それを繰り返し毀損するヒョウは憎むべき敵である。そやつを殺すことにためらいがまじるはずもない。だが、この酸鼻をきわめる惨殺の描写に耳を傾けていたときわたし自身を襲った動揺を忘れることはできない。動物を火で焼き殺すことへの違和感のほかに、わたしを揺さぶる特有の情動がある。小学生の頃から、ヒョウこそこの世界でもっとも美しい存在である、という信仰が都会育ちの少年の心に深く植えつけられた。これに類した審美感は、その毛皮を珍重した白人植民者とその末裔たち、豹皮首長の権威に服従するヌアー、生命力溢れる豹を描写したカフカ〔終章で後述する〕等々、多くの人類に共有されている。穴からよろめき出てきたヒョウにもはや斑紋はなく炭のように真っ黒だったという描写はわたしを慄然とさせた。それでは、〈彼〉が美しいまま殺され、その毛皮がハリウッド女優の薄いイブニング・ドレスを覆ったならば、むごたらしさは軽減されたのだろうか。

動物のある殺され方をむごたらしいと言い、尊厳を奪われていると感じる。そのとき、私たちは、果たしてシンガーのように動物自身によって生きられた経験の質《クオリア》それ自体に思いを馳せているのだろうか。もしそうだとしたら、矢毒で麻痺して「もう怖がっていない」ように見えるエランドだってこのヒョウに劣らず苦しかっただろうに、弓矢猟の語りに耳を傾けるときわたしはむしろ平然としていた。わたしが感じるむごたらしさとは、生活世界の深部において動物と関わり続けることからけっして免れえない、世界‐内‐存在としての「わたし」の思想に対して突きつけられる問いなのである。

わたしが動物を殺した日

またカラハリに帰ってきた。うきうきしながらコエンシャケネへの道に四輪駆動車を乗り入れた。最近、白い砂礫を敷き詰めたらしく、道は固くて走りやすかった。ハンドルをとられる心配もなさそうなので、時速八〇キロぐらいまでスピードをあげて走っていた。

再定住村まであと二〇キロぐらいの所で、右手のブッシュからスティーンボックが跳びだした。とっさにアクセルから足を離したが、そいつは楽らくと車の前を突っ切って左へ消えた。だが、その直後、もう一頭が走り出た。昔、不用意な急ブレーキ急ハンドルのために車を転覆させた苦い経験が心的外傷になっているせいか、あまり強くブレーキを踏みこまなかった。さしてスピードが落ちていない車の前を二頭目が駆け抜けようとした。フロントバンパーの左隅に軽い衝撃を感じた。うわ、轢いちゃった。停車して後ろを振り返ると道ばたに転がっている動物の姿が見えた。肉だ。拾ってお土産に持って行けばみんな喜ぶだろう。軽やかに車から降りて近づいた。だが、その体を見おろした瞬間にぞっとした。ぶつかった衝撃で、肛門から腸のすべてが風船のように膨らんではみ出していた。とても荷台に載せる気がしなくて、野生生物局の監視官に見つかったら面倒だと思い、顔を背けるようにして首根っこを摑み、藪の中に放りこんで隠した。性別さえ確かめなかったが、きっと「結婚をつくっていて」見境もなく車の前を横切ろうとしたのだろう。

コエンシャケネに着くとすぐに、集まってきた調査助手たちに「腸が肛門から出ていたので、おれは怖れて**ガエン**を捨ててきてしまった」と告白したら、みな「スガワラは役立たずなことをした」とわたしを詰った。わたし自身もじつに不甲斐ない気分だった。

生物部員だったわたしは中学三年生のとき動物を殺戮した。文化祭の研究発表で展示するために、鳩、鶏、蛇をわざわざ殺して剥製を作ったのだ［菅原 2015a］。この無意味な殺しは、生涯消えることのない恥ずべき汚点である。それ以来、意図的に脊椎動物を殺したことはない。ただし、以下の例外を除く。エチオピアでヒヒの調査をしていたとき、たまに買う鶏を宿舎の前の木に針金で逆さに吊るし、斧で首をちょん切り、羽毛を毟って肉を切り分けた。こうして作ったチキンカレーのおいしさに陶然とした。グイの動物解体を何度も見てきたので、必要に迫られれば、ヤギの喉笛を切り裂いて皮を剥ぐこともできるだろう。だが、腸を肛門からはみ出させたスティーンボックの姿にわたしは震えあがった。

自動車という鋼鉄の塊が秘めている理不尽な暴力性。それと対照的な、動物身体の驚くべき脆さ。車の端っこにこつんと当たっただけで壊れてしまった。動物であれ人間であれ、内臓をしっかり体内に収め、生き動いていることと自体が奇蹟である。肉を食うために自分の手を血まみれにして動物身体を切り開き内臓を取り出すことに、わたしは恐怖を感じはしない。だが物体の質量と運動が偶発的に脆い身体を壊滅させたことに慄然とした。自分をこんなにも動揺させた出来事を、わたしはフィールドノートに書きつけるのを忘れていた。今となってはどの年だったかさえわからない。抑圧が働いたのだろうか。

注

（1）②のカオコ（男の人）と対照させてこの棒をガエコ（女の人）と呼ぶこともある。

（2）鉄がなかった時代には動物の骨を削って鏃を作っていたようだ。

（3）矢筒（ノオ ŋǁòō）はとても複雑な製作工程を要する狩猟道具である。この作製はケルー qx'ērū（学名 *Albizia anthelmintica*［A. Rich.］Brongn.）という樹の根もとを掘り返すところから始まる。地中に伸びる太くまっすぐな根を切り出し、弱火で全体をこんがり焙ると、樹皮と髄とが熱で分離する。平たい石を台にしてこの丸太の片方の端をまっすぐ打ちおろし、髄を石に強く叩きつける。これを繰り返すと慣性の法則により樹皮の部分だけ徐々に持ちあがってくる。この作業を何日も続けると、長い円筒形の樹皮がすっぽり髄から抜ける。底部に丈夫な皮を貼り、てっぺんにはやはり皮で作った短い円筒の蓋をかぶせる。素材の物理的特性を見事に抽きだす、根気を要する手仕事の粋をきわめた道具である。

（4）人間と動物のあいだには二重の偶有性が成立することがある。幸島でニホンザルの個体追跡をしていたとき味わった苦い経験がそれであった。島に住む酒乱の漁師・磯崎さんは機嫌が悪いとき、番犬として飼っているカヤ（いくら代が替わっても同じ名前だった）を放すことがあった。ある朝、わたしが林の中にいるとき、カヤが近づいてきた。わたしはぞっとしたが、一応シッポを振っているので、友好的に彼の喉もとに手を差し出してから頭を撫で始めた。だが、そのときわたしは「カヤはわたしが怖がっていることを知っていることをわたしは知っていることをカヤは知っていることを……」という悪無限循環に陥ったことに気づいた。不用意に撫でるのをやめたら絶対に咬みつかれると直感した。

だが、いつまでも撫で続けているわけにもいかないので、思いきって手を放したら、案の定、カヤはわたしの手すれすれでカプッと音を立てて両顎を閉じ、そのまま走り去った。磯崎さんの思い出は拙編著に詳しい［菅原編 2006 : 18–21］。

（5）第一の文の原文は〈コマ-ハ-キ・ムナ・ツァム・ネ・エ・カオ・ネ〉であり、中川裕の分析を参考にすれば、伝聞の相標識（コマ）-可能の相標識（ハ）-直前の過去を表わす時制小詞（キ）+感嘆を表わす間投詞（ムナ）+「忍び寄る」（ツァム）+文末小詞（ネ）+接続詞（エ）+「射る」（カオ）+文末小詞（ネ）となる。中川は、標準的な構文では〈コマ〉の直後に命令法代名詞が置かれるとしている［中川 1993］。本来、文頭は〈コマ-ダ（一人称単数の命令法代名詞）-ハ-キ〉となるはずだが、わたしが収録した語りではこの代名詞が省略されることが圧倒的に多い。

（6）坂部恵は「かたり」という言語行為を「はなし」と対照させ、それが「騙り」とも通底する演技的な可能性、すなわち「振りを舞う」ことへ開かれていると論じている［坂部 1990］。

（7）ビイについては他にも特異な民俗知がある。ビイはイヌの〈ナーホ〉（食べると病むもの）で、うっかり食べると死んでしまうという。イヌはビイを跨ぎ越すことさえ嫌う。小屋の中に干し肉を吊るしてあるときはイヌに食われないように、小屋の戸口の前の砂の中にビイを埋めておく。

（8）わたしが高校一年生のとき、このタイトルの映画が公開された。スペインの闘牛では闘牛士が牛に剣を突き立てる瞬間をこう呼ぶという（フランチェスコ・ロージ監督、一九六五年）。

（9）騎馬猟についてはあまり濃密な語りが収録されていないので、詳しい分析を省略し、概略だけを示す。一九七九年からグイ／ガナの人びとが定住するようになったカデ集落の周囲では大型猟獣（コーホ）の個体数が激減したために、徒歩で弓矢猟を行うことが難しくなり、その代替戦略として騎馬猟が盛んになった。定住化以降の騎馬猟について初めて調査したのは、わたしの第一回目の調査の同僚・大崎雅一であった［Osaki 1984］。自らも騎馬猟チームに参加した池谷和信によれば、カデ地域の狩人は保護区の南に位置する村ツェツェンよりの来訪者から一九六〇年代に初めて騎馬猟を教わったという。別の伝播経路としては、カデから北東に一二〇キロメートル離れたギョム（モラポ）からのものがあった。［池谷 1996 : 24–30］。騎馬猟は集団遠征猟であり、ウマに乗る一〜二名の狩人とロバに乗る数名の助っ人で構成される。平均の構成員数は五名前後である。遠征距離は、カデから三〇～五〇キロメートルに及ぶ。ふつうは数日から最長で七日以上も野営する。野生スイカ（ナン）の当たり年には豊富に実っている場所に狩猟キャンプを設営し、スイカを集めウマの水分補給源にする。それが乏しい季節には二〇リットルのポリタンクに水を詰めロバに背負わせて運ぶ。狩猟キャンプで干し肉を作り、帰りはこれをロバで運搬する。狙う獲物はゲムズボックとエランドである。長いサーベル状の角をもつゲムズボックは非常に危険なので、ウマで追いまわして疲れさせ、動けなくなったのを見計らって、狩人はウマから降りて近づき心臓めがけて槍を投げつける。羚羊類中最大の体重を誇るエランドの場合は、接近して馬上から尻や大腿部を槍で突き刺して出血させ、徐々に弱らせる。いずれの場合も、最大のポイントは、獲物をできるだけ狩猟キャンプの近くまで誘導してからとどめを刺すことである。

（10）グイ語／ガナ語には四つの季節の名がある。大まかに太陽暦の月と対応させれば、以下の通りである。シャオ sáō（冬）：六月～八月、雨は降らずとくにその前半は非常に寒く、朝方は摂氏零度以下になることも稀ではない。稔りの豊かな年には、まだスイカやメロンが腐らずに残っている。／コー !ʰoo（春）：九月～十月、一年でもっともつらい季節。植物性食物はきわめて乏しくなる。大地はからからに乾燥し、熱風が吹き荒れ、ときに激しい砂嵐となる。このつらい季節を「耐え過ごす」という意味のガー gǁàà という自動詞がある。／ナオ ŋǁàō（夏）：一一月～二月、雨がどんどん多くなり、ときどき暴風雨になる。気温はぐんぐん上昇し、一二月を過ぎると日蔭でも摂氏四〇度を超える。原野は緑に輝き、植物性食物が多く稔る。とくにスイカとメロンはもっとも貴重な食糧となる。／バラ bàrā（秋）：三月～五月、まさに稔りの秋である。雨はあまり降らなくなり、風は日本の夏の高原のように爽やかで、もっとも快適な季節である。

（11）ダオノアのもとを去って大ヤギ所有者ツォマコと結婚したトーパは一九九〇年に夫に先立たれた。トーパは遺産相続にまつわる姻族との確執で亡夫のキャンプにいづらくなり、九三年から再定住計画が発動されるまで、昔別れたダオノアのキャンプに一緒に住んだ。「あなたは彼女とヨリをもどさないのか」という質問に、彼は次のように答えた。「そんなことをしたら、神霊（ガマ）がおれを笑う。ツォマコのガマがおれを笑って言う。『おやなるほど、彼がおれを殺したんで、おれは死んだのか。彼が戻っておれの妻をめとるとはな。』そう言われることを、おれは怖れる。」【1-1】

「ガマという語の用法」③の例文はこの文脈から抽出したものである。

第六章　掻かれ咬まれ殺される――パーホ（咬むもの）の恐怖

本章の主題は、動物に傷つけられ、ときに殺されさえすることもある、人間の根本的な被傷性である。通常は「咬むことにおいて無能」であるコーホ（食うもの）も、手負いになって向かってくれば、人を害するパーホ（咬むもの）に変貌する。本章全体に漲る情動は、怒りと恐怖である。怒りはおれを傷つける動物に対してだけではなく、おれを助けなかった仲間や、愛する人を見殺しにした親族にも向けられる。

第一節では、「別のコーホ」として珍重されるツチブタを標的にした猟において狩人が遭遇する危難を記述する。第二節では、ヒョウと格闘した男の体験談を検討する。第三節では、ライオンによる人殺し事件を詳述し、その恐怖と絶望を内側から了解することをめざす。さらに、これほどまでにむごたらしい惨事が起こることの原因として、女の呪詛に焦点が引き絞られることに注目する。第一節から第三節までの大半の事例の底流をなすのは、仲間の助けを期待しながら裏切られることへの失望である。第四節では、ライオンとの遭遇から生還した経験に注目し、動物が人間の天敵として立ち現われることの意味を問う。

本章は前章の狩猟経験の語りと対位法的な関係をもつと同時に、第三節の「女の呪詛」は次章の主題へと引き継がれる。

一　穴を掘る「皮」――ツチブタの脅威

落盤事件

以下に示す逸話をわたしは最初タブーカから聞いた。「ガナのカーツルはツチブタの巣穴が落盤し生き埋めになったが、連れの男たちがおしっこをかけたら息を吹き返した。」現場に居合わせたツォウから話が聞けたのは、かなりあとのことだ。ツォウは物静かな弓矢猟ハンターだが、わたしの「親族」との系譜関係は間接的である。ダンスの名手として知られるカーツルは田中二郎と古くからの知己で、馬づらの背の高い好人物である。

【6-1】「彼を掘り出そう」

《要約》おれたちは少年たちが見つけたツチブタの巣穴の周囲に集まり、カーツルが率先して穴を掘った。上で見守っていた青年たちが、穴の縁にすわって無神経なことを言うのでおれは窘《たしな》めたが、案の定、落盤してしまった。みんなで必死で砂を掘り、カーツルを助け出したが、意識がなかった。尿を集めて焚き火で温め、体をさすったら、やっと息を吹き返した。

おれたち〔複数、以下同じ〕は昔、キャンプで休んでいた。前日、おれともう一人の男はその〔ガナの〕キャンプを訪ねていた。キャンプの少年たちが、朝早くから出かけ、**ゴオ**〔ツチブタ〕が穴に入った所を見つけ、知らせに戻った。おれたちは行き、やつが入った所を見定めた。「エー、ここに人がすわれるぞ。やつを掘り出そう。」そう言って掘り始めるとじきに穴があいたが、やつ〔ツチブタ〕はさらに先へ掘り進んで、地中からごそごそ音がした。「ここを進んで向こうへ穴をあけたぞ。」掘って掘って、穴はどんどん深くなった。あの年長の男〔カーツル〕が入った。掘って掘ったが、やつはさらに下へもぐった。上にいる彼らは砂を掻き寄せてどかし、穴の縁を囲んですわった。おれは彼らを見て言った。「おい、そんなふうにするな。遠くに下がってすわっていろ。男の人一人だけを穴の中にいさせろ。おまえたち全部だと重いから。雨が降ったあとだから、そこは柔らかいぞ。」けれど、彼らは聞こうとしなかった。おれは黙った。すると一人の男が言った。「おまえたち二人が密かに憎みあっていて、こんなふうに彼が中に入ってたら、おまえは穴を埋めちゃうだろうな。」おれは言った、「おい、おまえたち、男の人が〔必死で〕砂をやっつけているのに、そんなことを言うのか？　おまえはきちんと〔物事を〕知っているのか？」けれど、だれも聞かなかった。ついに彼は穴を貫通させた。槍は前もって穴の内側に刺してあった。貫通した穴を掘り棒で広げ、砂を撥ねとばし、**ゴオ**の姿を見つけた。掘り棒を片手で握ったまま体をねじ曲げ、もう一方の手で槍を取り、**ゴオ**を刺そうとしたが、はずれた。その瞬間、穴がどすっと言って、どさっと言った。〔落盤は〕周りの草を越えて通り過ぎた。おれは言った、「おまえたち、見ろよ。あれが、おれが喋ったことだ。今おまえたちも見ただろう。カーツルは死んだ、おまえたちがしたことで。」そのとき、年長の男〔ノーシュー〕が泣いて跳びあがって言った。「おれたちは帰ろうよ。とっくに男の人は埋葬されちまったんだから。」おれは言った、「おまえ自身が、彼をあのことで密かに恨んでいたから、おまえはそんなことを喋るんだろう〔カーツルと婚外性関係（ザーク）の達人ノーシューとが一人の女をめぐって争ったことを暗示〕。掘れ、おれたちは彼を出して、キャンプに着いてから埋葬しよう。」砂をはねとばして、おれたちは激しく掘り進み掘り進み、ものすごい勢いで掘り、〔砂を〕掬いあげ掬いあげ、ついに彼に辿り着いた。握った感じでは体が温かかった。おれは言った、「まだ男の人は大丈夫だ。彼を掘り出そう。生きてるんだから。」で、彼を掘り返し掘り返すと、彼の背の高い体は俯せに縮こまっていた。二本の脚を折り曲げ膝を下にしていた。おれたちがやっと彼に届き、摑んだ所を手で感じると、心臓はまだ生きていた。彼は思った〔だろう〕、『エー、人が〈おまえ〉を摑んでるぞ。』彼は蹲《うずくま》って両腕をつっぱり体がふくらんでいた。まだ砂がそこへ入っていなかった。濡れた砂だったから、隙間があって空気がそこに入っていた。だが、掘り返し掘り返していると、その隙間に砂が沈みこんだ。それで胸がつぶれた。ぐしゃっと心臓が言って、黙りこくってしまった。おれたちは掘り返し掘り返して、彼を引っぱりあげるとグニャグニャだった。おれは言った、「熾《おこ》せ、火を。火の近くに置くんだ。」それから薪をかつぎ集めかつぎ集め、それらを〔火に〕くべて、彼をさすって、スイカの果肉を〔掘り棒で〕つつき出し、ボトッと落とし、皮だけにした。そこに皆の尿を注ぎ入れスイカの皮が一杯になると、尿を煮た。そいつが煮立つと、草を揉みほぐして尿に浸し、彼の全身をさすってさすった。両脚もさすった。そうしていると、彼は眼を開け、おれたちを見ると突然泣きだした。おれは言った、「エヘー、彼は生き返ったぞ、たった今。」おれたちは彼をさすってさすった。すると彼は再び黙った。彼らは言った、「どうして彼は黙ったのかな?」おれは言った、「エ〜エ、彼は黙ってるけど、彼はいるよ。彼はおれたちを見てびっくりして思ってるんだよ。『ひえ〜、彼らは〈おまえ〉と共にいるぞ!』」そう彼は心で思った。『今、彼らはすわっていて、〈おまえ〉は死んでいる。』そう思って彼は泣いた。彼をさすってさすって、ザークエ〔男の名〕を送り出して言った、「走って遠くのキャンプで脂を取れ。おれたちは彼を脂でさすって、あれこれ〔尿の匂い〕を消そう。そうすりゃ、そいつ〔脂〕が〔彼の体を〕温めるだろう。」彼はキャンプに向かって走った。だが、キャンプに人びとは見あたらなかった。脂を取って、ロバと共にやってきた。彼をさすり彼をさすり、彼はやっと生き返った。で、自力ですわり、おれたちをつくづく見た。けれど、おれたちのことがわからなかった。もう日は涼しくなった。おれは彼らに言った、「おまえたちは男の人を運んで、キャンプに持って行き、人びとが帰りそろったら、かれらと一緒に彼を助けなよ。」おれたちは彼を支えて立ち上がらせ、ロバの上に彼を置いた。ハーキャの父が彼を背中にしがみつかせ、両腕をここ〔脇の下〕に差し入れさせ、彼をおんぶした。そうやって彼と共に行った。キャンプに着き、横たえ、かれらは彼を繰り返しさすりさすり、すると彼はついに治った。こんなふうにね、あのゴオ〔の穴〕は、おれたちがいたとき、そいつはカーツルを殺した。おれはその話をした。（一九九九年九月九日収録）

仲間たちが全力で助けなかったら、カーツルという男の後半生は存在しなかった。この一点にこそ、共同体の一員として生きることの核心的な意味が懸かっている。前章では、実質的期待を減衰させ、あるいは遮断する身構えについて論じた。これと対照的に、「私の生命が危機に瀕したら、仲間が私を助けてくれる」という期待が減衰することはけっしてない。だが、こうした期待が確実にかなえられるとは限らない。共同体には「墓穴を掘る手間が省けた」と言わんばかりのノーシューのような人物が含まれていることさえある。これに対して、ツォウは自らを「正しい人」へと定位している。落盤を心配し穴の縁にすわる男たちに警告を発しただけではなく、救命の努力を率先して行ったのだから。ここで、語り手が朦朧としたカーツルの内言までをも「再現」（代弁）していることは重要だ。生命の危機に瀕した仲間を助けるという「正しさ」に身を投じていればこそ、彼は仲間の「心」を代弁する権能をおびる。「共感」と呼ばれる社会性の核をなす潜勢力は、「正しさ」への傾倒を触媒として現実化する。以下に示す事例の幾つかは、「仲間が私を助けてくれる」というもっとも根源的な期待さえもが、しばしば裏切られることを示すだろう。

陰嚢に裂傷を負わされた事件

わたしの最初の調査が始まって間もなく以下の事件は起きた。グイの年長者カオギは、ツチブタ（ゴオ）を追いつめ穴を掘っていたら砂を踏み抜いた。ツチブタと格闘になり、そいつは後ろ足の鋭い爪で彼の陰嚢を切り裂いた。翌日、わたしは彼の小屋に架かっているツチブタの生皮を目撃した。一七年後に、この悲惨な体験を本人から詳しく聞くことができた。この語りでは、ツチブタの性別表示が揺れ動いている。前半では、雌ツチブタ（ゴオ-サ）を女性代名詞で指示しているが、後半では男性代名詞が使われる。前章と同じく、以下では「今ここ」から見えるものを指示して虚環境での距離感を再現している部分に傍線を付す。

【6-2】「皮め、このツチブタのこやつめが」

《要約》ツチブタの巣穴を見つけて掘り返していたら、砂を踏み抜いて、ツチブタをもろに踏んづけた。穴から這い出したが、ツチブタも出てきて格闘になり、後足の鋭い爪がおれの陰嚢を切り裂いた。なんとか撲殺し、死骸を茂みに入れてから、助けを求めて歩き、騎馬猟チームに出会った。一人の男はおれの様子を見て驚いたようだったが、淡々と肉をくれた。おれがツチブタの所へ戻ると、馬に乗った青年が一人様子を見に来たが、黙ってツチブタの死骸を見ているだけだった。傷の痛みに呻きながら解体した。体をバラバラにするほどの激痛に耐えて、何度も倒れながら、肉を背負って運んだ。日がとっぷりと暮れてから、やっと定住地に辿り着いた。

おれはゴオ〔雌〕を掘った。その前に彼ら〔狩猟チーム〕に出会っていた。彼らはツォー〔ゲムズボック〕の肝臓を割っておれにくれた。細く切った肉も取って、おれにくれた。おれは〔それらを〕肩にかつぎ、肝臓を握りそれを食べた。で、やつ〔ここから男性形〕の足跡をつけ、その赤い車〔調査チームで共有する四輪駆動車〕があるぐらいの所で丘を登ったら、新しい小さな穴があった。『アエ、おめーら！〔二人称男性複数代名詞イカオ〕ステキだぞ。掘り出した砂をまだ〔ツチブタは〕踏んでいないぞ』と思った〔つまりまだ穴の中にいる〕。『やつが、たった今シッポを砂に埋めたばかりだったらいいなあ。』おれは狩猟袋を横たえ、斧を取り出し、草の株を引っこ抜いた。「ホルル、ホルル」とやつが〔穴の中で〕言った。砂が湿っていたので、おれは一気に穴をあけた。やつは〔下を〕通り過ぎ〔深く〕沈みこんだ。で、掘って掘って、湿った砂を素早く手でどけた。それから向きを変え、また手でどけ手でどけ、くるりと向きを変え掘り進んでいたら、ズボッと膝が突き抜けた。やつの背中に左膝がどんと当たった。ゴオ〔雄〕はそれを感じただろうな。やつの下側まで腿が通った。やつは〔穴の中で〕立ち、おれは〔穴から〕出なくっちゃと思った。やつはおれのここ〔腿〕を摑み、出ようと思っても難しかった。するとゴオ自身が出てきた。おれが出たまさにそのとき、やつは出てきて腿のここを深く引っ掻いた。やつはまた潜ろうとしたが、おれはやつの手首二本を摑んだ。するとやつは仰向けに倒れた。おれのここを〔後足で〕踏んだ。キンタマの横をそいつ〔雌〕の爪で下へ引きおろした。睾丸をひっこめることができればよかったのに！　おれの睾丸の皮二枚を引き裂いた。すさまじい激痛が走った。おれは〔怒りに〕煮えたぎった。『あ、皮め、このゴオ〔雄〕のこやつめがおれを殺す。』やつを摑んだ。やつはこんなふうに仰向けだった。やつをごろんと転がし、巣の底にやつの頭を押しつけた。やつは砂を感じると、再び掘り始めた。おれは背中の所でやつを摑んで押しつけたまま、斧を取った。両手で持って振りかぶり、二つの耳の間にボカッと打ちおろし、まっすぐに頭を割った。で、やつを持ちあげ、曳きずった。それから、よろめいて倒れた。アエ、流れていた、キンタマの根の血が流れ、おれは言った、「あの穴を掘り起こした所に向かって血が流れていくぞ。」おれはのたうちまわって泣いた。一人ぼっちで、泣いて泣いた。おれのキンタマの皮の、睾丸の破けた所から中の模様がはっきり見えた。睾丸二個の模様、ドウー〔トビウサギ〕のキンタマ二つ〔の中〕に見えるような模様。おまえたちは見たことがなかろう。そうして死んですわりすわり、で、〔血を〕滴らせながら立って、涙を拭きながら、草を抜いて傷口にあてて、拭って拭って、よたよたとやってきて、やつをひっぱり出し、そのテントぐらいの所にコムの茂みがあったんで、そこにどすんと入れた。戻って狩猟袋を取った。おれは顔をあげ、さっき彼がおれにくれた二本の肉の細切りを取って狩猟袋に入れ、歩きだした。彼ら〔狩猟チームの男たち〕はきっと近くで眠っているはずだ。カマキュエ〔地名〕への道をたどった。進み進み、丘に登って立つと、亡きツォワハの父たちが来ていた。あちこちに肉を架けてあった、ノネの木にね。火がもうもうと煙を上げていた。おれはそこへ行き、狩猟袋をどすんと置いて、よたよた行って水を飲んだ。血はボタボタ滴っていた。あのツィーデ・ナビの父が来た。彼は缶の大きなやつを置き、斧で割ったあばらの骨を入れた。おれたち二人がすわっていると、煮えて煮えて、それをかき回した。で、薪をくべて、缶を火からおろした。彼は何も訊かなかった。彼らすべてが訊かなかった。トアクエもオスマンも。彼らはおれに訊かなかった。彼は、火からおろして、草を広げ、おれに〔肉を〕くれた。おれは自分のための敷き枝を広げ、取って置いた。おれたち二人はせっせと食った。他の男たちはばらばらに立ち去った。おれたち二人は食って食って、で、食い尽くしたとき彼はおれに言った、「あれま、キャンプにいたときから、あんたは傷があって出かけたのかね。」おれは言った、「エ〜エ、おれはキャンプではまったくきれいだった。で、採集に行った。あそこの小さいカルーの木があるぐらいの所で、**ゴオ**の所に達した。やつの道に出会ってつけた。そしたら、やつはおれを殺した。」彼は言った、「それじゃ、やつがあんたを殺し、そうしてあんたもやつを殺したのか?」おれは言った、「アエ、多分ね。おれは死んでいないから、多分おれはやつを殺したんだろうさ。で、やつを置いてここへ来て、水を飲んだのさ。」おれはそう言った。彼は言った、「エイッ、そんなふうにするとは、アエ、その**ゴオ**のやつはなんてひどくあんたを殺したことか。」おれは言った、「アエ、やつはなんてひどくおれを殺したか。つまり、やつはこんなふうに裂いたから、おれはどうやって帰ったらいいのかわからない。ともかく、おれたち二人はここで食ってるのさ。」おれたち二人は食い、で、終えた。彼は戻って行き、そこにいる者たちはだれもおれを大事にしなかった。彼は、ただそう言っただけで、そのあとうろうろせかせかして、その**ギュウ**〔エランド〕〔の肉〕を〔枝から〕揺すりおろし、ロバたちを集めそれを載せた。ちょうど今ぐらいの時刻に〔午後三時半ごろ〕彼らはそれを積んだ。その**ギュウ**を積んで、彼はそれから立ち上がり、二本の肉紐とあばら肉とをおれにくれた。「あんたはどうするつもりだい?」「おれはよたよたその**ゴオ**の所へ行くよ。で、やつの様子を見るよ。それから、〔あんたたちの〕あとからよたよた行くよ。道があるから月〔の光〕と共に行くよ。」「だったら、あそこを通っておれの道を探せよ。」「エー、そのあんたたちの道を行くよ。あんたたちは帰るんだろ？　あんたがハレシエ〔語り手の息子の名〕のようなやつとどこかで会ったら、彼に話して、ロバの小さいやつを捕まえさせて、道沿いでおれを探させてくれ。おれを乗せ、キャンプにおれを連れ帰らせてくれ。傷はこんなだから、おれがよたよた行くことは、おれを挫くだろうから。」そう言った。彼らは移動した。「〈おまえ〉はやつをバラそう。」そこ〔ツチブタの死骸を置いた所〕へ戻った。ハンシー〔青年の名〕が馬に荷を積んだあとも残っていた。おれがあのゴオのもとにいたら、あやつがやってきて立ちどまり、馬に乗ったままゴオを見た。あの野郎はおれを見もしなかった。ただ、ゴオを見ていた。おれはひき返し、ナイフを出し、そいつを両側に裂いて皮を剥いだ。で、バラした。近くに立っていた小さなカムツァ〔マメ科の落葉喬木〕によたよたとそいつを架けた。背と後ろ肢一本がつながった肉を架けた。で、あの皮といっしょに頭を取りあげた。架けて、それから皮で包んだ。仕事は大変だったから、そこにすわりこんだ。それから胸肉に穴をあけ、棍棒を刺し入れた。それを棒かつぎしてよたよた歩きだした。ツィーデがくれた細く切った肉は、〈心臓を包む肉〉〈あばら肉〉と共に、狩猟袋に入れた。それらを肩に架け、ゴオの胸肉を棒かつぎし、よたよたとあの道に出た。黄昏どきだったから、足早によたよた歩いて道に出て、つらくて倒れた。月の光のなかで倒れ、すわり、そして立ち、よたよた進んで、すぐ倒れた。どんなにここが痛かったか。体じゅうがバラバラにひきちぎられた。破かれた、蹴爪で。案の定、人を見つけないまま、あそこの谷〔カデ定住地の北側を東西に走るオクワ谷〕に出た。『エイ、おや、〈おまえ〉はやっと今、谷に出たぞ。』よたよたやってきて倒れた。エー、ゴオのことはこうだったのさ。（一九九九年八月一〇日収録）

この語りは、楕円のように二つの焦点のあいだの緊張によって軌跡づけられる。第一の焦点の周囲に描かれるのは、ツチブタと格闘し陰嚢を裂かれた苦難の経験である。語り手の怒りは当然ツチブタに向けられている。その厚ぼったくすべすべした皮膚に注目して「皮」という換喩で呼ぼうとしてから、言いなおしている。また、ツチブタの後足の爪（終盤では雄鶏《おんどり》の「蹴爪」を表わすのと同じ語 tejã が使われた）で陰嚢を裂かれた様子がユーモラスに描写される。「睾丸をひっこめることができればよかったのに。」トビウサギの陰嚢を切り開くと、睾丸の周囲に独特なパターンが見えるという。自分の股ぐらを見おろしたら、それとそっくりの模様が破けた陰嚢の中に見えた。「おまえたちは見たことはなかろう。」

仲間との出会いが第二の焦点となって、もう一つの物語の軌跡を描く。狩猟チームの男たちは、彼に助けの手を差しのべようとしなかった。なかでも、語り手の怒りは、深い傷に苦しむ彼には注意を向けず、ただツチブタの死骸を眺めていただけの馬上の男ハンシーに向けられる。偶然にも、この狷介な青年は、生き埋めになって死にかけたカーツルの長男である。もしカオギが救助を求めたら彼らは拒まなかったかもしれない。だが、傷ついた男が自分ですべて片づけようとしているかぎり（また、彼にその力が残っているとみなされるかぎり）、他の男たちは彼の自律性を放置せざるをえなかったのであろう(1)。

二　ヒョウに襲われる——失望のシナリオ

一九九四年八月下旬、ナミビアの広域調査をしてからカデに着いた。日常会話の分析という作業に一区切りつけ、年長者の語りを収録することへ舵を切り換えようと考えていた。最初にマイクを向けたのが飄々とした人格をわたしが敬愛していたシエクエであった。以下の語りは記念すべき収録第一回目のデータである。短い語りなので、要約は掲載しない。

【6-3a】ヒョウに襲われた（ヴァージョン1）

徒歩でおれたち〔複数〕は雌ヒョウを追った。チーターだとおれは思った。で、追った。で、行くとそいつはおれを襲った。で、アエ、そいつの傷口だ。《右腕に残る古傷を見せる。》ここをそいつは摑んだ。おれは泣いて泣いた。オッ、ヒョウがおれを襲い、おれたち皆は何をしている？　おまえたち〔複数〕は来て、取ってくれないのか？　逃げたんだ、ほら…ン…だれだっけ？　ツェヤネ・ゴネの父、エー、トボロとね〔ツェヤネとトボロはガナの兄弟〕。彼ら二人は逃げた。アエー、おれをほうって。ヒョウはおれの体じゅうに襲いかかり、めったやたら咬みついてから、おれをほうった。おれは泣いた。おれはそいつを殺さなかった。そいつはおれを摑んだ。おれは痛くて苦しくてそいつを怖れた。で、泣いて泣いて、そいつはおれをほうって行った。向こうに行って横たわり、おれは彼ら二人の所へ行った。血が流れ流れて、おれたちはそこに立ち尽くした。「〔ヒョウのいる所へ〕戻ろう、おれたちはそいつの所に行くぞ。」おれは言った、「エ〜エ、おまえたち二人はひどいぞ。おれたちは戻ったりできないぞ。」そうおれは言った。で、怒った。おれたちは帰った。傷が苦しく苦しくて泣いた。心でおれは惨めでおれは泣いて『ああ、あいつら二人がやっつけてくれてたらなあ』と思った。で、泣いた。帰って、おれは家にいて、それ〔傷〕は苦しくて苦しくて、やがて治った。（一九九四年八月二九日収録）

語り手がヒョウに襲われたとき、仲間二人は怯えて逃げてしまった。ツェヤネとトボロの兄弟は、ガナの最有力者キュエローの息子たちである。兄ツェヤネはキレーホの父ピリが亡妻とのあいだにもうけた娘カーカマ（キ

シエクエ

レーホの腹違いの姉にあたる）と結婚したが、のちに子ども三人を残して病死した。定住化以降、キュエローはカデのチーフになった。

語りの収録を始めてから約一ヶ月のち、わたしはシエクエと、彼よりも年長のコアンから、過去の男性成人式ホローハについて尋ねた。その話題が一段落したあと、コアンは満月を怖れパニックになった事件を語った〔菅原 2004b：83-85〕。わたしが、「シエクエは何かを怖れて逃げたことがあるか」と尋ねると、彼はまたヒョウに襲われた話を始めた。同席したキレーホ（C）の発言も重要なので、［ ］内に挿入する。

【6-3b】ヒョウに襲われた（ヴァージョン2）

おれは昔、ヒョウ〔雄〕を怖れた。ヒョウ〔雌、以下同じ〕がおれに襲いかかり、おれはそいつを怖れた。ヒョウはおれを咬んだ。これがその傷口だ。《右腕に残る古傷を見せる。》［C：ヒョウは襲いかかり、彼と一緒に立ち、彼はそいつを手で摑まえていたそうだ。］そいつにおれの顔を咬ませないようにした。そいつはすると、ここの所を……。［C：そいつは引き裂いた。そいつの爪で、そいつは彼の顔を狙っていた。］そいつはおれに届かなかったんで、爪で、目の眉を、ここを切り裂いた。［C：切った！ 彼はこんなふうに片目をつむって、一つの目だけでそいつを見た！］そいつをしっかり見た。おまえはそいつを摑まえている。こうやって。するとここから血が出てきた。［C：彼はそいつを摑まえて立っていた、長いあいだ。］立っていた。そうしながら、男たち二人を呼んだ。で、言った、「おまえたち〔男複数〕こいつを刺してくれ！［C：二人の男たち…］二人の男たち。［C：デナとね…］彼ら二人は兄弟だったよ。トボロとツェヤネとね。［C：ワイー、いなかったんだ、人はそこには。］おやまあ、ひえー、痛かったよ、おれは！ 泣いたよ！「ヒョウをおれは摑まえている。おれをそいつから放してくれ。」おれは、そいつを摑まえて立っていて、そいつを放した。すると、そいつは離れて行き、おれは逃げた。で、泣いて、泣きながら逃げ、泣きながら逃げ、狩猟袋を、おめーら！〔男性二人称複数イカオ〕腕が出血してひからびちまったんで、狩猟袋を残しておれは行き、立ちどまりためらった。彼ら二人はやっとおれの所にやってきて、〔おれの腕を〕握って血を拭き取ろうとした。おれは拒んで、怒って彼ら二人に言った、「さっき、おまえたち二人はおれを〔ヒョウの前に〕連れて行き、置き去りにした。ヒョウがおれを殺そうとしたんだから、拭いたりするな。おれから離れろ。おれに狩猟袋を取りに行かせろ。」そう言って、木の葉をひきちぎり、眼の中にはいった血を拭った。おれは引き返した。ヒョウは俯せになっておれを見ていた。横になってハアハア言ってた。『ああ、てめーら！〈おまえ〉の腕が良かったら、あいつを射ることができたものを！』そう思った。で、しばらく立っていてから、狩猟袋を取り、立ちどまり、そいつの様子を見定め、彼ら二人の所へ行った。それから、おれたちは逃げた。（一九九四年九月二七日収録）

ヴァージョン1に比べるとヒョウとの格闘の描写が格段に精密になっているが、二つのヴァージョン相互が不整合をきたしている点もある。ヴァージョン1では、他の男たちが「ヒョウの所へ戻ろう」と言ったのをシエクエは怒ってはねつけた。しかし、ヴァージョン2では、自分が落とした狩猟袋を彼自身が取りに戻った。何よりも印象的なのは、両方のヴァージョンで「アエ、そいつの傷口だ」あるいは「これがその傷口だ」と発話しながら、語り手が右腕に残る古傷を誇示したことだ。語り手は想起のたびごとに、身体に刻印された証拠を直示できる。成人式、結婚式、治療儀礼などで施される瀉血の痕跡が刺青となって身体に社会的な歴史性を刻むのとは対照的に、動物との格闘は、狩人の意思を超えた偶発性を媒介にして、いわば原野の自然史を彼の身体に刻むのである。

二つのヴァージョンを貫くモティーフは、語り手を見捨てて逃げてしまった二人の男に対する怒りである。この点で、傍点部のキレーホの発言は重要である。最初、彼は、グイの男デナの名を挙げたが、シエクエが「トボロとツェヤネだ」と訂正すると、「いなかったんだ、人はそこには」とコメントした。彼は、ガナの男たちはヒョウに立ち向かうような勇猛な「男の人」ではないことを暗示したのだろう。この見解の当否はさておき、パーホの恐怖に直面したとき、狩人が容易に臆病さを露呈するという事実は注目に値する。

「おれ」が仲間と共に原野でパーホと遭遇するならば、ふたつの可能性が生まれる。第一に、仲間は危機に瀕した「おれ」を助ける。このとき、「おれ」と仲間が共に属するコミュニケーション域は再確定される。第二は、仲間が「おれ」を見捨てる可能性である。そこで喚起される「おれ」の情動は、「怒り」以外の何ものでもない。天敵に襲われることこそ「恐怖」という情動の原基である［菅原 2002a : 72］。そこでは、「自分の命を守る」という死にものぐるいのエゴイズムが露出する。パーホの脅威に直面することは、仲間を〈助ける／見捨てる〉という根源的な選択を突きつける類い稀な機会なのである。以上の分析から、【6-2】と【6-3】に共通した認知シナリオを定式化することができる。

（i）私は仲間に助けられることを期待する。

（ii）その私の期待は裏切られる。

この期待は減衰試練を受けない。狩猟をめぐる語りの場合には、実質的期待は「おれ」の行為がもたらす正の価値に寄せられた。だが、今の場合には「［私の］死は回避されるべきだ」という負の価値をめぐる期待が問題になっている。この価値は絶対的であり減衰の余地はない。それが裏切られることは極限的な失望であり、もっとも痛烈な怒りの培地となりうる。パーホとの遭遇は、コミュニケーション域を撹乱にさらす比類のない契機をなす。そのとき、人は「死にものぐるいのエゴイズム」に対する被傷性を問われるのである。

三　ライオンに殺される

父さんは帰ってこなかった

語り採集の決定的な転回点は、シエクエの語りのヴァージョン2を収録してから五日後におとずれた。前からタブーカが「父さんの父親（つまり自分の祖父）はおれが生まれるよりずっと前にライオンに殺された」と言っていた。だからいずれ、タブーカの父ヌエクキュエにその話を聞きに行こうと約束していた。十月二日の朝、若い調査助手カーカも伴って出かけた。それから二週間以上が過ぎ、夜のテントの中で、以下に示す事例の和訳を完成させた。一三日目の月が煌々と輝く美しい夜だった［菅原 1999 : 133］。この語りに出会ったことが、「原野の人生」に対するわたしの畏敬と憧憬の出発点となった。以下の【6-4 a～b】の語りの要約は以下の通りだが、あわせて表6-1も参照されたい。

表6-1　父さんはライオンに殺された――梗概――

ヴァージョン1	ヴァージョン2
①「あんたの父さんがライオンに殺されたとき、あんたの心はどんなだったか？」とタブーカが水を向けたことへの直接的な応答。	❶娘のuが「民話を語れ」と挑発したことへの反撥。「父が殺されたことだけを話してあげる」と言明。
②乾季が終わりかける酷熱の季節コー。乏しい食物を求め、人びとは分散して暮らした。Nは未婚で父母と暮らしていた。同じキャンプにSも住んでいた。Nの兄Pとその妻は別のキャンプに住んでいた。初めての雨が降り、近くのパンに水が溜まり、コムの実が稔り始めた。Nはキャンプの近くに棲むゲムズボックの仔をねらっていた。	❷父は採集しライオンの住処に来た。ライオンが父を殺した。 ❸Nはゲムズボックの仔を仕留めた。父を待ったが帰って来なかった。眠ったり肉を食ったりしていると、Sが帰ってきた。 ❹Sの報告を再現。震えて叫び、あとじさりした。狩猟袋が落ちた。NはSを非難。
③父はSと共に採集行に出かけた。右手の不自由な息子に火打ち石を渡し、自分は火熾し棒を携えた。父とSは別れ、父はスティーンボックの足跡をつけ、Sは長い竿でトビウサギの巣を探った。Nはキャンプ近くでゲムズボックの仔を仕留め解体し、灰焼きにした。	❺父が採集で辿った道すじの叙述。父への呼びかけ。「あんた中に入るなよ！……あの死があんたを殺した……」ケルーの木の下で雌ライオンは出産していた。 ❻父は以前この付近でライオンの足跡を見つけた。酷熱のなか、初めての雨が降ったあと、Nはゲムズボックの仔を追った。
④日没後、Sが青ざめて帰る。キャンプへの帰途、カルーの木の幹に溜まった水（「木の水」）を飲むために寄り道した。高いゴーンの木が目じるし。ケルーの下で子育てしていた雌ライオンがSに向かってきたが、竿でかろうじて撃退。肩から狩猟袋がすべり落ちた。Nは「父さんと一緒に帰ってくるべきだった」とスクータを非難。いくら待っても、父は帰らず。	

表6－1　(続)

ヴァージョン1	ヴァージョン2
⑤翌日NとSは「木の水」へ向かう。灌木ガーガバに何か引っかかっているのを遠望。父が農牧民から贈与された上着(ベルト付きトレンチコートか)に違いない。Sは彼の狩猟袋だと主張して譲らず口論。地面が濡れていて音が遠くまで伝わる。雌ライオンが彼らの声を聞きつけ向かってくる。若いNは全力疾走し風の音で耳は塞がれた。絶望したNはSを置き去りにするつもりだったが、Sが哀願する声を聞き、立ち止まるとライオンはSの後方で停止していたので、Sが追いつくのを待った。 　キャンプに帰っても、女たちには曖昧なことしか言わなかった。	❼前夜の父の行動を叙述。あたりは暗かった。父への呼びかけ。「あんたは入ったのか？　……あいつのいる所へ。」グイという名の有力者からもらった上着の描写。ベルトがあり、汗で黒びかりしていた。まるで人が脱ぎ捨てたみたいに広げてあった。自分の狩猟袋だと主張するSと口論。 ❽ライオンが動きだす。眉間に二本の模様があり、血がついているように見えた。性的な罵倒語を浴びせる。独白「そいつは父を囓って呑みこんだ。おまえを囓って呑みこむぞ。……おまえが行かずにふり向いたら、自殺することになるぞ。」 　Sの哀願。独白「胸が落ちてしまった。……あんたを見捨てることもできるのに待ってやるんだからな。」Sが追いつくのを待った。キャンプに帰っても、女たちには曖昧なことしか言わなかった。

表6-1　(続々)

ヴァージョン1	ヴァージョン2
⑥翌朝、Sをせき立て、父の足跡をつけた。「木の水」の近くで、父の足跡は雌ライオンの踏み跡に合流。このとき遠くのゴーンの木の上空を舞うハゲワシを目撃し(のちに女たちに告げたことばのなかで明かされる)、父の死を確信。キャンプに戻り、女たちに父がライオンに殺されたことを知らせる。女たちが泣き暮らしうるさいので、親族**ツァアアエ**たちのキャンプへの移住を決心。かれらに父の死を知らせ、そのキャンプに泊まった。 ⑦翌朝P夫妻来訪。故地カオキュエへの旅の途中に立ち寄った。農牧民(テベ)の血をひく有力者ギュローのもとを訪れる途上。Pは父の死を知り泣き、翌朝、夫婦は旅を続けるために出発。大雨が降り、彼の遠い親族たちが、カネ(レイコプシ)からナンテが稔る地へ移住したという噂が伝わってくる。Nはカオギとアークアを伴い、旅に出る。そこで煙草を手に入れ帰ってくると、**P夫妻もギュローが屠ってくれたヤギの前脚を手土産にして戻ってきた。Pが、カオキュエ近くのカイジに移住することを促したので、それに従った。**	❾翌朝、Sをせき立て、父の足跡を辿った。ハゲワシが舞うのを目撃。父の行動を推測。**「竿がなかったのでダチョウだけを探した。」**帰って、女たちに父の死を知らせる。たくさん**仕掛けた罠を撤収するようSに言う。「ここの音が……ぞっとさせる。」**移住のため荷造りを始めた。 ❿**ナエノ**たちのキャンプへ逃げた。かれらは**ノーツォノ**というパンの大きなほうに住んでいた。その前に**女たちを説得した。「ライオンがわれわれを殺す。」**移住し、ナエノたちの所に着いた。 ⓫P夫妻がやってくる。**かれらはズィウのために迷子になる。**Sがかれらと出会うが、**曖昧なことを言い、P夫妻を気味悪がらせた。**翌朝、かれらはギュローのもとに出発。 ⓬Nはカオギとアークアを伴い、「オジの所へ話を持って行く」。**その道中で初めて飛行機を見て恐慌をきたした。**

N:語り手ヌエクキュエ、P:その兄ピリ、u:その娘ウレー、S:スクータ(Nの父の交叉イトコにあたったらしい)。もう一方の異本には出現しない情報をゴチック体で表す。

【6-4】父さんはライオンに殺された

《要約》おれたち一族は父さんのイトコにあたるスクータと同じキャンプに住んでいた。彼ら二人は採集に出かけ途中で別れた。スクータはトビウサギ猟を続け、日が暮れて帰る途中、うろに水が溜まった木のある場所へ寄り道した。そこで雌ライオンが子育てをしていた。スクータは長い竿を構えてライオンの攻撃を防ぎ、キャンプに逃げ帰った。だが、父さんはその夜帰ってこなかった。おれは「あんたは父さんを途中でつかまえるべきだった」と彼を非難した。翌朝、スクータと二人で父さんの足跡をつけると、「木の水」のほうへ向かいライオンの足跡と重なってしまった。遠望するとハゲワシが舞っていた。次の日、まっすぐその木へ向かうと、幹に父さんの着ていた上着が引っかかっているのが見えた。スクータが「あれはおれが落とした狩猟袋だ」と主張して譲らないので、口論になった。雌ライオンがそれを聞きつけて突進してきたので、おれたちは命からがら逃げ帰った。

【6-4a】父さんはライオンに殺された（ヴァージョン1）

［T：あんたの父さんがライオンに殺されたとき、あんたの心はどんなだったか？］

① おれの心が冷静だったわけがあるか。アオッアオッアアオッ、おれが苦しくなくて痛く感じなかったわけがあるか。つまりその死がおれたち二人〔父と自分〕を殺したんだぞ。おれは行ってそれを見て怖れおののいた。アイー、おれはぞっとした。

② おれたち二人はせっせと採集をしていた。おれはツォー〔ゲムズボック〕の仔を追って殺そうとしていた。おれは罠の獲物〔カウ〕たちを殺していた。おれたち二人はそれを食った。コム〔甘味のある小さな漿果〕の季節だった。まだ全部は熟しきっていなかったが、そこかしこに熟した実がついていた。おれは、前からツォーの仔を追っていたが、日が沈んだので、そいつをほうった。コー〔乾季の終わり〕の季節だったが、バラ〔雨季の

終わり〕の暑さがいすわり、コムの熟すときの暑さが、死ぬほどだった。その暑さが、われわれ〔男女複数〕を別れさせていた。年の初めの雨が降ったので、それを飲んだ。それからも酷熱がいすわった。われわれはあちこちへ移住した。道を逸れて着いて住んだ。罠の獲物、そいつをおれは殺して殺して、〔キャンプに〕着くと、われわれは眠ったりそれらを食ったりした。われわれはつらい季節を過ごしていた。やがて、ガエンークラ〔日没とともに中天に離れて見える明るい二つの星。「雌雄二頭のスティーンボック」の意〕の雨が降り注いだ。いちどきにそいつはやってきて降った。

③ キャンプでおれたち〔複数〕は別れた。スクータと〔父さん〕彼ら二人は〔連れだって〕出かけた。〔出かける前に〕父さんはおれに火打ち石をくれた。つまり〔おれの〕手が不自由だから、おれに火打ち石をくれた〔語り手は少年時代に右手人さし指の先端を欠損した〕。「〔おまえは〕ツォーの仔を長く追うんだから、火打ち石を持っていけ、おれにはフで火を熾させろ。」そう言って、矢筒を肩に下げ、彼ら二人は行った。で、〔おれが〕着くと、そのツォーの仔は逃げた。小さいツォーの仔は、遠くには行かず、われわれがつらい季節を過ごしているとき、緑の草のかたまりの中でつらい季節を過ごしていた。おれはやつをしつこく追い続け続け、太陽がこのくらいのとき〔正午ごろ〕、そいつを殺した。キャンプの近くまで来て、やつを殴った。いったんキャンプに戻って狩猟袋を置いてから、やつを曳きずって来て、横たえた。女たちはノーツォノ〔地名〕に水を汲みに行っていた。彼女たちが帰ってきたとき、おれはやつを横たえ皮を剥いでいた。亡きおばさんが先に水を頭に担いで帰ってきた。おれがやつを剥いで剥いで、斧でバラバラにしているちょうどそのとき彼女たちが戻ってきた。夕方になるとわれわれは火を熾してツォーの仔を灰で焼いた。で、男の人を待ち、彼を待った。

④ スクータが走ってやってきた。で、話した。「ヘエエ、雌ライオンがおれを襲った。おれはそこに立ち、叫びに叫んだ。するとおれの狩猟袋がすべり落ちた。おれは〔トビウサギ猟に使う〕竿を強く握った。手はぶるぶる震えていたが、握りしめた。それからあとじさりし、にじり去りにじり去った。そいつはおれを砂ごと掴み取ろうとしてはずれたので、子どもたちの所へ這うように戻り、おれはそいつを怖れ、逃げだした。今おれはこうして来た。生きておれは帰ってきた。おれたち二人は別れ、彼は〔おれとは逆方向へ〕通って行った。別れぎわに

『おれはドゥー（トビウサギ）を捕るよ』と言って、戻って行くと、雌ライオンがおれを殺した。」〔おれは彼を詰った。〕「あんたたち二人のうち、そいつはあんた〔だけ〕を殺すというんで、あんたは帰ってきたのか？　あんたは彼のあとをつけ追いつくこともできただろうに。彼を捕まえ連れ戻すこともできたろうに。『エ～エ、おれはそこで死を見たよ。あんたは怖れろ、その死を怖れて帰ろう。』そうあんたは彼に言うこともできた。あんたは彼をほうって戻って来るべきじゃない。」そう言って、彼と口論し口論し、それから彼〔父〕を待ちぼうけ待ちぼうけて、寝た。

⑤

で、翌朝、彼が言った。「エ～エ、おれたち二人は行こう。行っておれの狩猟袋をおれに取らせろ。」おれは言った、「狩猟袋を取るだと？　男の人をおれたちは見ずに眠ったというのに。」そう言って、おれたち〔二人、以下同じ〕は行った。おれたちは進み続け続け、やがて雌ライオンが歩いた跡を見た。「エッ？　どうしてこんな所でライオンが、あっちへ入っているんだろう？」そう言って、おれたちは進んで進んで、ついにそこに辿り着いた。彼は方角を示して言った。「あそこにおれは昨日やってきて、あのケルー〔喬木の名〕に立ち寄ると、そいつ〔雌ライオン〕がおれに走り寄ってきた。あのゴーン〔アカシアの一種〕の高いやつのそばだ。」おれたちは何度も立ちどまり立ちどまりしながら行くと、上着を見た。こんなふうに俯せに、ベルトがここ〔背中側〕について、ガーガバ〔灌木の名〕に広がって架かってた。『エヘ？　スクータの狩猟袋の架け紐二本は小さい。それは全部白い。でも、これは染めてあるぞ。このものは、おまえが昨日喋っていた、あの男の人〔父親〕のでは？　これはあの男の人の上着のように見える。』そう思い、それを見つめた。『エヘ？　上着だぞ、あれはそのベルトだ。あれは、あの脇の所から背すじにかけて付いているやつだ。』そのように言って、おれたちは口論した。彼は見て「おれの狩猟袋だ」と言う。おれは言う、「エ～エ、あんたの狩猟袋じゃない、つまり、狩猟袋の皮紐二本は小さい。そいつは白い感じだ。それがあんななのに、あんたにはそれがそう見えるか？」ちょうどそのとき、そんなふうにおれたちが口論しているのをそいつ〔雌ライオン〕は聞いて動き始めた。砂が濡れていたので〔音が遠くまで届き〕そこにいるおれたちの声を聞いて動き始めた。それで、子どもたちのもとを去ると、出てきた。ゴーンの木の根もとに自分だけ横たわった。それ〔父さんの上着〕を見定めたとたん、おれの顔は燃えた。おれはそのとたん悲しくなり、心はおののき、おれは思った、「ああっ、あれは父さんの死骸だ。」おれたちはそれをめぐって口論した。彼は言った、「おれの狩猟袋だ。」おれははねつけ怒って言った、「エ～エ、上着だ。男の人は昨晩殺された。上着が架かっている。あんたにも見えるだろう。」そんなふうにおれたちが言って、おれが怒り狂っているちょうどそのとき、そいつは立った。ゴーンの根もとでそいつはむっくりと起きあがった。おれは言った、「アッ、そいつは走るぞ。そいつは立ったぞ。そいつは昨晩味をしめたもののことで、様子を見ている。」〔「味をしめた」と訳した語キマキマは次章で主題化する。〕そう言って、おれたちがじりじりと戻ると、そいつはいやらしく立ち、おれたちが見ている間に、すっくと立った。おれたちはひき返し、そのとき何もかも厭だったから、おれはまだ溌溂としていたから、そのとたんおれの耳の穴はなくなった。立ちどまり「くるり」と言うと〔後ろを振り返り様子を見た〕、そいつは駆け足でやってきた。それを見たとたん、おれは思った、『エ～エ、スクータをほうろう。〈おまえ〉の父さんは昨日死んだから。〈おまえ〉そんな所に立ちどまっているな、そんなことしてたら〈おまえ〉自身を不具にすることになるぞ、おまえは彼〔スクータ〕をうっちゃってやろう。』そうおれは思った。『彼は捕まるだろう』とおれは思った。そこでおれは竿を握りしめてひき返した。おれは進みに進んだ。で、彼をほうった。耳の穴を塞いで、おれは進みに進んで遠くまできた。ふり向くと、そいつ〔雌ライオン〕は近づいてきていた。棍棒みたいな頭が見えた。で、おれは思った、『エヘー、おまえ進め、それがいいぞ、おまえ進め、ほかには何もないぞ、おまえの父さんは死んだ、何があるというのだ?』おれは進んだ。そうやって進むことだけが、おれの中にあった。彼が言った、「おれを待て、おまえおれを見捨てるのか。おれを待て、おれを。おれを待て!」そう言ったので、おれはずっと遠くに来てから、顔だけねじ向けて後ろを見てから止まり、すっかり振り返り、どのくらいの距離か確かめた。彼の向こうにそいつは遠く見えた。そいつは彼の向こうにやってきて、焼き穴みたいに砂をほじくって止まりすわった。彼も遠いからそいつも遠い。そこでおれは彼の来るのを待った。彼はおれに追いついた。それから、おれたちは〔そこから〕離れ離れて行った。ひどく行って行って、立ちどまった。「おや、スクータよ、あんたは言ったな、『おれの狩猟袋だ』と。おれはいま父さんの死んだ場所を見た。父さんは昨晩死んだ。雌ライオンが昨晩父さんを殺した。なんであんたはおれに反対するんだ。さあ、戻って帰ろう。何も喋るんじゃないぞ。あんたが喋ると彼女たちを怯えさせるから。」そこで、彼と言いあい言いあって、おれたちは帰った。着いて休んで休んで、おれは彼に言った、「あんた罠を見に行けよ。」彼は罠を見に行って、それらの所にいてから帰ってきた。おれたちがそこで休んで待っていると、彼女たちも帰ってきた。おれたちはそこで彼女たちにどうでもいいことを伝えた。上にあることだけを伝えてやめた。われわれは眠った。

⑥

翌朝、おれは彼をせき立てて連れて行った。おれたちは遠くまで、彼ら二人が昨日〔正確には一昨日〕別れた所まで足跡を辿った。おれたちは進み続け続け、ついに足跡を見つけた。で、足跡と共にずうーっと行って、彼〔父さん〕がしたことを、**ガエン**〔スティーンボック〕の仔を追ったその跡を、そいつをほうったその跡を見つけ、彼をつけ続け続け、ついに彼は遠くズウナ〔土地の名〕のあたりまで行って、そこからぐるっと戻ってきて、カラ〔アカシアの一種〕の小さい木がたくさんある所に入った。おれたちもやってきて、そこに入った。彼〔父〕と共に戻ってくると、もとの〔場所の〕近くへ戻っていて、するとそこに、そいつ〔雌ライオン〕が何度も使った道があった。おれは、「エッ？　この男の人はここに入ったぞ。あんたは狩猟袋のことを喋っていたが、ここここそ彼が雌ライオンのまん前に入った所だ。夜にだ、夕闇どきにだ。」おれたちは立ちどまり、そこに入った。彼の足跡が入った所にだ。ツオウ〔地名〕の中に、彼の足跡をおれは見定めた。それから言った、「もう道をはずれよう。」そこで、おれたちは道をはずれてくるりとひき返し、帰った。帰って着くと、しばらくして彼女たちに言った、「男の人は殺されたぞ。雌ライオンが男の人を殺した。おれたちは昨日男の人の死骸のある所を見た。でも、おれたちはきょうもう一度行ってみた。男の人は殺されていた。」そう言った。で、彼をせきたて、彼は罠の所にもう一度走って行った。彼は、罠にかかった**ガエン**〔スティーンボック〕を殴って通ってきた。おれがこんなふうに話しているあいだに、彼は**ガエン**を殴って通って、われわれは集まった。それから、彼女たちは〔父が〕見あたらずに泣いて泣いた。アッ、われわれが皆ここで眠っていると、そのライオンのことで、かれら〔男女複数〕はうるさいぞ。おれは言った、「昨日あんなふうにおれたちが彼のあとをつけて道に出会ったときに、頭をあげて見晴るかすと、鳥〔ハゲワシ〕たちの飛んでいる所があった。おれは呆れて言った、『昨日男の人は殺された。』でも、おれたちは昨日あなたたちに隠しとおして、話さなかった」と言った。「われわれはそれでは、行こう。ツァアアエ〔グイの男の名、語り手のオジにあたる〕たちの所に、おじさんたちの所へわれわれは移住しよう。そこで眠ろう。そしてかれらに男の人を悲しくあきらめさせろ。甥におじさんの死を知らせよう」と言った。われわれは移住した。で、ついにその人たちに出会い、かれらに彼の死を知らせてあげた。われわれは言った、「男の人は殺された。われわれはこうして逃げてやってきた。」われわれは眠った。

⑦

翌朝、われわれが起きて休んでいると、ちょうどカーカマの父〔語り手の兄ピリ〕と――エー、かれら〔男女二人、以下同じ〕は結婚していた――コネカオとの二人があそこを出てきた。われわれのいる所をかれらは知っていたから、そこの水のある場所の周りで、われわれを探していた。その男女二人は、カオキュエ〔語り手たちの故地〕にむかって通って行くところだった。ギュロー〔農牧民の血をひく有力者〕たちめざして。エヘー、かれらは進んでいた。われわれがすわっていると、かれらは夕方に辿り着いた。おれは言った、「男の人は殺された。おれは昨日おじさんたちの所へ逃げてやってきて、じっとしている。あんたおれを見ろ、おれは悲しくあきらめた。おれはあんたの父さんを悲しくあきらめる。おれたちはそんなわけで、おれたちの父親を悲しくあきらめる。」そう言った。その男〔兄ピリ〕は泣いて、それから眠って、翌朝、その女の人が言った、「アエー、私は昨晩聞いたから、私は通り過ぎ、私の夫〔の親族〕たちの所へ行く」と言って、かれらは通り過ぎた。おれたちはそこで眠って、翌朝、おれたちは「おやおや、眠っていたら、雨がここには降って降ったようだ。」おれたちは言った、「エ～エ、行こう。煙草を求めて。ン～ン、でかい水場のある所めざして。」つまりコレシ〔人名〕の父はそこで、そのとき煙草を置いていた。カネ〔動物保護区の東にある町レイコプシの別名〕を出て、その前からナンテ〔栄養価の高い豆を稔らせるマメ科の蔓植物〕が熟していて、かれらはそこにたくさん住んで、それを食べた。「おれにシェーホクエ〔人名〕を見つけさせろ。そしてあの男の人を悲しくあきらめさせろ。」行った、またもや。カオギ〔【6-2】「皮め……」の語り手〕を連れて、おれたち二人と、この年長の男とで行った、アークア〔人名〕と、おれたち三人で行った。あそこにあの男女二人〔ピリ夫妻〕は通って行った、ギュローの所へ。おれたち〔複数〕は行って遠くのそこで、煙草を買った。で、それを持ってあそこへ帰ってきた。その煙草がわれわれ〔男女複数〕と共に翌日もあるだろうという所へ、彼がやってきた。カーカマの父がわれわれをせきたて連れて行くことになった。カイジ〔地名〕にね。牡ヤギをかれら〔男女複数、ギュロー一族〕は刺した。かれら〔男女二人〕のためにその牡をギュローが刺してくれた。かれら〔男女二人〕はそいつを食って、前脚を持ってやってきて、われわれ〔男女複数〕に会った。われわれはそこで前脚を食って、眠って、翌朝、彼が言った。「アエ、おれは昨晩やってきておまえに会った。今、おれたちは悲しくあきらめているから、おまえの母上と、おれの母さんとを〔彼らの母親は一人だけだが、ことさらにこう言っている〕、おれにあんたたち〔男女複数〕を連れて行かせろ。」そう言った。われわれ〔男女複数、以下同じ〕を連れて行った。われわれは移住した。エヘー、こんなふうにわれわれの昔のその死はこうだったのさ。（一九九四年十月二日収録）

語りを収録することの目的が過去の出来事の歴史的な再構成――つまり口承史《オーラル・ヒストリー》の復元――であるならば、表6-1のような梗概だけで充分であろう。だが、別稿で強調したように［菅原 2007a, 2013c］、語りをそうした表象の伝達に還元することは身体化された言語活動への偏頗な接近法にすぎない。表情をおびた身ぶりとしての語りとは、ヌエクキュエの身体から迸ったこの量塊の全体である。彼の声とジェスチャーとが一体となって、薄暗い小屋の中でわれわれが身を寄せあっている〈今ここ〉の場に、出来事をじかに立ち現われさせた。しかもこの虚環境は、そのなかに「現実には起こらなかったこと」をも折り畳んでいる。そこで決定的な役割を果たすのが、非現実仮定法によって包囲された発言の直接話法による再現である。それは直接話法の二重埋めこみという特異な発話文の形式を生みだす。段落④「彼を捕まえ連れ戻すこともできたろうに。『エ～エ、おれはそこで死を見たよ。あんたは怖れろ、その死を怖れて帰ろう。』そうあんたは彼に言うこともできた。」スクータが父に言うべきであったのに言わなかったことばを、ヌエクキュエはスクータへの非難のことばのなかに、スクータの口を借りて埋めこんでいるのである。

もうひとつ、この語りの量塊には、物語という言語形式に私たちが寄せる期待を裏切りかねない奇妙な特徴がある。語りが描写する出来事が終結に達するのと同時に、語りそれ自身も完結すべきであろう。父がライオンに殺されたという出来事は⑥で終結したと感じられる。すると、⑦はアンチ・クライマックスな「蛇足」ではなかろうか。この違和感の正体を見極めるには、語りが反復されるという決定的な条件に注意を向ける必要がある。

父さんが昔殺されたこと――語りの反復

二年後、動物の習性に関する語りを収録するために、わたしは再度ヌエクキュエにマイクを向けた。だが、その場にいた長女のウレー（タブーカの妹）が「民話を語りなよ」と挑発したことにヌエクキュエは反撥し、「そんな話はパーホ（咬むもの）だ」と言いきり、またもや「父さんとおれの二人だけのこと」を話し始めたのである［菅原 2000a：p.153］。

【6-4b】父さんはライオンに殺された（ヴァージョン2）

❶アイー、つまりそれらのこと、父さんが昔殺されたことだよ。それらのことだけを彼に話してあげる。彼はそれらを聞く。スガワラはそれらのことばを取る。父さんは昔殺されたのだから、おれが彼のつらい記憶に泣い

たことなど、それらをおれはスガワラに出す。

❷ 父は採集し採集し、あちこち採集し、そして戻ってきた。で、帰ってきた。エー、やってきて、やがて雌ライオンの住処《すみか》に来た。雌ライオンは、夜、とうさんを殺した。

❸ おれはあっちのほうでツォーの仔を追って弱らせ、そうしてそいつを殺した。われわれは眠り続け、そいつを食い、父さんを求めたが、「エエッ？　彼は何をしてやってこないんだ？　彼は帰ってこないぞ」と言った。すでに雨が過ぎて乾きかけたところだった。それからおれたちは眠ったり、ツォーの仔を殺し《ママ》たりしていると、スクータが、おや、着いた。

❹ 帰った。なんと、さっき雌ライオンがスクータに襲いかかり、スクータを倒した。すると狩猟袋が落ちた。彼はそこで竿を強く握りしめた。そいつは彼を叩きのめそうとしたから、彼が倒れたのと同じように、そいつもどっと倒れこんだ。彼はそこで、こんなふうに立ち、そいつは砂をこんなふうにして、彼をそのまま置いたそうだ。そこで、立ちつくし、震えて立ちつくし、震えて叫び震えて叫んだ。そいつはすると這うように戻り、彼はじりじりとあとじさりした。竿を握って立っていたが、狩猟袋はすべり落ちた。そいつが彼にぶつかってきて、倒すみたいにしたものだから、狩猟袋は彼から落ちた。彼はじりじりとあとじさり、それから尻をむけて逃げた。「あんたは逃げたんだと。あんたは、それじゃ、そこから来たのか。あんたたち二人はすぐ近くで別れたのだから、彼は通ってきているのだから。おやまあ、あんたはドゥー（トビウサギ）の巣に沿ってひき返してきた。だからあんたは、彼の先回りをし、彼に追いつき、彼を見つけられたのに。『おい！　おれはそこに行って、死を見たよ。だから、あんた戻ろう、あんたはおれと共にそいつを見るよ。たぶんそいつは出産しているんだ、そんな様子だったから。ほら、だから、戻ろうよ、あそこでおれは死を見たよ。』そう、あんたは彼に追いついて言うべきだった。あんたはなんと、走って戻ってきたとな。キャンプに向かって逃げてきた。で、こうして帰ってきた。その男の人に追いついて話すこともせずに、こうして戻って帰ってきた。」

❺ その男はそのとき進んでいた。で、そうして採集を続け続けて、遠くの、あのなんとかいう、ゾーナ〔地名〕のほうに、はるか進み続け続けた。そうして、遠くをまっすぐ通って、あのなんとかいう所、そこのカラの木

のたくさんある所に入って、まっすぐ進み、あそこを通り過ぎて、それからあっちのほうから戻ってきた。で、もときた道の中に再び入った。「あんたはといえば、中に入るなよ！　ほらパンは遠かったろうから、あんたはこんなふうに出ればよかったのに！　なのに、あの死があんたを殺してしまったのは、そいつが再び彼を戻らせ、もとの道の中に入らせてしまったからだ。」彼〔父〕が戻ってくるとき、そいつ〔ライオン〕のほうへ向かってちょうど父さんは戻ってきた。彼はそれから戻り、進み続け続けた。そこに、むこうの家ぐらいの所に、子どもたち〔男女二人〕の家が、あるくらいの所、そこに小高い丘があった。ケルーがそこに立っていた。そこのケルーがそこに立っている所をちょうど出た口に、そいつが横たわり、そいつはそこで出産していたのだ。

❻

彼自身が以前に、コーの季節に酷熱がコムを熟させていたとき、そこへ行っていた。そいつの足跡を見つけた。そいつが砂を掻きたてた跡を彼は見つけ、戻って喋ったものだった。で、われわれはあれこれして、その酷熱のさなかに、コムをはたき落とす雨が降り注いだ。つまりあのガエンｰクラの雨が降り注いだあとだったのだ。おれはそのときツォーの仔を追って弱らせていて、いっぽう彼ら二人は採集するものを採集に行って、そんなふうにしていた。

❼

彼はそれから、夜歩き夜歩き、丘を登って、そのころ太陽はちょうど沈んでいたから、あたりは暗かった。彼は夕暮れにやってきた。「あんたは入ったのか？　あそこへ、あいつのいる所へ、そこへ。」出た。それから、そいつ〔ライオン〕自身がするようなことを、つまり、そいつは立った。彼を打ち倒した。で、彼を捕まえ、上着を、親族の人の物を彼は着ていた、グイ〔農牧民の血をひく有力者の名〕のをね。それはここにベルトがあった。ここにベルトがあり、たしかそこの所は茶色だった。それでこっちのほうは汗で、よくいろんなものを運んだから、ここの所は黒びかりしていた。それを、ほら、こんなふうに脱いであった。人がまるでそれを脱ぎ捨てたかのように、それを脱いであった。こんなふうにそれを広げて架けてあった。おれはそこにいる別の男と言いあい言いあい、おれたちは朝早く行って行った。やってきたら、そのライオンが昨晩きた所を見つけた。おれは言った、「あんた、ちゃんと見たか？　つい昨晩きた。ほらここにライオンは昨晩やってきた。」

ガーガバがたくさんこっちから向こうへ続いていた。ガーガバの上にその上着は皮が張られたように置いてあった。それを見つけたとたん、おれの心臓はドキッと言った。こんなふうにそれは引っかかっていたので、おれはそれをつくづく見てわかった、ベルトを見てわかった。「ほら、あれはベルトだぞ。なのに、あんなふうにあんたは言ってたな、『おれの狩猟袋だ』って。あれがあんたの狩猟袋だって？　あんたの狩猟袋なんかじゃないよ。そのものは、まさしく上着だよ。あそこが腕だよ。腕がこうなって、で、そいつは張られて架けられ、そいつのここは茶色い。あんたの古びた狩猟袋は白い。それから皮紐は小さい。あんたが肩に架ける所は、その二本の皮紐は小さい。ほら、そいつを見ろよ。あいつを今おれは見たぞ。ほら、どう見ても父さんの上着のように、それは見えるぞ。」

❽

そのとき、そいつは動き始めた。おれはこんなふうに立っていたが、顔をあげると、そいつが立ち上がった。血のようだった、ここが、眉間のここの所まで、ちょうど鼻の所から出て、それら二本の模様がこっちに続いていた。で、そいつの顔は血がついているように見えた。おれは言った、「あいつだ。あんな様子をしているぞ」と言った。おれたちはそのまま立ちつくした。言いあっていたから、そいつはじっとすわったまま、おれたちを見た。よくもまあおれたちはそんなふうにしていられたものだ。それから、そいつは動き始めた。「ちんぽこおまんこの歯の糞野郎めが出たぞ。そいつは昨日からむかつくほどいい気になっているぞ。」おれは言った、「そいつ、ちんぽこおまんこめが、おっぱじめるぞ。」アイッ！《両の掌を打ち合わせる》やってきた、そいつは出てきた、おれたちはそこで跳びあがり、おれはどいて降りた。彼はおれといっしょにどいて降りた。そこで、おれが見晴るかすと、そいつはこの胸の肉の所でぶちあたってきた。まるで棍棒の鼻のようにそいつは見えた。おれは言った、「あれまあ……。昨晩、〈おまえ〉の父親をそいつは嚙って呑みこんで、今度はもう一度、そいつはおまえを嚙って呑みこむぞ。他の場所などないぞ、おまえ行って、行きっぱなしにしろ。おまえがもし行かずに振り向いたら、おまえはついに自殺するだろう。」涙をこぼしながら、おれはひき返した。まっすぐ竿を鷲づかみに持ちあげ、おれがそうしていると、彼はおれの尻の後ろにいた。おれはそこで、首を肩にうめこんでものすごい勢いで走った。おれは進んだ、はるかに進んだ。彼〔スクータ〕のことなどまったく忘れ、ただ進んだ。おれは彼のことなど大事にせずに、ただただ進んだ。遠くまできた。そいつはそこで跳んで跳んで、彼の尻の後ろにいた。そいつはちょうど、まさに彼に追いついていたが、ただ走るのをやめた。するとそこで彼は泣いて言った、「おれを、おれを待て！　おまえはおれを捨てるのか、おれを捨てるな、おれを捨てるな、おれに耳をかたむけろ。」おれは言った、『アエ、胸が落ちてしまった〔「どっと悲しくなる」ことを表わす身体メタファー〕から、おれをほうって行かせろ、おれはあんたを捨てることもできる。でも、わざわざおれはあんたを待ってやるんだ。』で、遠くで止まり、ついに走るのをやめた。それから向こうのそいつ〔ライオン〕を見た。そいつは走るのをやめ、こんなふうにひき返し、あそこの戻る所へ行った。シッポを立てて。おれは立ちどまり彼を待った。彼がやってきたので、おれは言った、「さっき、あんたは立ったまま、そのことを口論したな、あんたは言ったな、あんたの上着《ママ》だって言ったな。おれは上着を見つけあんたにそれを話し、人は殺されたと言ったら、あんたはおれと口論したな、いったい何をあんたは言って、おれと口論するのか？」帰った。おれたちは着き、女たちには伝えなかった。おれは言った、「彼女たちに口答えさせるな、おれたちが先ばしっているのかもしれないから、彼女自身がぐっすり眠っていても、あの音〔ライオンの咆吼〕を聞いて、しかもあんなことを言えば、気分がよくないだろう。だから、おれたちは彼女たちに話すのはよそう、で、ほら彼女たちをほうっておこう。」

❾

おれたちは眠って、そして翌朝、おれは言った、「さあ、行こう。おれたちは〔足跡を〕刺し留めるのだ、そして戻って、あんたが昨日彼と別れた場所にあんたは着き、そこから出発して、あんたは彼のあとをつけるのだ。」もう朝になっていた。おれは彼をせき立て、そのときはまだまっ暗だったが、おれたちは彼の足跡を辿って、彼が別れた所からおれたちは進んでー、遠くで道に出会い、ずうーっとおれたちは通り過ぎた。その日には、鳥〔ハゲワシ〕たちがあそこにいた。おれたちはふり返りそいつらを見た。進んでくると、遠くから辿ってきた道と交わる道があった。彼が前に罠の獲物の仔たちを追った道だ。それからまた進んだ。足跡と共に遠くまで。彼〔父〕は竿がなかったので、ダチョウだけを探していた。彼が遠くでしばらく採集してからぐるっと戻ってきたように、おれたちもはるか遠くからぐるっと戻ってきた。戻ると彼ら《ママ》はひき返した。彼は昨日やってきて、やっぱりそこへ入っていた。そこへ進んで入ってきた。あいつが彼を殺した所を、おれたちは戻ってやってきて見た。おれは言った、「いま来たぞ、スクータよ。あんたが反対しているうちに、やってきたぞ。あんた、見ろよ、彼はここに入った。おれは昨日あんたに言ったよな。彼自身の上着だと言ったよな、あんたがそれに反対しているとき。ここに彼はまさに着いた。どこでひき返したというんだ？　この広がりのどこを通って？」そう言って、彼と口論した。おれは涙を流しながらひき返し言った、「行こう。」おれたちはひき返し、おれたちは進んだ。「男の人が昨日殺されたあとも、あんたはまだ暮らすつもりか。彼は自分を殺すものに昨日ばったり出くわした。いまここに来てよく見てわかった。」おれたちは進んだ。罠をたくさんおれは仕掛けていたから、おれは彼をせき立てた。で、言った、「あんた行って、罠どもに着いて、撤収しろ。そしたら、おれたちは、おじいさん、ナエノたちの所へ行こう。音〔ライオンの咆吼〕はまったくおれたちをぞっとさせるから」と言った。かれら《ママ》は**ガエン**〔スティーンボック〕を打った。そいつを運んで帰ってきて、われわれは荷造りを始めた。おれが彼をせき立て、彼は罠を撤収した。で、濡れた砂の上を行った**ガエン**を打った。

⑩ おれたちは逃げ出した。だれのところだ？　ナエノたちの所におれたちは逃げて行った、脇目もふらずに。あの大きなノーツォノ〔パンの名〕の「男」のほうの中に〔大小二つのパンが並んでいるので、それぞれを「男」「女」と呼ぶ〕かれらは住んでいた。そこにはかれらの畑があった。おれたちは脇目もふらずにそのかれらのもとへ逃げて行った。そうなる前に、おれは先に彼女たちに話した。彼女たちはそのとき見あたらず、そうして〔やっと帰ってきたので〕おれは言った、「あんたたち〔女性複数〕、そんなふうに言うな。逃げよう、われわれはここにいたら生きられないから、〔神霊が〕ライオンたちをわれわれに置き与え、やつらがわれわれを殺すのだから。」そんなわけで、われわれは移住し、はるかナエノたちの所に着いた。

⑪ ちょうどその日に、カーカマの父〔兄ピリ〕たち〔男女二人〕がやってきた。われわれは着いて眠って、翌朝、起きて休んでいると、かれら〔男女二人、以下同じ〕がやってきた。そのとき、あのズィウ〔死のお告げ、第二章第四節参照〕がかれらの目の前を〔塞いで迷子にした〕。かれらは叫んだ。彼〔スクータ〕自身が、かれらのほう

⑫

へ向かって走り着いた。かれらと出会った。けれど、彼はカーカマの父に言わなかった、「あんたの父さんは昨日殺された」と言わなかった。立ちつくしたまま、いったい何を言ったことやら。その男〔ピリ〕はわけがわからなかった。アイッ、スクータはかれらを気味悪がらせた。彼は言った、「あの男……あのだれそれ……が昨日殺されたよ。」その男〔ピリ〕は思ったそうだ、『いったいどの男の人だって？』彼はわけがわからなかったそうだ。彼にこんなふうに言われてもね。それからかれらは連れだってやってきた。彼女たちがやってきて、息子は母を見つけた。そこに〔父親が〕見あたらなかったので、〔どうしたのかと訊くと母は〕言った。「あんたの父さんは殺された、だから私たち〔男女二人〕は悲しくあきらめ、昨晩逃げてやってきた。」それで、カーカマの父はやっとわかった。「エヘ？　そういうことだったのか。」「アイー。」われわれは寝て、翌朝、かれらはギュローの所へ進んで行くところだったから、かれらは通り過ぎ、ギュローのもとへ行った。われわれは残った。おれは言った、「明日がきたら、オジの所へ彼〔父〕の話を持って行こう。おまえたち〔男二人〕がおれを連れて行け。」おれたちは眠ってから、あのカオギとね、おれたちとがね、連れだった。アークアと、おれと、行った。ほらあそこ、おれたちは煙草を〔求めて行った〕、大きなパンに住む人のもとへ。コレの父がよくカネに行っては、煙草を運んできて、そこに住んでいた。コレの父はよく煙草と共にいたものだ。おれたちは進んで進み続け続け、遠くで眠った。翌朝、おれたちはついにそこへ着いた。あの飛行機をちょうどわれわれは見た。ちょうどその日に、飛行機が飛んでいた！　おれたちはそこで休んで、翌朝、起きて休んで、ナンテ〔豆〕なんかを食べて、煙草を買って置いたりしていると、飛行機の音が聞こえ始めた。おれたちにはそれが見えたのに、でも、おれたちはそいつらを知らなかった。おれたちが進んで進んでいると、まだあまり行かないうちに、ウーン、ウーン、ウーン。濡れてくっつく砂だった。そいつは鳴って鳴った。「エッ？ライオンの仔か？」立ちつくし、わけがわからなかった。そいつは鳴り、そいつは鳴った。おれたちはそのとき「エッ？」砂の上を見晴るかしたが、見えなかった。「あれっ！」おれたちが頭をあげると、そいつは〔翼を〕広げていた。「おれたちは死ぬぞ！　おれたちは死ぬぞ！」そう言って四つん這いになって、木の中に入って蹲って隠れた。そいつは通り過ぎて行った。あそこのキャンプのほうに、おれたちがまさに向かおうとしている人たちがいるほうへ。イイナボたちはナンテの莢を折り取っているところだった。その音がした。その男たちは、いっせいに逃げだした。戻ってキャンプのほうに向かって逃げた。ナンテを背にかついで。その日に、飛行機がね、そのように、ものごとはこうだったのさ。エー、こんなふうだったのさ。（一九九六年九月二六日収録）

二つのヴァージョンの比較

以下の分析では、異伝（ヴァージョン）を「V」という略号で表す。V2のほうがV1よりもやや長い。何よりも驚かされるのは、V2の構成がV1とは大きく違っていることである。V1の叙述は、ほぼ出来事の時間的順序と一致しているので、それを基準にして、語りでは明示されていない情報を補足しながら、二つの異本の梗概を比較しよう（表6-1）。

前述したようにV1は出来事の時系列とほぼ一致した語りの構造をもっているのに対し、V2には大幅な編集が施されている。ただし、冒頭の①と❶は同型である。いずれも息子または娘の「知ったかぶり」を窘めたうえで、語りを開始する。②では事件の起きた季節の様子が語りだされるのに対して、❷では一挙に出来事の核心が呈示される。③では父がSと共にキャンプを出発する直前の父の息子への気遣いが叙述されているが、これはV2から欠落している。③の後半部（ゲムズボックの仔をNが仕留めたこと）は❸と対応する。④と❹はほぼ一致する。このあとV2の❺には、「状況の俯瞰」と「父への呼びかけ」ともいうべき独特な話体が登場する。さらに❻は、時間を遡行し、この事件よりも前に父がライオンの足跡を見つけていたことが明かされる。また、すでに❸で言及された、Nがゲムズボックの仔を仕留めたことが反復される。⑤は❼〜❽とほぼ一致するが、❼のほうでは再び「父への呼びかけ」話体が登場する。⑥と❾〜❿はほぼ対応する。もっとも劇的な変異は、語りの終結部にあたる⑦と⓫〜⓬のあいだに見られる。⑦では、P夫妻がヤギの前脚を手土産に戻ってきて、故地カオキュエ近くのカイジに移住するようNを促した。だが、V2ではこの逸話は欠落している。代わりに⓫で、Nたちの移住先にやってきたP夫妻がキャンプの近くで目の前を塞がれたように方角を失い、迷子になったことが語られる。この変事こそ、父の死から発生したズィウ（凶兆）だった。かれらの叫び声を聞いて駆けつけたSが口を濁したことが、P夫妻をひどく気味悪がらせた。⓬では、Nたち三人が、煙草を求める旅の最中に、初めて飛行機を目撃し恐慌をきたしたという逸話が語られた。

以上の分析は、語りという言語実践が本来的に孕んでいるもっとも重要な可能性を照らしだす。同一の出来事に関する語りは何度でも反復されうるのである。V1とV2のあいだに見られる驚くほどの変異は、出来事の記憶が固定したテキスト（言語表象）として脳内に貯えられているわけではないことを証し立てる。高木光太郎が喝破したように、「始まり」と「終わり」に区切られた時間幅のなかに出来事が実在していると考えることこそ幻想である［高木 1996］。語り手は、新たな社会的文脈において語りだすそのたびごとに、出来事に始まりと終わりを附与し、独特な内的時間性によって経験を組織しなおすのである。ヌエクキュエは語りという実践が孕むこの可能性を十全に生ききっている。彼が出会った第一の文脈は、「父さんがライオンに殺された」事件を異邦人に「話してあげる」というものだった。彼は、順を追って——すなわち単線的時間性に沿って——物語った。だが、第二の文脈では、彼は「スガワラはこの話を聞いたことがある」という条件にきわめて鋭敏だった。

もはや時間的順序を忠実に追う必要はない。ここで、語りの内的時間性は重層性を獲得する。(2) それと連動して、一回目の語りで言わなかったことが次つぎに湧きでる。縞模様（血？）がついていたライオンの顔、口をついて出る卑猥な罵倒語、兄夫妻の目の前を塞いだ不気味なズィウ、そして、初めて飛行機を見て恐怖のあまり木の下に蹲った……。

別稿では、V1とV2が著しい変異を示しているにもかかわらず、スクータの哀願の叫びの直接話法による再現がほとんど変遷していないことに注目し、この出来事の核心的な意味は、《逃げるおれ／追いすがるスクータ／背後に迫るライオン》が構成する「身体配列」に凝縮されていると論じた［菅原 2007a］。だが、この議論は、語りの量塊を織りなす複雑な細部を削ぎ落とし、反復を貫通する不変項へと出来事の意味を還元するきらいがあった。二つのヴァージョンが総体としてもつ複雑性を了解しなおすために、三つの軸を設定する。第一は語り手の欲望につき添うこと、第二はスクータの視点に立って出来事の相貌を見なおすこと、第三は、痛切な喪失を人はいかに生き延びるのかを問うことである。

反復への欲望。なんらかの情動が人を反復へと動機づける。V1とV2を貫く激しい情動は、父が死地に迷いこむことを阻止しなかったばかりか、自分の狩猟袋の心配ばかりして父の上着を認知しなかった、スクータへの怒りである。ここには社会システムの形式化の重要な軸である善悪二元図式が浮かびあがる［ルーマン 1993］。私の大切な親族が生命の危機に瀕しているとき、彼（女）は仲間によって助けられるべきだ。その期待が裏切られたことに私は怒る。すなわち私の怒りは「正しい」。ここに「上着を狩猟袋と見間違えた」スクータへの怒りを重ね合わせると、重要なことがわかる。正しい行為を選ぶという社会的要請と、対象を正しく同一性指定する直示的認知とは、情動のうねりのなかで行為する人間の実践倫理にとって、同じひとつのことなのである。

スクータの視点。雌ライオンに襲いかかられたとき彼が味わった極限的な恐怖をわたしはありありと想像できる。エチオピアでヒヒの調査をしていたとき、わたしは夕闇に覆われた道をモーターバイクで走っていて、三頭の雌ライオンと接近遭遇した。宿舎に辿り着いたとき、体じゅうに鳥肌が立ちぶるぶる震えていることに気づいた［菅原 1999 : 124-126］。スクータも全身を総毛立たせながらキャンプへの道を急いだ。彼にできることは何もなかった。すでにあたりは暗く、仲間を見つけられるわけもない。いや、ありていにいえば、仲間のことなどちらっとも考えなかった。死ぬかもしれない危険に直面したとき、人はだれでも〈死にものぐるいのエゴイズム〉に取り憑かれるしかない。それこそ、社会的な存在としての私たちすべての実践倫理の下限をなしている。

喪失を生き延びる。手がかりになるのは、日常会話でよく耳にするトボーハという自動詞である。語形から見てツワナ語からの借用らしい(3)。別稿ではこの語を「いくら求めても見つからないから［悲しく］あきらめる」と訳した［菅原 1994 : 410-411］。大切なナイフを紛失し、どれだけ探しても見つからないとき、あるいは愛する人に先立たれ、いくらその人を求めてもかなえられないとき私はトボーハだ。朝、出かけたきり帰ってこなかった父――亡骸を埋葬することさえできなかった。それだけむごい喪失のあとでも、人は生き続けなければならない。日常へのゆっくりした復帰には何の切れ目もない。兄がヤギの前脚を持ち帰ったことも、初めて見る飛行機に驚愕したことも、人が悲嘆をくぐり抜け、少しずつトボーハになってゆく過程で出会った偶発事である。だからこそ、新しく語りだすたびごとに、出来事の異なる「終わりかた」が再発見されるのである。

女の呪詛がライオンを呼んだ

第一節でツチブタに陰嚢を裂かれた経験を語ったカオギは、ライオンが人間を殺した事件についても、すばらしい語りを披露した。以下の出来事の主人公であるケマギは、わたしが住んでいたキャンプの住人ではなかったが、よく顔を知っている年長者だった。タブーカによれば、ケマギは小まめに猟に行き、よく小動物を捕ってきた。とくにヤマアラシが大好きだったという。事件が起きた頃、彼は三人の妻を持っていた。

【6-5】「ライオンがわれわれを殺す!」

《要約》愚か者ケマギとおれともう一人の男とで採集に出かけダチョウの卵を三つ見つけたので、一人が一つずつ取った。ケマギの第一夫人ツェイガエは、卵が一つしかないのでふてくされた。ケマギは激怒し彼女の容貌の醜さを嘲った。彼女は「あんたの若妻は襲われる」と呪詛した。間もなく、雨の降る夜に雄ライオンがキャンプに忍びこみ第三夫人トンテベと睦まじくしていたケマギの小屋を覗きこんだ。愚かなケマギはそれをイヌと見間違えた。ライオンは中へ跳びこみ、トンテベの肩に咬みついた。愚かなケマギは助けも求めずライオンを妻から引きはがそうとした。彼の悲鳴を聞きつけ人びとが駆けつけた。女を小屋の外に引きずり出したライオンはあきらめて闇の奥へ消えた。われわれは恐れおののき、そのキャンプを捨てた。ケマギは傷ついた妻を背負って運んだ。移住先でトンテベを介抱したが、間もなく息をひきとった

① アイッ！　彼は昔から愚かだった。「ライオンがおれを食うぞ！」と言ったとき、彼はうろうろしているだけだった。おれたちはくっつくように暮らしていた。彼は三人の妻をめとっていた。ツェイガエ‐‐あのギオキュエの母、テウクエ‐‐あのカイの母、それからおまえ〔調査助手カーカ〕の亡きおばあさん、死んだトンテベさ。まさにライオンでツェイガエが殺したのさ。

② ダチョウ〔の卵〕をおれは取った。われわれはそれらを少しずつ分けあった。一箇をケマギが取った。一箇をカイたち〔男女二人〕が取った。一箇をおれたち〔男女二人〕が取った。で、〔ケマギが〕言った、「エ〜エ、〔卵が足りないことが〕われわれを悩ます。おれの妻たちはたくさんで、おれを悩ます。一つの卵を灰で焼いた。それを〔火からおろし〕叩いて割って、静かにかき混ぜ、彼女たちのあいだに置いた。それを掬い取って食べた。」そう彼は言った。

③ おれは死んだ女のことを喋る。おれは行き、ツォー（牝、ゲムズボック）を射当て、それから雨が降って、足跡は消された〔この牝はすぐには見つけられなかった〕。われわれはしばらく暮らし、再びおれ自身が〔行って〕牡を射当てた。われわれはそいつのもとへ着いて、取って〔キャンプに〕やってきて置いた。おれは思った、『なんとまあ、牡のツォーのひどく痩せたやつをおれは射当てたものか！』そのあと、前に逃げのびた牝が〔苦しがって砂の上につくった〕たくさんの窪みに次つぎと出くわした。で、そいつが跳びだした所に、そいつは横たわっていた。アエー、おれはそいつを立ちどまったまま〔見て〕言った、「あんたたち〔男女複数〕来いよ。牝のツォーを取ろうぜ。」やってきて、われわれは〔キャンプに〕着いて、そいつを取り置いた。

④ われわれは眠り、朝になるとおれは行って、前に取らずに置いてあったダチョウ〔の卵、以下同じ〕を〔取りに行った〕。そこへ着くとジャッカルたちが掠め取ったあとだった。おれはそれら〔三箇〕を取って持ってきた。それらを置き眠った。で、おれの亡くなった姉〔ケマギの第二夫人テウクエ〕がそのダチョウを灰で焼き、焼きあがると火からおろし、彼女たち〔二人、テウクエとトンテベ〕は、朝の日だまりで食べた。彼〔ケマギ〕はそのときあの牝ツォーの首を細く切っていた。彼女たち二人〔テウクエとトンテベ〕が彼女〔ツェイガエ〕を呼んだが、彼女はふてくされていた。アエ、そのとき亡き小父さんが言った。「この女の上唇はあんなで、でっかい

下唇ときたら掘り棒みたいなくせに、なんでまた彼女がすることで、彼女たち二人〔第二・第三夫人〕がおどおどしなきゃならんのだ。おまえたち〔女二人〕はさっさと食べろ。」もう一人の女〔第一夫人ツェイガエ〕がやってきた。〔ケマギは詰った〕「おまえは何を機嫌悪くしてるんだ？ そのモノ〔ダチョウの卵〕がどんなふうか、われわれが握っているものを見てもいないじゃないか。この上唇がでかくて、下唇が掘り棒みたいにベタッと開いたやつめ、いったい何がおまえをやっつけたんだ？」彼女は静かに答えて言った、「アエ、あんたは今、そんなことをして、して、今日のうちにでもね、あんたたちのもう一人の男〔ケマギのことか〕は襲われるってことを、わたしはあんたに話すわ。」彼は言った、「嘘つきめ！ おまえたち〔女二人〕食べろ。ダチョウで彼女に恥をかかせろ。いったいこの年長の女ときたら、われわれがすべてあつらえた収穫物の中で、むちゃくちゃなことを喋ってる。食べちゃえ、おまえたち〔女二人〕が。エエ、おれ自身が言ってるんだ。」彼女たち二人は食べた。すると亡くなった小母さん〔ツェイガエ〕は言った、「アエ、そうやって喋ってるあんた自身が、そのうち怯えるでしょうよ。あんた思ってるの、自分は泣かないだろうなんて？ 彼女たち二人も今は食べてるけど、そのうち彼女たち二人のうちの女の子をあんたはめとって喜んでいたけど、襲われるわよ。」彼は言った、「おまえの嘘つきめ！ いったいだれにおまえのでかい下唇を掘り棒みたいにされたんだ？ だれがいったい喋ったら、その通りに〔パーホが〕人を襲うっていうんだ？ ライオン自身のことを人はよく言って、『襲われるぞ、おまえは』なんて言うけれど、人は襲われたりしない。おまえたち〔女二人〕食べろ、ダチョウを！」それから立って肉を切り続けた。そしてそのとおりに、あの雄ライオンが間もなくやってきた。彼女自身がそう言ったようになった。

⑤

まだ太陽は〔空を〕進んでいたが、今にも沈みそうだった。おれは遠くまで猟に出かけ、心の中で〔ライオンに〕怯え、走って帰った。彼〔ケマギ〕はおれのあとからやってきた。おれは先に走ってきた。キョーン〔葱に似た野草〕のみずみずしいやつを食べ、シュブツァエ〔パンの名前〕〔の水〕を飲んだ。それから走って帰った。風がごおごお鳴っていた。ざわめく木々の中を出て、おれは、そのモノ〔足跡〕が、雨の中をトワ〔アカシカの一種〕の木の下へ続いているのを見つけ、言った、「アッ、どうしたわけだ。おれが朝通りかかったときには、こんな所に足跡なんかなかったぞ。でも、今〈おまえ〉はライオンの足跡を見ている。やつが雨の中を歩いた跡がはっきりついている。ついさっきやつはいた。」そう思った。で、走った。

⑥ 彼〔ケマギ〕は、あっちへ行ってカマ〔ハーテビースト〕に射当てた。さらに、ドゥー〔トビウサギ〕を殺した。で、あのシュブツァエの丘のあたりに走ってやってきて、そこを登ると、でかいドエ〔ヒョウガメ〕が蹲っていた。彼はそれを担いでやってきて、どすんと置いて、膝をつけて蹲り、〔口をつけて水を〕飲んだ。それからそいつを担いで走った。やってきてどすんとドエを置いた。それからドゥー三匹を出した。カイの母〔第二夫人テウクエ〕の所で、ツォーの首を細く切ったやつを取った、で、引きちぎって小さい缶に入れた。置いとくと煮立った。

⑦ そうやってわれわれ〔男女複数〕はキャンプにいた。われわれ〔男女二人、カオギ夫妻〕はキョーン〔前出〕を食べ、新しく熟したカン〔棘のあるメロン〕を搗いて食べた。おれはごろりと横になった。エヘー、まさにあのとおりに襲われることになる女がやってきて言った、「私たち皆のもの‥臼を貸して、私のものをそんなふうにさせて。」こっちの女の人〔カオギの妻〕が言った。「そこに臼はあるから、お取りよ。」で、臼を取り上げ、その女の人に与え、彼女は戻った。おれは寝たまま、その話を聞いていた。彼女は臼を取って自分の小屋に来た。

⑧ 彼はカイの母〔第二夫人テウクエ〕の所で小さい缶を置いた。それはぐつぐつと言ってた。彼はそれを〔火から〕ひき出して取り上げた。で、〔トンテベの小屋に〕やってきて、隅に横になった。彼はここにいて、家の口はこっちにあった。彼は寝ころがり、そこへ彼女がやってきた。彼の両脚を跨ぎ越して、彼の尻の先にくっついてすわった。それから〔彼の〕両脚のひかがみの中に〈よそいすわり〉をした。《カオギ、タブーカ、カーカのあいだで身体配列を再現する複雑なやりとりがあるが、ここでは省略する。》ここを彼女はひっかけ引き寄せた。《妻が腿を倒し、夫はその上から脚を絡ませた。》彼は寝ころんで食っていた。しきりと食いながら、家の口に目をやった。あの雄ライオンがこんなふうにして〔戸口から覗きこみ〕かれら男女二人を見た。彼もそやつを見た。ヘイ！〔別の〕人間だったら、追い立てただろうに。〔別の〕人間なら、「アイッ！　アッ、なん

だ?」と言っただろう。「われわれ〔男女複数〕はイヌなんて持っていないぞ!」と。パーホに違いないと、やつを見たらわかったろう。やつはかれら〔男女二人〕を見た。女はすわってた。彼は寝ころんでた。やつはすると〔いったんひっこんで家の裏に〕廻りこんだ。で、再びやってきた。まさしく彼は思ったそうだ、『あれ、てめーら〔男性二人称複数イカオを間投詞として使う〕どんな人たちがやってきたのかな? イヌがしきりと〈おまえ〉を覗きこんでいるぞ。』寝ころんで考えていると、プルッと言って入ってきた。バッと入ってきた。で、彼女のここ〔左肩〕を咥えた。ここ《左肩胛骨の上を示す》に犬歯の一方が打ちおろされた。もう一方はこのここに《左胸を示す》もう一本がおろされた。ここさ、背骨のところに口のでっかいやつが、背中とね、肩胛骨とね、そのあいだに歯の一本があった。

⑨

彼はぱっと立って、やつを摑んで、彼ら二人〔ケマギと雄ライオン〕は彼女を摑まえ合ったそうだ。クルクルクルクル〔取っ組み合う音〕と言った。そのとき彼はことばを発しなかった。言うことを言わなかった。へー、彼はやつを何度も叩いたそうだ。そのときわれわれ〔男女二人、カオギ夫妻〕のいる所で、おれは聞いた。『まだ、あの諍いのことにその女の人はいるのだろうか? その人は、ライオンによってかれら〔男女二人〕を呪詛することなどしなかった人なのに。おや、あのことについて、彼は彼女に喋っているのか。』そうおれは心の中で、寝ころんで、思った。ずっとあとに彼はやっと言った、「ライオンがわれわれ〔男女二人、夫婦〕を殺す!」その女の人を彼ら二人〔カオギと雄ライオン〕は摑まえ合い、ついに彼女を打ち負かした。これぐらいの所にわれわれ〔男女二人、カオギ夫妻〕はいた。あの家〔菅原のテント〕の所の小さいカムツァの木ぐらいの所に年長の夫婦〔カオギの姻族〕の〔家〕はあり、あのツェイガエの〔家〕は遠くにあった。あの白人〔日本人調査者〕が休んですわっているぐらいの所にカイの母のがあった。おれは「ライオンだ」って聞いたとたん、砂を蹴立てた〔起き上がった〕。で、狩猟袋をひったくって立った。で、そこを出て、矢を引き抜いた。彼女〔カオギの妻〕が追いついておれを捕まえたんで、おれは彼女の手を振り払った。おれはそこへ跳びこむと、やつの中に矢を入れよう、そう思って、つがえた。アエー、彼ら二人〔ケマギと雄ライオン〕は彼女を摑み合ったまま出てきた。おれはそのとき思った、『おまえはひょっとして、人に射当てるぞ。もう一方の男〔ケマギ〕に射当てねばよいが』と思った。『やつ〔ライオン〕の体をはっきり見られたらなあ。それからやつを射られたらなあ。』やってきてそこに達したとき、〔ライオンは〕パッと跳びだした。そして、ふっと闇の中に入った。降っていたからなあ。雨さ、しとしと降る雨だ。そいつがしきりと降っていた。やつはふっと闇の中に入った。おれはそこで、矢筒に二本の矢を入れた。狩猟袋をぽいと置いた。あれま、なんとまあ、血そのものが滴っていた。あとから人びとが駆けつけた。かれらはダンスの場に薪を置いた。おれたち二人〔カオギとケマギ〕は彼女を一緒に支え、彼女と共にそこ〔焚き火のそば〕へ行った。おれたちは彼女をさすって、さすって、さすった。別の人たち〔男女複数、以下同じ〕は手で口をはたいて叫び、また別の人たちはさすってさすり、こっちでは叫び、あっちではさすり、他の人たちは呼びかけながら、薪を運び集めた。それぞれの家で持っている薪を。われわれは雨の中を右往左往した。

⑩

すると空が白んだ。夜が明けた。彼〔ケマギ〕が彼女を背負い、われわれは逃げ出した。彼が前日カマ〔ハーテビースト〕を射当てた所へ、シュブツァエに、彼が彼女を背負ってやってきて、われわれは住んだ。元気な女たちが家〔の柱を立てる穴〕を掘った。われわれはそれからそこで〔斧で木を切り出して〕柵を作った。われわれは囲いをぐるりとめぐらした。で、それからカマ〔牡〕の所へ行った。着くと案の定、そのカマは横たわっていた。バラした。やつを持って帰ってくると、その眠り続けている女の人、彼女を心配し、温め、温め、温め、そして空が白んだ。おれはそこで言った、「立とう、われわれ〔男女二人〕は。ウルカオ〔地名〕のパンにいるあのツォー〔ゲムズボック〕たちをおれに見定めさせろ。」再び、〔さっきの話とは〕別のゴオ〔ツチブタ〕に〔ウルカオの手前で〕出くわした。足跡をつけて向きを変えると、やつは〔穴に〕入った。で、やつを掘った。掘って、掘って、掘って、するとズボッと穴が抜けた。やつはおれを〔背中に〕担いだ。おれたち二人〔雄ツチブタと自分〕はそこの窪みの中で、パッと跳び出た。おれはすかさず出た。やつは走らなかった。もしその窪みが浅かったら出て走ったろうが、やつは穴を崩し、すべってどすんと落ちた。おれはやつを殴って倒した。ヘイッ！　ズィウのものであるゴオをおまえは見るだろう。「このチンボコ野郎め。」殴って倒してやつを横たえた。アエー、流れて行く、ツチブタの精液が。アエ、おれは言った、「あんなに流れている。ヘイッ。ツチブタのものはたっぷり溜まっていたみたいだ。イエイ。アエ、なんてことだ。」昔の人が思うように〔おれは思った〕「あんなふうにツチブタが精液をこぼす」と言いながら、われわれ〔男女二人、以下同じ〕はやつの皮を剥いだ。われわれはすっぽり剥いた。おれは皮にそいつら〔肉〕を入れて担ぎ、彼女もそれらを抱え、われわれ〔夫婦〕は帰ってきた。カイの父〔ケマギ〕が焚き火を熾し、皮を灰で焼いた。われわれはそれから眠った。彼女は尽きた。空が白むとわれわれはあの捨てたキャンプに向かって再び逃げた。だが、〔同じ所に〕帰りはしなかった。われわれはまっすぐそこを通り過ぎた。で、着いた、クアトベトべとかれらが言う所に住んだ。それから、**ゲナテ**（カエデチョウ科の小鳥の名）たちがやってきて、クアトベトべにかれらはたくさんいた。パンに生えたカラ〔アカシカの一種〕に**ゲナテ**たちはたくさんいた。エー、かれらの飛んできたほうへ、われわれは逆に辿って行った。（一九九九年八月一〇日収録）

語りの最初のほうの構成が読者を混乱させかねないので、その部分だけ要約する。①と②は出来事の核心を予告する前置きである。愚か者ケマギは、妻がライオンに襲われたときおろおろしていた。惨劇の前に、三箇のダチョウの卵をカオギたちは男三人で分けあったが、ケマギには妻が三人いたので一個の卵だけでは足りなかった。③では、何日か前に遡ってから、出来事が時系列順に述べられる。カオギは牝のゲムズボックに毒矢を射当てたが、雨のため足跡が見つけられなかった。何日か経って、彼は、今度は痩せた牡を仕留めた。そのあと右記の牝が砂の上でもがいた跡を見つけ、死骸も発見した。④で、翌朝、カオギは前から目をつけていたダチョウの巣へ赴く。巣にはたくさんの卵があったはずだが〔第二章第一節参照〕、ジャッカルに持ち去られ、三箇しか残っていなかった。これが出来事の起点なら、③のゲムズボック猟の話はなくてもよかった。ただ、牝ゲムズボックの肉は、このあとケマギの作業や調理の対象となる。

別稿で、わたしは、⑤〜⑩を素材にして、身体配列という概念を提案した〔菅原 2002b〕。出来事の基底には参与者の身体の特有な配置と相互行為とがある。この例の場合、もっとも核心的な身体配列は、第三夫人トンテベの小屋の中での、彼女とケマギの濃密な接触の姿勢に凝縮されている。第二夫人テウクエの家で夫は缶で肉を煮て、それをトンテベの小屋に持ちこんで横たわって食っていた。彼の開いた股のあいだにトンテベは尻をおろし彼は自分の脚をトンテベの腿に絡ませていた。ひかがみが器の窪みを連想させるので、親しい人の開いた股のあいだにすわることを〈よそいすわり〉（ハロシ・ノオ χárō-sì ŋǂoõ）と表現する。彼女は語り手カオギの家から借りた臼でスイカを搗いていた。このため、ケマギは小屋の戸口に顔を向けていたのに対し、トンテベは背中を向けていた。それゆえ、ケマギだけが戸口から覗きこんだライオンを見た（カオギは調査助手タブーカに協力させ、この配置を再現することに熱中した）。愚か者のケマギは、ライオンをイヌと見間違えた。さらに、小屋の中に突入したライオンが妻の肩に食いつくと、躍起になって引きはがそうとするばかりで、助けを求める声ひとつ上げなかった。これこそが悲劇の核心であった。

もう一点付け加えれば、この語りが視点の局所性に基づく認知の限界を織りこんでいることが、不気味なまでのリアリティを醸成している。臼を借りに来たトンテベが妻と交わしたことばをカオギは聞くともなしに聞いていた。また、かれら二人の小屋から物音が聞こえてきたときも訝しむだけだった。それぞれの現在時に制約された視界に回顧的な脚色が施されていないという意味で、この語りは優れた目撃証言である〔高木 2006〕。一方で、小屋の中でのケマギと妻の身体配列が微に入り細を穿って再現された。惨劇ののちに、ケマギが（自己弁明の動機づけに衝き動かされて）何度も語ったことが、言語実践を通じて蓄積される共同の記憶として、再利用されているのである。

以上を確認したうえで、語りの量塊を見つめなおそう。女に瀕死の重傷を負わせ、ライオンは降りしきる雨のなか、闇に消えた。人びとはこの惨事に震えあがり、翌朝、別の土地に移住する。針をもたないグイは傷口を糸で縫い合わせるという処置を知らない。ただ、重傷を負った人の体を温め、さすり、滲み出す血を拭き取るしか、介抱のすべはなかった。そんななか、カオギは妻を伴いゲムズボック猟に出かけた。しかし、目あてのパンに着く前に雄のツチブタと遭遇し、撲殺した。そやつが大量の精液を漏らしたので、びっくりした。その肉を持って帰ってきた翌朝、トンテベは息を引きとった。ツチブタの異変は、彼女の死の予兆、すなわちズィウだったのである（第二章第四節参照）。

ここで焦点化すべき論点は三つある。第一はグイ語にひそむ翻訳不可能性、第二はグイの居住空間に刻みこまれた本来的な被傷性、第三は呪詛とは何かという問いである。

（一）本書の翻訳ではほぼ完備したパラダイムをなすグイ語の人称代名詞に格別の注意を払っている。一人称単数を除けば、人称代名詞は単数／双数／複数のすべての水準で性を弁別する。ここで、思いがけない用法が生まれる。たとえば、双数男性形の「彼ら二人」（ʔétsèrā）や「おれたち二人」（ʔìtsìbī）が、人間の男一人と動物の雄（牡）一頭から成るペアをも指示しうるのだ〔⑩と⑪の傍点部〕。この種の翻訳不可能性は、おそらく偶発的な形で[4]、人間と動物の対等性を照らしている。

（二）グイのキャンプの外延は物理的な隔壁で仕切られていない。第五章第四節で分析したヒョウの事例が示すように、夜の闇に紛れて危険な猛獣や毒蛇がキャンプに侵入することを防ぐ手だてはない。被害に震撼してはじめて、人びとは避難先で柵を作ったが、これこそ「泥縄」の典型であり、通常はそんな予防措置に膨大な労力を注ぐことなどない。清水昭俊は、身体の自然性は公的領域から家内的領域（すなわちイエの中）へ排除されるという洞察を、彼の革新的な家族論の出発点に据えた［清水 1987］。だが、グイの「草の家」（小屋）は、堅牢な遮蔽として身体を包囲する家屋からはほど遠い。乾季のあいだは粗末な風よけの蔭で寝る人も多い。人類学を長く支配してきた自然／文化の二元論においては、頑丈な家屋が立ち並び、中央に儀礼や祭式の場を抱えもつ村（居住地）こそが、「文化」の支配する空間である。原野や森は馴致されぬ「自然」の領域に属し、両者の中間に拓かれた耕作地は自然から文化への移行域として把握される［清水 1989］。だが、グイの〈棲まい〉は、揺るぎない境界の内部に保護されているわけではなく、〈外〉に向かって開かれている。その〈外〉からは、コミュニケーション域をずたずたに引き裂きかねない、凶暴な他者が侵入し、最後の砦であるはずのイエの中にまで、その不気味な鼻づらを突っこんでくる。圧倒的な力をもったライオンこそ、グイにとって乗り超え不可能な、大文字の他者なのである。

（三）「呪詛する」（χoi）という語を最初に教わったのは、二回目の調査（一九八四年）に遡る。夕刻、サソリに刺された男が薬を乞いに来たので、抗ヒスタミン剤を与えた。そのことが頭にあったので、夜、夕食の分配にあずかって帰途につこうとする別の男に向かって、わたしは「サソリを踏んづけるなよ」と声をかけた。すると周囲にいた男たちが口ぐちにわたしを諌めた。「スガワラ、そういうことを言うのはよくない。それは人をツォイすることだ。」ツォイとは、出かけて行く人に向かって、「ライオンがおまえを襲うぞ！」「マンバがおまえを咬むぞ！」といった不吉なことばを浴びせることだという。親切心のつもりで言ったことなのに、ひどく悪いことをしたかのように詰られ、わたしは憮然とした。その後、奇妙な見解を耳にするようになった。男がだれかをツォイしても、そんなことばはゴンワハ（役立たず／無能）である。女が男を、とくに妻が夫をツォイすることこそ、もっとも危険である。男はそれで命を失いかねない。女のことばに潜むこの魔力こそが、第七章の主題になる。また、すぐあとの事例【6-6】はこの主題の変奏である。

ライオンに毒矢を叩きこんだ男

二〇〇六年八月下旬。偶発的な経緯によって、カオギ老から、ライオンが人を殺したもう一つの事件をめぐる語りを収録することになった［菅原 2012：37-38］。わたしは、幼児期の頃からよく知っている青年レメシに近代との接触をテーマにインタビューした。その後半で、ズィウ（凶兆）やナレ（感づく）といった「不可視の作用」について英語で説明することを求めた。彼は苦しまぎれのように、「ギオキュエの呪詛」に連想を走らせた。ギオキュエは、わたしもよく知っている小柄で愛嬌のある年長女性で、半世紀ほど前に夫ゴイクアを亡くしてから、【6-1】「彼を掘り出そう」を語ったツォウの第二夫人になり、現在に至っている。なお、以下に登場するガナのギュベは私よりも年長で、騎馬猟の名手である。再定住地においては「日本人キャンプ」が彼の家から比較的近くにあるので、小屋の管理者として一九九八年から雇用し続けてきた。青年へのインタビューの場に同席していたギュベとキレーホは、それまで私が知らなかったこの事件の概略を話してくれた。

――夫のザーク（婚外性関係）を疑ったギオキュエがゴイクアを呪詛した。彼は猟に出てエランドを仕留めた。解体を済ませ野営していると、雄ライオンが襲ってきてゴイクアを殺害した。連れの男が、ライオンの脇の下に毒矢を突き刺したために、ライオンも死んだ。ギオキュエは自分の呪詛で夫が死んだことを恥じ、エランドの肉をひとかけらも口にしなかった。

この話をしたあと、ギュベとキレーホは、「その当時、カオギはこの夫妻と同じキャンプに住んでいたから、事件のことをよく知っている」と言いだした。そこで、二日後に強風の吹き荒れるなか日本人小屋の中にカオギを招き入れ、談話を収録した。だが、カオギは、七年前に収録した【6－5】「ライオンがわれわれを殺す！」④で詳述された、ケマギが第一夫人ツェイガエを罵った話を始めたのである。彼の理屈では、過去にケマギの第三夫人トンテベを襲った雄ライオンと、ゴイクアを襲った雄ライオンとは同一個体であったというのだ。しかも、ゴイクアはツェイガエの娘ギオキュエをめとったにもかかわらず、義母に十分な量の肉を分けなかったので、彼女に呪詛されたというわけだ。

【6－6】ゴイクアの受難（抄訳）

《そのまた要約》ゴイクアはツェイガエの娘と結婚したが、義母を冷遇したので、彼女はゴイクアを呪詛した。彼はトウガマと猟に行き、牝エランドを射た。翌朝、二人はエランドを追跡したが、途中でライオンの足跡を見つけた。獲物に追いついてとどめを刺し解体した。日が暮れたので焚き火を起こし野営しているところに雄ライオンが襲いかかり、ゴイクアの右腕に咬みつき、トウガマの首の後ろを爪で裂いた。二人は、昔住んだキャンプ跡にたどり着き廃屋に火をつけ、一軒の小屋に逃げこんだ。そこへライオンが跳びこんできて、ゴイクアのふくらはぎに咬みついた。トウガマは狩猟袋から毒矢を取りだし、小斧で打ってライオンに深く突き入れた。毒がまわってライオンは小屋の外に跳びだした。空が白み始めるころ、ライオンもゴイクアも息絶えた。トウガマは首の後ろを傷つけられていたので、首をねじ曲げたままキャンプへたどり着き、人びとを驚愕させた。

ゴイクアとトウガマは猟に行き、ゴイクアが牝エランドを射た。トウガマは「いったんキャンプに帰って眠って、明朝みんなで足跡をたどろう」と言った。翌朝、ゴイクアが他の男たちを連れて行くことを嫌がったので、二人だけで追跡した。草露が落ちたあとに雄ライオンが通った痕跡があったが、ゴイクアは「エランドと共に進もう」と言うばかりだった。「たった今ライオンが通ったんだぞ!」「あの丘をエランドは登った。おまえそいつを刺せ。余計な心配をするな。」彼ら二人は言い争いながら進み、エランドに追いつき、斃した。

トウガマは、心配でたまらなかった。『ライオンがすぐ近くで休んでいるように見えるぞ。』獲物を解体していたら夕方になったので、火を起こした。エランドの肉ではなく、コアレ(kõale)という野草を灰焼きにして食べた。ゴイクアはのんびり仰向けになって休んだ。トウガマは短い槍を砂に突き立て、体を縮めてすわり続けた。彼は内心思った、『この男の心の中に入ったものは何だろう? だって立ちもせず、火を大きくもしないんだから。』

「グル!」と唸り声がした。ライオンが仰向けに寝ていたゴイクアに襲いかかった。トウガマは槍をひったくってライオンに突き刺そうとしたが、うまく刺さらず槍は地面に落ちた。ライオンはゴイクアを放り出し、トウガマに襲いかかってその首の後ろを裂いた。トウガマはかろうじてライオンを撃退した。ゴイクアは右腕を骨折していた。彼ら二人は逃げ出した。ゴイクアは狩猟袋を残してきてしまった。トウガマが持ってきた狩猟袋の中には小斧が入っていた。

彼ら二人はシブリウェという土地のノネの木の下に出た。トウガマはゴイクアに「登れ」と言った。下から彼を押し上げるつもりだった。だが、ゴイクアは言った、「アオッ、どうやったら登れるんだ? 一本の腕だけで?」彼は登るべきだった！　一本の腕だけでも、ノネの幹を抱きかかえてよじ登り、たどりつける高さのすわれる所まで登れたはずなのに。

彼ら二人は言った、「アエッ、以前、水を飲んでいた頃、住んでいた家があそこにあるはずだ。」彼らはそこへ行き、草をタイマツにし、何軒もの廃屋に火をつけて回った。そして、一軒の小屋に入り、中で焚火を起こしている最中に、ライオンが入ってきた。あたりでは家がめらめら燃えているのに。ライオンは家の中でぐったり横たわっていたゴイクアの脛に咬みつき、ふくらはぎの肉を剥がした。トウガマはゴイクアの頭を股のあいだに挟みこんで守りながら、小斧を取り出して、ライオンの眉間を繰り返し打った。ゴイクアは死にかけて泣いていた。小屋の中の小さな火は消えてしまい、そこらじゅうで燃える家の火の光のなかで、彼ら二人（ʔétsèrā）〔トウガマとライオン〕は闘い続けた。ついにトウガマは、「オッ、どこに弓はなくなっちゃったんだ？　それを持ってこいよ！」と叫びながら向き直り、矢筒を取り上げた。長い矢を落として出し、それを折った。〔鏃と矢軸の〕接合部のストローを取って捨てて、ライオンの鬣の毛をかきわけ、矢の先端を突き刺し、小斧で打って深く突き入れた。ライオンは、ゴイクアを捕らえたまま放さず、さらに肉を引き剥がした。トウガマは矢を打ちこみ続けた。まさにそのとき、バアッと体内に毒が広がった。ライオンは尻を上げて蹲《うずくま》っていたが、立ちあがり小屋の外に飛び出した。短い距離を行って倒れた。家の燃える火のなかで、ライオンは喚き、傷ついた男は泣き続けた。彼ら二人（ʔétsèrā）〔ゴイクアとライオン〕は繰り返し泣いた。空が白み始めるころ、彼らは両方とも黙った〔息絶えた〕。トウガマは、空っぽの狩猟袋をひったくり、〔首の後ろを傷つけられたので〕頭をかしげて、彼が残した彼ら二人（ʔétsèrā）の死骸のほうへ顔を向けながら進んだ。横目になって前を見ながら進んだ。キャンプのみんなが朝早くにすわっている所へ、首をねじ曲げたままやってきた。ゼロホナム〔地名〕のキャンプに着いたのだ。「アエ、あんたはなんて様子だ！」「エーイ、おれの姿を見ろ。ライオンの歯のやりかたが見えるだろ。もう一人の男は襲われ、死んでいる。おれは彼をほうって逃げてきたんだ。」（二〇〇六年九月四日収録）

傍点部の「彼ら二人」は、前述したように、三人称男性双数の代名詞 ʔétsèrā であり、簡明な翻訳は不可能である。前に要約した調査助手たちの語りと、このカオギの語りとのあいだには重大な齟齬がある。前者の核心であった「ギオキュエの呪詛」が、後者からは抜け落ち、呪詛の発し手は彼女の母ツェイガエだったというのだ。カオギの語りこそが惨事の「正伝」であり、ギュベとキレーホの語りは不正確な「異伝」だったのだろうか。しかし、彼らがこの逸話を昔から知っていたことは明らかだし、あの青年レメシさえもが「ギオキュエの呪詛」にとっさに言及した。カオギとギオキュエとは長いあいだキャンプ仲間として暮らしてきたし、ギオキュエは今も健在である。こうした条件が、彼女に否定的な評価を与えるような逸話を語らせることをカオギに控えさせたのかもしれない。

私たちを慄然とさせるのは、ライオンのこれほどまでの獰猛さと執拗さである。私たちが野獣に対してもっている「火を怖れる」といった常識はまったく通用しない。家という遮蔽物も完全に無力である。たくさんの廃屋がめらめらと炎をあげるなか、この饑餓に苛まれたライオンはさっき仕留め損なった手負いの獲物（ゴイクア）を食い尽くすことに全力を傾けた。それに対する人間（トウガマ）の側の勇猛さは感嘆に価する。小屋の中に立ちこめる野獣の強烈な体臭、ぎらぎら光る眼、腹の底に響く唸り声。だが、彼は絶望的な恐怖に我を失うこともなく、ごわごわした鬣をかき分け、毒矢を小斧で体内に叩きこむという離れ業をやり遂げた。乗り超え不可能な他者に死にものぐるいで立ち向かう勇気（潜勢力）をもっているという意味で、人間はやはり「強い／堅い」（カリ !ari）のである。

四　ライオンとの遭遇を生き延びる

ライオンとの対峙

一九九四年、わたしが語りの収録を始めた年に、邪術の語りを披露してくれたキェーマも［菅原 2006a］、青年期に経験したライオンとの遭遇について生き生きと語ってくれた。

【6-7】「あそこにきっと肉があるぞ」

①《要約》朝、おれとノーはライオンの咆吼を聞き、その方角へ走っていった。巨大な雄ライオンが獲物の肉を食っているのが見えた。そこから離れた木に近づいたノーは、その下で仔を連れた雌ライオンが唸っていることに初めて気づき、おれのもとへ逃げ帰った。雌はおれたちに突進してきたが、トビウサギ猟に使う長い竿を投げつけたら戻っていった。雌雄のライオンが離れたのを見計らって、やつらが斃したウィルデビーストの死骸を解体し、持ち帰った。

キェーマ（左）

おれたち二人、おれとノー〔男の名〕とは、前日、ダチョウ〔の卵〕を取っていた。それを柔らかく煮ているとき、ライオンの声がした。「アッ、ライオン〔雌雄二頭〕の声だ。〔おれたち二人で〕声のするほうへ走って行こう。」おれたち〔二人、以下同じ〕は走って走って、やってくると立ち止まって探した。「どこで雄ライオンは声を出した？〈肉〉をやつは倒しただろうから、そいつを拾いものしよう。」探して探していると、「おや、ハゲワシ〔雌二羽〕が木の上にとまっているぞ。アエ、あそこにきっと肉があるぞ。」ノーはあの高いノネぐらいの所を通り過ぎて言った、「おい！　雄ライオンがいるぞ！」なんとまあ、ものすごいやつだった。やつの鬣はすごかった。あのパンの中に鬣が見えた。彼は言った、「あそこに雄ライオンがいるぞ。あそこでやつは斃した〈肉〉を食ってるに違いない。」こっちには、こんなふうにカムツァの木があった。そいつ〔雌ライオン〕の上に枝がかかっていた。なんとそいつは出産した雌だ。仔〔雄〕とだ。その仔は四つ足で歩いて出てきた。そいつ〔雌〕は横になったまま仔を見ていた。それから怒り出した。ブルル…ブルル…。仔はあっちにいる雄に気をとられ、どんどん近づいていった。雌は仔を守っておれたちを睨んでた。隠れたまま、人間に対して怒っていた。彼〔ノー〕はカムツァの木の下に入った。彼は〔雌ライオンの唸り声を〕飛行機の音だと思った。で、顔を仰向けて探した。なんとその雌ライオンが彼に対して怒っていたんだ。『あたしはおまえがあたしの所に入るのを好かないよ。』彼はやっと目をおろし、そいつが目に入った。「ギエ・エ〔母ちゃんよ、驚愕の間投詞として使う〕！　雌ライオンだ！」おれは言った、「来い。いや止まれ。そいつはおまえに向かってくるから、おれにおまえのほうへ行かせろ。」だが、彼はすっとんだ。逃げて逃げておれのそばに来て止まった。背伸びして様子を見た。そいつは立ち上がった。あっちへ行って行って、遠くのケナマシ〔このキャンプの住人の男〕の家ぐらいの所まで行った。おれは言った、「そいつは来るかもしれんぞ。そいつが逃げたなんて、おまえ思うなよ。」そいつは遠くで仔に追いつくと、そこからひき返した。ひどいこった！　グワッと、おれたちに向かって焼き穴を掘り返した。おれたちはじっと立ったまま、二本の竿を投げつけた。するとそいつは走ってひき返した。遠くへ行き、仔を連れて雄の所へ行った。そこで、おれたちはひき返し、さっきその雌雄二頭が斃した〔牝〕ツエー〔ウィルデビースト〕の所へ行った。そのツエーをバラしてバラした。背負って家に帰った。やつら〔雌雄二頭〕があとで来てみたら、ツエーは見当たらなかったろう。おれたちが持ち帰ったんだから。でも、おれたちのあとをつけたりはしなかった。

②《要約》この雌雄は別の所で、妊娠したウィルデビーストを殺し、腹を裂いて胎児を出した。デナという男がそれを幼獣と見間違え近づいた。唸り声で雄にはすぐ気づいたが、雌には注意が向かなかった。雌がすれすれまで突進してきたので、なすすべもなく突っ立って震えるばかりだった。

〔抄訳〕この雌雄二頭は、カマカオ〔男の名〕たちのキャンプの近くで休んだ。雄ライオンが、昼間に移動していた**ツェー**〔牝〕を倒してノネの木の日蔭に置いた。雌は低いゴーンの木の下で仔と一緒に休んでいた。雄ライオンは、獲物の腹を割って胎児を出し、木の根もとに横たえてから、雌と仔のほうへ行った。一方、デナ〔男の名〕は罠を見回り、**ガエン**（スティーンボック）を捕らえて灰で焼き、近くの廃屋の中に置いた。「キュロキュロキュロ……」とハゲワシが鳴いたので戸口から覗くと、ノネの木にとまっているのが見えた。彼は何も知らなかった！　曲がり棍棒と狩猟袋を携えそっちに向かった。デナはやってきて、胎児を幼獣と見間違えた。「エッ？　ヒョウが**ツェー**の仔を倒したのかな？　その仔は濡れているぞ。」雄はその**ツェー**の仔をだれにもやるまいと、ドゥドゥドゥドゥ……と唸った。デナはやっと雄に気づいた。「うわあ、うわあ。」雄が木の下から跳び出すと、仔も父親と共に出てきた。雌のほうは怒りながら、体を低くしてデナを睨んでいたが、ついに立った。初めてデナは雌の存在に気づいた。彼は雌に対して宥め声をあげたが、雌は仔に追いついてすわった。まったくデナはバカなことをしたもんだ。カミサマ（ナリ ŋ!árī 近隣のナロからの借用語でグイのガマにあたる）が――ガマ（神霊）が彼を助けたんだろう。そいつ（雌）は頭をつるんとさせて突進してきた。彼はアワワワと叫んだ。雌は彼を砂ごとひっつかもうとした。彼はあやうく倒れそうになり、狩猟袋も棍棒も手から落ちた。そいつはシッポで彼を鞭打ち、砂を彼に浴びせかけた。〔以下の③が語られる。〕彼が立ちつくし震えていると、そいつはひき返した。彼は震えながら狩猟袋を取り上げ、廃屋へ戻った。火熾し棒を取り出し火を燃やしてはじめて、命びろいしたことがわかった。火をそいつは怖れるから。おれたちは昔よくこんな目に遭ったものさ。ハム〔ライオン〕と呼ばれるやつらのなかでも、仔を産んだ雌はまったくひどいもんだ。

③

《要約》ライオンが近づいてきてもけっして逃げてはならない。まだ離れているときは大声を出してもいいが、近くにきたら黙ってじっとしていろ。神様の思し召しに任せるしかない。

あの家ぐらいの所から、雌ライオンが出てくる。走ってくる、おまえのほうに！　あのノネの木ぐらいの所にくる。遠い距離に。おまえはただいる。そいつは手前のあの草ぐらいの所にくる。おまえはただいる。そいつはやってきて、あの緑になった草ぐらいの所にくる。おまえはただいて、走ってひき返したりしちゃならん。ニャアア〔強い否定〕。で、ついにそいつはこのテープ〔ビデオカメラのこと〕が置いてあるぐらいの所に近づく。それでも、おまえはじっとしてるんだ。そいつはひき返すよ。おまえが身をよけたりしたら、問題をおまえは起こす。そいつはおまえをぶちのめし、ひっくり返すから、身をよけちゃならん。じっとしていろ。このぐらいの距離にそいつがきたら、しゃべるのはやめろ。そして黙れ。そいつを大声でおどしても、このくらいに近づくかもしれん。黙るんだ、そのときはじっとしているんだ。ガマ〔神霊〕だけがおまえを助ける。おまえは突っ立っている。そいつに対して何かできるなんて思うな。

④

《要約》おれたちはイヌ三頭を連れて猟に行き、計四頭〔雄一頭、雌三頭〕のライオンとその仔たちに遭遇した。一頭の雌が突進してきたので、遠くの木へ一目散に逃げた。様子を見ていたら雄イヌがやってきたので、一瞬ライオンと見間違えた。ひき返すと茶色いものが横たわっていたので、恐る恐る近づいたらゲムズボックの死骸だった。解体して肉を持ち帰った。

仔を産んだ雌の話はまだある。おれたちは進み進んだ。狩猟袋は竿といっしょにおろし、身ひとつで行った。棍棒は手に持っていた。おろした所にイヌを残した。イヌども〔雌雄〕は三頭だった。雌二頭と雄一頭だった。おれたちは進んで、カムツァの木々のほうへ向かった。おれはふとふり返った。そのノネの木ぐらいの所に、丘の裾が広がっていた。窪地だ。そこにカラ〔アカシアの一種〕の小さい木がたくさんあって、そこからかれら〔雌雄複数〕がおれたちを見て、立ったりすわったりしていた。おれは言った、「おい！　あそこにおっかないのがいるぞ。」雌雄二頭、それから出産したばかりの雌二頭がいた。「あっ、あっちにいるのは雄だ。」雌雄二頭とその小さい仔が出てきた。かれらはカラの木の所に寝そべった。仕留めたツォー〔ゲムズボック〕の死骸が横たわっていた。かれらが腹を切り開いたので仔はツォーの肝臓を食べたり、そいつの腹の中に入って遊んだりしてた。親たちは夕方の日蔭に横たわっていた。それから雌雄二頭は走り出した。小さい仔もだ。おれは叫んだ。「来いよ！　ライオンの親たちの所へおれたちは来ちゃったぞ！」おれたちが立ちつくし、宥め声をあげていると、遠くから這うようにやってきた。雌が忍び寄ってきた。「あっ！　おまえ〔雌なのに男性人称に変わる〕はおれたちを襲おうというんだな！」どうしていいのかわからなかった。「アエ、じっとしていようか。」おれは言った、「遠くへ逃げよう！」おれたちはまだ若かった、ツェーンツォー〔長女の名〕一人だけが生まれていた。おれたちはお互いを踏んづけんばかりに走った。踏んづけ合っても転ばなかった。おや、雌はまだ忍び寄ってくるぞ。這うように歩き続けてる。おれたちは踏んづけ合って、遠くのカムツァめざして走った。いよいよとなったら木に登るつもりだった。そこへたどり着くと、雌イヌどもがおれたちの声を聞きつけてやってきた。雄イヌは荷物をおろした所に残っていた。そのイヌは、胴は短かったが、逞しかった。やつは、おれたちと雌ライオンのあいだに割って入って廻りこんで来た。おれたちは〔見間違えて〕言った、「アッ、エーイ！　雌ライオンだ！」雄イヌを見てね。「アッ、おやあれは……アヘー、イヌだ。」雄イヌはやってきておれたちと一緒になった。で、雌ライオンはおれたちのことをほうったみたいだった。「おまえ、あいつがおれたちを襲わないと思うか？」おれたちは狩猟袋を取り上げて、逃げ出した。すぐに立ちつくした。向こうに何か茶色いものが横たわっていた。おれたちは途方にくれた。「ありゃライオンが寝そべっているように見えるぞ。もっと近ければ、ツォー〔ゲムズボック〕のように見えるのかもな。」彼が言った、「エ～エ、アエ、もう一頭の雌ライオンのように見えるぞ。」「おまえ、見えないのか。茶色いぞ。ライオンだったら、コーの季節には白っぽいはずだ。あんなふうに茶色いってことは、ツォーだぜ。」おれたちは恐る恐るイヌどもをけしかけた。雄イヌが辿り着いて、食いだした。おれたちは「あらま！」と言った。「エヘー、肉じゃないか。」で、そこで、そいつをバラした。（一九九四年十月二九日収録）

この語りは、原野で人間がライオンと対峙するとき、両者を隔てる空間的な距離が刻一刻と変化するさまを活写している。朝、ライオンの吠え声で目が醒めると、声のするほうへ走って行く。肉を横取りするためである。だが、小さな仔を連れた雌がいると、命がけの攻防が始まる。突進してきた雌は、あたかも焼き穴を掘るように、巨大な前足で砂をえぐる。ライオンが向かってくる気配を察知すると人間はガエ-ツァエ g!áè-ǀχáè する（宥め声をあげる）。ガエとは、怒りに駆られた人の手首を摑み「宥め／引きとめる」ことで、ツァエは「〜に向けて」を意味する後置詞である。だが、ライオンが突進してきたら、あとは「神の思し召し」に任せるしかない。ライオンが反転する瞬間、砂を浴びせられ、長い尾で鞭打たれることさえある。震えながら遭遇の場を去り、火を熾してはじめて命びろいしたことを実感する。グイの常識では、ライオンも一応火を怖れることになっている。

この語りにおいて、距離感の再現は決定的な意味をもつ。③では、「今ここ」の場から視認できる指示対象に応じて、四層の距離が表現される。（a）遠くのノネの木、（b）その手前に生える草、（c）近くにある新緑に色づいた叢《くさむら》、（d）すぐ前に据えたビデオカメラの三脚。ライオンが遠くにいるときは大声を出すことも有効だが、接近してきたら黙りこくってじっとするしかない。けっして、逃げたり、身をかわしたりしてはならない。

④でも「宥め声をあげる」という人間の側の働きかけが描写されている。③の教訓とは矛盾するが、壮健な青年であった二人は遠くの大木めざし抜きつ抜かれつ疾走することを選んだ。さらに、驚異的な視力を誇るグイと

いえども、広大な原野のなかでしばしば見間違えをする。近づいてきた雄イヌを一瞬ライオンだと思う。さらに、ゲムズボックの死骸をライオンかと疑い、その場に釘づけになる。こうした戦慄をくぐり抜けながら、彼らは、結果的には、獲物をライオンから横取りしてしまった。

ライオンとの対峙の語りは、ライオンによる人殺しの事例に充満していた恐怖と絶望とは鮮明な対照をなす。両者を隔てる決定的な要因が日光である。距離を隔て、陽光のもとでライオンと向かいあうとき、ヒトには、ライオンの動きに応じて自身のふるまいを調整する余地が残されている。「駆け引き」ということばほど、こうした狩人とライオンの相互作用にふさわしいものはない。「宥め声」に具現されるように、人間はこの大文字の他者に向けて、ある種のコミュニケーション期待を投げかけているのである。

人間にとってライオンとは何か

事例【6－5】の直前で、カオギは彼自身がライオンの腭《あぎと》から危うく逃れた出来事を語っていた。このとき、ケマギはまだ第三夫人トンテベをめとっていなかった。

【6－8】「ライオンがおれに来た！」（抄訳）

《そのまた要約》乾季の終わりにカデの水を求め大勢で移住する途上、焚き火の傍らで寝た。雄ライオンが忍びより、おれの腕と腿を咥えた。跳ね起き、叫びながら取っ組みあった。娘がライオンに砂を浴びせ、仲間の男が狩猟袋を持って駆けつけた。やつは闇に消えた。

コー〔乾季の終わり〕の酷熱がわれわれを苦しめていた。カデの井戸の水を求めて移住することになった。「水を回して出す人〔ジーゼルエンジンを手回しで始動させる人〕がいるだろう。」夕方、小さなカムツァの木のある所に辿り着いた。きょうはここで寝て、翌朝、涼しいうちに動けば、早くカデに着けるだろう。四つん這いになってオムツェ〔食用の根茎〕を掘って囓っていたら、ほうぼうから人びとが集まってきて焚き火を燃やした。ケマギと二人の妻も近くで火を焚いていた。おれたち夫婦は草の日よけの下で火を焚いた。娘のコヤマアヤと亡き母とはすぐそばで横になっていた。おれは背負っていた荷袋を枕にして寝入った。白み始める前に、おれは寝返りをうち、起きて火の様子を見た。火はしきりと炎をあげていた。『〈おまえ〉がくべた枯れたカラ !ara の木はなんてよく燃え続けるんだろう。』火の世話はせずに、また寝入った。そこへ雄ライオンが忍び寄った。まずおれの腕を、それから、腿を咥えた《右上腕と腿の裏に残る古傷を見せる》。エイッ！　おれはぐっすり眠っていたんだろう。やつがブルッと言ったときには、もうガブッとやられていた。おれはガバッと跳ね起き、「ウエイ」と言った。声がやっと出た、「襲った！　ライオンがおれに来た！　あんたたち眠ってるのか、ライオンがおれを食う！」コヤマアヤは跳び起きて、砂を掬いあげ撥ねかけた。おれはやつの両耳を掴んだ。娘はおれたち二人〔自分と雄ライオン〕にたくさんの砂を浴びせかけたが、やつはおれを捕まえたままだった。『砂がおまえを厭がらせているんだから、おれを放せ。』やつはおれを曳きずらず、おれたち二人は取っ組み合ったままだった。すると、おれの手から突然やつは跳び出した。おれは向きなおり狩猟袋を取り上げた。血まみれだったから、袋は手からすべり落ちた。近くで眠っていたゼロオ〔グィの男〕が彼自身の狩猟袋を取りあげ、駆けつけてきた。おれたち二人が射かけないうちに、ライオンはすっと闇の中へ入った。ケマギは起きあがり、二人の妻を手探りした。彼女たち二人が襲われたんじゃないか〔と心配した〕。〔以下、【6-5】に続く。〕

似た事例は、ガナの年長者ホアアヤ〔キレーホの妻の父〕からも聞いた。小屋の中で眠っていてはっと気づいたら、雄ライオンが彼の片脚を咥え、外に曳きずり出そうとしていた。もう一方の足でそのばかでかい顔を思いっきり蹴りつけ、イヌを追い払うように「カイテ、カイテ!」(シッシッ)と叫んだら、あきらめて逃げて行ったという。ノアアヤは顔をほころばせながら、脛に残る古傷を誇らしげに見せてくれた。

最後に、前章の冒頭で、スティーンボックの奇妙なふるまいに驚愕した逸話を語ったターに再び登場してもらおう。ライオンに関しても、彼は驚くべき経験をしている。

【6-9】「こいつはパーホだ」(抄訳)

霧の深い朝、おれたち三人、つまりおれとシビともう一人の男とで、ズイハ〔地名〕のパンへ向かった。おれたちは散開し樹脂を探した。朝の濃い木の影のなかで、やつは蹲って、冷たい砂を掘っていた。おれは、やつの尻のあいだに黒いキンタマを見た。てっきりツォー(ゲムズボック)だと思って、肛門のまんなかを刺し貫いてやろうと、そおっと狩猟袋から槍を抜いた。槍の柄を背中の後ろで握ったまま、二、三歩進んだ。そのとき、長く太いシッポに気づいた。「アッ、こいつはパーホだ! おれは生きられるんだろうか?」おれが後ずさりすると、やつはおれの気配を感づき、振り向きもせずに前へ跳びだし、もう一頭の上を跳び越えた。そっちのやつは、最初のやつの前に横たわっていたんで、おれからは見えなかったんだ。やつはシビのほうへ走った。シビは、やつを竿で打とうとしたが、はずれた。すかさず、彼は狩猟袋をやつに投げつけた。やつは彼のすれすれを通り、しばらくのあいだ狩猟袋を背中に載せたまま走り去った。もう一頭は立ちあがり、おれのほうに向かってきたが、おれが怒鳴るとくるっと引き返して、そやつもシビのほうへ走った。彼はそのとき、狩猟袋から落ちた物を拾い集めていた。そやつに気づいてふりむきざま、そやつの顔を思いっきり拳でぶん殴った。そやつは、ゴッゴッと唸りながら、走り去った。(二〇〇四年二月一四日収録)

この滑稽な出来事においてさえ、生死の境目は紙一枚より薄い。これらの事例から浮かびあがってくるのは、ぎりぎりの瞬間に発揮される人間の「強さ」である。もうひとつは、あやうく生き延びた経験を語るときの、人びとのいかにも楽しげな表情である。

上空飛行的な言い方をすれば、ヒトとライオンは、カラハリの原野を覆う食物連鎖の頂点に位置する。トラバサミや鉄砲が外界から導入される以前は、ヒトはライオンを打ち負かす手段をもたなかった。だが、ヒトは陽光のもとでは果敢にライオンと駆け引きを演じ、ときにその獲物を横領することに成功する。両者は互いに侮りがたい好敵手として、対等な関係におかれてきた。本章冒頭の【6-1】「彼を掘り出そう」を語ってくれたツォウの次のことばは、グイとライオンとのあいだの関わりの対等性を鮮やかに照らしている。

——昔から、ライオンとおれたちは出会い、土地に暮らした。いっしょにわれわれは造られた。で、出会って暮らし、採集する。だから、おれたちはやつを怖れるなんてできない。ライオンがおれたちの物を食うからといって、他の土地に逃げるなんて、だれがそんなことをできようか？（一九九八年七月二五日収録）［菅原 2004：260–261、一部改変］。

政府が再定住計画を正当化する有力な論拠としたのが、カデでは多くの家畜がライオンの被害に遭うということであった。右のツォウの語りはこの政府の説得への反論であった。ライオンをいくら憎んでも飽き足らない敵として位置づけるとき、私たちは、遭遇を生き延びた人びとの語りを彩る、あの楽しげな表情を取り逃がしてしまう。ライオンと丁々発止の駆け引きを演じることに漲る戦慄と興奮は、原野を闊歩する人びとの感情生活の重要な（おそらく不可欠な）一側面をなしている。だからこそ、ヌエクキュエは「父さんはライオンに殺された」話を何度でも語りたがるのである。

天敵――このことばは、ライオンにけっして打ち克つことができない、原野の人生に課せられた根本条件をくっきりと照らす。「文明化」がヒトに与えた最大の恩寵は、天敵に怯えずに生活できることである。「町」の居住空間は天敵への被傷性を徹底して排除した。だが、ライオンという天敵はその意図がまったく測り知れない怪物ではない。陽光のもとでは、この高度な知性をもった他者は、人間との間合いを鋭敏に測り、ふるまいを調整している。だからこそ駆け引きの余地が生まれる。恐怖に震えながらも、人間は最後の瞬間まで闘おうとする。そこに、「勇気」と漠然と呼ばれるヒトの本性の原点がある。「いっしょにわれわれは造られたのだから、やつを怖れるなんてできない」と言いきることには、自らの生のかたちに対する根本的な肯定感が漲っている。

注

（1）北村光二はガナのキャンプにおいて日常の相互行為を観察することから、かれらが他者の自律性を侵害することを一貫して回避するという重要な結論を導き出した［Kitamura 1990］。

（2）語りの重層的時間性については、グイの饒舌の意味を分析した拙論で論じた［菅原 1991］。

（3）ツワナ語-英語辞書には *thoboga* という自動詞がある。「淀みなく流れる」（flow freely）こととある［Tom Brown 1982 : 304］。

（4）偶発的でないとしたら、人間と動物が対等であるという思想がこうした人称代名詞パラダイムの創発を動機づけたことになろうが、この種の語源論はあまりに空想的であろう。

第七章　女の魔力と動物への変身──〈キマ〉をめぐる省察

「遠い他者たちの社会」に魅惑されることは、文化人類学の構成的な定義である（第一章第五節参照）。その魅惑の核心にあるのは、自文化で私たちが自明視している因果律とは異質な作用を表わす概念に出遭うことである。第二章で論じた〈ナレ〉（感応する）や〈ズィウ〉（凶兆）、あるいは第四章で描き出した「鳥のお告げ」は、そうした作用の典型であった。私たちが一般的に「超自然的」と呼ぶような因果関係を、わたしは「不可視の作用／作用主」（invisible agency/agent）と呼びたい。

民族誌には「父親の死霊が彼を病気にした［と人びとは噂した］」といった類いの記述が満ち溢れている。人類学者は、現地の人びとが「死霊」（祖霊、精霊、邪術、ヒョウの匂い、等々）の実在を「信じている」と記述するのに対して、彼（女）を癌死させる「放射能」という不可視の作用主が実在することを「知っている」。かつてスペルベルはこのような知的アパルトヘイトを鋭く批判した［スペルベル　1984］。本章で「不可視の作用主」という用語をつかうのは、現地の知識のある部分を「信念」の名で呼ぶのならば、私たちが「放射能」（核エネルギー、素粒子、シナプス結合、等々）に関してもっている知識にもそれと同等の存在論的身分を与えるべきだと考えるからだ。

本章は、他の章とは異なるスタイルをとる。すなわち、たった一つの談話資料だけに分析の焦点を定める。ただし、本書の目的は相互行為の微視的構造を解明すること（すなわち「会話分析」）ではないので、以下では、語り手＝調査助手＝わたしとのあいだで交わされた会話の意訳（抄訳）だけを示す。正確な転写資料は別稿に掲載した［菅原　2012：43–50］。

一　〈キマ〉との出会い

探索の発端

現象学的実証主義の手法でわたしが〈ナレ〉や〈ズィウ〉といった概念を一定程度は了解しえたということは、それらが、わたしとグイのあいだで安定した知識として共有されたことを示している。だが、こうした達成が、フィールドワークにおいてつねに約束されているわけではない。狩人と動物たちとの関わりをめぐる長い旅も終点近くにさしかかった所で、わたしがこの共有に失敗したプロセスを書きとめておく必要がある。

私が〈キマ〉cìmā という語に最初に出会ったのは、年長者の語りを収録し始めた一九九四年のことである。**【6-4a】**「父さんはライオンに殺された」において、それは重複形〈キマキマ〉cìmācìmà という形をとって出現した。以下に示すのは、前夜帰宅しなかった父を捜して、父の交叉イトコにあたるスクータと共に出かけたヌエクキュエが牝ライオンと遭遇した場面である。⑤「そいつ〔雌〕は立ったぞ。そいつは昨晩キマキマしたもののことで、様子を見ている ʔèsì ŋ|è *cìmācìmà*-m̀-kà ʔèsà ǁāē」。

だが、私は、〈キマキマ〉という語の正確な意味を把握できなかった。すると、タブーカは次のような例文を呈示した。大意は、ライオンがキャンプ周辺で放し飼いにされている馬を繰り返し襲うようになったということである。「ライオンは〔とっくに〕馬たちに対してキマキマした χám̄-bì qχ'ó bēē-zì-|χàè *cìmācìmà*」。「キャンプの中にいるものたちに対してライオンは〔とっくに〕キマキマした ǁʔae-siwa háã-zì xó-zì |χàè χám̄-bì qχ'ó *cìmācìmà*」。これらの用法から、私は、苦肉の策として、〈キマキマ〉に「味をしめる」という訳を与えた。それでは、〈キマ〉一語はどんな意味なのであろう。タブーカは次のような釈義を与えた。「エランドの踊り」〔初潮儀礼〕をしている年長の女や月経中の女が、男を「呪詛する」|χoi と、男は死にそうなほどひどい目に遭う。そこで次のような例文が与えられた。

「女の人のキマがおれをあやうく殺すところだった gǁàēkò-sì-kà *cìmā*-sì cia sēmā-kà |qχ'óõ」。「ヘビどもが昨夜おれに対してキマを感じた |qχ'áō-ǁù ŋ|è *cìmā*-sà ci-|xàè koam〔おれを咬もうとした〕」。こうした用法から、

わたしは、キマを「女の魔力」と翻訳した。

この年、中川裕はカデ定住地の中心部に近いキャンプに住んでいたが、私が新しく採集した語彙集を彼に渡すと、彼は自分の雇っている調査助手の助けを借りて、語義と発音を確定した。その結果もたらされた中川の釈義は思いがけないものであった――「女性がナーホ ŋ!ãã-xó（食うと病むもの）のタブーを破ったためにパーホ（咬むもの：猛獣や毒蛇）が人を襲うという動詞。」その後たくさんの語りを収録したが、この謎めいたことばと再会することのないまま長い年月が過ぎた。

キマとの再会――女のことば

ライオンによる人間の殺害を再構成することは、グイと動物の関わりを解明しようとするわたしの探究の重要な軸になった。二〇〇六年に、偶然の経緯によって、それまでわたしが知らなかった惨劇をカオギ老が語ってくれることになった（第六章第三節参照）。彼は、一九九九年に収録した【6-5】「ライオンが私たちを殺す！」の④で語られたツェイガエの呪詛から説き起こした。そのため、わたしは、彼が【6-6】「ゴイクアの受難」を語り終えたあと、女の呪詛について質問を発した。以下に、わたしの問いに誘発されてカオギが初めてキマに言及したプロセスを示す。

【7–1】「キマをつくる」（S：菅原、G：ギュベ、Q：カオギ）

1S　彼女たちの性質（コー　qχʼóò）がそのようにするのか？　それとも、すべての女に呪詛する力があるのか？

2G　エー、彼〔菅原〕は言ってる。エー、その年長の女だけなのか？　男の人が「襲え」と言っても、↓

3↓　女の人のことばみたいにはならないのか？

4Q　女の人のことばの薬だよ。彼女は言う、「おまえはどんなものを見ることやら。おまえはすぐにそれを見るだ

5↓　ろう。」彼女が痛い心であれば、そうしゃべる

6G　その女は言うんだな、「おまえは襲われる」って

7Q　たぶんおまえは明日歩いていて咬まれるだろう。たぶんおまえは歩いていて、そのとき、襲われ、怯えさせら

8↓　れるだろう。女の人たちのことばはキマなのさ。そう、年長者たちは言ったもんさ。↓

9↓　キマをつくる、女の人たちのことばは。女の人がおれたち皆〔複数、包含形〕に言う、「襲われるよ、↓

10↓　あんたは明日。」エー激しくそのことで喧嘩する。彼女は正しいことばをしゃべる〔「現実になる」の意〕↓

（二〇〇六年九月四日収録、以下同じ）

わたしは8～9行目を聞いた瞬間に長く心にひっかかっていた〈キマ〉という語がカオギの口から発せられたことに気づいたので、再び質問を始めた。

【7–2】「女は取り替える」（C：キレーホ）

1S　男のことばはそんなふうにするのか？

2G　役立たずだ

3 Q　アエー、男のことばは役立たずだ。男の人は、女の人がつくることを、いつもつくることができない
4 C　取り替えることができない
5 Q　男の人は取り替えることができない
6 C　つまり男の人であるおまえは知っている。女の人が取り替えることを。↓
7↓　女の人はあるときは〔ふつうに〕していて、していて、血が彼女から出る↓
8↓　そうすると彼女は夫と働かない〔「性交しない」の意〕。つまり、男の人は血を出すことがない
9 G　だから、そやつ〔男〕は役立たずだ《笑》
10 C　彼は薬を持っていない
11 G　持っていない。そやつ〔男〕の薬を

ここではとても重要な考え方が明かされている。まず、男が人を呪詛しても「役立たず」（ゴンワハ goõwaha）である――つまり何の効力も発揮しない。女のことばだけが現実の事柄を引き起こす力をもつ。女だけがもつこの特殊な力は、〈取り替える〉（*tsentsa*）という属性に由来する（6～8行目）。ツェンツァとは日常的によく使われる外来語で英語の change が訛ったことばと考えられる。つまり、女は平常のフェーズと月経の時期とを交替させる。さらに10行目からは、女だけがもつ特殊な力は〈薬〉（tsóò）すなわち呪薬になぞらえられる。第一章第一節で指摘したように、「ダンス」「儀礼」「妖術をかける」「神秘の力を揮う」などと訳すことのできる語ツィー（ii）は、「月経をもつ」ことをも意味する。後者が偶発的に生まれた同音異義語であるとは、とうてい考えられない。おそらく、グイの（少なくとも男たちの）観念のなかで、月経は神秘の力と結びついているのだろう。

二　キマと呪詛はどう違うのか

キマと呪詛は同じだ

この小節では、インタビューのもっとも錯綜したプロセスを分析する。私は、いったん席をはずし、調査チームで共有している辞書（未出版）を書き直したノートを開き、キマという語の声調と、中川がかつて提案した釈義（前節参照）とを確かめてから、インタビューを再開した。ギュベの話すガナ語は、母音と子音の双方においてグイ語とはやや異なる音韻構造をもつ。グイ語のキマ（cìmā）はガナ語ではタマ（tàmā）と発音される。

【7-3】彼女のキマ

1 S　キマということばはあるか？
2 C　キマというと、彼女のことばのキマというと、彼女のことばは正しい〔現実になる〕
3 Q　エー、それがキマだ

4C　その女がおまえに話す
5Q　その女がおまえに話すことは別の所へ通り過ぎては行かない
6C　ギヒヒヒヒヒヒ《笑》
7Q　まさにそのことば自身だけをおれたち皆〔複数、包含〕は言う「彼女のキマだ」と
8C　女の人からそれは出る
9S　ライオンがおれを襲う
10Q　〔エヘーイ〕
11C　〔エヘーイ〕、つまり彼女は話す。彼女のキマを言うとき、ほら、彼女が取り替えているとき、↓
12↓　あの女の人のことばそのものを彼女は話す。「ライオン〔雄〕がやがておまえを襲う。」彼女のことばに↓
13↓　ガマ〔神霊〕は反対しない。彼女のことばに同意する
14Q　同意することが、まさにキマだ
15S　ン〜〜〜？
16G　薬、薬だよ
17C　薬をキマと言うんだよ
18S　呪詛とね、キマとね、どんなふうに違うんだ？
19C　エ〜エ、同じだ、それは
20G　同じだ
21Q　エヘー、それは同じだ
22S　ワイ〜？

わたしはキマという語の意味を確定しようと躍起になっている。だが、2〜14行目のキレーホとカオギの説

明を聞くかぎりでは、キマとツォイ（呪詛）は同じ概念を表わしているとしか思えない。わたしは得心がいかず、15行目で疑いを匂わせる音声を発してから、18行目で「呪詛とキマはどう違うのか?」と直截な質問を発する。三人は異口同音に「同じだ」と明言する（19〜21行目）。22行目で、わたしはあからさまに不審を表明している。

キマと呪詛は少し違う

以下に掲載する事例は右の事例から連続する会話である。その1行目のキレーホの断言はわたしの疑念をますます募らせた。背景として、三〇年近くに及ぶキレーホとのつきあいで、わたしが彼の思考様式に対して醒めた目をもっていることを挙げねばならない。すさまじい饒舌さ（早口）と相関していると思われるが、キレーホは思いこみが激しく、話を自分が納得できる形で安易にまとめようとする悪い癖がある。そのことをイヤというほど知っていればこそ、わたしは彼の見解をやすやすとは鵜呑みにできなかったのである。

これと対照的に、ギュベは非常に頭の回転が速い男である。彼はわたしの不審の念を鋭敏に見抜き、以下の3行目からの長いターンで、呪詛とキマの違いを説明しようと努める。

【7-4】「するとタマだ」

1C　同じだよ。彼女自身が呪詛を置くんだよ。彼女自身がキマを置くんだよ

2S　アエ、女の人が月経のときには、キマをつくらないのか?

3G　エー、呪詛とは、それら二つ〔女性形〕はちょっとばかり違っている。つまり彼女は男の人に言う↓
4↓　「ドネ（glɔ̃nɛ̃）〔重病のモト〕そのものがおまえに〔ある〕だろう。おまえの中に、おまえの↓
5↓　肝臓の中に。」すると、おまえは言う、「タマだ」と。彼は昔、〔ひどいことを〕しゃべっていた、女の人に↓
6↓　女の人はおまえに言う、「ドネの食物がおまえに、おまえの肝臓にいすわるぞ↓
7↓　それらはたくさんおまえの肝臓に集まるぞ。積み重なっておまえを殺すぞ」↓
8↓　おれたちは行き、おまえに言うと、ガマ〔神霊〕は…
9Q　反対しない
10G　ガマは反対しない。同意する
11C　今日、彼女が言うと、おまえは襲われる
12G　彼女は月〔月経のこと〕から出る。で、彼女は喋る。なが～いあいだ、おまえはまっすぐ出かけ、けれど、↓
13↓　家に帰り、また出かけ帰る。それから、そのまま、なが～い時が経ち、その女は取り替えられると、↓
14↓　月をつくる。で、おまえに話す「おまえ出かけろ。」おまえは行きへビがおまえを脅かす。おまえを↓
15↓　咬もうとするから、おまえは怯える。やつ〔雄〕は、けれど、おまえを咬まない。するとタマだ
16Q　というわけだ
17G　タマだ。そのこと〔その女？〕がタマを置いた。ライオンは、しかし、おまえを脅かす↓
18↓　おまえは怯えるが、やつは通り過ぎた。その薬によるタマだ
19S　エへー？
20G　呪詛が、そいつ〔女性形〕が中で、たくさん積み重なる。薬によるタマだ

4行目で言及される〈ドネ〉とは第三章第五節の【3-5】「鉄罠がライオンの脚を折った」の分析で明らかにしたように「ひどく病ませる」という意味の動詞であるが、ここでは名詞として使われている。さて、ギュベ

は、キマを月経と結びつけようとする私の努力（2行目）に応じて、12行目からも説明を補足する。これらのギュベの説明を総合すると、次のような見解が導かれる。呪詛が女の口から発せられると、それはほどなく現実化する。だが、キマ（タマ）は、女の月経周期の繰り返しを通じて男の体内（とくに肝臓）に蓄積される。そして男が原野に出かけているときに、ライオンやヘビの攻撃となって発現する。だが、呪詛が致命的な結果を生むのに対して、キマによるパーホ（咬むもの）の攻撃は危ういところで逸れる。男は肝をつぶすだけで、結局は命びろいするのである。

三　発狂と変身

いない獲物を追う

中川の釈義というアンチョコを覗いてしまった私は、まだ検討しなければならない問題が残っていることを意識していた。それは、女が食物禁忌を破ることとキマが関係しているという点である。だが、ここで私は決定的なミスを犯した。一般的に「人が食物タブーを破ったらどうなるのか」を訊きたかったのに、うっかりして

「人」（khoè）に三人称男性単数の接尾辞-biをつけてしまったのだ。ここで女性接尾辞-siを使ってさえいれば、中川の釈義と近い見解を引き出すことができたのかもしれない。だが、この稚拙な質問によって、会話は思いがけない方向へ転がりだしたのである。

【7-5】彼は発狂する

1S 人〔男〕が耳の穴がなくて、ナーホ〔食うと病むもの〕を食ったら、どうなるのか？
2G エー、タマをつくる。彼は発狂するだろう／Q：エヘー
3S 彼は発狂する
4G エヘー、彼は発狂する／S：ンフー
5Q エヘー、彼は発狂する。するとガマ〔神霊〕は、年長の男のことばに同意するから…
6C 彼のことばに同意する
7G ガマが、男の人の年長者のことばにガマが同意する
8Q 同意する
9G で、タマをつくると、彼は発狂する。彼の心の中は取り替えられる《笑》
10S エー、それじゃ年長者〔カオギのこと〕は、昔、人が発狂するのを見たか？
11Q エーッ！〔肯定の間投詞〕／G：エーッ！
12S それじゃ、その話をおれは乞う／G：エヘーイ
13Q 彼はこうだったそうだ。亡きじいちゃんは、彼はこうだったそうだ↓
14↓ 「どうした!? いつ彼は通ったのか？ いないのに。クーズーはいない〔のに〕」↓
15↓ 男の人はあんなふうだ。彼は、で-- 〔彼は、で…〕
16G 〔彼は走る〕

17Q　ドロッ、ドロッ、ドロッ〔狩猟袋の中で道具がカタッ、カタッ、カタッと鳴る音〕↓
18↓「へッ？　いつ彼は通り過ぎた？」「彼が通り過ぎたことなんて、おれは知らんよ↓
19↓　おれは彼を見かけなかったから」〔以下カオギの語りを略〕

カオギが語り始めたのは、遠い昔に、彼の祖父の身に起こった異変である。祖父は青年時代に禁を犯してショモを食った。それは大型羚羊クーズーの肉にその下肢の骨髄を混ぜたものである。クーズーはだれでも食えるコーホ（食うもの）であるが、脂肪分に富んだ骨髄を混ぜると「珍味」となり、青年には禁じられるのである（第三章第六節の「食うことの恐ろしさ」参照）。この青年はそのために発狂し（ズワズワ zùwāzùwà）、実際には存在しないクーズーを追いかけて走り続けたのである。

鳥に変身する

以下の事例では、カオギの語りに触発されて、キレーホが別の逸話を思い出そうとする。

【7-6】彼は「アウッ！」と言った

1Q　おれはかれら〔男女複数〕のしゃべるのを聞いたが、見はしなかった。彼の通り過ぎる〔話を〕聞いた
2C　アエー、そのことが殺したんだ。ほら、別の男のことを、父さんは昔しゃべってた。つまり↓

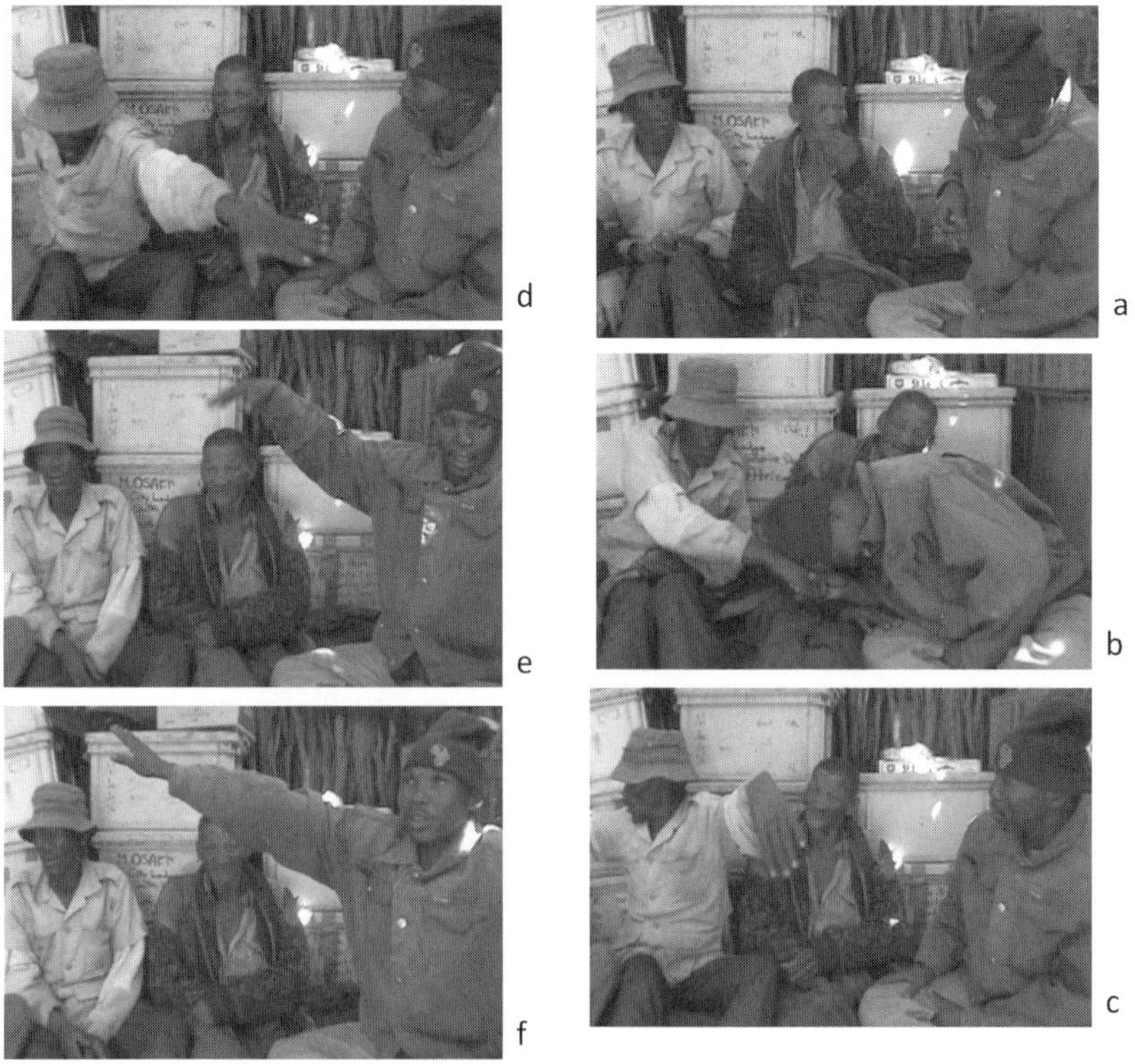

写真7-1　デウ（アフリカオオノガン）への変身

左からギュベ、カオギ、キレーホ。
a）キレーホが〝タマトゥヘー……云々と奇妙な歌を歌う。
b）ギュベとキレーホがこの逸話を思い出し、手を取り合って喜ぶ。
c）ギュベが手をはばたかせる。
d）ギュベがデウの滑空のポーズをとる。
e）キレーホが手をはばたかせる。
f）キレーホ滑空のポーズとる。

3↓ その男の名を〔おれは〕探している。おまえは、たしかギオデウとか…おまえはなんてやつだっけ？
3' 《ギュベのほうを右手で指さす》
4 G アエー
5 C この男はしたそうだ。タマトゥヘートゥテーテーヘー、トゥヘーテ、トゥヘーテ↓
5' 《顔をうつむけ右肩をそびやかし右手先を下に向けた奇妙なポーズをとって歌う》
6↓ 「アウッ！」彼は一人で走り去った《右腕をふりあげ、左方向を指さす》
7 G だれだっけ、あいつ--ケナマシの弟が昔やらかしたことだ
7' 《Q顔うつむけて笑う。GはCを右手で指さし、その手をCのほうへ差しのべる。Cは右手でGと握手しながら、上体をかがませ笑う。Qは上体を横に傾け、地面に手をついて大笑いする》
8 Q エヘーイ《笑》《Cは上体を起こし、Gとの握手をほどいて顔を上に向けて笑う》
9 G ケナマシの〔弟〕--彼は今モナツェ〔地名〕にいる。彼は昔、走り、やってきて走り走り走り↓
10↓ 続け続け続けた。**デウ**〔ショモの代表アフリカオオノガン〕だよ↓
11↓ 彼は、〔その男は、**デウ**を彼は殺したんだ〕
12 C 〔**デウ**を殺したから、**デウ**を殺したから〕だから彼は「アウッ！」って言った

このシーンでのキレーホとギュベの身体の協調的な接触はとても印象的である。彼らは同じ逸話を期せずして思い出した嬉しさを、互いの手を握りあうことで確かめあっている。彼らに両側から挟まれたカオギ老が笑いころげる姿もじつに微笑ましい。すぐあとにわかるように、6行目と12行目の「アウッ」という嗄《しゃが》れた叫び声は、**デウ g‡eu**（アフリカオオノガン）の鳴き声を巧みに模したものである。このあと、ギュベの長い語りが続くので、それを要約する。ケナマシの弟は「彼」で指示される。

【7-7】「彼に勝手に食わせろ」（要約）

彼の父親たちがデウの肉を鍋で煮ていると、手羽肉がこぼれ落ちた。彼はまだ少年だったが、背は高くなっていた。父親が「パーホ（咬むもの）を取るんじゃないぞ」と言うと、彼は憎まれ口をたたいた。「アーッ、彼ら年長者は自分たちだけが脂を食いたいもんだから、『パーホ、パーホ』っておどすんだ。」手羽肉を拾いあげて食おうとした。父親は彼に言った。「おい、おまえは気が狂うぞ。だから、おれにそんなことを話させるな。おまえはおれの言うことを聞けないのか。ガキのくせになんてことをするんだ?」すると彼のオジが言った。「エーッ〔いや〕、彼に勝手に食わせろよ。どうやらおれたちは、彼によれば、脂を大好きだそうだから。だから、デウを〈食うと病む〉ってことにしているそうだから。」こうして彼はデウの肉を食った。

このあとにギュベのすばらしい演技が続くので、そのシークエンスを示す。

【7-8】デウをまねて

1G　かれら〔男女複数〕は家に入り、眠った。で、朝、彼はずうーっとすわってた→
2→　こんなふうに首をしてすわってた《顔を深くうなだれる。QとCは注視する》
3→　「アウッ!」←①（+）「アウッ」←①（+）「アウッ」←①
3’　《①CはGが声を発するたびごとに、顎をぐいっと上げて顔をのけぞらせる》
4→　「アエッ?　②アエッ、アエッ、何でおまえは言った?」→
4’　《②Gは顎先に右手をあて、怪訝そうな表情をつくる》
5→　彼は←③突如走りだす。こう彼は言ってから。④彼は走る。アウッ、アウッ、アウッ→
5’　《③左手で右手を強く叩く／④上半身を左へ捩じ曲げ右腕をまっすぐ伸ばし指さす》

6↓「アエッ、男の人をあんたたち〔男女複数〕見ろよ。彼はデウをまねてるぞ」そして遠くへ走ってるから↓
7↓父親は〔言う〕「ウオッ！　おれは昨日彼に話したのに、あのガキは耳の穴がないから彼をほうった↓
8↓彼は気が狂って走ってるぞ。でも、おまえたち〔男複数〕彼を追えよ。おまえたちは同い歳なんだから」↓
9↓彼を追い、彼を追い、彼を追い、彼を追う。彼は言う、彼は言う。⑤こんなふうに、彼は手を↓
10↓こんなふうにして、このように彼は翼を-⑥彼は行ってそれ〔女性：手〕をこんなふうにする
11↓デウをまねて、デウを、それをこんなふうにして、⑦こんなふうにして
11' 《⑤肘をかるく曲げて両腕を左右に広げ、掌を下に向け両手を上下に素早く十回ほどバタつかせる／⑥両腕をぴんと張って左右に広げて静止する／⑦右側に上体を傾けることにより、伸ばした両腕が観察者から見て右下がりの直線をつくる》
12↓⑧（+）《⑧口をぽかんと開け、右手で顎から口もとを押さえ、驚愕の表情をつくる》
13↓彼らは彼が怖くなって、ひき返す。彼は逃げる

3行目での、キレーホの動作①は、彼が全身でギュベの語りに「乗りこんで」（entrain）いるさまを鮮やかに現わしている。彼は、深くうなだれたギュベが嗄《しゃが》れ声で「アウッ」と叫ぶたびごとに、びくっと顎をのけぞらせたのである。さらに、9行目から始まるギュベの身ぶり⑤〜⑦は圧巻である。まず両方の掌を素早くバタつかせて、デウの羽ばたきをまね、ついで、両腕をまっすぐ伸ばして静止させ、さらに上体を傾けることにより、デウの滑空を表現したのである。このあとに続いたギュベの語りは以下のように要約できる。

【7―9】「おれはクアだぞ」（要約）

彼は逃げて行き、ツオウ〔地名〕の中で眠った。翌朝、人びとがすわっている所へやってきて言った。「ニャア〔強い否定〕、おれはツオウで眠っていたよ。だってデウたち〔雄複数〕がいるから、そいつらを殺すんだ。」かれらは言った、「なんだって？ デウはとても遠くにいるから、行けたもんじゃないよ。」すると彼は「なんだって？ おれはカエンツァー qχ'áẽtshãã〔地名、「ハゲワシの水」の意〕へ走って行き、デウを捕らえたんだ」と言って、カエンツァーのほうへ逃げて行った。「アウッ、アウッ、アウッ、アウッ、アウッ」と叫びながら。そして、グエタの父〔ガナの有力者〕の所へ着いて、すわって言った、「おれに煙草をくれ。」「アエッ？ おまえは煙草を吸うのか？ ガキのおまえが？」「おれは吸うってば。ネブツォコネブツォコ、アレモサラナタエ、エ」「アエッ、おまえは何ておれに言った？ おれはクア〔ブッシュマン〕だぞ。」グエタの父はあきれた。そばにいたグエタの父の姻族の男が、「ガキのくせに『煙草をくれ』なんていうやつをおれは鞭打ってもいいか？」と尋ねていると、彼は「アウッ！ アウッ！」と言って、また逃げて行ったので、かれら〔男女複数〕はわけがわからなかった。

ここでは、狂気の典型的な徴候が語られている。すなわち異言（glossolalia）である。「ネブツォコ…」云々の意味は不明だが、音感と抑揚は農牧民カラハリ族の言語〔ツワナ語方言〕によく似ている。最後に、これに続く談話を示す。

【7―10】デウが彼を殺した

1C　あの人は死んだ男だ。デウが殺した　〔(……………)〕
2G　〔この男の人は〕気が狂っている
3C　デウが彼を殺した

4Q　デウが〔彼を　〕　〔殺した〕

5G　　〔デウが〕彼を〔殺した〕

6C　まさにあのように言うとおりに、デウが①鳴く声を②人びとは知っていた。③彼はあのようにして、で

7↓　（+）「アオッ、アオッ、アオッ」と言って、④それから行って、で、こんなふうにして、↓

7′　《①両手の人さし指を両耳孔につっこむ／②両手を上に広げてから掌を下に向けて強く振りおろす／③両腕を広げ、掌を下に向けて素早く十数回バタつかせる／④両腕をまっすぐ伸ばし、上体をやや前傾させる》

8↓　「人びとは」言った、「エヘーイ、⑤デウを、彼は盗んで、それを食ったから、そいつが彼を殺した」

8′　《⑤右手で左方向を思い入れたっぷりに指さす》

9G　そう言って、かれらはそれから、そこを去って行った。彼の所へ、父ちゃんたちのキャンプに着いて、↓

10↓　で、聞いた。ノエの父〔この少年の父〕はそれをかれらに、グエタの父に話して言った。「おれの息子は、↓

11↓　こないだ、ここでおれたちがデウ〔雌〕を煮ていると翼がこぼれ落ちた。彼は取って食って食って↓

12↓　気が狂った。ただ走り続けている。あんなことをしゃべり続けて、やってきて、デウのことを話しては↓

13↓　通り過ぎ、われわれ〔男女複数〕の所で寝ることができない。」そう父親は彼がそれを食ったことを、↓

14↓　彼〔グエタの父〕に話した。ガマ〔神霊〕が聞いてあんなことを起こした。つまり↓

15↓　あのようなことの中に男の人のタマはある

16C　ナーホ〔食うと病むもの〕の中に

キレーホは6行目の身ぶり①で、「鳴く声」と言いながら、それが耳の孔に入るさまを表わす。さらにさっきギュベが演じたのとまったく同じように、まず③でデウの声をまねながら（ただし「アウッ」ではなく「アオッ」と発音している）この鳥の羽ばたきを演じ、ついで7行目の④では、滑空するさまを演じている。飛翔するデウの形態と習性が、共通した身体知として彼ら二人に分けもたれていることがくっきりと浮かびあがる。

私の拙劣な問いかけをきっかけにして、この談話は「ナーホ（食うと病むもの）の禁忌を破ると、人は発狂する」その実例を語ることへと逸脱した。けれど、15～16行目において、これが完全な脱線ではなかったことが明らかになった（傍点部参照）。ギュベとキレーホは、「あのようなことの中に」つまり「食うと病むものの中に男の人のキマ（タマ）がある」と結論づけたのである。だが、キマとは、「女の魔力」に関わる概念ではなかったのか。次節ではこの不確定性について論じる。

四　不可視の作用主はいかに立ち現われるのか

交渉を通じての生成

本章の談話分析を総合して、「キマとは何か？」という問いに答えることを試みよう。キマへの言及は二つの系に区別される。第一の系は「女」に関わる。キマは、女が男を害する力に関連している。この力は、「月経をもつ」という女の属性と結びついている。また、この力は、パーホ（咬むもの）が男を襲うという形で現実化する。さらに、このような力の発現にガマ（神霊）が同意しているがゆえに、それは実効性をもつ。以上の特徴は呪詛にもあてはまるが、呪詛が女の単発的な言語行為によって即効的かつ致命的な結果をもたらすのに対して、キマの効果は長い時間をかけて蓄積する。最後に、キマによって男はパーホに脅かされるが、危ういところで助かる。第一の系だけに注目するならば、キマを「女が男に対して揮う魔力」と訳しても、それほど大きな間違いではなさそうに思える。

だが、第二の系は、こうした期待を裏切る実例を含んでいる。キマは、「食うと病むもの」（ナーホ）、とくにショモ（年長者と幼児のための肉）のタブーと関連している。禁忌を破った者（この場合は男）が狂気の発作に襲われ、禁じられている動物に取り憑かれることの中にこそ「キマがある」。第二の系は「女-性」と必然的な連関をもたない。

第一の系と第二の系を知解可能な形で共約する日本語の概念を、わたしは思いつかない。そのかぎりにおいてわたしはキマという概念の内包を決定することに失敗した。この挫折の一因として認めなければならないのは、分析が未完であったということだ。第一の系からは、キマがグイにおけるジェンダーの政治学と密接に結びついていることが浮かびあがる。この社会に潜在する男性中心的イデオロギーを補償するかのように、男たちは、月経に代表される、女に固有な属性に対して恐れを抱いていることが透けて見える。この偏向を是正するためには、女たちに対して「キマとは何か？」と問いかけ、彼女たちが明かす見解を、本章と同じ手法で分析する必要があった。

だが、以上の留保を設けたうえで、わたしは、このインタビューの錯綜した道のりのなかに、不可視の作用主に関わるもっとも重要な問題が潜んでいると主張したい。それを解きほぐすために、わたしが長く関わってきた「コミュニケーションの自然誌」研究会で本章の原型となる発表を行ったとき列席者の一人から受けたコメントに手がかりを求める。それは、概念の内包的な定義を求めようとする企てがそもそも的はずれではないか、というものである。私たち日本人の日常会話においても、ある語句（たとえば、「誘惑」「スノビズム」「悪意ある剽窃」等々）の内包に関する合意などないままに、滞りなくコミュニケーションは進行している。私の到達目標は、グイとの会話のなかでわたし自身がキマという語を自然に使用できるようになることではないか。

いうまでもなくこのコメントは、ウィトゲンシュタインがその遺稿で私たちに突きつけた問いかけを下敷きにしている〔ウィトゲンシュタイン 1976〕。本章ともっとも関連の深い問いは、人が行為するとき、どうして語の意味と文法を理解しているように見えるのか、さらに、そもそも「意味を理解している」とはどのような事態なのか、ということである。コミュニケーション論の観点からは、ウィトゲンシュタインの思考こそ、ラディカルなコード・モデル批判、あるいは表象主義批判として評価することができる。だが、以下ではあえて視野を人類学的なフィールドワークの状況に限定する。

たとえば、私はグイの男に尋ねる。「あなたの罠には何がかかっていたのか?」彼は答える。「デウがかかっていた。」彼が、英語で kori bustard と呼ばれ、アフリカオオノガンという標準和名をもつ、ツルに似た鳥を捕獲したことを私は知る。この理解にはなんら謎めいたところはない。だが、そもそも、私はいかにして「デウ」という名詞の意味を知ったのか。究極的には、直示的な定義（教え）によってである。

語の意味が対象の直示によって一義的に定まるという素朴な考え方は、ウィトゲンシュタインによってだけでなく、「未開の言語を調べる言語学者」をめぐるクワインの思考実験においても、鋭く批判された〔クワイン 1984〕。だが、実際のフィールドワークにおいては、対象の一つ一つを現地の人が指し示して教えてくれる、という過程こそがもっとも確実な「理解」の根拠をなしている。人さし指の先端から射出される志向線が届く範囲を限定できないとか、「ガヴァガイ!」と呼ばれたものがウサギではなく「ウサギ性」の一段階（たとえば「夕陽に照らされる未経産ノウサギ」段階など）であったかもしれない、といった議論は、端的に実情にそぐわない。むしろ、私は、グイ語で哺乳類を表示する方名の大部分が分解不可能な二音節の語彙素であり、しかも生物分類学の種差と合致するという事実を重要だと思う（第三章第三節参照）。民俗分類の階層理論では「基本レベル」と呼ばれる属体（generic）の水準においては、人類はゲシュタルト形状化（gestalt configuration）によって動植物の形態的特徴を即座に認識する鋭敏な感受性を発達させている、というプロトタイプ理論の仮説には、大きな説得力がある［D'Andrade 1995：レイコフ　1993］。

もちろん、有形の対象ではなく、動詞や形容詞といった無形のカテゴリーを理解することには、より大きな困難が伴う。私は、グイ語のkáõという動詞の意味を理解するまでに費やした苦労のことを思い出す。調査助手たちは躍起になって説明した。「スガワラが『明日おまえに煙草をやる』と言ったのに、くれなかった」「スガワラが『明日、おまえをハンシーの町に連れて行ってやる』と言ったのに、嘘だった」等々。長く頭をひねったあげく、「エウレカ！」の瞬間がおとずれた。この動詞の意味は「約束する」だったのだ。だが、彼らは「約束を破る」事例を羅列することによって、この語を私に理解させようとしていたのだ。「約束する」という発語内行為を内包的に定義することは、言語哲学者の手のこんだ分析を必要とするかもしれないが［サール　1986］、「彼は約束した」（または「約束を破った」）という事例は具体的に叙述できる。つまり、外延的な事例を数えあげるという戦略は、直示による「教え」の発展形なのである。

以上の分析を経て、本章で仔細に分析した談話において起きていたことを、新しい角度から見直すことができる。まず、語の内包的な定義を人に説明するといった行為は、生活者としての私たちの場合と同様、グイが住まう言語ゲームの「手」に含まれていないと考えられる。物わかりの悪い異邦人に「教える」という課題に直面したとき彼らが行いうることは、外延的な事例の列挙だけである。だが、その語が不可視の作用主に関わるものである場合、直示的な「教え」は特有の困難につきまとわれる。話者のそれぞれにとって、不可視の作用主が関与する経験は、本来的に不透明性をおびるからだ。とくにキマの場合には、それが「月経」や「狂気」に関連していることが、この不透明性をいっそう濃くする。男たちにとって「月経」は他者としての女たちの属性であり、自らの感覚〔身体図式〕に即して語ることができない。同様に、彼らには発狂の既往歴がないし、仮にあったとしても、狂気のただなかで自分がなしたことは「憶えていない」であろう。それゆえ、彼らにできることは、キマに関わる出来事を彩る特有の表情を浮かびあがらせることだけなのである。以上を敷衍するならば、不可視の作用主の外延とは、対象や実例の直示を繰り返すことによって帰納的に輪郭づけられるものではなく、ただ参与者たちのあいだの交渉と駆け引きを通じて、会話の場に立ち現われるものなのである。

感応の回路の暗黒面——女の見解を聞いたのちに

今まで述べてきたことのほとんどを別稿［菅原 2012］で発表したあと、わたしは三年ぶりにフィールドを訪れた。そのとき、結核で夭折したタブーカの妻テイラの母親ツェネーにインタビューする機会があった。タブーカにとってはかつての義母にあたる、愛くるしい老婦人である。過去の原野の生活に関するすばらしい語りを収録しながら、わたしはツェネーがじつに頭脳明晰な人であることに内心舌を巻いていた。そこで積み残した宿題を思い出した。キマとは何かについて女の見解を聞かねばならなかったのだ。だが、ツェネーの意見を紹介する前に、中川裕がその後、キマの釈義に変更を加えたことを明記せねばならない。以下は、目下、中川を中心に編纂を続けている『グイ語–英語辞典』に収録予定の項目説明である。原文には英語が混じっているので、わたしの一存で日本語に翻訳する。

cìmā

［名詞］パーホが人を襲う原因（女が「食うと病むもの」（ŋ!áā̃-χó）の禁制をやぶったこと。例として、タブー食物を食べる、タブー語を言う、等）。>cìmā-cìmà［動詞］（パーホが）怒る（怒らせる、の意味もある）。例文：χám̄-bì cìmā-cìmà-ná-há「ライオンが怒っている」ʔésì kà qχ'úĩ sì cìmā-χà.「彼女のことばにはキマがある（動物が怒る原因がある）」。ガナ tàmā。

［注記］なお、この女性の ŋ!áā̃-χó については、タブー食品だけではなく、社会言語学的に調査価値のある、初潮儀礼の籠もり期間における一連の動物や潜在的に危険な道具の名称を直接言うことを避ける、というタブー（そして他の表現で言い換えるという習慣）も関わる。

この説明には明記されていないが、中川はわたしへの私信で、「女のタブー破り」のなかには股を開いて陰部を見せてすわるといった不作法なふるまいも含まれることを示唆した。以下の問答の背景には、キマをめぐってこうして更新されたわたしの知識があった。

【7–11】「人のことばのせいで」（要約）

ツェネ（Ts）へのインタビューの中盤で、わたしは「あんたはキマを知っているか?」と尋ねた。Tsはすかさず話し出した。「私たちはよくキマと言う。夫婦が口論すると妻が言う。『あんたは明日襲われるだろうよ。』その通りになる。彼女が話すことがキマをつくる。彼は翌日ぼんやり歩いていて、パーホが彼を脅かす。」わたしはキマと呪詛はどう違うのかと食いさがった。すると彼女は、【6-5】「ライオンが私たちを殺す!」と同型の物語を延々と続けた。さらに「トンテベを殺した雄ライオンが間もなくゴイクアたちのあとをつけた」という確固たる因果関係のもとに、【6-6】「ゴイクアの受難」の短縮ヴァージョンを語り、次のように締めくくった。「ライオンは死んで横たわり、男の人も死んで横たわっていた。で、翌朝、彼は逃げてやってきた。親族の女もやつ〔雄ライオン〕は昨晩殺していた。かれらは言った、『もはや私たちには妹もいない、トンテベは。われわれ皆の妹は。人のことばのせいで。』」いささかうんざりしてわたしは問うた。「女の人がナーホ〔食うと病むもの〕を食ったらキマができないのか?」すると調査助手タブーカとカーカ、それにツェネ自身が異口同音に「それはドネ〔重い病のモト〕だ」と言い切る。Tsは「ショモを食うと人の中で小腸が痛くなる」とつけ加えた。さらに、【3-8】「ワイルドキャットの毛」の話をする。困り果てたわたしは「女が膣をうまく隠さないとキマをつくると中川は言ってた」と新しい知識を動員した。Tsはこの見解に「ア〜」と呆れ声を発したあと笑いころげた。タブーカは「彼〔中川〕はうまくわかっていなかった」と断言する。さらに念をおすとタブーカとカーカは「キマをつくらないよ」と異口同音に言った。この問答のあいだツェネーは口もきけないほど笑いにむせ返っている。最後はタブーカの猥談めいた発言で話はうやむやになってしまった。「女の子がじょうずに陰部を塞いでいないとき、おれたち皆〔包含形〕はただそれを見る《Ts:アーイヒヒヒ》。で、ただヌオし〔手に入らぬことを悔しがり〕彼女にそのことを話さない。で、ただ、心良い《Ts:アハハヒヒ》。このものこそ、彼女のは、美しい《K:アハハーイ/Ts:イヒヒヒヒ》。」〔二〇一三年八月一三日収録〕

こうしてキマをめぐるわたしの探索は、女の見解を聞きだすという宿題を果たすことによって、振り出しに戻った。キマとは女の呪詛によって発生する男を害する魔力であるという一次的理解を乗り超えるような思想が、グイ自身の口から語られることはついになかった。そのことを虚心にうけとめたうえで、カラハリの原野に揺らめく焚き火の光を眼前にありありと立ち現われさせてみよう。

ヤモリがチッチッチッチッ……と鳴いている。遠くからウアーウアーとジャッカルの哀しげな遠吠えが聞こえる。ときには、地を轟かせるライオンの咆吼が響くこともある。圧倒的な自然を満たすどよめきに浸されながら、どこかの焚き火の傍らで妻と夫が口汚く罵りあっている。別の焚き火では、少年が年長者に悪態をついている。ふとしたきっかけから、人間の社会のなかで、慎みと心優しさが踏み外され、さまざまな形で禁忌への侵犯が起きてしまう。恐ろしいことである。それが恐ろしいのは、そういった悪が人間社会の内部でもつれあい、人が人を傷つけるような結末を産むからだけではない。

悪は、ざわめきに満たされた夜の闇の中へ滲み出し、動物たちを不快にし、かれらを怒り狂わせる。キマとは、〈ナレ〉（酔う／感づく／予感する）という動詞の意味論の反転像を表わしているのではなかろうか。すなわち、森羅万象に張りめぐらされた「感応の回路」の裏側に潜む、その回路の暗黒の半身《ダーク・サイド》なのではなかろうか。

終章　動物的実存への還帰——現象学的自然主義への途

原野をうねうねと走る環境と虚環境のモザイク状境界を踏破する長い旅もとうとう目的地の近くにさしかかったようだ。最後にかなり曲がりくねった考察を行う。

第一節では、第七章のキマをめぐる探索の到達点から、本書の探究全体をふり返り、それが明らかにしえたことを「変身」という概念を軸にしてまとめる。第二節を書くことにわたしには今でも大きなためらいがある。(1) この節は、「存在論的転回」と称される人間／動物関係に関わる近年の知の動向に対するわたしの懐疑を表明するものである。まず人間／動物関係を考えるうえでアクター・ネットワーク理論には限界があることを指摘したうえで、序章で紹介した多自然主義を額面どおりに読み替えて、それをグイの生活世界に適用すると矛盾が生じることを、あえて頑迷な経験主義者の立場をとって論証する。第三節では、観点をずらし、ドゥルーズとガタリの

『千のプラトー』の衝撃を受けとめるなら、経験主義者の論証に反駁することが可能になることを示す。さらに、そこで照らされる自然を満たすリトルネロ（リフレインのこと）に思いを凝らすならば、若き日の伊谷純一郎こそがその魅惑に身を投じた最初の人類学徒であったことを論じる。第四節ではもう一度思考を反転させ、しばしば科学主義と同一視される自然主義という古い革袋に、自然誌的態度という新しい酒を詰めこみ、現象学的実証主義と自然主義とのあいだの対立を止揚させる必要があることを主張する。最後に、自然誌化された現象学／現象学的自然主義への展望を示す。

一　間身体的な動機づけ

身体の変容と情動——動機づけの相互連鎖

本書の探究の出発点は、虚環境を探索する力能を凝集した神話的な想像力であった。神話こそは、「世界はなぜこうなのか／私はなぜこうなのか」というもっとも根本的な問いに対する思想の応答である。思念される大過去において、すべての動物たちは息子たちが殺したエランドの「胃の中の糞」に「父」がことばを籠めることによって造られた。世界の最初に糞から動物的実存への身体の変容があった。超越者（それは右の「父」かもしれない）の化身ピーシツォワゴによって火を盗まれた動物人間としてのダチョウ小僧《ゼロッォワゴ》は五本の足指のうち三本がもげることによって今のような姿になった。神話的な土地ムーハオに棲む実存たちは動物的属性と人間的生活との境界を揺れ動いていた。さらにピーシツォワゴは二人の妻が誇示する性器に惹きつけられ樹によじ登り、性交を知った。彼の身体はそのとき変容したのである。女の身体に固有な属性に魅惑され、結合をめざす欲望の上方向への運動とは、男が女の身体になる可能性へ向かう挑戦であった。

狩人の実践の基底をなすのは、原野を歩きながらあらゆる指標的記号と徴候とに注意を研ぎ澄ます活動である。この探索過程を、以前、拙論で用いた概念で言い換えてみよう［菅原 2000b］。それは伊谷純一郎が「トングウェ動物誌」のなかで用いた「心性のスクリーン」という隠喩を踏襲するものである。動物の微細なふるまいの特徴をおもしろがり、狩人の好敵手である高い知性をもった肉食獣の習性に精通すること、さらに鳥の姿かたちやふるまいへの精細な観察を神話的大過去へ投射し、環境と虚環境を双発的に生成させること、これらすべては環境というスクリーンを無数の注意の走査線によって満たすことである。ベイトソンが定式化した概念を援用すれば、走査線を濃密にするとは、情報の冗長性《リダンダンシー》を高め続けることにほかならない［ベイトソン 2000］。この冗長性が、狩人の知り尽くしている平常態としての「地」を安定させるからこそ、動物の異様さが鮮明な「図」として浮かびあがり、「あれはズィウをおれに告げていた」という世界了解を導くのである。

けれど走査《スキャン》することを単に「まなざしを走らせる」こととして捉えてはならない。走査線とは歩き続ける身体そのものによって張られる軌跡である。走査する身体それ自体が刻一刻と変容し続ける。肩を揺すってしゃがれ声で鳴くブッポウソウを見あげ「火傷が熱かろう！」と歌いかけ、「私を呼んで甘い実を採集させてよ！」とヒヨドリが言うのを聞きとるとき、狩人はことばをもたぬ他者たちにコミュニケーション期待を投げかける。相手と交通しうるという可能性の底には、つねにその相手になりうる潜在性が横たわっている。

なぜ狩人は動物たちにそんな期待をなげかけるのか。そうしたいからである。グイの男たちは狩りに行きたいから行く［菅原 1998b : 336］。それは「食うため」に義務的に負わねばならない疎外された労働ではない。動物のふるまいを笑い、ときにそれを不気味に感じることは、獲物の足跡に注意を凝らすことと同様、このカラハリの環境を生きることから根源的に促された情動的な活動なのである。情動こそはもっとも始原的な動機づけである［Goldie 2000］。もしも、人間的な意識の本質をルーマンのように完全に内側に閉じた心理システムとして捉えるなら（少なくともわたしは彼女の心を内側から経験することができない）、動機づけとはそのような内閉の外部から滲透してくる何ものかである。わたしと彼女が互いを欲望するとしたら、そのような相称的な一致の原因を両者の心理システムの内部に求めることはできない。動機づけは間身体的な場に発生するのである。さらに、動機づけるものと動機づけられるものとの関係が、メルロ＝ポンティが見抜いたように［メルロ＝ポンティ 1974 : 79–83］相互的であるとすれば、狩人が動物をおもしろがるよう促されることは、逆に、そのような動物的実存がより顕著に存在することを促すのである。

まあたらしい足跡を見定めた狩人は、全身に注意をはりつめさせ追跡にかかる。「肉を食いたい」という欲望こそは、もっとも強力な動機づけである。このとき、彼の身体はカラハリの環境に適合した自然的＝文化的プログラムにすっぽり嵌まりこみ、ゴールへと駆動され続ける。矢毒で動けなくなっている羚羊に近づき「ああ、おまえはもうおれのことを怖がっていない」と呟いて槍を構える〈真実の瞬間〉に、狩人の情動は極限まで高まり、彼自身と同じく情動的＝受苦的な実存であるその動物とのあいだに決定的な結ぼれを生じさせる。それを「恋愛」と呼ぶロマンティシズムをわたしは認めないが、私たちがその情動の激しさをありありと想像するうえでは効果的な隠喩かもしれない。

狩人はモノと化した肉（身体資源）をキャンプに持ち帰る。すべての肉が自動的に消費の対象となるわけではない。肉を食うこと、すなわち他者を自己のなかに取りこむことは、身体を変容の可能性に直接曝すことである。狩猟民にとってもっとも原初的な身体の制度化は、この可能性をいかに統制・調整するかという問題から創発したと考えることができる。だが、この制度化が個々に分離した身体を垂直方向に貫通する手前で、すでに身体は水平方向の感応によって影響しあっている。近しい仲間が禁忌を侵犯することが、おれの身体の変容をまねく。こうした感応の回路は人間のコミュニケーション域を超えて、人間と動物、動物と動物、さらにはモノと動物とのあいだの影響関係へと広がってゆく。

人間は動物を一方的に食うだけの存在ではない。「私がライオンを食うんじゃなくて、ライオンが私を食うんだよ。」生きたままライオンに脛の肉を剥がされて絶叫するだけではない。死んだあとも墓穴を掘り返されハイエナに食われるかもしれない。グイは動物に「心」（心臓と同語）があることを疑っていないが、身体から分離して自律的に浮遊し別の身体へ転移する「魂」という概念をもっていない。人間を食ったライオンが人間の何らかの属性を摂取するという想念をわたしは聞いたことがない。けれど、人間の身体が動物を食うことによって変容するのだとしたら、動物のほうに同じ可能性があっても不思議ではない。ホロホロチョウとクロエリノガンの夫たちを食った〈人喰い〉(ライオンの隠喩的象徴)が、彼らの皮を身に纏ってその妻たちを欺そうとした神話は暗示的である。これの反転像であるが、グイは、ハンシーの町よりさらに西に住むカオアンǂqχʼáòǁʔàǹというブッシュマンのグループ(人類学の文献ではǂAuǁeisiと呼ばれる[Silberbauer 1981, Barnard 1992])が強力な治療ダンスの力をもち、あたかも蛇が脱皮するように人間の皮を脱ぎ捨てライオンの皮をかぶると語る[菅原 1998d]。さらに、グイの女は、呪詛にことばを籠めることによって、原野の猛獣たちを男へと差し向ける。男の目から見れば、月経《ツィー》(神秘の力)をもつ女と動物とのあいだには特別なコミュニケーションの回路が成立しているのである。

感応と変身

私たちはグイの狩人と共に原野を歩いて歩いて、ひとつのキャンプにたどり着いた。薄暗い小屋の中を覗きこむと、男たちが何やら熱中して語りあっている。やがて、アフリカオオノガンという大きな鳥が忽然と語りの場に立ち現れる(【7-8】「デウをまねて」、【7-10】「デウが彼を殺した」)。ギュベとキレーホは、禁じられたデウの肉を食って発狂した少年がデウの「まねをする」(sere)様子を、相次いで実演してみせた。

わたしにもっとも大きな驚きを与えたのは、この鳥の「アウッ、アウッ」という嗄《しゃが》れた鳴き声の生なましい再現もさることながら、二人が期せずして両腕をまっすぐ左右に伸ばし静止させるポーズをとったことであった。エチオピアでヒヒの調査をしていた頃から、わたし自身もこの鳥がサバンナを飛ぶ姿を何度も目にしてきた(ちなみに、アフリカオオノガンは空を飛ぶ鳥のなかで最大の体重をもっている)。大きな翼を羽ばたかせて舞いあがり、翼を静止させてグライダーのように滑空する。ギュベとキレーホの身ぶりがその姿を鮮やかに写し取ったことにわたしは感動した。彼らの身体には、彼らが知りつくしている動物種のそれぞれに特徴的な声と動作が染みついている。キマという不可視の作用について議論することが、偶発的な成り行きで、身体の基層に沈殿した知を呼びさました。この意味において、キマという語の使用を可能にするような生活形式は自然に埋没している。

この「自然への埋没」を別の角度から照らしてみよう。デウの姿をまねるギュベとキレーホの身ぶりを注意の焦点において本書で分析してきた事例をふり返ると、ぼんやりとした連結に気づく。——夢のなかでガマ（神霊）が「おまえ踊れよ」と言ったから彼は発狂した、「踊る」と「月経」は同じことばだ、食物禁忌を破ると人は発狂する、仲間が食物禁忌を破ったことを感づいて下痢をする、獲物が人の糞を感づく、動物の異常は人の死を告げる、鳥はさまざまな告知をする、月経をもつ女の魔力で男がパーホに襲われる、それに類した魔力で人は鳥になる……。動物と人間の関わりに滲透している作用の現われ全体が、ある表情で染めあげられている。内包によっては定義しえないカテゴリー形成をウィトゲンシュタインは「家族的類似」と呼んだ［ウィトゲンシュタイン1976 : 69–70］。これらの事象を貫く類似性を一語で表現するとしたら、どんなことばがもっともふさわしいのだろう。

右の問いに対して有力なヒントを与えるのが、エリアス・カネッティが注目するブッシュマンのフォークロアである［カネッティ 1971］。その原典は、ヴィルヘルム・ブリークとルスィ・ロイドが19世紀後期に南アフリカの監獄に収監されていたツァム（|Xam）・ブッシュマンから聞きとった語りを編纂した書物である［Bleek & Lloyd 1911］。ツァムは当時すでに絶滅に瀕していた言語集団で南アフリカのケープ州に居住していた［Biesele 1993］。

カネッティが注目している民話は以下の五つである。

（イ）男が、父親の古傷を身体の同じ場所に感じ、父が訪ねてくることを予感する。男の息子は信じないが、本当に祖父が現われたのでびっくりする。（ロ）妻が子どもを負う皮紐を、夫は自分の肩に感じる。（ハ）ダチョウはシラミに咬まれると、首のうしろを足で掻く。狩人は自分の首にそれを感じ、ダチョウが近くにいることを知る。（ニ）狩人は自分の顔にスプリングボックの額から鼻にかかる黒い縞を感じる。（ホ）ハンターは、彼が殺して背負うであろうスプリングボックの死骸から流れる血を自分の背中とふくらはぎに感じる。

ここで語られていることは、グイのナレ（感づく／予感する）とそっくりではないか。不覚ながら、私自身はこれらの民話をまったく知らずに、グイの談話分析を続けてきた。(2) 怪我の功名ともいえるが、そのかぎりにおいてわたしの分析は「観察の理論負荷性」から免れている。同時に、この経緯全体が、序章の第三節で予告した追試可能性を支持する証拠となる。一世紀の時代を隔て、地域も遠く離れ（ケープ州と中央カラハリは直線距離で八〇〇キロメートル以上離れている）、言語系統も異なる二つの社会で独立して行われた研究が、ブッシュマンに共通した身体的なサンスを記述したという事実は、驚くべきことだ。

以上の考察によって、わたしは、本質主義的な仮説を提示することへと促される。ブッシュマンと総称される南部アフリカの狩猟採集民は、ある共通した間身体性を生きてきた。カネッティの著作において、ブッシュマン民話への言及が「変身」と題された章の冒頭に置かれていることは示唆的である。動物と人間の関わりに瀰漫する影響関係を貫く家族的類似とは、人間と動物のあいだ、あるいは人間と人間のあいだの――要するに異なる身体間の――変身の可能性ではなかろうか。この変身というライトモティーフを、明瞭な外延を具えた文化表象として捉えてはならない。それは、ブッシュマンが大昔から原野で積み重ねてきた経験の不特定多数の事例を相互に結び合わせる、間身体的な動機づけなのである。

本書を貫く主題を変身へと収斂させることは恣意的な論証ではないかという疑念をもつ読者のために、今まで言及しなかったグイの民俗知にここで注目しよう。終章までこの話を持ち越したのは、本書の主人公が（第二章のヤスデと第三章のアガマトカゲを除き）哺乳類と鳥類に限られていたために、適切な挿入箇所を見出せなかったからである。(3)

（i）サソリは砂深くにもぐりこみ、雨季にギュウノー ƒúùŋ!òō という食用になるイモムシに変身して出現する『写真8-1』。（ii）乾季の終わりに「ジージー」と鳴くセミは雨季に食用になるタマムシとなって現われる『写真8-2』。（iii）カリュウドバチは小さなイモムシを脚で抱えて飛ぶ。自分の子どもを運んでいるのだ。（iv）雨季の水溜りに蠢くグーキャコネコネ（オタマジャクシ）は水が干あがるとみんな死んでしまう。同じ水溜りに棲む巨大なカエルは貴重な食物である。雨と一緒に小さなカエルが落ちてきて、この巨大カエルへと成長するのである『写真8-3』。

（i）（ii）のように、ある「虫」が別の「虫」に変身するという思想はグイにとって身近な常識なのである。（iii）はこれとは逆で、別種への変身ではなく、私たちの知識となっているライフサイクル上の「変態」を、私たちの昆虫学とは異なった形で理解している。（iv）は（iii）をさらに反転させ、「変態」という過程の現実性をきっぱり否定している。わたしがもっとも衝撃を受けた（iv）を次節の後半で再び取りあげる。

写真8－1　イモムシ（スズメガの幼虫）

写真8－2　タマムシ

写真8－3　巨大なカエル
1982年10月カデ・パンにて。

二　境界は攪乱されたか——「静かな革命」をめぐって

革命への懐疑——その源

春日直樹はその編著の序章で、ヴィヴェイロス・デ・カストロ（ＶｄＣ）の思考を主軸とする「多自然主義」または「存在論的転回」と称される動向を、西欧の研究者たちに倣って「人類学の静かな革命」と呼び、共感を謳っている［春日 2011］。わたしはこの序章を読み、奇妙な情動反応に襲われた。違和感あるいは意気阻喪といえばよいのだろうか。「革命」が本当に起こりつつあるのなら、わたしは「旧守派」と誹られることに甘んじよう。だが、これが偽装された革命なのだとしたら、現時点で懐疑を表明しておくべきだろう。

出発点は、荒々しい時代にわたしが影響を受けた吉本隆明である。吉本を読むことによって、わたしは認識の徒として生きる決心をした。その吉本の『初期歌謡論』を柄谷行人が引用している。「わが国では、文化的な影響を受けるという意味は、取捨選択の問題ではなく、嵐に吹きまくられて正体を見失うということであった。そして、やっと後始末をして、掘立小屋でも建てると、まだ土台もしっかりしていないうちに、次の嵐に見舞われて、吹き払われるということであった」〔吉本 1977/1994, 柄谷 1989 : 249〕。柄谷は次のように続ける。吉本の孤独な書物『言語にとって美とはなにか』を当時のフランス現代思想（構造主義や記号論）の動向になじんでいた人たちは「古ぼけたもの」と嘲笑した。彼らから見ればそれは「掘立小屋」にすぎなかった。「だが、歴史的に、どれほどの日本人が「掘立小屋」すら建てようとしたことがあるだろうか。つねに本当は「嵐に吹きまくられて正体を見失って」いるにすぎないのに、立派な建物を建てたと思いこむ連中がいただけではないか」〔前掲書 : 249–250〕。カラハリのテントの中でこれを読んだのは、年長者の語りの収集を始めて間もなくだったと記憶している。そのとき「おれも自力で土台から掘立小屋を建てなくちゃなあ」と思った。これが、わたしの情動反応の底流である。

グイの空間的近接と身体接触の研究を始める直前にわたしは日本民族学会（日本文化人類学会の前身）に入会し、それから三〇年以上、文化人類学という学界の周辺にいた。そこで痛感したのは、極東の孤立した言語で思考するわれわれが西欧のある理論をやっと咀嚼しえた頃には、西欧はもう遥か先に行っているということであった。目まぐるしいまでの意匠替え、つねに走り続けることを求める「赤の女王」。認知人類学者のダンドラーデが民族誌学の理論的変遷を「パラダイム転移ではなくアジェンダ・ホッピング」と揶揄したことに、わたしは共感した〔D' Andrade 1995 : 4〕。これが違和感の源である。三〇年以上のあいだ、（生態人類学を除く）文化人類学の内部では人間／動物関係は、家畜論を除けばほとんど注目されてこなかった(4)。昨日までは動物におよそ真剣な関心を向けなかった人びとがアメリンディアンのジャガーに雪崩をうって殺到することをわたしは奇異に感じる。だが、これは、思想それ自体の内容とは無関係な、知の地政学的条件への違和感にすぎない。序論で予備的に行った「境界攪乱の試み」への批判を展開しなおしてみよう(5)。

母語で思考することへの執着

人間と動物の連続性がパーソン（person）という語で置き換えられるという新しいアニミズムの主張にわたしはまず躓く。この語が日本語を母語とするものにとって翻訳不可能だという条件は些末な問題ではない。「人格」と訳したとたん、「人」という概念の呪縛から逃れられなくなるからだ。わたしが傾倒してきたメルロ＝ポンティは、動物を実存として了解しなおそうとした。もちろん実存も世界-内-存在も西欧哲学が打ち立てた概念ではある。しかし、パーソンの場合のようには、日本語と西欧語のあいだに翻訳不可能性は介在しない（「実存」はけだし名訳である）。さらに、分割不可能な統合された単独者がイン-ディヴィデュアル（個人）と呼ばれたという語源論からディヴィデュアル（関係的人格）という語が造語され、しかもそれはディヴィデュエイト（関係人格化する）という動詞までをも派生する。わたしが身体化している日本語で思考するかぎり、もはや西欧の思考にはついていけないかのようである。この閉塞に逃走線を穿つ唯一の途は、みずからの生活世界に還帰し、自分自身からけっして切り離せない事柄に思考を基礎づける［メルロ＝ポンティ 1989］という、現象学的実証主義の指針に従うことだけである。

母語による思考に執着するとき、わたしをもっとも躓かせるのは「パースペクティブ」という語の独特の用いられ方に出会うことである。序章では、この語（「視界」と訳した）と「観点」とが同義語として使用されることに疑義を呈したが、春日もまたこの混同を意に介していない。たとえば、ラトゥールが先鞭をつけたのは、「人間と動物のいずれにも均等にパースペクティブを与えること」であり、「あらゆるモノに視点を与える」ことであるとされる〔春日 2011 : 16〕。前者は本書の探究においては自明であるが、「モノの視点」とはいったいなんのことだろう。たしかにメルロ＝ポンティの間身体性もまたモノに「見つめられている」というサンスに根拠をおいているし、わたし自身も「樹に見つめられた」記憶についてつい最近書いた〔菅原 2015b〕。だが、それはある特異な感情生活の文脈で起きることであり、すべてのモノに視点を分散させることからは遠く隔たっている。

この躓きと深く関連するのが、春日の論述を覆う奇妙な「欠如」である。わたしの探究の二本の軸である「身体」と「コミュニケーション」という語が、みごとなまでに抹消されているのである。このことと「モノの視点」が無造作に語られることとは表裏一体である。長く関与してきた「コミュニケーションの自然誌」研究会の議論で蒙を啓かれたことが何度もあった。なかでも次の問答が記憶に焼きついている。わたしは言った、「百円硬貨（当時）を入れても缶コーヒーが出てこなかったら、怒って自動販売機を蹴とばす。このとき自動販売機はわたしにとって他者として立ち現われている。」すると倫理学者の水谷雅彦が言下に答えた。「そんなことはない！　自動販売機とのあいだには二重の偶有性が成立しない」〔菅原 2011 : 49〕。このときの衝撃をきっかけにして、私たちがすでにそこに内属しているコミュニケーション・システムが作動しているからこそ二重の偶有性というコミュニケーションの論理的な不可能性が縮減されている、という考え方にわたしは近づいていった。さらに、あの幸島の森のなかで、猛犬カヤとわたしとのあいだにはたしかに二重の偶有性が成立していたのだということを理解した〔第五章の注（4）を参照〕。コミュニケーションとは何かという難問に解を与えようとしたルーマンやスペルベル／ウィルソンの苦闘をあっさり無視し、人と動物とモノを対称的なアクターとして捉え、そのあいだの線的な作用の連鎖だけを辿る、アクター・ネットワーク理論（以下ＡＮＴと略す）は、わたしからけっして切り離せないこの世界への投錨からすれ違っているように感じられる。

ＡＮＴへの懐疑

春日編の論集に収録された久保明教によるラトゥールの解説は明晰で要を得ている［久保 2011］。「人間と動物の関わり」と直接的に関連する点だけに絞って釈然としない点を指摘する。(6) パストゥールが「発見」した乳酸発酵素の例を単純化していいかえれば、ある不可視の作用主Ｘが他の夥しいアクターによって働きかけられ、Ｘを中心とするネットワークが稠密化されればされるほど、乳酸発酵素の実在性は濃度と安定性を増してゆくということである。素朴な疑問。パストゥールとは無関係に、太古から現在まで、牧畜民は営々と瓢箪や皮袋を揺すって酸乳やヨーグルトやチーズを作ってきた。その作用主Ｙは乳酸発酵素と同一の実在ではないのか？ＡＮＴにはこの問いに「同一だ」と答えるという選択肢はない。もしそう答えれば「同じ一つの自然」という旧弊な存在論に舞い戻ってしまうからだ。現に安定化しているネットワークの内部でのみ実在性を保証されているＸが引きおこすのときわめて似た作用がこのネットワークの外部で観察されたとしても、外部の作用主ＹとＸを同一だと断言するためには、ＡＮＴがとどまろうとしている内部存在論から遊離し、ある種の本質主義を導入しなければならない。常識的な直観は「Ｘ＝Ｙ」という判断を宙づりにすることは「無理のしすぎ」と告げるだろうが、「乳酸発酵素は制作されたのか／もともと実在していたのか」という二者択一的な問いを拒むという戦略には一理ある。すると、次のような疑念に導かれる。ネットワークの稠密化によって初めて安定化する実在は不可視の作用主にかぎられるのではないのだろうか。

ここでカラハリの原野に還る。動物をめぐる旅のなかでわたしがもっとも驚いたのは、ガイ（カンムリショウノガン）とカー（クロエリノガン）の対決の話を聞いたあと、夜のテントの中で改めて鳥類図鑑をながめていて、ガイがまっ逆さまに落ちる姿が図示されているのに気づいたときであった。西欧出身の鳥類学者とグイとは鳥の同じ行動に注目し、一方はそれを「雄の求愛」と説明し、他方は鳥人間たちが躍動する虚環境を立ち現われさせた。鳥類学と神話という別種のネットワークが鳥のある行動の実在性の濃度を別個に高めたのだとすれば、私たちはさっき「X＝Y」という等式を宙づりにしたのと同様に、「redcrested korhaan（カンムリショウノガンの英名）＝ガイ」についてもためらうべきだ。だが、この同一性指定までをも括弧入れしたなら、わたしは（少なくともこのような形式で）本書を書くことができなかったろう。そればかりか、民俗分類学をはじめとして、動植物を対象としたいっさいの認知人類学的な研究が瓦解する。革命が新しい社会システムを構想することであるならば、これは革命ではなくやみくもな破壊である。

ノガン類は日本に棲息しないので、わたし自身の生活世界への還帰にとってはあまり強力な例ではないかもしれない。一九九四年（語り収集を始めた年）、カデの中心からかなり離れたキャンプに住んでいた。夕方、調査助手たちと聞き起こし作業にいそしんでいるとき大粒の雨が降り始めたので、われわれは小屋の中に避難した。そこへツバメが飛びこんできた。キレーホがつかまえたのをつくづく見た。そのときわたしはこの鳥の喉にまさに

「臙脂色」のきれいな模様があることに初めて気づいた。帰国後、鳥類名検索事典をひもといて、ヨーロッパ、アフリカ、日本を跨いで、ただ一種のツバメが「いる」ことを知った。それ以来、わが家の前の電線にとまっているツバメを見つめ、どうしてこれまで喉の臙脂色に気づかなかったのだろう、と不思議に思った。わたしは母国で長いあいだ認知的盲になっていたのである。さらに、ジョギングの途中で毎朝のように見かけるムクドリが、カラハリのドオリ（アカガタテリムク）と似た「ジュッジュッ」という声をあげてふわっと飛ぶことに気づいた。鋭い声で鳴くヒヨドリの頭の形は、ハイキャクレ（アカメヒヨドリ）そっくりではないか。ムクドリさえ知らずに霊研の司書さんを驚かせたわたしのまなざしは、カラハリで民族鳥類学に没頭することによって確実に変化したのである。

すると次のような思考に導かれる。認知人類学で自然種（類）と呼ばれる存在者、とくに野生の動植物は、人間とモノとが対称性をもって連鎖するネットワークから相対的に自立した高い濃度をおびて実在しているのではなかろうか。比喩的にいえば、ツバメはネットワークの境界すれすれのやや外側を飛び続けているのではなかろうか。(7)

「境界すれすれ」云々というもってまわった言い方をせざるをえないのは、どんな形であれ、人間が動物に言及することは、何らかのネットワーク（あるいは言語ゲーム）の作動を前提しているからである。だが、動物たちがネットワークの外側で完全に自律的に存在することはありうるだろうか。それは「人間のいない世界」を私たちが夢想するとき立ち現われる虚環境において初めて可能になる。ダーウィン的であれ、反ダーウィン的であれ、あらゆる進化論は、観察者の生のスパンを途方もないスケールで超えた「ものすごく長い時間」という変数に生命体の変化を委ねてしまう思想である。変数という言い方は控えめにすぎるかもしれない。時間は存在ではない。「存在と時間」は等根源的に出現する世界の岩盤である。だが、真に時間性と不可分にしか思惟されない存在者は生命体である〔コヴニー＋ハイフィールド 1995〕。太古の地球にもっとも原始的な単細胞生物が生まれた瞬間から「原生的疎外」が始まったという吉本の公理〔吉本 1971〕は、生命体のみが人間（現存在）の根元としての時間性の創発者だということを意味している（とわたしは思う）。

わたしがANTに対していだく最大の違和感は、それが「人間のいない世界」への想像力を遮断する地点から発想されているように見えることである。「世界はなぜこのようなのか」を解き明かす始原の物語こそが存在論の名にもっともふさわしい。産業社会に生きる私たちにとって、始原の物語としてももっとも強力な支配理論《マスター・セオリー》は進化論である。進化という「事実」が限りなく濃度を増し安定化することに寄与する膨大なネットワークを、今までラトゥールらが磨いてきた方法論と概念とを総動員して記述しないかぎり、ANTは真に新しい存在論を自称することはできないだろう。

「存在論」という語の用法への懐疑

人類学における現象学的実証主義は、観察者の思考を人びとの非反省的生活に寄り添わせようとする方法である。それゆえ、わたしは「狩猟民の哲学」といった修辞に懐疑的である。哲学こそ反省という意識作用が尖鋭化した思考の営為である。なかでも、「真に存在するものは何か？」を明らかにする存在論こそ、哲学の究極の野望である。二十世紀を代表する存在論である『存在と時間』を瞥見しよう。まず記述の準拠点が存在しなければならない（「どんなにちっぽけな定点も認めない」という春日の断言は、わたしには不可解である）。その準拠点が一人称単数現在形のワタシである。これは現存在という術語を与えられ、ワタシ以外の人間存在一般へと拡張される。そこから記述者の日常経験を資源とする演繹が進められ、現存在の根本的な存在様態が関心であることが明らかにされる［ハイデッガー 1994a］。関心に実存論的分析を加えることから時間性が導かれる［ハイデッガー 1994b］。この素描からわかることは、ハイデッガーの存在論は、公理をまず設け、演繹を展開するという意味で公理主義であるということだ。もうひとつ大きな特徴が循環である。時間性を導く準備として「覚悟性」「良心」といった「本来的な実存可能性」（おそらくここが『存在と時間』の最大の弱点だが）を解釈したあと、彼は奇妙な弁解を行う。

> 実存論的分析論のなかでは、われわれは《循環》証明を《避ける》ことさえできない。この分析論は、《整合論理》の規則による証明を、そもそもおこなっていないからである。常識が学問的考究の最高度の厳密さを充たすつもりで、《循環》を回避して除去しようと期待しているものは、実はほかならぬ関心の根本構造なのである。いかなる現存在も根源的に関心によって構成されているので、それはいつもすでにおのれに先立っている。［ハイデッガー 1994b : 191-192、強調は原文］

ハイデッガーの努力は解釈学的循環を作動させ続けることに注がれているのであり、その意味で、彼の存在論は構成的なのである。「現象学的存在論の試み」という野心的な副題を冠したサルトルの存在論も、日常からの例解が文学的な情緒に彩られてはいるものの、公理主義・演繹・構成という特徴はハイデッガーを踏襲している［サルトル 1956, 1958, 1960］。こうした存在論は反省のプロフェッショナルが周到に完遂する知的構築なのである。「ダチョウの雄にペニスがある」というグイの見解はこれとは異質である。グイの男たちがその有無をめぐって議論したとしても、それを「存在論が争われている」と記述することは用語の濫用である。たしかに人びとの生き方の全体がある特有の「考え方」に彩られていることに人類学者は気づかざるをえない。ハビトゥスという用語では捉えきれないその何ものかを言語化するために、わたしは思想という分析概念を本書で提起した。グイによって生きられる思想をわかろうとすることは、グイの存在論をわたしが再構成することとは別種の知の用い方であるばかりか、人類学が後者を糾明できると期待するのは錯覚である。

「しどろもどろになる」ことの回復

以下の考察の軸となるのはいささか奇妙な用語である。それは序章の第三節で参照したダイアモンドの感動的な論考で述べられていた「しどろもどろ」という情動反応である。

探究の端緒において、わたしはシンガー流の反-肉食論と、デカルト主義やジャンセン主義の動物機械論を「論理の極端化」と呼んで批判した。わたしは「存在論的転回」の旗手たちもまた論理の極端化に陥っていることを危惧する。人類学者が生涯にわたって続けなければならない運動のベクトルに沿って考えよう。人類学者はフィールドから母国に帰ってくる。その母国社会はとどまることを知らない科学技術に支配されている。私たちは何の交渉の余地もない形で、電気や放射能といった不可視の作用主に全面的に自らの生存を委ねたり、逆に生存を脅かされたりしている。生存の根幹を支える科学技術のネットワークは、〈少なくともある限られたドメイン内の事象について真なる命題がただ一つだけ存在する〉（これを「真理は一つ」と略称しよう）という客観主義の権能をかぎりなく高める方向で鞏固な安定性を獲得している（少なくとも一般大衆にはそう見える）。もしも「真理は一つ」の蓋然性がそれほど高くなければ、エネルギー供給・食糧生産・交通・物資流通、等々さまざまなドメインで揺らぎが生じ、現行の社会システムは崩壊するだろう。

だが、人類学者は、オジブワ、ユカギール、アメリンディアンといった人びとは異なった生き方を選んでいると受けあう。「人類学の静かな革命」が始まっているという認識は、アニミズム的な生き方（それは原理的にはだれにでも実践可能である）への希求と、科学技術の支配に対する抵抗の可能性を全的に剥奪され革命からかぎりなく遠い私たちの社会の現実の姿とのあいだに、不気味な亀裂を生じさせる。論理の極端化の効用は、この不気味さに直面してしどろもどろになることから、人類学者を免れさせてくれることである。序章の第三節でわたしは、動物と人間の境界だけが問題なのではなく、動物が人間どうしのあいだに境界をつくりだす契機になりうると論じた。さらに、グイと動物の濃密な関わりを描きだすことが、かえって産業社会に生きる市民と狩猟民との境界を固定化するという矛盾を指摘した。旅を終えようとしている今も、この矛盾が乗り超えられたと断言することができずに、わたしはしどろもどろになる。

探究の全体において、わたしはグイと自分自身との経験の連続性を確保することに努めた。その長い旅によって、おそらくわたしの身体はゆっくりと変容していた。母国の鳥たちへの認知的盲がほんの少し啓かれただけではなく、ＴＶのコマーシャルでタレントが肉をがつがつ食う映像に嫌悪をおぼえ（なぜなら彼は命がけでその牛や豚を殺したわけではないから）、泥酔やドラッグで正気を失ったドライバーに轢き殺されるよりも、ライオンに食い殺されることのほうがずっと尊厳ある死だ、と感じるようになった（なぜなら私たちは前者が起こるようなばかばかしい社会を引き受けたおぼえがないから）。だが、そのような変容によってわたしもまたエリザベス・コステロのように「孤立させられる」にすぎないのではなかろうか。さらに、グイについて今まで書かなかったことがある。気がついてみたら、動物について生き生きと楽しげに語ってくれた年長者の多くがすでに故人となっていたのである。学校教育を受けた若い世代は急速に原野の知識を喪失しつつあるから、たぶん今では、コエンシャケネに住む少年少女たちのだれよりもわたしのほうがずっと多く動物について知っているだろう。だとしたら、本書は、喪われつつある文化の残り滓を救出し「民族誌的現在」という幻想のなかに凍結するサルベージ人類学にほかならないのではなかろうか。

だが、そのような不安と孤立から逃れるために何らかの論理の極端化を選ぶことは反-現象学的な態度である。むしろ、人類学的な探究のあまりの無力さと、わたし自身が内属する生活世界を覆う多様な権力の網の目の強靭さとのあいだに広がるすさまじい落差を注視しながら、しどろもどろであり続けることのほうが、新しい道ひらき（革命ではないにしても）に接近しているのではなかろうか。もちろん「しどろもどろ」とは知の制度化からつねに排斥される宿命をおびた身構えである。知の制度化からの逃走については、次節で考える。

多自然主義への懐疑

序章で参照したインゴルドは「存在論的転回」の旗手として名指された人びとのなかには含まれていないよう

だが、文化相対主義と普遍主義の相克を乗り超えるというアジェンダはＶｄＣと共通しているので、改めて注意を向ける。インゴルドが転覆をもくろむ文化相対主義のモデルを復習しよう。地球上を「自然」（すなわち「実在の世界」）の単一平面が覆っており、その平面上に複数の「世界観」が互いに離散して浮かんでいる［Ingold 2000 : 15］。前節の議論からすれば、ツバメは単一の自然に属しているように見える。すると、わたしは文化相対主義へと連れ戻されるのだろうか。だが、わたしは自分を文化相対主義者として定位したことは一度もない。まず現象学的実証主義は「地球上を単一の自然が覆っている」という命題どころか地球という実在さえをも括弧入れしている（調査助手たちは学校教育の局外にいたから、「地球」も「海」も知らない）。だが、探究を積み重ねることを通じて、この括弧が揺らいでいることは確かである。「進化」と同様に括弧内で作用を停止させられた状態にある「単一の自然」という概念のスイッチを入れ直すべきときが近づいているのかもしれないが、今はまだそのときではない。

文化相対主義者か普遍主義者かという問いを二者択一的に突きつけられたら、わたしはためらいなく後者を選ぶ。だが、わたしの想定する普遍主義とは、人類のすべての社会に同一の自然科学的な法則性があてはまるという「真理は一つ」の主張とはまったく別ものである。それぞれに特異な多種多少な環境に内属して生きるすべての人間にとって、ギャラガーのいう「身体像」は文化的に構築されているだろうが、「身体図式」のほうは普遍的だと仮定するのである［Gallagher 2005］。わたしは以前「原生的身体図式」という概念を提起したことがある［Sugawara 1990］(8)、それは、今にして思えば、自己受容性を原基とするギャラガー的な身体図式を拡張した概念と捉えることができる。原生的身体図式とは、ヒトの体構造と不可分な外界への志向性の束のことであり、ものを手に取って食べる・目標に向かって歩く・障害物を迂回するといった〈一次的意味〉の総体である［メルロ＝ポンティ 1964 : 234, 菅原 2002a : 102–103］。目が眩むほど多様な文化表象の基底には、共通した身体図式が横たわっていると考えることがわたしの普遍主義である。ただし、この「単一な自然」の全域が遺伝的に決定されているという仮説は必要としない。

インゴルドが提唱する「関係的モデル」（序章第四節参照）とは、ヴァレラたちの「現成」（序章第一節参照）と大きく重なりあう。だから、序章で述べた疑念を別にすれば、わたしは彼の思考に大すじで共鳴する。しかし、彼は文化相対主義への敵意を鮮明に打ち出したわりには、それを根本から転覆することに失敗しているように見える。彼が提唱する「西欧科学の理解の様式を実存的条件の文脈に置きなおす」こと、あるいは「科学の実践を人間の生の文脈に連れ戻す」ことが、この極東で実践されてきたことに彼は気づいていない。それはべつに彼の責任ではなく、この節の冒頭で述べた知の地政学的な条件ゆえである。

インゴルドやVdCにいわれるまでもなく、わたし自身の生活世界の深部に遡行すれば、人間と動物が連続した存在であることは自明である。そうでなかったら、わたしの研究仲間たちが生涯を懸けているような、野外で動物を観察しその行動の意味を理解しようなどという営為が持続されるはずもない。それは認識論の手前に息づく「われわれ」の実感である。わたしは、大きな図体でサバンナを闊歩し、河辺林でぼりぼりとタマリンドの実を嚙るヒヒたちに全身で魅惑されていた。自分が参入した理系の学問分野（霊長類学）は、生得的な行動プログラムが進化するという命題を理論的支柱（の少なくともひとつ）にしていたから、当時のわたしはその命題自体を括弧入れするほど過激な現象学の徒ではなかった。けれど、わたしがやりたかったことは、ダーウィン進化論と合致する何らかの仮説を定量的なデータから立証することではなく、ヒヒたちの「民族誌」を書くことであった。伊谷純一郎が「インターラクション・スクール」と命名した、霊長類の相互行為の構造それ自体を記述するという動向に参入したわたしより若い世代の研究仲間たちもまた、自分たちのしていることが進化メカニズムの解明だとは思っていない。(9) もちろん、この闘いは幾重もの困難さに包囲されている。社会生物学（英国での呼び名は行動生態学）が支配的なパラダイムとして覇権を掌握してからすでに四〇年が経つ。インターラクション・スクールにコミットする霊長類学者たちが相互行為現象それ自体を記述する論文を投稿しても、国際的な学術誌からは掲載を拒否されてしまうのである。

文化相対主義の世界像を撃破することを目標に掲げながら、「科学への代案を提示する」ことを避け、科学の人間化を提案するインゴルドの身構えに、気の短いわたしはついいらだつ。文化相対主義の世界モデルを粉砕するためには、多自然主義を額面どおりに受けとめる途しかないのではないか。実在世界の均一な平面が地球上を覆っているわけではなく、それぞれの世界観（文化）と不可分に組み合わさった自然がある。すなわち自然という平面に無数の罅が走っているというモデルである。このモデルに従って、第一節の末尾で紹介した、グイの「変身」（変態）について改めて考えてみよう。もっとも衝撃的な（.iv）だけに焦点を絞る。「カラハリではオタマジャクシはカエルにならない。」この民俗理論は、オタマジャクシを飼い、だんだん脚が生えていく様をうっとり眺めていた少年期のわたしの直接経験と決定的に背馳する。以下、Pは「命題」を表わす記号である。――P：「オタマジャクシはカエルになる。」／～P：「オタマジャクシはカエルにならない。」――日本ではPは真であり～Pは偽である。だが、カラハリではこの真理値が逆転する。Pが真である「自然Ｉ」と～Pが真である「自然Ⅱ」が地球上に並立している。するとⅠとⅡの境界が存在しなければならない。この境界を画定しえないことは直観的に明らかだ。もし画定がなされたならば、Ⅰで生まれたオタマジャクシを、境界を跨いでⅡに運びこむことができる。だが、そのオタマジャクシは「存在論的に」排中律に抵触するので、存在することそれ自体が矛盾となる。額面どおりの多自然主義から帰結する世界は、スペルベルが批判した「人類の認識世界のみならず認識可能世界までもが通文化的に多様である」という極端な文化相対主義が思い描く世界と見分けがつかなくなる〔スペルベル 1984〕。それは二つの異なる自然に棲む人たちのあいだのコミュニケーションの可能性を全面的に否定する。ゆえに、知覚によって直示的に認知できる事象については、同一の因果律が成り立つような自然が地球上を連続的に覆っているという仮説に与することのほうが、方法論的〔実践的〕に有効だということになる。こうして、括弧入れはまたもや揺らぐのである。

フィールドワークへの還帰

「存在論的転回」とは現地で自明とされている存在論を人類学者が再構成するという研究プログラムを意味するわけではない、という指摘がある。つまりもっとも重要な論点は、文化人類学の理論枠組が認識論〔私たちは世界に関する知識をいかに獲得できるのか〕から存在論〔世界を満たすもろもろの存在者はいかに成立しているのか〕へと転換しつつあるということなのだ〔Henare *et al.* 2007〕。このような態度変更への促しを以前どこかで読んだことがある。サルトルの『存在と無』である。その対他存在論〔邦訳第二分冊にあたる〕の冒頭でサルトルは次のように切りだす。カント、フッサール〔この書での表記はフッセル〕、ヘーゲル、ハイデッガーが、「独我論の暗礁」を乗り超えることにことごとく失敗した理由は、私と他者との関係を認識の問題として捉えようとしたことにあった〔サルトル 1958：60〕。他者の問題を立てるためには、私の存在のうちに身を置かねばならない〔前掲書：59〕。こうしてサルトルは他者からまなざしを向けられるという経験の分析に乗り出した。春日のようにすべての「定点」を否定するのでなければ、存在の問題を立てるとき認識の問題を捨て「私の存在のうちに身を置く」という出発点は正しい。それでは、人類学者にとって「私の存在のうちに身を置く」とはいかなる実践を意味するのか。いうまでもなくフィールドワークの直接経験に還帰することである。この視点からＶｄＣを見直してみよう。

「宇宙論的直示」以降のＶｄＣだけに注目することは、思想の生成を理解するうえで偏頗な手続きである。ブラジル・パラ州の熱帯降雨林に住む狩猟採集民アラウェテの民族誌『敵の視点から』でのＶｄＣは模範的なまでの構造主義者である〔Viveiros de Castro 1992〕。華麗な二項対立分析がカニバリズムに収斂することには知的興奮をかき立てられるが、狩人と動物たちとの交渉の記述を期待して通読すると、どこにも書かれていないことに驚く。何よりも、『文化を書く』の衝撃はどこへ行ったのかと当惑する〔クリフォード＋マーカス編 1996〕。文化人類学の標準でいえば、「厚い記述」を行うにはあまりにも短い。その全編はかつてスペルベルが批判した自由間接文体で埋め尽くされている〔スペルベル 1984〕。語りの転写資料は皆無で、唯一死者と対話するシャマンの歌だけが録音に基づいて全訳されている。古典的な手法で書かれた民族誌であると言わざるをえない。すると、次のような疑念が湧いてくることは避けられない。この構造分析は著者自身の豊かな想像力の産物ではないのか、アラウェテの人たちの宇宙論はそれほど均質なのか。

厚い記述に乏しい民族誌と出会うとき、わたしを襲う危惧がある。語りの表情を欠落させたテキスト（おそらくもっとも信頼するインフォーマントが語る精霊と神話世界の釈義）は、人びとによって生きられる思想、あるいはかれらの「非反省的生活」の微妙な陰翳に届かないのではないか。わたしがそのような陰翳に初めて目を啓かれたのは、幼い長女の健康が思わしくないことを心配していたキレーホが、ゲムズボックの胃の内容物を拾ってきたときだった（第三章第四節参照）。その理由を尋ねても彼は初めのうち答えたがらなかった。「おまえたち日本人にはわからないことだ。」彼の不承不承の表情こそが、不可視の作用に対するグイの両義的な態度を鮮やかに照らしていた。かれらは、みずからの対他存在が周辺性を負わされており、〈ナレ〉（感づく／予感する）や〈ズィウ〉（凶兆）にまつわる思想が「白人」から迷信と嘲られる可能性を鋭く自覚しているのだ。人類学者が現地の存在論を額面通りに受け取ろうと決意する手前で、現地の人びと自身がためらっている。〈キマ〉という概念の内包がいつまでも曖昧であることも、このような躊躇のもうひとつの現われである。論理の極端化はこのようなニュアンスを削ぎ落とすのである。

端的にいえば、ＶｄＣの民族誌で生き生きと躍動しているアクターは、シャマンと精霊だけである。ＶｄＣ自身が冒頭でいくぶん自嘲的に明かしているように、パトロール・ポストのそばにキャンプを構えたアラウェテの人びとは、日中の大半を無気力にごろごろして過ごす。ショットガン（！）を携えて密林に分け入る狩人が「歩いて歩いて歩く」ことによって環境を走査する軌跡が語られることはけっしてない。ジャガーと命がけで格闘する極限的なまでに情動的な経験に身を沿わせるべく苦闘する長いフィールドワークの過程をすっとばしてジャガーのパースペクティブを語ることに、わたしは根本的な空しさを感じる。ジャガーは人間の血をマニオックのビールと見るそうだが、彼の民族誌のどこにも現実の人間の血は流れていない。アラウェテの現在の姿に直面してＶｄＣがしどろもどろになることがもしあったとしたら、バンヴェニスト言語学や後述するドゥルーズとガタリに依拠してエレガントな論文を書く手前で、人類学者が直面しているしどろもどろにならざるをえない状況を見据えるステップが必要だったと思う。身体とは情態・傾性・力能の束であるという定式化は正しいが、彼のフィールドワークが狩人と動物双方の情態性のうねりにまったく届いていない（というか最初から関心外であった？）ことに大きな失望を感じる。

三　動物に《なる》こと

罠に誘惑される

前節の末尾でＶｄＣの民族誌に対する失望をことさらに述べ立てたのは、さぞかしスゴイのだろうという圧倒的な（ミーハー的な？）期待をもって長い時間を費やして精読したせいである。その構造分析のおもしろさを吟味することは別の機会に譲るが、この失望がムダではなかったことが本節の出発点となる。このような語り口が楽屋落ちめくことは心ぐるしいが、「書く」ことを真に読者に開かれたコミュニケーションとするためには、書き手の動機づけを明らかにすることがフェアプレイだろう。その楽屋裏とは以下のとおりである。わたしが『敵の視点から』への失望を広言したとき、一人の「お弟子さん」〔注（1）参照〕が「ＶｄＣの本当のところはドゥルーズとガタリを読まなきゃわからない」と忠告してくれた。構造主義者やポスト構造主義者から嘲られながらも〔レヴィ＝ストロース 1977：88–89、フーコー 1974：345–347〕わたしは現象学という古くさい意匠にしがみつき、ポストモダン食わず嫌いを自認してきた。だが、この忠告を受けてしぶしぶ読んだ。そして深く揺り動かされた。このことが、本章の方向を大きく変えることになった。

ベルリンの壁崩壊の九年前、一九八〇年に原著が刊行された大著『千のプラトー』で、ドゥルーズとガタリは、動物に《なる》(*devenir*)(10) 可能性に開かれていることこそ、人間のもっとも豊かな潜勢力であるという驚くべき議論を展開した〔ドゥルーズ＋ガタリ 1994〕。この啓示が与えた衝撃は、三〇年近い歳月の後にわが国で組まれた『現代思想』の特集「人間／動物の分割線」に掲載されたデリダの論攷にも鮮明に刻印されている〔デリダ 2009〕。外部なき資本主義が世界を覆い尽くすより一〇年近くも前に、彼らは、資本主義の内閉の中で知はいかに生き延びることができるのかを破天荒なスタイルで問うていたのである。

『千のプラトー』を何の予備知識もなく読み始めると、譫妄的な長広舌の大規模版ではないかと唖然とする。しかし、不思議なことにこの隠喩の嵐にだんだん身体が馴染んでくることに気づく。しかも、最初、隠喩としか思えなかった独特な用語が次つぎと厳密に定義されることに脱帽せざるをえなくなる。それにしても、このスタイルはいったい何だろうか。ドゥルーズとガタリは別の所で次のように明言している。

肝心なことはもはや議論することではなく、かえって、ひとが自分に割り当てる問題のために議論の余地なきいくつかの概念を創造することである。創造行為に対しては、コミュニケーションが到来するのは、いつだって早すぎるのか遅すぎるのかのどちらかであり、対話は、つねに余計なものである。［ドゥルーズ＋ガタリ 1997：43］

すなわち、彼らの哲学は「反コミュニケーション」なのだ。第五章での考察に従えば、それは罠である。罠に近づいた者には二つの選択肢しかない。魅惑されるか回避するか。コミュニケーションの手前ですでに現存し、魅惑または反撥を掻き立てることこそ身体の特性である。そのように考えると、ドゥルーズとガタリを読むことは、巨大な身体としての言説に遭ってしまう出来事なのだということがわかる。新しい概念を隠喩的にしか呈示せず、それに直観と感性を総動員して身体として馴染むことを読者に要求することは、彼らにとって譲れない方法論的な核であったのだろう。端的にいえば、分析哲学的な論証と現象学的記述双方からの訣別を断行せよ、制度化された知から離脱せよ、という挑発である。彼らは、私たちに骨の髄まで染みこんでいる思考の習性を変更することを求めている点で苛烈である。わたしは論理的な明証性を自分が書くことの羅針盤としてきたが、世界と新しく出遭いなおすためにはそれさえをも解体すべきなのかもしれない。いや、そんなふうに深刻ぶらなくても、彼らの自由闊達な書き方は私たちを軽やかにする。わたしは彼らに劣らず多量のミステリーとB級映画に膨大な時間を浪費してきた。だが、わたしにとっては単なる気晴らしにすぎなかったそれらの作品が、彼らにとってはかけがえのない思考の触媒となっていたことに、わが身の不明を恥じた。もっと自由に書いてもよいのだ……。それゆえ、以下では、わたしも少しハメをはずす。それがつまり「知の制度化」からのささやかな逃走線なのかもしれない。

関係性への埋めこみ

とくに第十章「一七三〇年——強度になること、動物になること、知覚しえぬものになること」は汲み尽くせない啓示に溢れている。「ある〈此性〉の思い出……人称や主体、あるいは事物や実体の個体化とはまったく違った個体化の様態がある。われわれはこれを指して〈此性〉hecceïté と呼ぶことにする。ある季節、ある冬、ある夏、ある時刻、ある日付などは、事物や主体がもつ個体性とは違った、しかしそれなりに完全な、何一つ欠けるところのない個体性をそなえている」[ドゥルーズ＋ガタリ 1994：300、強調は原文]。「きみたちにはある一日、ある季節、ある一年、ある人生などの個体化がある（それは持続とは無縁である）。また、なんらかの気候、一陣の風、霧、蜂や動物の群れなどの個体化がある（それは規則性とは無縁である）」[前掲書：302、強調は原文]。これこそ今まで哲学者によって書かれたもっとも美しい文章の一つである。私たち一人一人が他に置き換え不可能な〈此性〉として動物に《なる》可能性に開かれているという認識は、私たちのセクシュアリティを新しく捉えなおす契機にもなる。たとえば、男としてのわたしが、恋する女の太腿を締めつけるストッキングの感触を夢想するとき、わたしの身体はいくぶんかその女に《なって》いるのである。

このような視野に立つならば、前節で述べた、経験主義者の口吻を借りた「額面通り多自然主義」批判に対して、再反論を行うことができる。グイはもともと、オタマジャクシの変態をじっと見届けるといった観照的な身構えとは無縁に生きている。同時に、わたしは「オタマジャクシがカエルになる」という「客観的真理」(?)をかれらの前で実験によって証明しようなどとは金輪際思わない。そのような関係性が、かれらとわたしが共に暮らしてきた長い歳月の底にすでに沈殿している。スガワラがいくぶんなりともグイに《なって》いるからこそ、カラハリにおいては、わたしにとってさえも、オタマジャクシはカエルにならないのである〔第二章第三節の「ダチョウのペニス」に関する議論を参照のこと〕。

わたしは第五章で記述した「ヒョウを焼き殺した」語りを聞いたとき、なぜ名状しがたいむごたらしさを感じたのか。その背後には、この動物へのわたしの特別な思いがある。少年時代から豹を「この地球上でもっとも美しい動物」だと思い定めてきた。上野動物園の豹の檻の前でどれほど長い時間を過ごしたことか。長い年月が経って、次のような文章に出会い震撼した。

「さあ片づけろ」と監督はいい、断食芸人は藁ごと埋められた。しかしその檻のなかには、一頭の若い豹がもたらされた。あんなに永いこと荒れはてたままだった檻のなかを、はずむようにこの猛獣が動き回るさまを見るのは、どんなに鈍い感覚の持ち主でも、気分の一新する思いだった。〔中略〕自由ですら、それを失って悲しんでいるようには見えなかった。必要なものははちきれそうなほどすべてそなえたその高貴な身体は、自由をもいっしょにもち運んでいるみたいだった。自由は牙と歯のどこかにはさまっているみたいだった。生きる歓びがその喉の奥からはげしい灼熱となってほとばしるので、観衆たちがそれにたえることは容易ではなかった。しかし彼らはそれをも克服し、檻のまわりに群がって、いっこうに立ち去るけはいを見せなかった。〔三原 2005：25〕

カフカもまた、わたしと同質な豹への思い籠めを共有していた。その思い籠めを表現するこれ以上の文章は、もう二度と書かれることはないだろう。もちろん、同じゲノムを具えた単一「種」としてのヒョウが、カラハリの原野にもプラハや東京の動物園にも存在していると信じることは上空飛行的である。だが、動物園の豹が文化的に構築されているなどと言うのは愚かしい。極端にいえば、カラハリで嬲り殺しを免れた豹が日本に移転され、少年のぼくを魅了したという想定さえ可能だ。二つの存在論のあいだにリジッドな境界があるわけではなく、身体は異なる関係性（制度化）の場へと連続的に移動しうるのである。さらに遡行すれば、この分析の背後には、そもそもなぜ「今ここ」でわたしがカフカの豹を想起することへ促されたのかという動機づけがひそんでいる。

写真8－4　豹
2012年３月松山動物園にて

本章の原型を考え始めていた頃、わたしはある女がわたしの前で不思議なふるまい方をするのを目の当たりにして、こいつは豹のようだ、と思った。しかも、この連想にはまだその背後がある。ゴリラ研究者の山極寿一がもう十数年も前に、彼が一緒に仕事をした高名な女優を評して「豹のような女でしたわ」と述懐するのを聞いて深い印象を受けたのである。このようにたぐっていくと、ネットワークの外部に自律的に実在する野生の豹に出会うことなどありえないのではないか、とさえ思えてくる。だが、他方では、その身体は「保護色」としてあの斑紋を進化させたのかもしれないという夢想もまた、わたしから切り離せないものなのである『写真8－4』。

リトルネロ（リフレイン）

『千のプラトー』第一一章「一八七三年――リトルネロについて」も深い啓示に満ちている。ここでドゥルーズとガタリが有力な導きの糸とするのがロレンツに代表される行動学《エソロジー》である。「リトルネロとは、表現的になったためになわばり化〔訳文では「領土化」〕されたリズムとメロディーのことであり、リズムとメロディーが表現的になるのは、なわばり化をおこなうからである」〔前掲書：366〕。「……動物が異性の相手に自分のテリトリーを開くとしよう。この場合は二重奏による複合的な〈リズムの人物〉が成り立ち、たとえばアフリカのモズの場合、交替する歌が、つまり交唱があらわれる」〔前掲書：370 強調は引用者〕。この部分を読んでびっくりした。これはカラハリの**ボーリーゼラ**（話す鳥＝ヒメヤブモズ）のことではないか。第四章第一節の【4－2】⑤を再録する。「雄と雌が鳴きかわす様子が、人間が長ながと挨拶をしあっているように聞こえる。」さらにドゥルーズとガタリは論じる。なわばりとはコードの余白に出現し、環境からの移行の場となる最初のアレンジメントである。そのアレンジメントが音を発するときリトルネロ（リフレイン）が生まれる〔前掲書：372-373〕。

ジョギングのあとの思い出……わたしは、小さな天満宮のベンチに腰掛けて煙草を吸っていた。樅の木のてっぺんでカラスがちょっと変わったトーンで鳴いた。長い間隔を置いてまた鳴く。何か奇妙に感じ、耳を澄ましていたら気づいた。比叡山の方向、何キロも離れた所から、応えて鳴いているカラスの声がかすかに聞こえたのだ。たしかに、わたしは少しずつ、変わりつつある（きょうまで、そんなことには気づかなかったのだから）。

ある中学生の思い出……ＳＦマガジンベスト№1という短編集を中学二年の頃愛読した。そのなかにこんな短編があった。筆が進まない作家は毎朝窓辺から聞こえてくる小鳥たちの囀りが自分への嘲りだと感じる。「ブンガク、ブンガク。」だが、ぼくには理解できない。どうして小鳥の囀りがこんな風に聞こえるのか？　天満宮のベンチで、小鳥がチュクチュルルチュクチュルルと、まるで、ピーシツォワゴを欺したガマネ（ハヤシヤブヒバリ）のように、つまり人が早口でしゃべるように言っているのを聞く。突然、了解がおとずれる。半世紀のあいだ忘れていた中学生の疑問が氷解する。あの小鳥は、literature, literature と言っていたのだ！　このとき、わたしは、「イカオ・カワ・キャ・アー（おまえたちはおれを知るだろう）」と嘯くムナジロガラスは妖術師の隠喩的象徴などではなく、妖術師がカラスに《なっている》のだということを初めて理解する。

サルの群れと走る――伊谷純一郎の身構え

だが、今に始まったことではないのだ。半世紀以上前に、森の中で他者たちが発するリトルネロに没入した青年がいた。「彼らの声はじつに多様である」ことへの魅惑から出発し「わたしは、まずそのひとつひとつを」できるだけ正確にノートに書き記そうと決意する［伊谷 1954/2007 : 98］。

> 森林の中にいる一匹のサルにとって、群れというものは、あるひろがりのなかから聞こえてくるさまざまな音声の束

ではないだろうか［前掲書：101］。……わたしになしうるもっとも強力な刺激を群れに与えること……群れを完全に混乱におとしいれ、そこから彼らが、どうして秩序をとりもどすかを見たかった［122］。……群れの後尾に突入したのだ。わたしの一〇メートルばかり下を、わたしと平行して走るやはり大きなサルが一匹いた［124］。……クマイチゴの太い枝を、わたしは走りながら鎌できった。その枝がわたしの頭上をふわりととんで、うしろに落ちるのが見えた。……［125］

わたしはこの青年がサルに《なった》と言いたいわけではない。また彼は、ル・クレジオの傑作小説『調書』の主人公——何もすることがないので、ある午後から夜七時過ぎまでひたすら雌犬をつけ回したアダム・ポロ——からも遠く隔たっている。なぜなら彼は、他者たちの社会の隠された真実を明るみに出すことに全力を傾けていたからである。右手で計数機を持ち、左手で双眼鏡を支えながら、谷を通り抜ける群れのほぼ全頭数を数えたときの緊迫感に満ちた描写。「しかし、おそろしく多いぞ。多いぞ。まだ通ってゆく。こんなにたくさんいたのか。おそろしく多いぞ。一匹も見のがすな。……もうすこしだ。頑張れ。いまやめたら、すべてが水の泡だぞ。これはたいへんな群れだ。たいへんな群れだ」［前掲書：155］。しかも彼は布団に入ってからもこの他者たちに思いを凝らし続ける。「夜、目をふさぐと、たくさんのサルがあらわれた。……この幻覚のサルたちからのがれるために、もう一度ノートをとりだした。その現象が、私の体系の中で、安住することのできる理論を考えだしたり」した［前掲書：86、強調は引用者］。

この青年に取り憑いていた妄執ともいうべき確信は、動物の社会には構造があり、自らの「なしうること」すべてを傾注すれば、その構造に接近できるということであった。いま、わたしたちはごく素直に問うことができる。それは、地球を覆う「単一の自然」の一分節ではないのだろうか、と。だからこそ、わたし自身もこの「サルたち」の親戚である「ヒヒたち」の社会構造をいくぶんなりとも明らかにしえたのではなかったろうか。

四　自然誌的態度としての自然主義

自然誌的態度

「自然主義《ナチュラリズム》」とは不幸なことばである。フッサールが生活世界に侵入する「数学化」を批判して以来〔フッサール 1995〕、自然主義は、科学的な法則性によって人間の心理・行為・社会を説明する誤謬として現象学の流れを汲む哲学者たちから批判されてきた〔Olafson 2001〕。メルロ＝ポンティもその例外ではない。彼の著作を彩る自然主義への敵意は、ときとして教条主義的にさえ感じられる。本書で参照してきた文化人類学者たちのほとんどすべて（文化唯物論者のハリスを除く）が、自然主義を仮想敵に据えていることは明白である。だが他方では、私たちは野鳥や植物の観察に没頭する自然誌家《ナチュラリスト》に敬意を払うし、自然史《ナチュラル・ヒストリー》博物館の陳列品に魅惑される。おそらくどんな峻厳な現象学者も、ファーブルを私たちの世界認識を歪める悪役として敵視したりはしないだろう。文化人類学者は、ファーブル昆虫記的な自然誌のことは忘れ、人間を研究対象とした自然主義を、遺伝子還元論や生物学的決定論、なかでも社会生物学（行動生態学）と同一視しているのである。

これとは対照的なのがアメリカで隆盛をきわめている「心の哲学」である。この潮流に連なる哲学者たちは現象学的な括弧入れへのこだわりをさっぱりと捨て去り、脳神経科学をはじめとする自然主義の成果をみずからの思考に貪欲に吸収している。ギャラガーはメルロ＝ポンティの思考を現代に甦らせることに努めているし［Gallagher 2005］、シャピロは進化によって必然的に収斂する機能的なデザインに注目して、身体化の理論に優れた寄与をなしている［Shapiro 2004, 2011］。だが、天下りの知識に従属することを徹底的に回避するというフッサールの最初の志を忘却することは、科学という至高の権力に対する批判精神を鈍らせるのではないかという危惧をわたしは抑えることができない。人類学はあくまでも自然主義に対して「ねじれた関係」を保ち続けるべきである［菅原 2013a］。

ニホンザルの群れから湧きあがるリトルネロに魅せられた青年に戻ろう。伊谷はサルになったわけではないが、客観的な観察者になろうとしたわけでもなかった。いわば彼は人間と動物のあいだの境界を走り続けていたのである。現象を了解可能にする「私の体系」を創りだすことをめざす彼の野心は、「真理は一つ」を掲げる客観主義の対極にあった。さらにこの青年は長じてアフリカに行きチンパンジーの観察を続ける一方で、「自然に埋没して」生きる焼畑農耕民と動物との関わりを徹底して究明することに十数年の歳月を費やした。こうして私たちは序章の末尾に戻ってくる。多くの人類学者の用法に抗して、わたしは伊谷が体現していたような自然誌へのコミットメントを新しい意味での自然主義と呼ぶ。

現象学的自然主義は進化と出遭うか

わたしにとって、動物について書かれた最良の文章の一つを最後に挙げよう。さっきのカフカの豹のように、この文に出遭ったことも、わたしの個的な生を満たす幾重もの動機づけの連鎖に促されている。わたしの実家は東京にあったが、姉は新潟県の旧家に嫁ぎ、病を得て六五歳で他界した。葬式のとき喪主を務めた彼女の長男の挨拶にわたしは胸をうたれた。姉は無類のミステリー好きで、あまり親しい友だちもいなかったから、息子を保育園に迎えにも行かず、風通しのよい窓辺でひたすら探偵小説に読み耽っていたという。あとに膨大な蔵書が遺された。そのかなりの部分はわたしも読んだものだったので、未読の文庫本だけ選んで形見分けしてもらった。もし、このような経緯がなかったら、わたしはけっしてこの小説に出遭わなかったろう。ここでもまた、動物は剥きだしの姿でわたしにおとずれたわけではなかった。わたしが内属する産業社会に特異的な関係性の網の目が、ある動物をわたしに差し向けたのである（エピグラフにはこの一部を掲載した）。

……カラスの群れの話です。彼らは朝から晩まで空を飛びまわり、トウモロコシや穀物を盗んだり、光り物を探したりして、満ち足りた生活を送っていた。そんなある日、たまたま湖の上にやってきて、静かな湖面に映った自分たちの姿を見るんです。その上で急降下したり、舞いあがったりする姿のなんと力強く、優美なことか。そんなふうにしてしばらく遊んでいたが、やがて飽きてきて、今度は湖をからかい始める。……

ジェス・ウォルター『市民ヴィンス』(田村義道訳):175、ハヤカワ文庫(2006)

カラハリのムナジロガラスが妖術師の変身した姿であるのなら、この幸せなカラスたちをわたしの姉の化身だと言いきってもよいのかもしれない。だが、現象学的実証主義の譲れない一線は、神秘主義から身を遠ざけることである。ゆえに、わたしは自然主義のほうへ舵を切る。――カラスにはカラスの世界がある。人間は、自然誌的記述によって、その世界の構造のいくぶんなりとも知ることができる。それは、資本主義社会が可能にした、一つの潜在可能性である。わたしがもし鳥類行動学者だとしたら、今よりもずっと生き生きとカラスの歓びを想像することができるだろう。もし、そのわたしが、カラハリでムナジロガラスやツルハシガラスの研究をしたら、カラス＝妖術師の物語に魅惑されながらも、同時に、「カラスはこんなふうにシエク(結婚)やザーク(恋人関係)をするんだぜ」とキレーホに語り聞かせることができる。きっとキレーホは目を輝かせておもしろがるだろう。そのとき、わたしとキレーホを隔てる境界は攪乱されている。

自然主義へのやみくもな敵視は、こうした対話の可能性を閉ざす。進化論が仮想するような単一の生命の連続のなかに人間も動物も共に参入している、という「仮説」にいつも胸をさいなまれながら、人間社会の記述を続ける。認識の徒(思考の専門家)としての人類学者がすべきことは、人間社会の記述を自然誌化することであり、それと同時に、動物社会の記述を「哲学化／思想化」することである。インターラクション・スクールに連なる霊長類学者たちがやろうとしているのは、後者である。還元論と客観主義に屈服せずにそれを行いうるはずだ。この方向を追究するのであれば、現象学的実証主義という方法論をさらに一歩進めて、より遠大な射程をもった探究を構想する必要がある。それは「自然誌化された現象学」または「現象学的自然主義」と呼ぶにふさわしい新しい知を生むだろう。

だが、果たしてそれは可能だろうか。わたしがもっとも深く傾倒してきた思想家メルロ＝ポンティは、突然の死が彼を襲うよりおよそ半年前に「標題なし」の草稿を書きつけた。

（私は進化論的な見方に疑いをさしはさむ。私はそれに代えて、見えるもののコスモロジーを提唱する。それは、内部時間（endotemps）と内部空間（endoespace）とを考察することによって、私にとってはもはや起源の問題も、極限の問題も、第一原因へ向かう出来事の系列の問題も消え去り、あるのはただ一つ、永遠につづく存在の炸裂だけだ、という意味においてである。系列的なものか‐永遠のものないし理念的なものか、といういっさいの二者択一の彼方にある「世界の輻《や》」からなる世界を記述すること——実存的永遠性——永遠なる身体を定立すること。）［メルロ＝ポンティ 1989：391 強調は「存在」を除き引用者による］

メルロ＝ポンティはどこへ行こうとしていたのだろう。推測しようにも、あまりにも謎めいている。少なくともこの時点で、彼は「進化」をみずからから切り離そうとしていた。それゆえいかなる「始原の物語」もまた思考から追放されなければならなかった。内部存在論（内部時間と内部空間）を徹底的に推し進めるとしたら、進化という外的過程に人が出遭うことはありえないと彼は考えたようだ。それにしても「永遠につづく存在の炸裂」［強調は原文］、「永遠なる身体」とはいったい何のことか。彼は線状的な時間系列上で存在を捉えることをやめようとしていたのかもしれない。もしそうだとしたら、超遠大な時間を経て起きる生物身体の生成変化の過程を究明する進化論とは永久に交わりえないことは明らかだ。現象学的自然主義を追究したとしても、私たちはけっして進化に内側から触れることはないのかもしれない。だが、他方でわたしは仄かな希望ももっている。「見えるもののコスモロジー」とはすなわち、直示的認知を根気づよく幾重にも束ね合わせることによって、人間と動物を包みこんだ宇宙（それが自然なのだろうか）へ到ろうとする意志のことではないか。括弧に入れられ作動を停止されている「進化」にスイッチを入れる必然性がわたしに到来するかどうかはわからない。けれど、ともかく始めてみようではないか。

――ある生物学者の思い出……彼が夏を過ごすニュー・ハンプシャーの別荘の周りではアメリカムシクイという小鳥が飛びまわっている。毎年、八月二五日の夜に群れがいっせいにワタリを開始することに気づく。いったい何が鳥たちをそうさせるのか？　いろいろ考えたあげく、温度の急激な低下と連動して日照時間がある長さを下まわることにしか原因はない、と結論する(11)［Mayr 1976 : 362 ; Ingold 1996 : 33 に引用］。

鳥が飛び去って行く「この日」……かけがえのない此性と単独性。だが、それは規則性に繋がってゆく。その先に進化があるのかもしれない。

注

（1）最初に書いた内容を大学院のゼミで発表し、わが「お弟子さん」の一人から激しい批判を浴びた。それを受けて、初稿のかなりの部分を廃棄した。この節をすべて葬り去れば傷を負わずに済むかもしれないが、やはり現時点でのわたしの志向姿勢を書きとめておく必要があるだろうと結論した。

（2）この背景には、わたしの驚くべき怠慢がある。二〇〇三年に、翌年わたしが主催する予定だった国際ワークショップに関する相談のために、ハイデルベルクを訪れ、ナミビアのハイオム・ブッシュマンを研究しているトーマス・ウィドロックと議論した［Widlok 2000］。わたしがグイの狩人の感応について話すと彼は「それじゃカネッティの*Crowd and Power*を読むべきだ」と言った。『群衆と権力』のことだとすぐにわかったが、帰国してからその本を覗くことも忘れ、長い時間が過ぎた。そして、二〇一〇年ごろ島根大学の出口顕が突然研究室に電話をくれて（わたしはまたミステリー情報をくれるのかと思った）、「カネッティに菅原さんの〈ナレ〉とそっくりのことが書いてありますよ」と教えてくれたのである。この場を借りて、出口氏に深く感謝する。

（3）「変態」という問題について、中川裕はより精緻な分析を展開しているが、ここではわたしが中川の研究よりも前に獲得しえた知識にかぎることにする［中川 2001］。

（4）生態人類学が無謬だといっているわけではない。「生態人類学は思想闘争をサボった」というかなり激越な告発文を公表したことがある［菅原 2006b］。

（5）まず自分の手札をさらしておく必要がある。この潮流、およびそれと関連する動向についてわたしが完全に読んだ著作は、序章で参照したもの以外では、ジェルの『芸術と作用』［Gell 1998］、そしてラトゥールの『科学論の実在』［ラトゥール 2007］と『虚構の「近代」』［ラトゥール 2008］だけである。彼の『社会的なるものを再集積する』［Latour 2005］は半分ちょっとで放り出してしまった。だから、以下の懐疑はきわめて予備的な態度表明にすぎない。むしろ今後の議論の触媒となることを願って書く。

（6）ANTに対する疑念はまだあるが、本書の主題と直接関連しないので、注においておく。ANTは、すべてのモノを人間と対称的なアクターとして捉えるというみずからの野心を本当に完遂できるだろうか。ANTの何よりも優れた特質はそれが徹底的な内部存在論であるということだ。熱帯雨林の辺縁から論文が作成される研究室へと連続する単一の平面から離脱した鳥瞰的視点（超越的という用語は超越論的とまぎらわしいので不適切）に上昇することを断固として拒否する。だが、この平面の選択は恣意的ではないのか。揚げ足をとるわけではないが、ラトゥールが分析対象とした研究プロジェクトに動員されるすべてのアクターの紡ぎだすネットワークを辿ることは不可能である。研究者が穿いていた靴、愛用のボールペン、フィールドに赴くために使った四輪駆動車、等々。それらのアクターはそれぞれ別種の平面上で他のここからは見えないアクターたちと連鎖している。それらを当面の問題にとって非関与的であるとして切り捨てることが許されるのは、この平面を選択することが「熱帯降雨林とサバンナのどちらが拡大しているのかを明らかにすることは重要である」と決めた制度的な知によって正当化されているからである。この制度的な知それ自体もきわめて複雑なネットワークをなしているであろう。分析を可能にする一平面を選択することの根拠を問うことが無限背進を招きよせるのではなかろうか。

(7) ここで、わたしは徹底して主知主義の立場にたつ中川敏の『言語ゲームが世界をつくる』[中川 2009]を思い起こしている。中川の思考はANTとかなりの同型性を示しているが、「燃素」すなわち酸素が「発見」(制作か?)される以前には酸素は存在しなかった、と言いきる点でさらに過激かもしれない。別稿で「言語ゲームの外部に存在するすべてから「絶縁」するという中川の方向性には異議を申し立てざるをえない」と書いたときも[菅原 2012:59]、言語ゲームの境界すれすれをかすめ飛ぶ鳥たちのことを考えていた。

(8) この用語はあまりに生硬であるという河出書房新社編集部の小池信雄氏の批判を受けて、処女作『身体の人類学』では「共通感覚」に置き換えた。

(9) インターラクション・スクールの研究成果を集めたユニークな論集『インタラクションの境界と接続』に収められた霊長類学者の諸論文を参照すれば、かれらのめざしていることが把握できる。とくに中村美知夫の論考は、霊長類の相互行為研究の独自性と可能性を明確に示しており有益である[中村 2010]。

(10) *devenir* は英語にすればまさに becoming という日常語である。「生成変化」という訳は仰々しすぎるとわたしは思う。もちろん《なる》ことは「子どもがおとなになる」といった自然的過程とは厳に区別しなければならない。だが、それを特別な回心のように捉えることは、著者たちの挑発から身を逸らすことになるだろう。

(11) これを書いたエルンスト・マイヤーは、種の概念について深い思索を凝らした、優れたダーウィン主義進化論者である。彼は、何千世代にもわたる自然選択によって、環境条件の特有な組み合わせ(この場合は日照時間と気温)に特定のやり方で反応するよう誘導する遺伝的性向が進化したと考えた。インゴルドは、狩猟民の「最適採餌戦略」もこれに類した自然選択によって確立したという考え方を批判する文脈でマイヤーを引用しているのである。

エピローグ

二〇一〇年はわれわれの調査の大きな節目になった。調査チームの全メンバーが何年にもわたってこつこつ原稿を書き溜めていた『グイとガナの文化と社会百科全書』が四月初旬についに完成した［Tanaka & Sugawara eds. 2010］。八月二四日には、コエンシャケネの中心部にある屋外の集会スペースで定住地のお偉方や役人に集まってもらい、この百科全書二〇冊の贈呈式をした。同時に丸山淳子が在ボツワナ日本大使館のご厚意で寄贈してもらったサッカーボール一〇個も贈呈した。再定住地では、他のアフリカ諸国と同様に、サッカーが大人気である。全部で五チームあるが、わが「親族」たちがサポーターになっているチームは「ハングリー・ライオン」と称する。ライオンによる人殺しの語りに長く沈潜してきたわたしには刺激の強すぎる名前である。チームの有力メンバーであるツートマの五男カヤマー（第六章に登場したレメシの弟）がボールを受け取った［写真9-1］。わたしの初めての調査のとき砂の上をハイハイしていた一歳未満の赤ちゃんが、眩しいほど偉丈夫の青年に成長したことに歳月を感じる。わたしは何日も前から準備していたグイ語のスピーチを読みあげ、喝采を博した。ギュベがまるで介添人のようにわたしの隣に立っていてくれたのが心づよかった〔写真9-2〕。

三年後の二〇一三年八月。久しぶりに再定住村コエンシャケネにたくさんの日本人研究者が集まった。グイの女の採集活動や初潮儀礼・治療儀礼について調査してきた今村薫、再定住化計画の強行に直撃されながら子どもの民族誌で博士論文を書いた秋山裕之、母と乳幼児の相互作用分析から出発しナヴィゲーション研究や会話分析に歩を進めた高田明、再定住地でグイとガナの生存戦略と国家の開発政策との緊張関係を見つめ続けてきた丸山淳子[1]、高田の指導する修士課程一年目の関口慶太郎、そしてわたしの総勢六名。高田は一足先にフィールドを

写真9-1　贈呈式
2010年8月コエンシャケネで。右から、サッカーボールを持つ丸山淳子、再定住地の地域別サブヘッドマン、ツートマの五男カヤマー。

写真9-2　スガワラのグイ語スピーチ
右側がギュベ。

去ったが、われわれ五人は中央カラハリ動物保護区内への一泊旅行をすることになった。

丸山の最初の調査はすでに再定住計画が実行されたあとのコエンシャケネで始まった。だから驚くべきことに彼女は二〇〇〇年一月に初めてグイ／ガナの人びとと出会ってから一三年間以上のあいだ一度として動物保護区内に足を踏み入れたことがなかったのだ。かれらの故地を訪れることは彼女の長年の悲願だった。住民を移住させてからの保護区は、ボツワナの他の保護区・国立公園と同じく、野生生物局の厳重な管理下におかれ、観光客は指定されたキャンプサイトでの宿泊（テント設営）をあらかじめ予約しないと立ち入ることができなくなった。そのため、丸山はハンシーの町まで出向き、野生生物局の事務所で予約を済ませてくれた。再定住地の「日本人キャンプ」で毎日寝起きしているテントを畳むのは面倒だったので、秋山とわたしは、それぞれが借りていたレンタカーの中で眠ることにした。こうして車二台を連ねて八月二四日（土）朝八時半に出発した。

秋山の運転する車に今村と関口、そして頭脳明晰なガナの男トウノウがガイド役として乗り、わたしの車の助手席に丸山が乗った。保護区へ続く砂道に入ってすぐに、すさまじい悪路であることに驚いた。いわゆる「洗濯板」状に波打っていて、車は今にもぶっ壊れそうに振動する。セカンドかサードのギアで慎重に進んだが、一度、深い砂にタイアが埋まり、ロウレインジのギアに落としてもなかなか脱出できずぞっとした。再定住計画が実施されるまでは、こんな悪路をカデまで通っていたのかと、すでに記憶が薄れた昔の調査の苛酷さに今さらながら感じいった。

保護区のゲート手前に広がる大きなパンでゲムズボックの大群に出くわした〘写真9-3〙。カデに通いつめていた一五年のあいだ、こんなにたくさんの野生動物を見たことは一度もなかった。野生生物保護の名目で住民を

写真9－3　ゲムズボックの大群
2013年8月CKGRの手前で遭遇した。

追い出した政府の施策は、口惜しいことであるが、たしかに動物の数を飛躍的に増大させたようだ。

一一時五〇分。保護区のゲートで立ち入り許可を受け、懐かしのカデに到着した。だが、きょう予約したキャンプサイトはカデからさらに八〇キロ北上したパイパー・パンなのだ。休む暇もなく出発した。ブッシュの中を走る狭い轍跡が懐かしい。一四時ごろ道が下り坂になる手前で眼下に美しいパンが広がった。双眼鏡を覗くまでもなく、大きな羚羊類がうようよしているのが見える〔写真9-4〕。キャンプサイトはこの下り坂から少し戻った場所にある。ここで、今村が作ってくれたマカロニのクリーム煮に舌鼓を打った。すでに一四時半だ。腹ごしらえをしてすぐにパンに下った。ゆっくり車を走らせているとひっきりなしに動物の群れに出会う。さっき保護区に入る前に遭ったゲムズボックの他に、スプリングボック、ウィルデビースト、クーズーなどがたくさんいる〔写真9-5〕。わたしがとくに関心を払ってきたアフリカオオノガンも間近に見ることができた。

パンを一めぐりして、動物用に作られた人工の池のほとりでのんびりしているとき、キクスズメの群れがちっとも人間を怖れずに地面で餌をついばんでいることに気づき、何度もシャッターを切った。そのとき、恐ろし

写真9－4　パイパー・パン

い声が聞こえた。「ムオォウ、ムオォウ、ウォッ、ウォッ、ウォッ……。」子どもの頃から上野動物園に足繁く通っていたわたしは、夕暮れどきに放飼場から檻に導き入れられた雄ライオンが轟くように咆吼するのを何度も聞いていた。何よりもエチオピアで雌ライオンの眼前をバイクで横切ってしまった恐怖体験は身体の奥底に焼きついている。反射的に車に走った。だが、運転席に跳びこんでからふり返るとみんなのんびりしている。「あれライオンの声？」とか呑気に言いあっているのを聞いて、わたしも怯えているのがアホらしくなって、かれらのもとへ戻った。腰に吊した双眼鏡を取り出して覗くと数一〇〇メートル先に雄ライオンがうずくまっている黒っぽい姿が見えた〔写真9－6〕。他の日本人たちに「双眼鏡貸して！」とせがまれ、「双眼鏡持ち歩くのは鉄則だぞ」とか、えらそうに言いながら渡してやった。すぐに左手の茂みから別のやつが吼え始めた。トウノウが解説してくれる。「痩せこけたライオンだ。あそこにいるやつは『腹がへった、猟に行こう』と言っているが、茂みのやつは『おれを待て、おれを待て』と言ってなかなか行こうとしない。」わたしはぼやいた。「早く遠くに行かないかなあ。ずっと吼えられたら、怖くて夜はクソにも行けやしな

a

b

c

写真9－5　a）ゲムズボック　　b）ウィルデビースト
c）クーズー牝の群れ

写真9－6　咆吼する雄ライオン

い。」トウノウはすずしい顔で答えた。「吼えているうちはまだいいのさ。われわれを食う気になったら、黙りこくって忍び寄ってくるぞ。」わたしは「アエッ、おまえはおれを怖がらせる」となかば本気で嘆いた。

実際、ライオンの声は夜遅くまで聞こえた。翌日の夜明けはさすがに野グソに行く気にはなれず、キャンプサイトに設置されている、塀に囲われた洋式便器で用を足した。

トウノウがさっさと焚き火を熾してくれたので、紅茶だけ飲んでそそくさと出発した。せっかくここまで来たのだから、さらに八〇キロ北上して、野生動物の楽園として知られるデセプション・ヴァレーまで行くことにしたのだ。「欺きの谷」——どうしてこんな変な名がついているのかわたしは知らない。「あまりに浅いので谷とは思えない」という意味かもしれない。一九七〇年代に行動生態学の手法でライオンやカッショクハイエナの社会構造を明らかにしたオーエンズ夫妻の名著『カラハリ』は、この外界から隔絶された土地での夫婦二人だけの長期滞在から生まれた。この本に深い感銘を受けていたから、デセプション・ヴァレーは憧れの地であった。昨日すでに見た動物たちのほかに、セグロジャッカル、オオミミギツネ、痩せこけたイボイノシシ、ホロホロチョウの大群、そしてキリンに出遭った。

後で、秋山たちは雌ライオンとミツアナグマを見たと聞いた。

デセプション・パンは不思議な風景だった。まるで巨大な爆心地のように黒い土に覆われた円形の土地である。土は黄色っぽいカラハリ・サンドとは別ものに見える。周囲には動物の姿はまったくない。どうしてこんな奇妙な地形ができたのか、地質学の素人には見当もつかない。きょうはわたしの車に分乗したトウノウに丸山が「クアはこの土地を狩猟採集で使わなかったのか?」と尋ねたが「だれも来たことがない」という答え。何か不吉な意味づけがなされていたのだろうか、とわたしは聞き耳を立てるが、「どうしてこの土地を使わなかったのか理由は知らない」とのことだ。グイ/ガナがまったく狩りをしなかったおかげで、ここの動物たちは人間を怖れることを知らず、オーエンズ夫妻はパラダイスのような日々を過ごしたのである。

同じ道をひたすら走ってキャンプサイトに戻った。昨日の夕食で食べ残してあったカレーを温めて空腹を癒やしてから、午後二時に帰途につき、四時にゲートに到着した。コエンシャケネに残してきた調査助手たちが心配するといけないので、秋山たちには一足先に帰ってもらい、丸山とわたしとトウノウの三人だけで、昔のカデ定住地に乗り入れた。すぐに今まで遭わなかったコーホ（食うもの）の一種ハーテビーストと出くわしたのは収穫だった。だが、最大の羚羊エランドを目にすることはなかった。トウノウは「エランドは警戒心が強いから、道のそばには出てこない」と解説した。

廃墟になった診療所跡を写真に収めていると〔写真9-7〕、不審に思ったのか係員が徒歩で近づいてきたので、あわてて車を発進させた。「住民を強制移住させた歴史は観光客には知られたくないでしょうね」と丸山はもらした。

写真9－7　かつてのカデ定住地（診療所の廃墟）

かつてのコイコムの井戸からちょっと進んだ右手に低い丘があり、枝を横に伸ばした変わった形のノネの木が生えている。その丘の姿は昔と同じだ。初めての調査を始めたとき年配のナロの男を通訳に雇って各家をかたっぱしから訪問して、世帯調査と家系図づくりに二週間ほどを費やした。その合間にこの丘の上から定住地を見わたし、この先の調査の困難さを思って不安で胸がいっぱいになった記憶がくっきりと甦る。

東に一二キロ離れたカデ・パンに至るまっすぐな道をのろのろと進んだ。高い樹木がほうぼうに聳え、草が高く生い茂った、美しい原野の風景が広がるばかり。ここに最盛期には六〇〇人以上の人びとが住み、喜怒哀楽が渦巻いていたとはとても信じられない。そして、一九八二年から九七年までの一五年間のわたしの人生のもっとも大切な時間も、この原野のただなかで流れていたのだ。一五分ぐらい走ると、トウノウが「ここがカデ集落の終わる所だ」と言ったので、Uターンして引き返した。デセプション・ヴァレーとのあいだの往復三二〇キロのドライブに時間をくわれたせいで、望郷の地カデにはわずか三〇分しかいられなかった。夕闇のせまる悪路を延々と走り、丸山を彼女が寄寓するキレーホのキャンプに送り届け、まっ暗になった七時ごろ、日本人キャンプに着いた。

　還暦を過ぎた二〇〇九年以来、わたしは「今度のフィールドワークが最後になるかもしれない」と思いながら、コエンシャケネに通った。それだけに本書のエピローグにライオンの咆吼を響かせることができたことを大きな祝福と感じている。人間と動物の関わりを究明する本書の長い探究の端緒は、わたしの少年時代に胚胎した。終章ではヒョウに対する特別な思いを表白したが、ライオンはわたしにとってそれ以上に特別な存在であった。大学のとき書いた未発表の小説のなかにこんな一節があった。「少年は、クラスメートたちが川上選手や長島選手に憧れるようにライオンに憧れた。」昨今の良質な動物ドキュメンタリーに比べれば子どもだましだったと思うが、小学生のとき観たディズニー映画『百獣の王ライオン』にどれほど夢中になったことだろう。中学生になってからはジョイ・アダムソンの『野生のエルザ』をはじめとする三部作をそれこそ舐めるように読んだ。だからこそ、エチオピアでライオンに殺されるかもしれない可能性に直面し、グイの年長者が語るライオンによる人殺し事件の記憶に没入したことは、動物学者を夢見ることから始まったわたしのアフリカへの旅にとってとても重い意味をもったのである。

　ライオンの咆吼に身をすくめるとき、きまってわが師・伊谷さんの秀逸ななぞらえのことを思う。やつは「オール・マイン、マイン、マイン……(All mine, mine, mine)」と言っているのだ。[2] 伊谷さんこそ原野のリトルネロに全身で魅惑された天性の狩人だった。

注

（1）調査チーム・メンバーの個々の研究テーマについては田中二郎の著作に詳しい［田中 2008, Tanaka 2014］。

（2）このなぞらえが、わたしが大学生二回生のとき出版された伊谷純一郎の著作に書かれていることを教えてくれたのは、彼の弟子であった霊長類学者の高畑由起夫だった。もともと児童向けに書かれた本とはとても思えない深い思索と美意識に貫かれている［伊谷 1970］。

参照文献

◎邦文（五十音順）

アリエス、フィリップ 1990（成瀬駒男訳）『死を前にした人間』みすず書房。
池谷和信 1989「カラハリ中部・サンの狩猟活動――犬猟を中心にして」『季刊人類学』20（4）：284–332。
池谷和信 1996「生業狩猟から商業狩猟へ――狩猟採集民ブッシュマンの文化変容」田中二郎・掛谷誠・市川光雄・太田至編『続自然社会の人類学』アカデミア出版会、21–49頁。
伊勢田哲治 2008『動物からの倫理学入門』名古屋大学出版会。
伊谷純一郎 1954/2007『高崎山のサル』（今西錦司編〈日本動物記〉2）光文社。／『伊谷純一郎著作集 第一巻』平凡社、39–262頁。
伊谷純一郎 1970『チンパンジーを追って（ちくま少年図書館4）』筑摩書房。
伊谷純一郎 1978/2008「トングウェ動物誌」伊谷純一郎・原子令三編『人類の自然誌』雄山閣、441–537頁／『伊谷純一郎著作集 第四巻』平凡社、148–246頁。
市川光雄 1982『森の狩猟民――ムブティ・ピグミーの生活』人文書院。
今村薫 1992「セントラル・カラハリ・サンにおける採集活動」『アフリカ研究』41：47–73。
今村薫 2001「砂漠の水――ブッシュマンの儀礼と生命観」田中二郎編『カラハリ狩猟採集――過去と現在（講座生態人類学1）』京都大学学術出版会、175–229頁。
ウィトゲンシュタイン、ルードウィッヒ 1975（奥雅博訳）「論理哲学論考」『ウィトゲンシュタイン全集1』大修館書店、1–120頁。
ウィトゲンシュタイン、ルードウィッヒ 1976（藤本隆志訳）『哲学探究（ウィトゲンシュタイン全集8）』大修館書店。
ウィリス、ロイ 1979（小松和彦訳）『人間と動物――構造人類学的考察』紀伊國屋書店。

内堀基光 1996『森の食べ方（熱帯林の世界5）』東京大学出版会。
エヴァンズ＝プリチャード、エドワード・エヴァン 1978（向井元子訳）『ヌアー族——ナイル系一民族の生業形態と政治制度の調査記録』岩波書店。
オーエンズ、マーク＋オーエンズ、ディーリア 1988（小野さやか・伊藤紀子訳）『カラハリ——アフリカ最後の野生に暮らす』早川書房。
大崎雅一 2001「セントラル・カラハリ年代記」田中二郎編『カラハリ狩猟採集民——過去と現在（講座生態人類学1）』京都大学学術出版会、71–114頁。
大村敬一 2007「生活世界の資源としての身体——カナダ・イヌイトの生業に見る身体資源の構築と共有」菅原和孝編『身体資源の共有（資源人類学09）』弘文堂、59–88頁。
大森荘蔵 1982『新視覚新論』東京大学出版会。
奥野克巳 2011a「序」奥野克巳編『人と動物、駆け引きの民族誌』はる書房、3–18頁。
奥野克巳 2011b「密林の交渉譜——ボルネオ島プナンの人、動物、カミの駆け引き」奥野克巳編『人と動物、駆け引きの民族誌』はる書房、25–55頁。
奥野克巳 2012「告げ口をするブタオザル——ボルネオ島プナンにおける動物アニミズム」奥野克巳・山口未花子・近藤祉秋編『人と動物の人類学』春風社、29–60頁。
春日直樹 2011「人類学の静かな革命——いわゆる存在論的転換」春日直樹（編）『現実批判の人類学——新世代のエスノグラフィーへ』世界思想社、9–31頁。
カネッティ、エリアス 1971（岩田行一訳）『群集と権力（下）』法政大学出版局。
柄谷行人 1989『隠喩としての建築』講談社学術文庫。
ギブソン、ジェームズ・J. 1985（古崎敬・古崎愛子・辻敬一郎・村瀬旻＝共訳）『生態学的視覚論——ヒトの知覚世界を探る』サイエンス社。
口蔵幸雄 1981「オラン・アスリと動物——マレー半島の狩猟採集民 Semaq Beri の食物規制」『季刊人類学』12（3）：3–71。

クッツェー、ジョン・M．2003（森祐希子・尾関周二訳）『動物のいのち』大月書店。

久保明教 2011「世界を制作＝認識する――ブルーノ・ラトゥールとアルフレッド・ジェル」春日直樹（編）『現実批判の人類学――新世代のエスノグラフィーへ』世界思想社、34–53頁。

グリオール、マルセル 1981（坂井信三・竹沢尚一郎訳）『水の神――ドゴン族の神話的世界』せりか書房。

クリフォード、ジェイムズ＋マーカス、ジョージ（編）1996（春日直樹・足羽与志子・橋本和也・多和田祐司・西川麦子・和邇悦子訳）『文化を書く』紀伊國屋書店。

クリプキ、ソール・A．1985『名指しと必然性――様相の形而上学と心身問題』八木沢敬・野家啓一訳、産業図書。

クワイン、ヴィリャードO．1984（大出晁・宮館恵訳）『ことばと対象』勁草書房。

コヴニー、ピーター＋ハイフィールド、ロジャー 1995（野本陽代訳）『時間の矢、生命の矢』草思社。

坂部恵 1990『かたり』弘文堂。

佐々木正人 1996『知性はどこに生まれるか――ダーウィンとアフォーダンス』講談社現代新書。

サール、ジョンR．1986（坂本百大・土屋俊訳）『言語行為』勁草書房。

サルトル、ジャン＝ポール 1955（平井啓之訳）『想像力の問題――想像力の現象学的心理学』人文書院。

サルトル、ジャン＝ポール 1956（松浪信三郎訳）『存在と無――現象学的存在論の試み Ⅰ』人文書院。

サルトル、ジャン＝ポール 1958（松浪信三郎訳）『存在と無――現象学的存在論の試み Ⅱ』人文書院。

サルトル、ジャン＝ポール 1960（松浪信三郎訳）『存在と無――現象学的存在論の試み Ⅲ』人文書院。

清水昭俊 1987『家・身体・社会――家族の社会人類学』弘文堂。

清水昭俊 1989「序説――家族の自然と文化」清水昭俊編『家族の自然と文化』弘文堂、9–60頁。

白井祥平 1992a『世界鳥類名検索事典（英名篇）』原書房。

白井祥平 1992b『世界鳥類名検索事典（学名篇）』原書房。

白井祥平 1993『世界哺乳類名検索事典（英名篇）』原書房。

シンガー、P．2011（戸田清訳）『動物の解放（改訂版）』人文書院。

菅原和孝 1991「饒舌の修辞論――セントラル・カラハリ・サンの「長い語り」」谷泰編『文化を読む――フィールドとテクストのあいだ』人文書院、164–205 頁。
菅原和孝 1993『身体の人類学――カラハリ狩猟採集民グウィの日常行動』河出書房新社。
菅原和孝 1994「ひとりのグウィの女が死んだ――セントラル・サンにおける「死のコンテクスト」」祖田修他編『文化の地平線――人類学からの挑戦』世界思想社、三九三〜四一三頁（一九九四）。
菅原和孝 1997「物と心のあいだ」内堀基光編『「もの」の人間世界（文化人類学講座第 3 巻）』岩波書店、43–71 頁。
菅原和孝 1998a『語る身体の民族誌――ブッシュマンの生活世界Ⅰ』京都大学学術出版会。
菅原和孝 1998b『会話の人類学――ブッシュマンの生活世界Ⅱ』京都大学学術出版会。
菅原和孝 1998c「反響と反復――長い時間のなかのコミュニケーション」秦野悦子・やまだようこ編『コミュニケーションという謎』ミネルヴァ書房、99–125 頁。
菅原和孝 1998d「変容はいかに語られたか――セントラル・ブッシュマンの日常会話から」清水昭俊編『周辺民族の現在』66–91 頁、世界思想社
菅原和孝 1999『もし、みんながブッシュマンだったら』福音館書店。
菅原和孝 2000a「語ることによる経験の組織化――ブッシュマンの男たちの生活史から」やまだようこ編『人生を物語る――生成のライフストーリー』ミネルヴァ書房、147–181 頁。
菅原和孝 2000b「ブッシュマンの民族動物学」松井健編『自然観の人類学』榕樹書林、159–210 頁。
菅原和孝 2002a『感情の猿＝人』弘文堂。
菅原和孝 2002b「身体化された思考――グイ・ブッシュマンにおける出来事の説明と理解」田辺繁治・松田素二編『日常的実践のエスノグラフィー』世界思想社、61–86 頁。
菅原和孝 2004a「人類学にとってのコミュニケーション論」『社会人類学年報』三〇：一〜三〇。
菅原和孝 2004b『ブッシュマンとして生きる――原野で考えることばと身体』中央公論新社
菅原和孝 2004c「失われた成人儀礼ホローハの謎」田中二郎他編『遊動民』昭和堂、124–148 頁。

菅原和孝 2005「身体資源とはなにか――特集への序」『文化人類学』70（2）：175–181。
菅原和孝 2006a「喪失の経験、境界の語り――グイ・ブッシュマンの死と邪術の言説」田中雅一・松田素二編『ミクロ人類学の実践――エイジェンシー／ネットワーク／身体』世界思想社、七六～一一七頁（二〇〇六）。
菅原和孝 2006b「生態人類学は思想闘争をサボった――あるいは、アフリカニストQの冒険」『アフリカ研究』69：150–152。
菅原和孝（編）2006『フィールドワークへの挑戦――〈実践〉人類学入門』世界思想社。
菅原和孝 2007a「狩り＝狩られる経験と身体配列――グイの男の談話分析から」菅原和孝編『身体資源の共有』（資源人類学09）弘文堂、89–121頁。
菅原和孝 2007b「資源としての身体のふるまい」内堀基光・菅原和孝・印東道子（編）『資源人類学』放送大学教育振興会、123–134頁。
菅原和孝 2007c「汝、期待するなかれ――グイ・ブッシュマンの生と自然」『世界思想』34：18–21。
菅原和孝 2010『ことばと身体――「言語の手前」の人類学』講談社。
菅原和孝 2011「潜むもの、退くもの、表立つもの――会話におけるものと身体の関わり」床呂郁哉・河合香吏編『ものの人類学』京都大学学術出版会、47–68頁。
菅原和孝 2012「動物と人間の接触領域における不可視の作用主――狩猟採集民グイの談話分析から」『Contact Zone コンタクト・ゾーン』5：19–61。
菅原和孝 2013a「身体化の人類学へ向けて」菅原和孝（編）『身体化の人類学――認知・記憶・言語・他者』世界思想社、1–40頁。
菅原和孝 2013b「過去の出来事への身体の投入――グイの身ぶり論序説」菅原和孝（編）『身体化の人類学――認知・記憶・言語・他者』世界思想社、254–284頁。
菅原和孝 2013c「『原野の人生』への長い道のり――フィールドワークはどんな意味で直接経験なのか」『文化人類学』78（3）：323–344。
菅原和孝 2015a「原野の殺戮者――グイ・ブッシュマンと動物のいのち」木村大治編『動物と出会うI』ナカニシヤ出版（印刷中）
菅原和孝 2015b「鏡なき社会の対他存在論」佐藤知久・梶丸岳・比嘉夏子（編）『世界の手ざわり――フィールド哲学入門』ナカニ

シヤ出版（印刷中）。
菅野盾樹 1985『メタファーの記号論』勁草書房。
スペルベル、ダン 1979（菅野盾樹訳）『象徴表現とはなにか――一般象徴表現論の試み』紀伊國屋書店。
スペルベル、ダン 1984（菅野盾樹訳）『人類学とはなにか――その知的枠組を問う』紀伊國屋書店。
ダイアモンド、C．＋カヴェル、S．＋マクダウェル、J．＋ハッキング、I．＋ウルフ、C．2010（中川雄一訳）『〈動物のいのち〉と哲学』春秋社。
高木光太郎 1996「身構えの回復」佐々木正人編『想起のフィールド――現在のなかの過去』新曜社、219–240頁。
高木光太郎 2006『証言の心理学――記憶を信じる、記憶を疑う』中公新書。
ダグラス、メアリー 1985（塚本利明訳）『汚穢と禁忌』思潮社。
田中二郎 1971/1990『ブッシュマン――生態人類学的研究』（第三版）思索社。
田中二郎 1978『砂漠の狩人――人類始源の姿を求めて』中央公論社。
田中二郎 1994『最後の狩猟採集民――歴史の流れとブッシュマン』どうぶつ社。
田中二郎 2008『ブッシュマン、永遠に――変容を迫られるアフリカの狩猟採集民』昭和堂。
寺嶋秀明 2007「鳥のお告げと獣の問いかけ」河合香吏編『「生きられる場所」の人類学――土地と自然をめぐる認識・実践・表象過程』京都大学学術出版会、3–24頁。
デリダ、ジャック 2009（西山雄二・千葉雅也訳）「ドゥルーズにおける人間の超越論的「愚かさ」と動物への生成変化」『現代思想』37-8：52–72。
トーマス、エリザベス・M．1982『ハームレス・ピープル――原始に生きるブッシュマン』海鳴社。
ドゥルーズ、ジル＋ガタリ、フェリックス 1994（宇野邦一・小沢秋広．田中敏彦・豊崎光一・宮林寛・守中高明訳）『千のプラトー――資本主義と分裂症』河出書房新社。
ドゥルーズ、ジル＋ガタリ、フェリックス 1997（財津理訳）『哲学とは何か』河出書房新社。
中川敏 2009『言語ゲームが世界を創る――人類学と科学』世界思想社。

中川裕 1993「グイ語調査初期報告」『アジア・アフリカ文法研究』22：55 − 92。

中川裕 2001「〝虫〟のグイ民俗範疇」田中二郎編『カラハリ狩猟採集民――過去と現在』京都大学学術出版会、139–174 頁。

中川裕 2004「グイ語の正書法改訂案」『東京外国語大学論集』67：125–130。

中村美知夫 2010「霊長類学におけるインタラクション研究――その独自性と可能性」木村大治・中村美知夫・高梨克也編『インタラクションの境界と接続――サル・人・会話研究から』昭和堂、19–38 頁。

ナダスディ、ポール 2012「動物にひそむ贈与――人と動物の社会性と狩猟の存在論」奥野克巳・山口未花子・近藤祉秋編『人と動物の人類学』春風社、291–360 頁。

ニーチェ、フリードリッヒ 1993a（原佑訳）『権力への意志　上（ニーチェ全集 12）』ちくま学芸文庫。

ニーチェ、フリードリッヒ 1993b（原佑訳）『権力への意志　下（ニーチェ全集 13）』ちくま学芸文庫。

野中健一・高田明 2004「砂漠の道標――セントラル・カラハリ・ブッシュマンのナヴィゲーション技術」野中健一編『野生のナヴィゲーション――民族誌から空間認知の科学へ』古今書院、24–54 頁。

野矢茂樹 1995『心と他者』勁草書房。

ハイデッガー、マルティン 1994a（細谷貞雄訳）『存在と時間　上』ちくま学芸文庫。

ハイデッガー、マルティン 1994b（細谷貞雄訳）『存在と時間　下』ちくま学芸文庫。

ハリス、マーヴィン 1987（長島信弘・鈴木洋一訳）『文化唯物論――マテリアルから世界を読む新たな方法（上）』早川書房。

比嘉夏子 2006「生きものを屠って食べること――私たちの肉食再考」菅原和孝編『フィールドワークへの挑戦――〈実践〉人類学入門』世界思想社、213–234 頁。

廣松渉 1989『表情』弘文堂。

フォントネ、エリザベート・ドゥ 2008（石田和男・小幡谷友二・早川文敏訳）『動物たちの沈黙――《動物性》をめぐる哲学試論』彩流社。

フーコー、ミシェル 1974（渡辺一民・佐々木明訳）『言葉と物――人文科学の考古学』新潮社。

フッサール、エドムント 1979（渡辺二郎訳）『イデーン I-I――純粋現象学と現象学的哲学のための諸構想第 1 巻　純粋現象学への全般的序論』みすず書房。

フッサール、エドムント 1995（細谷恒夫・木田元訳）『ヨーロッパ諸学の危機と超越論的現象学』中公文庫。

ベイトソン、グレゴリー 2000（佐藤良明訳）『精神の生態学（改訂第2版）』新思索社。

ボウラー、ピーター・J. 1987（鈴木善次ほか訳）『進化思想の歴史（下）』（朝日選書336）朝日新聞社。

丸山淳子 2010『変化を生きぬくブッシュマン――開発政策と先住民運動のはざまで』世界思想社。

三原弟平 2005『カフカ『断食芸人』〈わたし〉のこと』みすず書房。

ミラー、ジェームズ 1998（田村俶・他訳）『ミシェル・フーコー――情熱と受苦』筑摩書房。

メルロ＝ポンティ、モーリス 1964（滝浦静雄・木田元訳）『行動の構造』みすず書房。

メルロ＝ポンティ、モーリス 1967（竹内芳郎・小木貞孝訳）『知覚の現象学1』みすず書房。

メルロ＝ポンティ、モーリス 1974（竹内芳郎他訳）『知覚の現象学2』みすず書房。

メルロ＝ポンティ、モーリス 1989（滝浦静雄・木田元訳）『見えるものと見えないもの』みすず書房。

山口未花子 2014『ヘラジカの贈り物――北方狩猟民カスカと動物の自然誌』春風社。

吉本隆明 1971『心的現象論序説』北洋社。

吉本隆明 1977/1994『初期歌謡論』河出書房新社／ちくま学芸文庫。

ユクスキュル、ヤーコプ・フォン 2012（前野佳彦訳）『動物の環境と内的世界』みすず書房。

ライル、ギルバート 1987（坂本百大・宮下治子・服部裕幸訳）『心の概念』みすず書房。

ラトゥール、ブルーノ 2007（川崎勝・平川秀幸訳）『科学論の実在――パンドラの希望』産業図書。

ラトゥール、ブルーノ 2008（川村久美子訳）『虚構の近代――科学人類学は警告する』新評論。

リード、エドワード・S 2000『アフォーダンスの心理学――生態心理学への道』（細田直哉訳）新曜社。

ルーマン、ニクラス 1993（佐藤勉監訳）『社会システム理論（上）』恒星社厚生閣。

レイコフ、ジョージ 1993『認知意味論――言語から見た人間の心』（池上嘉彦他訳）紀伊國屋書店。

レヴィ＝ストロース、クロード 1976（大橋保夫訳）『野生の思考』みすず書房。

レヴィ=ストロース、クロード 1977（川田順造訳）『悲しき熱帯　上』中央公論社。

◎欧文（アルファベット順）［*AS* : Wilkie & Inglis（eds.）, *Animals and Society*］

Barnard, Alan（1992）*Hunters and Herders of Southern Africa : A comparative ethnography of the Khoisan peoples*. Cambridge/New York : Cambridge University Press.

Berlin, B., Breedlove, D. & Raven, P. 1973 General principles of classification and nomenclature in folk biology. *American Anthropologist* 70 : 290–299.

Biesele, Megan 1993 *Women Like Meat : The folklores and foraging ideology of the Kalahari Ju|'hoan*. Bloomington/Indianapolis : Indiana University Press.

Bird-David, Nurit 1999 “Anumism” revisited : Personhood, environment, and relational epistemology. *Current Anthropology* 40 Supplement : 67–91.

Bleek, Wilhelm H. L. and Lloyd, Lucy C. 1991 *Specimens of Bushman Folklore*. London : George Allen.

Blurton Jones, N. & M. Konner 1976. !Kung knowledge of animal behavior（or : The proper study of mankind is animals）. In R. B. Lee & I. DeVore（eds.）*Kalahari Hunter-Gatherers : Studies of the !Kung San and their neighbors*. Massachusetts : Harvard University Press, pp. 325–348.

Brightman, Robert A. 1993 *Grateful Prey : Rock Cree human-animal relationships*. Berkeley : University of California Press.

Crossley, Nick 2001 *The Social Body : Habit, identity and desire*. London : SAGE Publications.

Descola, Philippe 1996 Constructing natures : Symbolic ecology and social practice. In P. Descola and G. Pálsson（eds.）*Nature and Society : Anthropological perspectives*. London and New York : Routledge, pp. 82–102.

D'Andrade, R. 1995 *The Development of Cognitive Anthropology*. Cambridge : Cambridge University Press.

Ellen, Roy F. 1996 The cognitive geometry of nature : A contextual approach. In P. Descola and G. Pálsson（eds.）*Na-*

ture and Society : Anthropological perspectives. London and New York : Routledge, pp. 103–123.

Gallagher, Shaun 2005 *How the Body Shapes the Mind*. Oxford : Oxford University Press.

Gell, Alfred 1998 *Art and Agency : An anthropological theory*. Oxford : Clarendon Press.

Goldie, Peter 2000 *The Emotions : A philosophical explorations*. Oxford : Oxford University Press

Hallowell, A. I. 1960 Ojibwa ontology, behavior and world view. In S. Diamond（ed.）*Culture in History : Essays in honor of Paul Radin*. New York : Colombia University Press, pp. 19–52.

Halverson, John 1976 Animal categories and terms of abuse. *Man : Journal of the Royal Anthropological Institute*（NS）: 505–516.［*AS II*, pp. 27–40］

Henare, Amiria ; Holand, Martin ; and Wastell, Sari 2007 Introduction. In A. Henare *et al.*（eds.）*Thinking through Things : Theorising artefact ethnographically*. London and New York : Routledge, pp. 1–31.

Ingold, Tim 1987 *The Appropriation of Nature : Essays on human ecology and social relations*. Iowa City : University of Iowa Press.

Ingold, Tim 1996 The optimal forager and economic man. In P. Descola and G. Pálsson（eds.）*Nature and Society : Anthropological perspectives*. London and New York : Routledge, pp. 25–44.

Ingold, Tim 2000 *The Perception of the Environment : Essays on livelihood, dwelling and skill*. London and New York : Routledge.

Jackson, Michael 1989 *Paths toward a Clearing : Radical empiricism and ethnographic inquiry*. Bloomington : Indiana University Press.

Kalof, Linda and Resl, Brigitte（general eds.）2007 *A Cultural History of Animals* ; Linda Kalof（ed.）*Volume 1 : A Cultural History of Animals in Antiquity* ; Brigitte Resl（ed.）*Volume 2 : A Cultural History of Animals in the Medieval Age* ; Bruce Boehrer（ed.）*Volume 3 : A Cultural History of Animals in the Reneaissance* ; Matthew Senior（ed.）*Volume 4 : A Cultural History of Animals in the Age of Enlightenment* ; Kathkeen Kete（ed.）*Volume 5 : A Cultural*

History of Animals in the Age of Empire ; Randy Malamud (ed.) *Volume 6 : A Cultural History of Animals in the Modern Age*. Oxford ・ New York : Berg.

Kitamura, Koji 1990 Interactional synchrony : A fundamental condition for communication. In Michael Moerman and Masaichi Nomura (eds.) *Culture Embodied* (Senri Ethnological studies 27). Osaka : National Museum of Ethnology, pp. 123–140.

Knight, John 2003 *Waiting for Wolves in Japan : An anthropological study of people-wildlife relations*. Oxford University Press.

Lakoff, George and Johnson, Mark 1999 *Philosophy in the Flesh : The embodied mind and its challenge to Western thought*. New York : Basic Books.

Latour, Bruno 2005 *Reassembling the Social : An introduction to actor-network theory*. Oxford : Oxford University Press.

Leach, Edmund 1964 Anthropological aspects of language : Animal categories and verbal abuse. IN E. H. Lenneberg (ed.) *New Directions in the Study of Language*. Cambridge, Mass : The MIT Press, pp. 23–63.〔*AS II*, pp. 3– 26〕

Lee, Richard B. 1979 *The !Kung San : Men, women, and work in a foraging society*. Cambridge : Cambridge University Press.

Lévi-Strauss, Claude 1969 *The Elementary Structures of Kinship* (Translated by James H. Bell and John R. von Strumer). Oxford : Alden Press.

Mayr, Ernst 1976 [1961] Cause and effect in biology. In *Evolution and the Diversity of Life : Selected essays*. Cambridge, Mass : Belknap Press of Harvard University Press.

Merleau-Ponty, Maurice 1964 *Le visible et l'invisble*. Paris : Gallimard.

Newman, Kenneth 1989 *Newman's Birds of Botswana*. Cape Town : Southern Book Publishers.

Nonaka, Ken'ichi 1996 Ethnoentomology of the Central Kalahari San. *African Study Monographs, Supplementary Issue* 22 : 29–46.

Olafson, Frederick A. 2001 *Naturalism and the Human Condition : Against scientism*. London and New York : Routledge.

Osaki, Masakazu 1984. The social influence of change in hunting technique among the Central Kalahari San. *African Study Monographs* 5 : 49–62.

Pálsson, Gísli 1996 Human-environmental relations : Orientalism, paternalism and communalism. IN P. Descola and G. Pálsson（eds.）*Nature and Society : Anthropological perspectives*. London and New York : Routledge, pp. 63–81.

Passmore, John 1975 The treatment of animals. *Journal of the History of Ideas* 36（2）: 195–218.［*AS I*, pp. 79–100］

Rosch, Eleanor 1975 Cognitive reference point. *Cognitive Psychology* 7 : 532–547.

Samuel, Geoffrey 1990 *Mind, Body and Culture : Anthropology and biological interface*. Cambridge : Cambridge University Press.

Shapiro, Lawrence A. 2004 *The Mind 'Incarnate'*. Massachusetts : The MIT Press.

Shapiro, Lawrence A. 2011 *Embodied Cognition*. London and New York : Routledge.

Shepard, Paul 1978 *Thinking Animals : Animals and the development of human intelligence*. Athens and London : The University of Georgea Press.

Shilling, Chris 2003/1993 *The Body and Social Theory*（Second edition）. London : SAGE Publications.

Silberbauer, George B. 1981 *Hunter and Habitat in the Central Kalahari Desert*. Cambridge : Cambridge University Press.

Sperber, Dan and Wilson, Deirdre 1986 *Relevance : Communication and cognition*. Oxford : Basil Blackwell.

Strathern, Marilyn 1988 *The Gender of the Gift : Problems with women and problems with society in Melanesia*. Berkley・Los Angels・London : University of California Press.

Sugawara, Kazuyoshi 1990 Interactional aspects of the body in co-presence. In Michal Moerman and Masaichi Nomura（eds.）*Culture Embodied*（Senri Ethnological Studies 27）. Osaka ; National Museum of Ethnology, pp. 79–122.

Sugawara, Kazuyoshi. 2001 Cognitive space concerning habitual thought and practice toward animals among the Central Kalahari San (|Gui and ǁGana) : Deictic/indirect cognition and prospective/retrospective intention. *African Study Monographs, Supplementary Issue* 27 : 61–98.

Sugawara, Kazuyoshi 2002 Optimistic realism or opportunistic subordination? : The interaction of the G/wi and G//ana with Outsiders IN : S. Kent (ed), *Ethnicity, Hunter-Gatherers, and the "Other" : Association or assimilation in Africa.* Washington : Smithonian Institution Press, pp. 93–126.

Sugawara, Kazuyoshi 2004 Possession, equality and gender relations in |Gui discourse. In : T. Widlok and W. Tadesse (eds.), *Property and Equality Vol. 1 : Ritualization, sharing, egalitarianism.* Oxford : Berghahn Books, pp. 105–129.

Sugawara, Kazuyoshi 2008 How is the memory of ritual articulated with 'now-and-here' context? : A reconstruction of the lost initiation ceremony of male |Gui Bushmen. IN : H. Wazaki (ed.), *Multiplicity of Meaning and the Interrelationship of the Subject and the Object in Ritual and Body Texts : Proceedings of the eleventh international conference studies for the integrated text science (21st Century COE Program International Conference Series No. 11)*. Nagoya : Graduate School of Letters, Nagoya University, pp. 67–87.

Tambiah, S. J. 1969 Animals are good to think and good to prohibit. *Ethnology* 8 (4) : 423–459.[*AS II*, pp. 41–81].

Tanaka, Jiro 1976. Subsistence ecology of Central Kalahari San. IN Richard B. Lee and Irven DeVore (eds.), *Kalahari Hunter-Gatherers : Studies of the !Kung San and their neighbors*. Massachusetts : Harvard University Press, pp. 98–119.

Tanaka, Jiro 1980 *The San, Hunter-Gatherers of the Kalahari : A study in ecological anthropology.* Tokyo : University of Tokyo Press.

Tanaka, Jiro 1987 The recent changes in the life and society of the Central Kalahari San. *African Study Monographs* 7 : 37–51.

Tanaka, Jiro 1996 The world of animals viewed by the San hunter-gatherers in Kalahari. *African Study Monographs,*

Supplementary Issue 22 : 11–28.

Tanaka, Jiro 2010 drongo（fork-tailed drongo）IN J. Tanaka & K. Sugawara（eds.）*An Encyclopedia of |Gui and ǁGana Culture and Society*. Kyoto : Laboratory of Cultural Anthropology, Graduate School of Kyoto University, pp. 30–31.

Tanaka, Jiro 2014 trnslt by Minako Sato *The Bushmen : A half-century chronicle of transformations in hunter-gatherer life and ecology*. Kyoto : Kyoto University Press / Melbourne : Trans Pacific Press.

Thomas, R. Murry 2001 *Folk Psychologies across Cultures*. SAGE Publications.

Tom Brown, The Rerd J. 1982 *Setswana Dictionary : Setswana-English and English-Setswana*. Gaborone : Pula Press.

Trethowan, I. 1954 *An Essay in Christian Philosophy*. London : Longmans, Green.

Varela, Francisco J. ; Thompson, Evan ; and Rosch, Eleanor 1999 *The Embodied Mind : Cognitive science and human experience*. Cambridge・London : The MIT Press.

Viveiros de Castro, Eduardo 1992 *From the Enemy's Point of View : Humanity and divinity in an Amazonian society*. Chicago : The University of Chicago Press.

Viveiros de Castro, Eduardo 1998 Cosmological deixis and Amerindian perspectivism. *Journal of Royal Anthropological Institute*（N. S.）4 : 469–488.

Wilkie, Rhoda and Inglis, David（eds.）, 2007 *Animals and Society : Critical Concepts in the Social Sciences ; Volume I : Representing the Animal ; Volume II : Social Science Perspectives on Human-Animal Interactions（I）; Volume III : Social Science Perspectives on Human-Animal Interactions（II）; Volume IV : Forms of Human-Animal Relations and Animal Death : The Dynamics of Domestication ; Volume V : Boundaries and Quandaries in Human-Animal Relations*. London and New York : Routledge.

Widlok, Thomas 2000 *Living on Mangetti : 'Bushman' autonomy and Namibian independence*. Oxford : Oxford University Press.

Wilson, Edward O. 1975 *Sociobiology : The new synthesis*. Cambridge : Harvard university Press.

歩き終えた地点から——あとがきにかえて

「ヒョウの匂い」でホエガエおばさんが亡くなった一九九二年九月一八日がこの旅の始まりだとすれば、本書を完成するまでに二二年以上の歳月を要したことになる。グイと動物との関わりの全体像を納得のいくまで書ききることは、わたしがもっともやりたいことだった。その宿願を果たせて、とりあえず安堵している。

グイとガナの生活世界へわたしを導いてくださった田中二郎先生（京都大学名誉教授）にはつねにことばでは言い尽くせない感謝の念を抱いている。二郎さんがいつまでもお元気で信州の山歩きとスキーを楽しまれんことを祈り続けている。

フィールドでお世話になったカラハリ調査チームのメンバーの皆さんのお名前を参加順に挙げさせていただく。大崎雅一さん（姫路獨協大学）、池谷和信さん（国立民族学博物館）、今村薫さん（名古屋学院大学）、中川裕さん（東京外国語大学）、大野仁美さん（麗澤大学）、野中健一さん（立教大学）、秋山裕之さん（京都華頂大学）、高田明さん（京都大学）、丸山淳子さん（津田塾大学）のご助力に深く感謝する。また、長年調査助手を務めてくれたグイのキレマカオホ（キレーホ）、キヨホカネ（タブーカ）、ギャム（カーカ）、そして日本人小屋の管理をしてくれたガナのギュベにカエン・ヤ・タオ（ありがとう）と言いたい。

文化人類学分野の教育を共に担う同僚、風間計博さん、田中雅一さん、石井美保さん、金子守恵さんが、カラハリ砂漠という虚環境にさまよいだし諸事うわの空になりがちなわたしを寛大に遇してくださったことに心からお礼申しあげる。とくに石井さんから頂戴したいくつかの文献は、わたしの思考の重要な結節点をなした。

研究支援員またはオフィス・アシスタントとして働いてくださった、伊藤詞子さん、布施（旧姓清野）未恵子さん（神戸大学篠山フィールドステーション）、田村うららさん（金沢大学）、梶丸岳さん（京都市立芸術大学非常勤講師）、比嘉夏子さん、中谷和人さん（いずれも日本学術振興会ＰＤ特別研究員）、佐野文哉さん（京都大学大学院人間・環境学研究科博士課程）の支援に大きく助けられた。事務補佐員として煩雑な業務をこなしてくださる釈聡子さんにも本当にお世話になってきた。日ごろの感謝の気持をおつたえしたい。

谷泰先生（京都大学名誉教授）が「コミュニケーションの自然誌」研究会を創立されてからも、すでに二十数年が経過している。今もボランタリーな会員によって支えられほぼ毎月開催されているこの研究会から、わたしは多大の刺激を受けてきた。長時間にわたる発表につきあってくださったコミュ研メンバーのみなさんの忍耐と鋭い批判とに篤く謝意を表したい。とくに、良き飲み仲間である水谷雅彦さん（京都大学）からは、倫理学者の視点から鋭いコメントと斬新な発想を頂戴した。肉食を拒むことが唯一の論理的帰結だという考え方をわたしに初めて教えてくださった中村美知夫さん、メルロ＝ポンティとルーマンへの傾倒を観察に滲透させている伊藤詞子さん、クッツェーの『動物のいのち』の衝撃を語ってくださった花村俊吉さんはじめ、京都大学野生動物研究センターのチンパンジー研究者の皆さまからも測り知れない刺激を受けてきた。ここで深くお礼申しあげたい。

もう何年も前から、セメスター最初の大学院ゼミでは夏休みや春休みに進めた探索の中間発表を院生諸君に聞いてもらうことが慣例になっている。ここでもわたしのあまりにも長いレクチャーに耳を傾けてくださり、ときに鋭利な批判を投げかけてくださった文化人類学分野の大学院生と日本学術振興会特別研究員の皆さまに深く感謝する。

わたしはストレスの多い職場で禄を食んできたが、そこで、高橋三郎先生、三原弟平さん（ともに京都大学名誉教授）、高橋由典さん（現・人間・環境学研究科長）、大澤真幸さん（社会学者）という独創的な知性と出会えたことは、最大の僥倖であった。三原さん・由典さんと続けている私的な研究会「木曜会」は、多忙な大学生活のなかでもっとも楽しいひとときである。本書の草稿の一部にも貴重なご意見を賜った。世界の謎をどこまでも探求し続けていらっしゃるこれらの敬愛すべき先輩、同僚、友人にあらためて感謝したい。

定年退職を一年後に控えた二〇一四年三月にわたしはそれまでぽつぽつと原稿を書き溜めてきた本書を一気に完成させる決心をした。あまりにも唐突な執筆企画の持ちこみを心よくお引き受けくださった京都大学学術出版会編集担当理事の鈴木哲也さんには、いくら感謝のことばを書き連ねても足りない。また、たくさんの写真・図表・肖像ばかりかグイ語の難解な表記までをも含む厄介な原稿を最速で美しく仕上げてくださった永野祥子さんにも心よりの感謝を捧げたい。本当にありがとうございました。

本書へ向けた途方もなく長い助走を挫けることなく持続できたのは、今は亡き伊谷純一郎先生が動物たちに向けられた透徹したまなざしと、ヒトとサルの境界を踏破せんとする強靱な意志とが、いつもわたしの背中を押してくれたからである。人間と動物の関わりを解明する旅は今やっと折り返し地点を越えたところである。本書はこの長い探究の民族誌篇であり、それと対をなす理論篇『動物の境界』は伊谷さんの思考との対話に収斂するはずである。それを完成する力が自分に残されていることを願うばかりである。

本書の骨格をなすフィールドワークはすべて科学研究費補助金の交付を受けて可能になった。最近一二年間に限り記し謝意を表する。（イ）文部科学省科学研究費補助金特定領域研究『資源の分配と共有に関する人類学的統合領域の構築――象徴系と生態系の連関を通して』（領域代表者・内堀基光）計画研究「身体資源の構築と配分における生態、象徴、医療の相互連関」（研究代表者・菅原和孝）、（ロ）日本学術振興会科学研究費補助金（基盤A）「身体化された心の人類学的解明」（研究代表者・菅原和孝）、（ハ）日本学術振興会科学研究費補助金（基盤B）「相互行為としての身ぶりと手話の通文化的探究」（研究代表者・菅原和孝）。

自由を牙と歯のどこかに咥えている豹のごとき他者に魅惑されることこそ、これを書くことのもっとも深い動機づけだった。だから、豹のようなあなたに本書を捧げる。

人名

【ナ行】

【ハ行】

【サ行】

事項

コー qχ'óō（肉を食う） 157, 305
コー !ʰoo（春） 336, 356
ゴオ（ツチブタ） 174, 340, 342–5, 379
コーホ（食うもの） 87, 173, 183, 202, 338
ゴバ（サイチョウ） 242, 261, 272–3
ゴベ（産後の籠もり） 242, 261
コム（漿果の名） 96–8, 356, 365
コル（ワイルドキャット） 217–8
ゴンワハ（役立たず） 173, 177–8, 384

【サ行】

ザーク（婚外性関係） 102, 169, 261–2
シャオ（冬） 317, 336
ショモ（老人の肉） 161–3, 176, 185, 207, 209, 421
ズィウ（凶兆） 144–6, 153–5, 371, 382
ズワズワ（狂気） 412
ゼネ（玩具の名） 92–4
ゼラ（鳥） 174, 229

【タ行】

タオシ（心臓を感づく） 142
タータ（アガマトカゲ） 256
ダマ（フンコロガシ） 177
ダン（長竿） 11
タンマナ（ダニ） 215, 219
ツァー（肉） 177
ツァーン（食用根茎） 299
ツァオ（ヘビ） 174
ツァネ（ホロホロチョウ） 258, 266–7, 275
ツァマ（ヒタキの一種） 247
ツァレオ（禁忌解除の治療） 209
ツァン（罠木の根もとを押し固める） 285
ツィー ǀíī（ダンス／神秘の力） 85, 259, 405
ツィー ǀìī（ツチオオカミ） 192
ツィーダ（臭腺） 199–200
ツェウ・ツォリ（治療儀礼の名） 170
ツェウケ（罠の輪） 284
ツェー（ウィルデビースト） 173, 203, 326–7
ツェエ（しるし） 118, 282
ヅェナネ（コマドリ） 228, 271
ツェメ（罠紐を巻く） 285
ツェンツァ（取り替える） 405
ツォイ（呪詛） 383, 408
ツォエ（罠穴の周囲に刺す小枝） 284
ツォエン（キクスズメ） 227
ツォー（ゲムズボック） 173, 253, 290, 316
ツォマ（ニシキヘビ） 11
ヅォリ（ホソマングース） 191–2
ツォワン（死の不幸） 146
デウ（アフリカオオノガン） 158, 161, 189, 414, 433
テビ（ハトの一種） 227
テベ（カラハリ農牧民） 170, 220, 322–3
テメ ǂeme（オオヤマネコ） 192
テメ ǂēmē（バッタ） 177
トウ（イボイノシシ） 174
ドゥイ（胃の内容物） 93
ドゥー（トビウサギ） 123, 344
ドエ（ヒョウガメ） 126, 208
ドエン（欲情する） 106, 303
ドオリ（ムクドリ） 240, 259–60
ドネ（重病にする） 204–5, 217, 409, 426
トノ（ゴマバラワシ） 120, 272
トボーハ（悲しくあきらめる） 373
ドム（罠の撥ね木） 284
ドリ（直腸末端？） 103, 105
トワ（矢毒） 285

【ナ行】

ナアーネラ（ツバメ） 236
ナーホ（食うと病むもの） 158, 182, 192, 196, 403
ナイ（ヨタカ） 244–5
ナオ（夏） 336
ナベ（キリン） 173
ナム（発明する） 287, 310
ナメ（センザンコウ） 145–6, 187–8
ナレ（酔う／感づく／予感する） 141–2, 166, 427, 435
ナン（野生スイカ） 336
ナンテ（食用のマメ） 86, 299, 361
ニイツォワ（食肉類に相当する範疇） 176, 182, 190–2
ヌーツァ（ハイエナ） 129
ヌオ（羨む） 426
ネヤン（大収穫） 279
ノオ（矢筒） 334

索　引

現地語

【ア行】
アー（オオミミギツネ） 192, 326
アーン（獲物の死骸） 305
アウ（魚） 174
アエ（川跡） 296
アエン（胃の乳） 158, 160, 162
アバ（腱の糸） 285
イアダ（ブラック・マンバ） 25, 134
ウアテ（ジャッカルの別名） 201
エナ（シャコ） 245-6
エベリ（コノハズク） 236, 253
オエ（ヒョウ） 136, 173
オムツェ（食用植物） 322
オン（食べる） 157
オンオ（罠の部品） 284
オンホ（食べ物） 177

【カ行】
カー ǁàà（クロエリノガン） 161, 208, 257, 266-7
カー ǀqāā（谷すじ） 296
ガー gǀáà（アク抜きする植物） 300, 306
ガー gǀáà（耐え過ごす） 336
カーカマナコギャーノー（コウモリ） 222
カイ（スプリングボック） 173
ガイ（カンムリショウノガン） 153, 158, 252, 254, 256-7, 270, 443
カウ（罠の獲物） 124, 174, 183, 202, 283
カウキャカバ（ライオンゴロシ） 96-8
カエ（苛める） 320
カエ-オ／-カラ（外／に） 200
ガエコ（女の人／罠の部品） 334
カエリ（めっけもの） 257
ガエン（スティーンボック） 26, 120, 246
カエンカエン（ウチワドリ） 258-60
ガエン-クラ（星の名） 357, 365
カオ（鏃） 285
カオコ（男の人／罠の部品） 283, 334
カオン（罠の誘導柵） 283
カデ（地名） 14, 46
ガナ（方言集団名） 43
ガナナガー（エランドの神話名） 88-90, 93
カネ（漿果の名） 170
カバ qʰaba（病を起こす恨み） 170, 321, 323-4
カバ !q'ábà（片方の肩にかつぐ） 316
ガバ（矢の接合部） 285, 290-2, 300
カビ（ダチョウの卵の水筒） 264
カベ（サイチョウの一種） 261, 272
カマ（ハーテビースト） 173, 203
ガマ（神霊） 22, 84-6, 133, 320, 420
ガマネ（ヒバリの仲間） 263, 463
カヤ（額にかつぐ） 305
カリ ǁχārī（毒壺） 286
カリ !ari（強い） 388
カロ（獲物が穴を踏み抜く） 285
ガロシ（ミツアナグマ） 25, 134-6, 199
ガワ（死霊） 85
カン（野生メロン） 97-9, 100, 304
キエ（弓） 285
ギバク（くっつきあう） 155
キマ／タマ（女の魔力？） 402-4, 406-10, 424-6
ギャム（小さな陸ガメ） 162, 208
キュアカム（肛門） 139
ギュウ（エランド） 173, 307
ギュウノー（食用イモムシ） 436
ギュワ（クーズー） 173
キョム（呑みこむ） 305
キョムキョム（罠の部品） 284
クア（ブッシュマン） 322
グイ gǀúī（方言集団名） 43
グイ g!úī（罠紐） 284
グーキャコネコネ（オタマジャクシ） 436
グーツァムナエ（タカ） 154, 235, 258, 272
クエ（人間） 34
ゲナテ（小鳥の名） 380
ケルー（木の名） 334
ゴアン（精液） 139
コエンシャケネ／ニュー・カデ 14, 45

著者紹介

菅原　和孝（すがわら　かずよし）

1949年　東京生まれ

1973年　京都大学理学部卒

1980年　同大学院理学研究科博士課程単位取得退学。京都大学理学博士。

2013年　第８回日本文化人類学会賞受賞。北海道大学文学部助手、京都大学教養部助教授、同総合人間学部教授を経て

現在　京都大学大学院人間・環境学研究科教授

（2015年４月より京都大学名誉教授）

主要著書

『身体の人類学』（1993）河出書房新社。

『コミュニケーションとしての身体』（1996共編著）大修館書店。

『語る身体の民族誌』（1998）京都大学学術出版会。

『会話の人類学』（1998）京都大学学術出版会。

『もし、みんながブッシュマンだったら』（1999）福音館書店。

『感情の猿＝人』（2002）弘文堂。

『ブッシュマンとして生きる』（2004）中央公論新社。

『フィールドワークへの挑戦』（2006編著）世界思想社。

『身体資源の共有』（2007編著）弘文堂。

『ことばと身体』（2010）講談社。

鳥羽森の筆名で『密閉都市のトリニティ』（2010）講談社〔SF 小説〕。

『身体化の人類学』（2013編著）世界思想社。

狩り狩られる経験の現象学
―ブッシュマンの感応と変身

平成27（2015）年3月5日　初版第1刷発行

著者　菅　原　和　孝
発行人　檜　山　爲　次　郎
発行所　京都大学学術出版会
京都市左京区吉田近衛町69
京都大学吉田南構内（〒606-8315）
電　話（075）761-6182
ＦＡＸ（075）761-6190
ＵＲＬ　http://www.kyoto-up.or.jp
振　替　01000-8-64677
印刷・製本　亜細亜印刷株式会社

ISBN978-4-87698-324-7　定価はカバーに表示してあります